Kleiner als Hunde, aber größer als Füchse
Die Goldameisen des Herodot

Thomas Reimer

Kleiner als Hunde, aber größer als Füchse

Die Goldameisen des Herodot

Ein antikes Märchen und sein Hintergrund

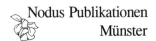

Nodus Publikationen
Münster

Bibliografische Information Der Deutschen Bibliothek

Die Deutsche Bibliothek verzeichnet diese Publikation in der Deutschen Nationalbibliografie; detaillierte bibliografische Daten sind im Internet über http://dnb.ddb.de abrufbar.

© Copyright 2005 by Thomas Reimer
Alle Rechte vorbehalten — Printed in Germany
Nachdruck oder Vervielfältigung, auch auszugsweise, verboten.
∞ Gedruckt auf säurefreiem und alterungsbeständigem Papier gemäß ISO (DIN-ISO) 9706
Umschlaggestaltung: Nodus Design
 Nodus Publikationen Münster
Klaus D. Dutz — Wissenschaftlicher Verlag • D-48 031 Münster • Germany
http://www.go.to/nodus

ISBN 3-89323-292-3

INHALT

EIN PERSÖNLICHES VORWORT
Warum dieses Buch? 9

1. EINFÜHRUNG 11
1.1 Einiges über Herodot 12
1.2 Zu den Texten 17

2. AD FONTES — ZU DEN QUELLEN
2.1 Die ersten 500 Jahre
2.1.1 Herodot und die frühen Quellen 19
2.1.2 Das indische Gold in Persepolis 22
2.1.3 Weitere Informationen bei Herodot 28
2.1.4 Voralexandrinische Quellen 30
2.1.5 Die Alexander-Historiker und ihre Nachfolger 35
2.1.6 Nichtgriechische Quellen 41
2.1.7 Hellenistische Quellen 44

2.2 Aus dem Römischen Reich
2.2.1 Frühe Quellen aus römischer Zeit 46
2.2.2 Die Naturgeschichte des Plinius 49
2.2.3 Ein Redner und ein Historiker 52
2.2.4 Der Satiriker Lukianos 55
2.2.5 Aelianus und die Greife 57
2.2.6 Die griechischen Romane 62
2.2.7 Der Alexander-Roman des Pseudo-Kallisthenes 65

2.3 Zwischen Ost und West
2.3.1 Byzantinische Quellen 70
2.3.2 Asiatische Quellen 73
2.3.3 Der Brief des Fermes 74

2.3.4	Die Etymologiae des Isidor	77
2.3.5	Myrmeken im Himalaja	77
2.3.6	Das Buch der Ungeheuer	80
2.3.7	Die karolingische Ära	81
2.3.8	In den fernen Westen	84
2.3.9	Andere Quellen des 9. Jahrhunderts	85
2.4	**Das Hochmittelalter**	
2.4.1	Arabische Quellen	86
2.4.2	Die *Historia in praeliis*	89
2.4.3	Die Wunder des Ostens	91
2.4.4	Orientalische Epen und Märchen	94
2.4.5	Der Physiologus	100
2.4.6	Byzantinisches und der Brief des Presbyters Johannes	102
2.4.7	Die Bestiarien	106
2.4.8	Die mittelalterlichen Enzyklopädien	111
2.4.9	Kaswini, der Herodot des Mittelalters	117
2.4.10	Mappaemundi, die frühen Weltkarten	118
2.4.11	Mitteleuropäische Alexander-Romane des 12.-13. Jahrhunderts	123
2.5	**Das Spätmittelalter**	
2.5.1	Die Myrmeken im England des 14. Jahrhunderts	127
2.5.2	Die Myrmeken bei Giovanni Boccaccio und anderswo	130
2.5.3	John de Mandeville, ein Vorläufer von Karl May	132
2.5.4	Die erste Hälfte des 15. Jahrhunderts	141
2.5.5	Die zweite Hälfte des 15. Jahrhunderts	145
2.5.6	Myrmeken in einer Kirche?	150
2.6	**Die Spätzeit**	
2.6.1	Das 16. Jahrhundert: Ein arabischer Geograph und europäische Seefahrer	152
2.6.2	Die *Cosmographie* des Sebastian Münster	154
2.6.3	Georgius Agricola und die Myrmeken	156
2.6.4	Eine indische Ameise am Hof Sulimans des Prächtigen	158
2.6.5	Die Myrmeken des Plinius im 16. Jahrhundert	160
2.6.6	Das späte 16. Jahrhundert	162
2.6.7	Die Myrmeken im slawischen Kulturraum	163
2.7	**Frischer Wind?**	
2.7.1	Die ersten Kritiker	164
2.7.2	Das 19. Jahrhundert	167
2.7.3	Die Neuzeit	170
2.7.4	Neue Medien	174

3. WER WAR'S? ERKLÄRUNGSVERSUCHE

3.1 Die Zeit vor 1800 180
3.2 Das 19. Jahrhundert 182
3.3 Das 20. Jahrhundert 188
3.4 Sprachliche Deutungsversuche 191

4. DIE TIERE

4.1 Vorbemerkung 194
4.2 Insekten als Goldgräber? 194
4.2.1 Ameisen 194
4.2.2 Termiten 200
4.3 Säugetiere als Goldgräber? 203
4.4 Wer waren die felltragenden Myrmeken wirklich? 205

5. GEOGRAPHIE, GEOLOGIE UND TECHNIK

5.1 Wo waren die reichen Goldfelder? 208
5.2 Wie wurden die Goldfelder entdeckt? 213
5.3 Um welche Art Gold handelt es sich? 215
5.4 Wie wurde das Gold gewonnen? 217
5.5 Wieviel Gold erhielt der Großkönig aus Indien? 221
5.5.1 Förderraten von Seifengoldrevieren 221
5.5.2 Förderraten einzelner Goldwäscher 223
5.5.3 Monetäre Überlegungen 225

6. WAS WAR WIRKLICH LOS? EIN LÖSUNGSVERSUCH 229

ANHANG :

N° 1 - 24 Zusammenstellung der verschiedenen, im Text nicht vollständig aufgeführten Texte 236
Karte Asien 251

Danksagungen 252
Literaturverzeichnis 253
Index nominum 272

Ein persönliches Vorwort

Warum dieses Buch?

> Damit schweife ich von meinem Thema ab, was ja aber ganz in der Absicht meines Werkes liegt.
> Herodot *IV 29*

Der geneigte Leser wird sich vielleicht fragen, warum jemand, der dazu von Hause aus noch nicht einmal Altphilologe, sondern Geologe ist, sich im 21. Jahrhundert mit einem exotischen, fast zweieinhalb Jahrtausende alten Thema wie goldgrabenden Ameisen beschäftigen sollte. Nun, das kam so:

Es war ein grauer regnerischer Wintertag Ende des Jahres 1954 in Hamburg, und ein netter älterer Herr las vor einer Klasse von 25 Schülern aus einem alten — sehr alten — Buch vor, das ein gewisser Herodot vor fast 2500 Jahren geschrieben hatte, für die jungen Zuhörer also in grauer Vorzeit:

> Sie sind die kriegerischsten indischen Stämme und sie sind es auch, die zur Gewinnung des Goldes ausziehen. In ihrer Gegend ist nämlich eine Sandwüste und in dieser Sandwüste leben große Ameisen, kleiner als Hunde aber größer als Füchse. Einige solcher Ameisen, die dort gefangen wurden, kann man beim König von Persien sehen. Diese Ameisen werfen beim Bau ihrer unterirdischen Wohnungen den Sand auf, wie es auch die Ameisen in Griechenland tun, denen sie auch im Aussehen sehr ähnlich sind. Der aufgeworfene Sand aber ist goldhaltig, und zur Gewinnung dieses Sandes ziehen die Inder in die Wüste. Drei Kamele werden zusammengebunden, zu beiden Seiten ein Kamelhengst wie ein Saumpferd, in der Mitte eine Kamelstute. Auf dieser reiten sie, und zwar nehmen sie gern Stuten, die kürzlich erst geworfen haben, so daß man sie ihren Füllen entreißen muß. Ihre Kamele sind nicht weniger schnell als Pferde und können überdies weit größere Lasten tragen.
>
> So ausgerüstet ziehen die Inder nach dem Gold aus, wobei sie es so einrichten, daß sie während der heißesten Tageszeit eintreffen und das Gold rauben. Vor der Hitze nämlich verkriechen sich die Ameisen in der Erde.
>
> Kommen die Inder nun an den Platz, so füllen sie die mitgebrachten Säcke möglichst schnell mit Sand und machen sich wieder davon. Die Ameisen nämlich rie-

Ein persönliches Vorwort

chen sie, wie die Perser sagen, und verfolgen sie sofort. Sie sollen schneller sein als jedes andere Tier. Wenn die Inder nicht, während die Ameisen sich sammeln, einen Vorsprung gewännen, würde keiner von ihnen lebendig davonkommen. Die männlichen Kamele, die nicht so schnell laufen könnten wie die weiblichen, binde man während der Verfolgung los und überlasse sie den Ameisen, erst das eine, dann das andere. Die Stuten aber, im Gedanken an die Füllen daheim, blieben unermüdlich.

Diese Geschichte, und noch einige andere, die Dr. Hamfeldt, der nette ältere Herr, im Rahmen des Probeunterrichtes für die Aufnahme ins Gymnasium — so etwas gab es damals noch in Hamburg — vorlas, blieben mir unauslöschlich im Gedächtnis haften, stellten sie doch so etwas wie den 'Duft der großen weiten Welt' dar, die uns damals noch so weit entfernt schien, nur neun Jahre nach dem großen Krieg, dessen Spuren überall in Hamburg noch deutlich zu sehen waren.

Und fast zwanzig Jahre später fiel sie mir bei meinem beruflichen Aufenthalt als Geologe in Südafrika sofort wieder ein, als ich 1973 in einer dortigen Bergbauzeitschrift einen Artikel über einen Goldsucher im damaligen Rhodesien, dem heutigen Zimbabwe, fand. Ihm war es mit Hilfe von Herodots Geschichte gelungen, durch systematische Beprobung und Analyse von Termitenhaufen eine neue Goldmine an einer Stelle zu entdecken, an der die goldführenden Gesteine unter einer dicken Sandschicht begraben lagen.

Diese Information wurde zunächst im Gedächtnis unter der Rubrik 'Exotisches' abgespeichert und ruhte dort nochmals etwas mehr als zwanzig Jahre, bis sie in einem Vortrag vor dem Kongreß zum 100-jährigen Jubiläum der Südafrikanischen Geologischen Gesellschaft im Jahre 1995 in Johannesburg verarbeitet wurde, der den Einsatz von Tieren wie Adlern, Kanarienvögeln, Ameisen, Termiten und Hunden in Bergbau und Exploration behandelte. Nun denn, nach diesem Kongreß begann sich aus der Lesung von Herodots Ameisengeschichte durch Dr. Hamfeldt im Jahr 1954 in Hamburg fünfzig Jahre später das zu entwickeln, was vor dem Leser in den nachfolgenden Kapiteln ausgebreitet werden soll.

1. Einführung

Nachdem sich der anfängliche 'Jagdinstinkt' auf der Suche nach Spuren der goldgrabenden Ameisen in einen mehr buchhalterischen Sammeleifer gewandelt hatte, ergab sich schon bald, daß bei der unerwarteten Vielzahl der Fundstellen zu diesen Tieren eine einfache 'philologische' Zusammenstellung der Zitate überaus langweilig werden würde. Es hatte sich bei der Suche nach diesen Fabeltieren ein wahrhaftiges Labyrinth der unterschiedlichsten Erzähltraditionen in einer Vielzahl von Kulturen aufgetan. Insbesondere das historische und das kulturelle Umfeld beeinflußten Art und Umfang der Überlieferung und so wanderte das Motiv problemlos zwischen antiken Quellen und asiatischer Volksüberlieferung sowie christlicher und arabischer Literatur hin und her.

Es stellte sich sehr bald heraus, daß es sich bei den Goldameisen um ein sowohl zeitlich als auch geographisch außergewöhnlich weit verbreitetes Motiv handelt. Bei einer solchen Wanderung des Motivs in Raum und Zeit ist es nicht verwunderlich, daß der eine oder andere Aspekt entfällt oder reduziert wird und so zum Beispiel nur noch Größe und Gefährlichkeit der Tiere herausgestellt werden. Daher wurden auch Fundstellen in diese Sammlung aufgenommen, in denen zwar große Ameisen vorkommen, aber kein Zusammenhang mit Gold erwähnt wird. In einigen Fällen waren die Überlieferungsspuren der Goldameisen so schwach, daß es nur unter Annahme von Übersetzungs- und Kopierfehlern in alten Handschriften möglich war, ihre wahre Natur zu entdecken. Aber selbst Nebenaspekte wie die der männlichen Kamele, die den Ameisen zum Fraß zurückgelassen werden, erfuhren eine Umgestaltung, denn in den christlichen Versionen der Geschichte kommen sie mit dem Leben davon. Darüber hinaus hat sich in einigen Gebieten die Bezeichnung 'indische Ameise' sehr lange gehalten und wurde schließlich in Unkenntnis des Ursprungs der Geschichte auf Tiere übertragen, die 'mit der Sache gar nichts zu tun hatten'.

Im ersten Teil dieses Buches werden die verschiedenen antiken und jüngeren Quellen zu diesem Thema vorgestellt — denn schließlich hat sich nicht nur Herodot damit befaßt. Um den Appetit des Lesers zu wecken, sei hier nur erwähnt, daß die goldgrabenden Ameisen über einen Zeitraum von zwei Jahrtausenden bis zur Mitte des 16. Jahrhunderts moderner Zeitrechnung über fast einhundertundfünfzig Belegstellen in der Weltliteratur und in mittelalterlichen Weltkarten auftauchen, und selbst Goethe — wie könnte es anders sein — erwähnt sie. Aber auch in verhältnismäßig jungen Märchen und Sprichwörtern erscheinen diese Ameisen mehrfach, und sogar in Comics, Filmen und Videospielen haben sie, in leicht abgewandelter Form, Eingang gefunden. Geographisch finden sie sich von Irland im Westen bis Sumatra im Osten, von China im Norden bis zu den Malediven im Süden vertreten. Ihre anfänglich behauptete Größe — „größer als Füchse, aber kleiner als Hunde" — steigt auf die von Elefanten und sinkt schließlich auf die von Hasen ab. Es handelt sich dabei um eines der ältesten, in seinem Ursprung datierbaren Märchenmotive überhaupt — aber ist es wirklich nur ein Märchen, oder steckt nicht doch noch mehr dahinter?

Nach einer Zusammenstellung der bisherigen Erklärungsversuche zu dem Thema werden im zweiten Teil geologische, geographische und technische Aspekte behandelt, die wie Teile eines Puzzles bei der Lösung des Rätsels helfen können. Insgesamt soll dem Leser hier ein antikes Thema in seiner Rezeption und Verarbeitung in verschiedenen Kulturen dargestellt und dabei gleichzeitig das jeweilige kulturelle, politische und zum Teil auch technologische Umfeld beschrieben werden. In dieser breiten Anlage soll dies Buch der der Einleitung vorangestellten Maxime Herodots folgen.

Der Leser möge also nun der 'Ameisenstraße' oder dem roten Faden der Ariadne durch das erwähnte Labyrinth folgen. Aber selbst wenn an der einen oder anderen Stelle möglicherweise länger verweilt oder ein größerer Umweg genommen wird, so sei ihm hier versichert, daß schließlich in sechsten Kapitel eine (die?) Auflösung des Rätsels vorgestellt werden soll.

1.1 Einiges über Herodot

Wer war eigentlich dieser Herodot, von dem wir in den folgenden sechs Jahren Griechischunterricht im Gymnasium in Hamburg und später Frankfurt leider nie mehr etwas zu lesen bekamen?[1] Er wurde um 490 v. Chr. in Halikarnassos, der heutigen türkischen Touristenhochburg Bodrum an der Ägäis, in der alten südwestanatolischen Landschaft Karien, als Sohn einer angesehenen und wohlhabenden Familie geboren. Über seine Jugend ist wenig bekannt, er mußte jedoch als junger Mann zusammen mit seinem Onkel, dem Dichter Panyasis, um 460 v. Chr. vor dem lokalen Tyrannen Lygdamis aus seiner Vaterstadt nach Samos fliehen. Von dort unterstützte er den Sturz des Tyrannen, der schließlich 454 v. Chr. aus der Stadt vertrieben werden konnte. In Herodots Lebenszeit fällt der Tod des persischen Großkönigs Xerxes I, der 465 v. Chr. nach verschiedenen Haremsintrigen und Wirren auf Betreiben seiner Hauptfrau von ihrem Günstling Artabanos ermordet wurde. Sein Sohn und Nachfolger, Artaxerxes I, genannt μακροχείρ (Langhand), der selbst nach griechischen Berichten durch Milde und Großmut gekennzeichnet war, schloß 449 v. Chr. mit Athen den Kallias-Frieden, so genannt nach dem Führer der athenischen Verhandlungsdelegation, durch den der ständige Kampf zwischen Athen und dem persischen Reich um Macht und Interessen in Kleinasien und im östlichen Mittelmeer beendet wurde.[2]

---

[1] Eine interessante Untersuchung zum Wandel des Ansehens Herodots als Schulbuchautor in der deutschen Bildungsgeschichte findet sich bei Kipf (1999).
[2] Athen gab dabei u.a. seine Ansprüche auf Zypern und der Großkönig seine auf die griechischen Gebiete entlang der kleinasiatischen Westküste auf.

1.1 Einiges über Herodot

Nach der Rückkehr in seine Heimatstadt nutzte Herodot die mittlerweile ruhigeren Zeiten, um als aufgeklärter, wissbegieriger und wohl auch wirtschaftlich unabhängiger Zeitgenosse seine weiten Reisen zu unternehmen. Dabei war er offensichtlich als bewußt wissenschaftlicher Reisender unterwegs, um für sein großes Werk eine möglichst fundierte Grundlage zu schaffen. Drei große Reisen lassen sich nachweisen, die eine zu den griechischen Kolonien auf der Krim, dann die durch die Länder des östlichen Mittelmeerraumes bis hin nach Babylon und ins persische Ekbatana und schließlich die große Ägyptenreise, verbunden wohl mit einem Abstecher in das weiter westlich gelegene Kyrene. Kleinere Reisen führten ihn an verschiedene Orte Griechenlands, Kleinasiens und in die Magna Graecia, das griechische Süditalien. Dahlmann (1823), einer der frühen Herodotforscher, beschreibt diesen Drang in die Ferne treffend: „Zu dieser Zeit unternahm Herodot Reisen, zu deren Vollbringung auch der eilfertigste Engländer eine Reihe von Jahren gebrauchen würde". In der Romantik waren gerade die Engländer nahezu sprichwörtlich als besonders reiselustig bekannt. So ruft z.B. Mephistopheles im *Faust II* in der klassischen Walpurgisnacht aus:

Sind Briten hier? Sie reisen sonst so viel,
Schlachtfeldern nachzuspüren, Wasserfällen,
gestürzten Mauern, klassisch dumpfen Stellen ...

Herodot wird der ionischen, von Milet an der kleinasiatischen Westküste ausgehenden Geographenschule der 'Periegetiker' zugerechnet, die hauptsächlich eine beschreibende Länderkunde lieferten. Herodot verließ seine Vaterstadt um 446 v. Chr. in Richtung Westen, wohl aufgrund der Mißgunst seiner Mitbürger, die ihm anscheinend seinen sich allmählich abzeichnenden Ruhm neideten. Er war 445 v. Chr. in Athen, wo er öffentlich aus seinem Werk vorlas und dort auch mit dem Staatsmann Perikles und insbesondere dem Dramatiker Sophokles zusammentraf (s. auch Kap. 2.1.4).

Er schloß sich bald darauf Kolonisten an, die sich auf Bitten griechischer Siedler nach Süditalien, den 'goldenen Westen' Griechenlands, auf den Weg machten ('go west, young man!') und im Jahre 444 v. Chr. an der Ostküste des heutigen Kalabrien wenige Kilometer südlich des ehemals übermächtigen und wegen seines Lebenswandels berüchtigten Sybaris die Stadt Thurioi gründeten.[3] Herodot wird hier an seinem Geschichtswerk weitergearbeitet haben, denn die letzten Ereignisse, auf die er sich bezieht (430 v. Chr.), fallen noch in die Frühzeit des Peloponnesischen Krieges (431–404 v. Chr.). Herodot starb in Thurioi um das Jahr 420 v. Chr., ohne sein Werk zu vollenden. Die früheste Erwähnung seines Werkes findet sich in einer Anspielung darauf in der im Jahre 425 v. Chr. anläßlich des Lernäen-Festes uraufgeführten und dort mit dem ersten Preis ausgezeichneten Komödie *Die Acharner* des Aristophanes (445–385 v. Chr.).

Interessanterweise galt Herodot zum Beispiel bei Aristoteles (384–322 v. Chr.) als Bürger von Thurioi *(Rhet. 1409a27)* und erst in späthellenistisch/römischer Zeit

---

[3] Sybaris war 510 v. Chr. von einer Koalition griechischer Städte unter der Führung des Philosophen und Mathematikers Pythagoras von Kroton (570–496 v. Chr.) zerstört worden.

1. Einführung

erinnerte sich Halikarnassos[4] allmählich wieder seines berühmten Sohnes. Er wurde danach allgemein als Halikarnassier angesehen, man ehrte ihn mit einem Standbild auf dem Marktplatz und zu Zeiten der römischen Kaiser des 2. und 3. nachchristlichen Jahrhunderts prägte man sein Portrait sogar auf Kupfermünzen.

Dieser Herodot, der „Vater der Geschichte", wie ihn Cicero nannte, faßte seine Forschungen in der ἱστορίης ἀπόδεξις zusammen, der *Darlegung der Erkundung*, oder den *Historien*, wie sie allgemein bezeichnet werden, einem für damalige Verhältnisse gewaltigen Werk, das auch in modernen Ausgaben weit über 500 Seiten umfaßt.[5] Das Werk beginnt mit dem programmatischen, von einem späteren Bearbeiter vorangestellten Satz: „Herodot, ein Bürger von Halikarnassos, hat diese Historien aufgezeichnet, damit bei der Nachwelt nicht in Vergessenheit gerate, was unter den Menschen einst geschehen ist." Das Buch besteht aus einer Mischung von eigenen Forschungsergebnissen und Beobachtungen, Berichten als verläßlich angesehener Gewährsleute, aber auch aus Sagen, Märchen, und 'Räuberpistolen', denn teilweise wurden Herodot wirklich 'Bären aufgebunden'. Das Hauptthema des Werkes ist der Konflikt zwischen Griechen und Persern mit all seinen Vorgeschichten und Nebenschauplätzen. Es ist so breit angelegt, daß der als Motto diesem Buch vorangestellte Satz Herodots nur zu berechtigt ist.

Was aber macht nun Herodots Werk so interessant und sogar faszinierend? Es ist einerseits die Lebendigkeit des Textes, die Dionysius von Halikarnassos zur Zeit des Kaisers Augustus als Farbigkeit (ποικιλία) lobte, und die über den Stil eines Sachbuches — und das sind die Historien ja zu einem guten Teil — hinausgeht, dann die Dramatik des Aufbaus und schließlich die Fülle von Informationen auch über die entlegensten Teile der damals den Griechen bekannten Welt. Dion Chrystostomos schrieb um 100 n. Chr.: „Den Herodot wirst Du, wenn Du etwas Freude brauchst, mit viel Behagen zur Hand nehmen." Und der erwähnte Dionysius sagt *ad Pomp.* 3: „Und wahrlich, wenn wir uns sein Buch vornehmen, bleiben wir bis zur letzten Silbe gespannt und warten auf immer mehr."

Eine ähnliche, fast zärtlich zu nennende Beurteilung aus jüngster Zeit findet sich bei Lendering (2004):

> Es gibt nur wenige antike Schriftsteller, die wir so gut kennen wie denn Herodot. Andere Autoren haben längere Texte verfaßt, waren bedeutendere Historiker oder erreichten ein höheres intellektuelles Niveau — aber keiner von ihnen kann uns wie Herodot dasselbe Gefühl intimer Freundschaft vermitteln. Wir treffen ihn, wenn sein Gemüt verdunkelt ist, wir teilen seine Überraschung, kennen seine religiösen Überzeugungen, hören ihn tratschen, scherzen und schwätzen. Es gibt keinen antiken Autoren, dessen Charakter wir so gut kennen, wie diesen Mann, über dessen Leben wir so wenig wissen.

---

[4]) Der Standort eines der sieben Weltwunder der Antike, des Grabmales des hellenistischen Königs Mausolos.

[5]) In die heute vorliegende Form, bestehend aus neun nach den griechischen Musen, d.h. Calliope, Clio, Euterpe, Thalia, Melpomene, Terpsichore, Erato, Polymnia und Urania, benannten Büchern, wurde es von dem alexandrinischen Grammatiker Aristarchos von Samothrake (216–144 v. Chr.) unterteilt.

1.1 Einiges über Herodot

Allerdings unterwarf bereits im Altertum eine Vielzahl von Autoren, angefangen mit seinem Zeitgenossen Thukydides (455–400 v. Chr.) bis insbesondere hin zu Plutarch (45–120 n. Chr.) in dessen Schrift *De malignitate Herodoti* („Über die Boshaftigkeit des Herodot"), diesen einer zum Teil nur wenig fundierten Kritik.[6] Außerdem wirft Plutarch dem Herodot vor, daß er 'ausländerfreundlich' (φιλοβάρβαρος) sei. In neuerer Zeit wurde Herodot häufig als leichtgläubiger Märchenerzähler kritisiert, der seine Quellen nicht ernsthaft genug geprüft und dann zum Teil noch selbst ausgeschmückt habe (z.B. Fehling 1971), wobei die Kritik sogar so weit geht, daß selbst seine Reisen angezweifelt werden. Bemängelt wurde auch seine den heutigen Anforderungen der Ethnographie nicht mehr genügende Vorliebe für das Außergewöhnliche und das Wunderbare.[7] Nesselrath (1995) und Pritchett (1982) nahmen Herodot gegen solche Vorwürfe in Schutz, und letzterer bemerkte, daß insbesondere dort, wo Herodot Selbstgesehenes wiedergibt, häufig Übereinstimmung mit der Wirklichkeit bestehe, daß er aber sonst viele wundersame Berichte eingeborener Gewährsleute und Übersetzer zitiert, deren Wahrheitsgehalt für ihn nicht nachprüfbar war. Herodot war sich dieser Problematik durchaus bewußt, sagt er doch *VI 152* selbst: „Doch ist es meine Pflicht, was ich höre, zu berichten, freilich nicht, alles Berichtete zu glauben".[8]

Diese Einstellung Herodots zu seinen Quellen illustriert am besten sein Bericht über die Umrundung Afrikas. Er schreibt *IV 42*, der ägyptische Pharao Necho (609–593 v. Chr.) habe eine Flotte phönizischer Schiffe vom Nordende des Roten Meeres mit dem Befehl nach Süden ausgesandt, zu prüfen, ob man Libyen, wie der Kontinent damals noch genannt wurde, umsegeln könne. Da die mitgeführten Vorräte der Flotte natürlich für eine derartige Fernfahrt nicht ausreichen konnten, hatte man entsprechende Vorkehrungen getroffen:

> Als der Herbst kam, gingen sie an Land, bebauten das Feld an welcher Stelle Libyens sie sich nun gerade befanden und warteten die Ernte ab. Hatten sie geerntet, so fuhren sie weiter. So trieben sie es zwei Jahre lang, und im dritten Jahre bogen sie bei den Säulen des Herakles [d.h. der Straße von Gibraltar] in das nördliche Meer ein und gelangten nach Ägypten.

Bis hierher hat Herodot keine Zweifel an der Geschichte, denn schließlich mußte jemand, der im Roten Meer nach Süden abfuhr und von Westen her durch das Mittelmeer nach Ägypten zurückkam, Libyen umrundet haben. Und er sagt selbst, daß so bewiesen wurde, das Libyen ganz vom Meere umgeben ist. Aber eine Stelle des ägyptischen Berichtes kam ihm wenig glaubhaft vor, die aber als eindeutiger Beweis für die Richtigkeit des Sachverhaltes gelten kann:

---

[6] Dabei soll die Kritik Plutarchs insbesondere daher rühren, daß seine Landsleute, der griechische Stamm der Boiotier, von Herodot stark getadelt wurden, da sie im Heer des Perserkönigs gegen die anderen Griechen gekämpft hatten.
[7] Mit derselben Begründung könnte man allerdings z. B. den Malern der italienischen Romanik vorwerfen, daß sie die Perspektive noch nicht beherrschten.
[8] Der arabische Geograph Idrisi relativiert im 12. Jahrhundert solche, ihm unglaubwürdig erscheinende Wundergeschichten mit dem Zusatz: „Der Allmächtige weiß, was daran wahr ist."

1. Einführung

Sie erzählten, — was ich jedoch nicht glaube, vielleicht erscheint es anderen eher glaublich — daß sie während der Umschiffung die Sonne auf einmal zur Rechten gehabt hätten. Danach hatten die phönizischen Seefahrer zunächst die Sonne offensichtlich zur Linken gehabt, d.h. bei einer Fahrt nach Süden ging sie zunächst ja wirklich links auf. Und wenn sie dann 'auf einmal zur Rechten' erschien, so kann dies nur dadurch erklärt werden, daß sich die Fahrtrichtung plötzlich auf Nord änderte und die Sonne nun rechts aufging. Die phönizische Flotte hatte somit das Kap der Guten Hoffnung sicher umrundet, mehr als 2000 Jahre vor den portugiesischen Seefahrern. Bei einem so großen zeitlichen Vorsprung sollte die Fahrtrichtung bei der Feststellung der Priorität eigentlich keine Rolle spielen und somit gebührt eindeutig den Phöniziern der Ruhm, Afrika als erste umsegelt zu haben, wobei sie die für damalige Verhältnisse gewaltige Entfernung von etwa 21.000 Kilometer zurücklegten.[9]

Zum Teil versucht Herodot auch wundersame Berichte, soweit es ihm als aufgeklärten Menschen möglich ist, seinen Lesern zu erklären. So berichtet er *IV 30*:

> Was die Skythen von jenen Federn sagen, von denen die Luft nördlich von ihrem Lande voll sein soll, so daß man nicht hineinsehen oder durchwandern kann, das erkläre ich mir folgendermaßen: Nördlich vom Skythenlande schneit es ununterbrochen. ... Wer einmal Schnee hat fallen sehen, der versteht mich. Der Schnee sieht aus wie Federn.

An einer anderen Stelle gibt Herodot ebenfalls eine ihm nicht glaubhafte Information getreulich wieder, die, ohne daß er sich dessen bewußt ist, den Beweis für ihre Wahrhaftigkeit in sich trägt. So berichtet er *IV 25*, daß er bei seinem Aufenthalt in den griechischen Kolonien an der Nordküste des Schwarzen Meeres erfahren habe, daß nach den Erzählungen der 'Kahlköpfe', eines offensichtlich mongolischen Volksstammes, der am Fuße großer Berge weit im Nordosten, wohl am Ural, wohne, „... jenseits der Berge ein anderes Volk wohnt, das sechs Monate schliefe. Das scheint mir aber vollends unglaublich." Es handelt sich aber nicht um eine falsche Berichterstattung, sondern um ein Mißverständnis, beim dem Nacht und Schlafen gleichgesetzt wurden. Natürlich schläft dieser Stamm nicht ein halbes Jahr lang, aber dort im hohen Norden ist die Sonne ein halbes Jahr verschwunden und es herrscht Polarnacht. Herodot berichtet hier etwas, das er von seinen Gewährsleuten gehört hat, die es selbst über mehrere Überlieferungsstufen von Bewohnern jener Regionen nördlich des Polarkreises und damit wohl aus dem heutigen nordwestlichen Sibirien, d.h. dem Gebiet um den Ob im Norden des Sibirischen Tieflandes erfahren haben. — Jeder, der in seiner Kindheit schon einmal bei Kindergeburtstagen „Stille Post" gespielt hat, weiß, was bei einer solchen mündlichen Weitergabe von Nachrichten herauskommen kann.

Bei manchen der ihm berichteten Geschichten dürfte es Herodot wie dem Phineas Fogg in Jules Vernes *Reise um die Welt in achtzig Tagen* gegangen sein: „Wenn

---

9) Übrigens soll sich Aristoteles (384–322 v. Chr.) zum Zeitpunkt seines Todes mit der Planung einer Expedition beschäftigt haben, die erkunden sollte, ob Libyen wirklich von Wasser umflossen war.

1.1 Einiges über Herodot

ich das zu Hause in meinem Club erzähle …!" Pritchett (1982) weist außerdem darauf hin, daß solche Mischungen von Wahrheit und Märchen auch noch in verhältnismäßig modernen Reiseberichten wie denen des englischen Weltumseglers und Freibeuters Sir Francis Drake (1554–1596) aus Südamerika zu verzeichnen sind, und Redfield (1985) erkennt bei aller Kritik die Pionierleistungen Herodots ausdrücklich an.

Der Leser möge nun aber nicht den Eindruck gewinnen, daß er hier ein Buch über Herodot erworben hat und die ihn vielleicht wesentlich mehr interessierenden Ameisen in eine Nebenrolle gedrängt werden. Letzteres ist in Anbetracht der Stofffülle ohnehin nicht möglich, aber es erschien angebracht, den Umfang der durch Herodot überlieferten geographischen und historischen Informationen anzudeuten. Und im Übrigen ist diese sehr breit angelegte Behandlung des Themas durchaus im Sinne von Herodot, wie das dem Buch als Motto vorangestellte Zitat aus den *Historien* abermals deutlich zeigt.

1.2 Zu den Texten

Eine Durchsicht der umfangreichen Literatur zu diesem Thema zeigt, daß bisher kein Versuch einer systematischen Zusammenstellung der Hinweise auf die Goldameisen unternommen wurde. Eine erste umfangreiche Zitatenliste stammt von Müller (1848), die jüngste von Lindegger (1982). Aber selbst nach all diesen Jahren war es im Rahmen dieser Untersuchung immer noch möglich, viele bisher unbekannte Zitate, zum Beispiel bei dem römischen Satiriker Lukian, in einem ägyptischen Papyrus aus dem 2. nachchristlichen Jahrhundert oder bei mittelalterlichen Enzyklopädisten wie Vinzenz von Beauvais und in arabischen Länderbeschreibungen oder mittelalterlichen Landkarten aufzufinden. Selbst die hier vorgelegte Zusammenstellung kann keinen Anspruch auf Vollständigkeit erheben, denn es ist nicht auszuschließen, daß sich auch in Zukunft noch weitere Textstellen zu diesem Thema insbesondere in frühen arabischen Texten finden.

Der Autor hat es sich bei seinen Untersuchungen zur Aufgabe gemacht, auch Hinweisen in verschiedenen Sekundärquellen nachzugehen und eine möglichst umfassende Auflistung zu erstellen, in denen auf die Goldameisen Bezug genommen wird. Dabei beschränkte er sich aber nicht auf die griechische und lateinische Literatur, sondern konnte auch verschiedene mittelalterliche europäische wie außereuropäische Quellen und sogar moderne elektronische Medien heranziehen.

Aus verschiedenen antiken Quellen geht hervor, daß es sich bei dem von den Ameisen produzierten Gold um solches von hoher Qualität handelte und dies somit etwas ganz Besonderes darstellte. Folglich werden auch Belege aufgenommen, die nur auf 'besonderes Gold' aus dem westlichen Zentralasien hinweisen, wo nach allen vorhandenen Berichten und Interpretationen — wie noch zu zeigen sein wird — der Ursprung der Geschichte zu lokalisieren ist.

1. Einführung

Es werden in dieser Arbeit außerdem an verschiedenen Stellen Hinweise auf goldhütende Greife und Drachen aufgeführt, da zwischen diesen und den Goldameisen interessante Gemeinsamkeiten bestehen. Allerdings werden aus der umfangreichen Literatur zu diesem Thema nur die hier direkt interessierenden Zitate ausgewählt. Zusätzlich werden noch Bilddokumente zu den goldgrabenden Ameisen vom 6. vorchristlichen Jahrhundert bis in die Neuzeit zusammengestellt.

Es ist Herodot mit der Ameisengeschichte gelungen, ein ethnographisches Motiv, einen so genannten 'Topos' einzuführen, der in vielgestaltiger Form über nahezu 2500 Jahre immer wieder in der Literatur auftaucht. Zum einen fungieren die Ameisen als Zeichen für Reichtum, sie finden sich aber auch als Teil von Länderbeschreibungen und in christlichen Erbauungsbüchern. Die Ameisengeschichte selbst erscheint dann als schmückendes Beiwerk in Reiseberichten und Märchen und schließlich 'verselbständigen' sich die Ameisen und erscheinen einfach als schreckliche Ungeheuer ohne jede Beziehung zum Gold.

In der nachfolgenden Untersuchung wird für die goldgrabenden Ameisen in Anlehnung an das griechische Wort μύρμηξ (ausgespr.: mürmäx) für Ameise der Terminus 'Myrmeken' eingeführt, der erstmalig in dieser Form von Wahl (1807) benutzt wurde und im Folgenden alle verschiedenen Erscheinungsformen dieser Fabelwesen bezeichnet, unabhängig davon, ob Gold mit im Spiele ist oder nicht. Biographische Details zu den verschiedenen antiken Autoren entstammen meist den entsprechenden Kapiteln der so genannten *RE*, der von F. Pauly 1839 begründeten *Realencyclopädie der Altertumswissenschaften,* die ab 1894 von G. Wissowa neu herausgegeben wurde. Den verwendeten Herodot-Zitaten liegt die deutsche Übersetzung von A. Horneffer in der Ausgabe von Haussig (1955) zu Grunde, während biographische Daten zu den verschiedenen erwähnten römischen Kaisern aus Grant (1985) und Eisenlohr et al. (1991) stammen. Sofern es sich bei den nachfolgenden Zitaten nicht um eigene Übersetzungen handelt, wird dies mit der entsprechenden Quellenangabe gekennzeichnet.

Zur Lage der verschiedenen im Text erwähnten Orte, Landschaften und Flüsse wird auf die Karte auf S. 251 verwiesen.

2. Ad fontes — Zu den Quellen

2.1 Die ersten fünfhundert Jahre

2.1.1 Herodot und die frühen Quellen

In Herodots Werk finden sich verschiedene direkte und indirekte Hinweise darauf, daß er Informationen älterer Historiker und Geographen wie zum Beispiel des Hekataios von Milet (um 550–490 v. Chr.) verwendet hat, die er, wie damals durchaus üblich, nicht immer mit einem Quellenverweis gekennzeichnet hat. So hat in jüngerer Zeit insbesondere Lindegger (1982) die Ansicht vertreten, daß die Myrmeken-Geschichte zu einem beträchtlichen Teil dem aus dem späten 6. vorchristlichen Jahrhundert stammenden Reisebericht des Skylax, eines griechischen Kapitäns in persischen Diensten, entnommen wurde. Schließlich erwähnt Herodot als einziger dessen Reise verhältnismäßig ausführlich, während spätere Autoren nur sehr spärlich auf dieses Werk eingehen.

Was aber hat es mit diesem Skylax auf sich? Nach Herodot *IV 44* handelte es sich um einen Kapitän aus der karischen Stadt Karyanda im südwestlichen Kleinasien, der vom persischen Großkönig Dareios I (550–486 v. Chr.) von Kaspapyros, der östlichsten Stadt seines Reiches, an der Ostgrenze der bereits um 535 v. Chr. von Kyros I eroberten Provinz Gandhara,[1] ausgeschickt wurde, den Indus hinab zu segeln und zu versuchen, über See in das persische Reich zurückzukehren. Skylax war wohl als eines der 'Augen und Ohren des Großkönigs' unterwegs, wie damals diese Kundschafter genannt wurden.[2]

Es wird allgemein angenommen, daß diese Reise zwischen 518–513 v. Chr. stattfand. Nach Herodot benötigte Skylax für die etwa 7.000 km lange Fahrt entlang der persischen Südküste, der arabischen Küste des Indischen Ozeans und das Rote Meer hinauf bis zum heutigen Suez etwa 2½ Jahre. Er wird im Anschluß daran mit Sicherheit für seinen Auftraggeber einen umfangreichen Reisebericht verfaßt haben, von dem eine Abschrift auch nach Griechenland gelangt sein dürfte. Die vielen darin enthaltenen Nachrichten über wundersame Dinge in jenen fernen Ländern werden

---

[1] Hauptsächlich das Tal des antiken Cophen, des heutigen Kabul-Flusses.
[2] So taucht bei Aristophanes 425 v. Chr. in der Komödie *Die Acharner* ein solches 'Auge des Großkönigs' in Form eines persischen Gesandten auf.

2. Ad fontes — Zu den Quellen

dort großes Interesse erregt haben. Herodot, wie schon vor ihm Hekataios, wird aus diesem umfangreichen Bericht geschöpft haben, denn er bringt eine solche Fülle von Details über das ferne Indien, daß kaum anzunehmen ist, daß es sich dabei ausschließlich um eigenes Hörensagen anläßlich seiner Reisen im Westteil des Perserreiches handeln dürfte.

Warum aber sollte gerade die Myrmeken-Geschichte von Skylax stammen? Ein Indiz dafür könnte die der Skylax-Reise vorausgehende und die sich daran anschließende geschichtliche Entwicklung sein. In der großen deklamatorischen Inschrift, die Dareios I kurz nach der Niederschlagung des Gautama-Aufstandes, als Zeichen der Festigung seiner Macht, um 518 v. Chr. an einer Felswand bei Behistun im westlichen Medien anbringen ließ, wird zwar die ostafghanischen Satrapie Gandhara erwähnt, Indien fehlt jedoch noch. Die wohl spätestens auf das Jahr 513 v. Chr. anzusetzende, von Dareios veranlaßte Eroberung des Indus-Gebietes und eventuell sogar von Teilen Kaschmirs (die Satrapie 'Indien' oder persisch: 'Hidu') dürfte als wichtigstes, wenn nicht sogar einziges Ziel die Eroberung der Gebiete gehabt haben, in denen das sagenhafte Myrmeken-Gold vermutet wurde oder von denen aus man dorthin gelangen konnte. Schon die Satrapie Gandhara war nach ihrer Steuerleistung die ärmste des persischen Reiches, und da der insbesondere in seinem Ostteil wüstenhafte Panjab aus wirtschaftlichen Gründen kaum als erobernswert bezeichnet werden kann, wird es andere Gründe für die Eroberung gegeben haben. Und wer anders als Skylax hätte dem Großkönig über den Goldreichtum der Gebiete nordöstlich des Perserreiches Bericht erstatten sollen?[3]

Obwohl bei Ausgrabungen im Gebiet des Induslaufes im Karakorum bisher keine direkten archäologischen Beweise für eine persische Besetzung während der Zeit der achämenidischen Großkönige im 5.–4. vorchristlichen Jahrhundert gefunden wurden, gibt es doch indirekte Hinweise, die eine solche Verbindung zumindest wahrscheinlich machen. Jettmar (1983a) beschreibt aus der Gegend von Chilas am Indus Felsgravuren von Kriegern, deren Haltung und Kleidung deutlich persischen Einfluß zeigen. Ob es sich bei diesen Darstellungen auf dem so genannten 'Altarfelsen' um Schöpfungen von Soldaten einer persischen Grenzgarnison oder um Arbeiten von Mitgliedern einer durch das Gebiet marschierenden persischen Einheit handelt, ist nicht zu sagen, die Gravuren zeigen jedoch, daß hier schon früh ein persischer Einfluß spürbar war.

In der wohl beim Abschluß der Bauarbeiten angebrachten Inschrift am Winterpalast von Susa, mit dessen Bau Dareios I bald nach der Konsolidierung seiner Macht begonnen haben dürfte, wird dann Indien bereits als zum Reich gehörig bezeichnet. Allerdings sagt der König dort, daß das beim Bau des Palastes verwandte Gold aus Baktrien, dem heutigen Afghanistan und Turkmenistan, und aus dem lydischen

---

3) Daß Indien östlich des Indus damals übrigens nicht zum persischen Reich gehörte, ist auch daraus zu entnehmen, daß zu Zeiten der persischen Großkönige bis zum Ende des 5. vorchristlichen Jahrhunderts von dort keine Elefanten erwähnt werden, wie sie später Alexander der Große bei seinen Kämpfen gegen Großkönig Darius III bei Gaugamela (331 v. Chr.) und gegen König Poros im östlichen Panjab mit Schrecken kennenlernen mußte. Auch Herodot kennt nur den afrikanischen Elefanten, der indische wird erstmals von dem in persischen Diensten stehenden Arzt Ktesias (s. Kap. 2.1.4) zu Beginn des 4. vorchristlichen Jahrhunderts beschrieben.

2.1 Die ersten fünfhundert Jahre

Sardes stamme. Indisches Gold wird noch nicht erwähnt und auch nicht solches aus Ägypten, jenem bedeutenden Goldland der alten Welt, dessen früher so reiche Abbaustellen in Nubien[4] mittlerweile offensichtlich an Bedeutung verloren hatten.

Es ist zwar nicht auszuschließen, daß Herodot den Kern der Myrmeken-Geschichte von Skylax übernommen hat, er dürfte sie dann aber durch zusätzliche direkte Informationen, die er von seinen persischen Gewährsleuten erhielt, erweitert haben. So sagt er zum Beispiel, die Perser behaupteten, daß die Myrmeken die Inder riechen, daß der Großkönig einige Exemplare dieser Wundertiere besitze, und daß das meiste indische Gold auf diese Weise gewonnen werde. Außerdem weist ein Gesichtspunkt darauf hin, daß Herodot von seinen Gewährsleuten direkt ein Tier als Ameise beschrieben wurde, das diese mit eigenen Augen 'beim Großkönig', das heißt in dessen Tiergärten, gesehen haben müssen, denn anders läßt sich die detaillierte Größenbeschreibung 'größer als Füchse und kleiner als Hunde' nicht deuten. Hätten Herodots Gewährsleute nur Gehörtes wiedergegeben, so wäre die Größe der Myrmeken wohl eher mit einem Terminus 'so groß wie ...' beschrieben worden. Zu dem erwähnten Größenvergleich ist allerdings anzumerken, daß sich die Angabe 'kleiner als Hunde' hier nur auf eine bestimmte, nicht genannte Rasse beziehen kann, denn auch in der Antike gab es Hunde aller Größen, von Spitzen bis zu den doggenähnlichen Molosserhunden (Keller 1909). Interessanterweise übernahmen spätere Autoren zur Kennzeichnung der Größe der Myrmeken fast ausschließlich den Vergleich mit Hunden, die Füchse werden dagegen nur selten erwähnt.

Zusammenfassend kann also gesagt werden, daß der Bericht über den Goldreichtum der Gebiete am oberen Indus durchaus von Skylax stammen kann, daß Herodot aber die Raubgeschichte und die Myrmeken selbst wohl eher direkt aus einer persischen Quelle übernommen hat.

Das Schicksal des Skylax, nicht als Quelle genannt zu werden, trifft übrigens auch Herodot selbst, denn in keiner einzigen der späteren antiken Quellen zu den Myrmeken wird er erwähnt, wohingegen spätere Autoren wie Nearchos und Megasthenes, die jeweils nur kurze Hinweise zu diesen Fabelwesen gaben, wesentlich häufiger aufgeführt werden. Dieses Paradoxon könnte vielleicht dadurch erklärt werden, daß es später einfach zum allgemeinen griechischen Bildungsgut gehörte, daß die Myrmeken-Geschichte ursprünglich von Herodot stammte und es nicht nötig war, diese Quelle jedes Mal neu zu erwähnen. Schließlich wird im deutschsprachigen Kulturraum auch nicht bei jeder Erwähnung der Geschichte des Dr. Faustus der Name Goethe dazugesetzt, da dessen Autorschaft als allgemein bekannt vorausgesetzt wird.[5]

---

4) So heißt es in den so genannten Amarna-Briefen, einer diplomatischen Korrespondenzsammlung, in einem Schreiben des Königs Tusratta IV aus dem am oberen Euphrat gelegenen Reich Mitanni um 1400 v. Chr. an Pharao Amenophis III (1402–1364 v. Chr.) nach Knudtzon (1915): „In meines Bruders Land ist Gold wie Staub in Menge da."
5) Andererseits bemerkt Karttunen (1997), daß frühere Autoren in antiken Texten häufig nur dann erwähnt werden, wenn der jeweilige Verfasser sie kritisieren will.

2.1.2 Das indische Gold in Persepolis

Der Vollständigkeit halber muß die Myrmeken-Geschichte noch um einige Aspekte erweitert werden, denn Dr. Hamfeldt hatte die Geschichte zur besseren Darstellung für seine angehenden Pennäler 'bearbeitet'.[6] Das Gold wird erstmals *III 95* in der Tributliste der einzelnen Satrapien des Perserreiches erwähnt, wonach der jährliche Tribut Indiens, der 20. Satrapie, insgesamt 360 euböische Talente Gold betrug. Werden für das euböische Talent[7] 25,92 kg angesetzt, so ergibt sich eine jährliche Goldlieferung von etwa 9,3 t. Rechnet man wie Herodot diese Menge mit dem von ihm genannten Gold-Silber-Verhältnis von 1:13 um, so erhält man einen Gegenwert von 4.680 Talenten Silber, der zusammen mit den 9.880 Talenten Silber der anderen 19 Satrapien insgesamt eine Steuerleistung des Reiches von 14.560 Talenten ergäbe. Der Anteil Indiens daran hätte also etwa ein Drittel betragen, eine nicht unbedeutende Feststellung, auf die in Kap. 5.5.3 noch eingegangen werden soll.

Über das Gold selbst heißt es *III 98* weiter: „Die Inder gewinnen jene großen Mengen Goldstaub auf folgende Weise: Der nach Osten gelegene Teil Indiens ist Sandwüste." Dann folgen als Einschub zunächst einige Kapitel über verschiedene Volksstämme Indiens und ihre Bräuche und erst *III 102* geht es weiter: „Dagegen wohnen andere Stämme nicht weit von der Landschaft Paktyike und deren Hauptstadt Kaspatyros, nördlich von den anderen Indern. Sie ähneln in ihrer Lebensweise den Baktriern." Bei diesen handelt es sich also um die Goldräuber und danach begann die von Dr. Hamfeldt vorgelesene Geschichte. Am Ende von *III 105* heißt es dann noch, daß, „wie die Perser sagen, der größte Teil des indischen Goldes so gewonnen [d.h. geraubt], und nur ein kleiner Teil gegraben wird". Zu Indien selbst bemerkt der Autor *III 106* schließlich, es gäbe dort „unermeßlich viel Gold, das teils gegraben, teils von Flüssen mitgeführt, teils, wie ich beschrieben habe, geraubt wird."

Das indische Gold selbst wird trotz seiner offensichtlich großen wirtschaftlichen Bedeutung in persischen Dokumenten nicht explizit erwähnt. Die dreisprachige Inschrift auf den goldenen und silbernen Fundamentplatten, die Dareios wohl um 500 v. Chr. in Persepolis einbauen ließ und die von seinem Sohn Xerxes I bei der Fertigstellung des Palastes an der Südwand der Terrasse angebrachte Inschrift mit einer Liste der Satrapien bezeichnen Indien ohne weitere Kommentare nur als Teil des Reiches.

Aber bei den Geschenke bringenden Stämmen auf den Reliefs an der östlichen Treppe zur Apadana in Persepolis, der Audienzhalle, die, wie man heute sagen würde, als 'Kunst am Bau' relativ spät, d.h. wohl in den letzten Lebensjahren des Dareios angebracht worden sein dürften, findet sich endlich ein Hinweis. Als Mitglied der

---

[6] Der gesamte entsprechende Text wird im Anhang 1 wiedergegeben.
[7] In Griechenland gab es neben der reinen Gewichtseinheit Talent von etwa 26 kg noch die Währungseinheit Talent, entsprechend 421 g Silber. Durch das Nebeneinander dieser beiden Einheiten kommt es bei der Beurteilung entsprechender antiker Angaben immer wieder zu Unklarheiten. Herodot geht hier allerdings eindeutig von physischen Metallmengen aus, da er speziell auf das babylonische Talent von 78 euböischen Minen verweist, wobei die Mine allein eine Gewichtseinheit ist.

2.1 Die ersten fünfhundert Jahre

Abb. 1: Träger aus der indischen Delegation auf den Reliefs an der Osttreppe zur Audienzhalle (Apadana) in Persepolis (Photo: Oriental Institute Museum, University of Chicago)

18. Delegation erscheint ein durch seine Kleidung als solcher identifizierbarer Inder, der an einer Tragstange zwei Körbe mit je zwei prall gefüllten Beuteln trägt (Abb. 1), bei deren Inhalt es sich, wie schon Schmidt (1953), der Pionier der Ausgrabungen in Persepolis, vermutete, um Goldstaub handeln dürfte.[8] Die Ruinen von Persepolis wurden zusammen mit Details der Prozession an der Apanada auf einem großen Bildteppich aus den zwanziger Jahren des vergangenen Jahrhunderts dargestellt, der 2001 in London versteigert wurde (Abb. 2). In der Bildkomposition wird links

---

[8] Die Reliefs an der Nordtreppe zur Apadana wurden als spätere Kopien weniger detailgetreu ausgeführt und wohl erst unter Xerxes vollendet. Hier findet sich bei der indischen Delegation noch ein weiterer Mann, der in beiden Händen je einen ähnlichen Korb mit ebenfalls zwei Beuteln hält (s. auch rechts von dem rechten Träger in Abb. 2b).

2. Ad fontes — Zu den Quellen

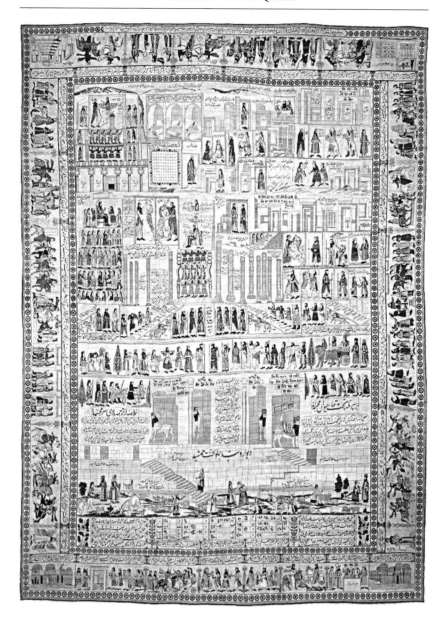

Abb. 2a: Persischer Knüpfteppich (5,77 x 4,24 m) des frühen 20. Jahrhunderts
(Photo J. Nazmiyal; New York; Abb. *nach* http://www.nazmiyal.com)

2.1 Die ersten fünfhundert Jahre

Abb. 2b: Zwei Träger nach demselben persischen Knüpfteppich (Abb. 2a)

der indische Träger züchtig in persische Gewänder mit Hose und Schuhen gekleidet, während er rechts, nach den Reliefs von der Nordwand, in seiner leichteren Originalkleidung und barfuß gezeigt wird.

Insbesondere Walser (1966) beschäftigte sich mit der Frage nach dem Inhalt der Beutel, meinte allerdings, daß es aufgrund des strengen orientalischen Hofzeremoniells keine Gesandtschaft gewagt haben könnte, Edelmetall unverarbeitet in Form von Klumpen, Barren oder etwa in Staubform als Geschenk anzubieten. Er vermutet, daß die Säckchen eher Edelsteine, Perlen oder Gewürze enthielten. Dagegen kann eingewendet werden, daß Edelsteine, insbesondere in geschliffener Form, oder auch Perlen, sicher nicht verpackt dargeboten worden wären. Verpackt werden müßten nur Gewürze, wobei aber die in den vier Beuteln angebotene Menge doch sehr dürftig gewesen wäre. Außerdem erscheint die Durchbiegung der Tragstange für ein so geringes Gewürzgewicht zu stark.

Es dürfte sich also am ehesten dabei um etwas Schwereres wie Staubgold aus Indien gehandelt haben, das als 'Ameisengold' allerhöchste Wertschätzung genossen haben muß und somit dem Großkönig unverarbeitet als Geschenk dargebracht werden konnte. Daß man Staubgold hohen Herren auch unverarbeitet in Beuteln darbieten durfte, zeigt eine Vielzahl ägyptischer Wandgemälde wie zum Beispiel die aus dem Grab des Huy, des Vizekönigs von Nubien unter Tutenchamun (um 1350 v. Chr.), in denen die Lieferung von Gold durch Nubier dargestellt wird (Abb. 3). Dabei werden zum einen Ringe mit einem Außendurchmesser von etwa 20 cm übergeben, die durch die beigefügte Hieroglyphe 'nub' klar als Gold gekennzeichnet sind, zum anderen wird Gold als Nugget und auch in Beuteln aus Leder oder Stoff überreicht.[9]

---

9) Die alten Ägypter unterschieden 'nub-en-set', das aus dem Gestein gewonnene 'Gold der Berge' von 'nub-en-mu', dem 'Gold des Wassers', dem aus dem Sand der Bächen ausgewaschenen Gold.

2. Ad fontes — Zu den Quellen

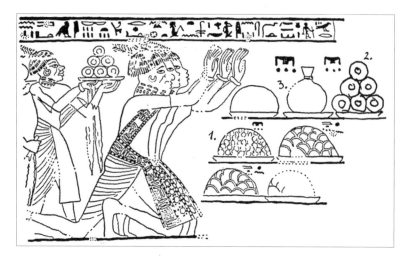

Abb. 3: Gold auf ägyptischen Wandgemälden im Grab des Huy, aus der Zeit des Tut-enchamun (15. Jahrhundert v. Chr.) in Form von Nuggets (1), Ringen (2) und Beuteln mit Staubgold (3) (ergänzt nach Vercoutter 1959)

Staubgold wurde übrigens nicht nur im alten Persien volumetrisch in Behältern abgemessen. Die Sumerer versandten Staubgold in versiegelten Gefäßen (Quiring 1948) und Thomas (1874) verweist darauf, daß schon im altindischen *Rigveda* versiegelte Beutel mit Gold als Werteinheit galten und noch Ende des 19. Jahrhunderts kleine rote mit etwa 5-6 g Gold gefüllte Beutel (tibetisch 'sharshoo') im Trans-Himalaja-Handel gebräuchlich waren. Im alten Mexiko galten mit Gold gefüllte Kakaobohnen als Werteinheit (Quiring 1948).

Außerdem war ja bekannt, daß das feinkörnige Staubgold wesentlich reiner war als das gröbere, in den Bergwerken gewonnene (s. Kap. 5.2), und damit natürlich auch wesentlich wertvoller. Solches Staubgold ('sahar-ba') war schon den Sumerern am Beginn des 3. Jahrtausends v. Chr. bekannt, die es unter anderem aus dem Lande 'Meluhha' bezogen. Dabei dürfte es sich nach neueren Forschungen um das Gebiet der Indus-Kultur um Mohenjo Daro und Harappa in Pakistan handeln (Karttunen 1989). Da in diesen Gebieten selbst aber keine Goldlagerstätten vorkommen, ist es durchaus vorstellbar, daß das Gold der Indus-Kultur aus dem Gebiet des oberen Indus kam, das heißt, nicht weit entfernt vom 'Wirkungskreis' der Myrmeken. Interessanterweise wurden die in den nördlichen Bergen wohnenden Stämme von den alten Indern im Sanskrit als 'Mleccha', ('die mit der barbarischen Sprache') bezeichnet. Auf diesen sprachlichen Zusammenhang zwischen dem sumerischen 'Meluhha' und dem Sanskrit 'Mleccha' wiesen erstmals Parpola & Parpola (1975) hin.

2.1 Die ersten fünfhundert Jahre

Wird also zunächst angenommen, daß die Beutel wirklich Gold enthielten und berücksichtigt man noch, daß die Künstler, die die Reliefs an der Osttreppe schufen, mit allerhöchster Detailtreue zu Werke gingen, dann lassen sich einige Rekonstruktionen vornehmen. Wird die Körpergröße des Inders mit etwa 1,70 m angesetzt, dann trägt er über beiden Schultern eine etwa 1 m lange und 1,5–2 cm dicke Tragstange, die an ihren Enden um jeweils etwa 6 cm durchhängt. Mit diesen Daten läßt sich mit Hilfe eines baustatischen Berechnungsprogramms dann das Gewicht der beiden Körbe bestimmen. Um welche Holzart es sich bei der Tragstange handelt ist nicht bekannt, man kann aber davon ausgehen, daß es ein Hartholz ähnlich der Buche war, weshalb die Berechnungen auf der Basis dieses Holzes durchgeführt wurden. Danach ergibt sich als Gewicht eines Korbes ein Wert von etwa 13,5 kg. Zieht man davon etwa 1 kg für den Korb selbst, die Aufhängung und die beiden leeren Beutel ab, so verbleibt für den Inhalt eines einzelnen Beutels ein Gewicht von etwa 6,25 kg. Damit kann es sich bei dem Material in den etwa 1 Liter fassenden Beuteln eindeutig nur um Goldstaub mit einem Schüttgewicht von etwa 6,25 kg pro Liter handeln. Der dargestellte Inder trug somit insgesamt ein Gewichtstalent Gold.[10]

Eine Bestätigung des relativ geringen Schüttgewichtes des indischen Goldes ergibt sich aus den Ergebnissen der Ausgrabungen von Flinders Petrie & Quibell (1896), die im oberägyptischen Naqada einen vermutlich aus der 18. Dynastie (um 1500 v. Chr.) stammenden Satz von sieben kleinen zylindrischen Gefäßen aus Bronze mit Stiel fanden (Abb. 4: Meßgefäße aus Bronze für Goldstaub; aus Flinders Petrie & Quibell 1896; das größte Gefäß besitzt einen Durchmesser von 20 mm). Aufgrund der außergewöhnlich geringen Größen der kleinsten dieser Gefäße vermuteten die Autoren, daß es sich dabei um Meßbehälter für Goldstaub gehandelt haben muß. Sie ließen die in diesen abmeßbaren Mengen an Goldstaub bei der Firma Johnson & Matthey in London sowohl für die gestrichen als auch gehäuft gefüllten Gefäße

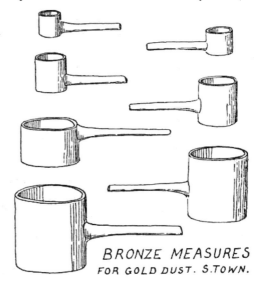

---

[10] Aufgrund des hier rekonstruierten Gewichtes der beiden Beutel von zusammen etwa 12,5 kg kann gefolgert werden, daß die erwähnte Darstellung des Inders auf den Reliefs der Nordtreppe nicht nach der Natur wie die der Osttreppe gearbeitet worden sein kann. Er hätte dann nämlich mit seinen ausgestreckten Händen je 12,5 kg tragen müssen, was selbst einem modernen Schwerathleten nur für wenige Minuten möglich wäre und nicht für die gesamte Dauer der Prozession.

bestimmen. Da sich bei den gehäuft gefüllten Gefäßen die Goldmenge eines Behälters zu der des nächst größeren im Verhältnis 1 : 2 stand, sahen sie sich in ihrer Vermutung bestätigt, daß es sich um Meßgefäße für Staubgold gehandelt haben muß. Aus den genannten Gewichten der Goldmengen in den gestrichen gefüllten Gefäßen und ihren aus Abb. 4 rekonstruierbaren Volumina läßt sich hier ein mittleres Schüttgewicht von etwa 6,5 g/cm^3 für Goldstaub ableiten, was etwa dem für das indische Gold oben rekonstruierten Wert entspricht. Das Staubgold ist also etwas leichter als normales Waschgold aus Flüssen, für das bei eigenen Untersuchungen ein Wert von 7–8,5 kg pro Liter gefunden wurde.

2.1.3 Weitere Informationen bei Herodot

Auch zum Text selbst sind einige Anmerkungen nötig. So wird üblicherweise übersetzt, daß die Goldräuber 'ausziehen', obwohl das griechische στελλόμενοι eindeutig ein Passivum 'geschickt werdende' ist. Zwar ist eine Übersetzung mit 'sich auf den Weg machen' nicht unmöglich, aber die direkte Übersetzung mit 'werden ausgeschickt' dürfte vorzuziehen sein. Damit handelt es sich bei der beschriebenen Art der Goldbeschaffung offensichtlich um einen Auftragsraub, möglicherweise für den persischen Großkönig. Raubzüge von Stämmen dieser Gegend müssen früher an der Tagesordnung gewesen sein, finden sich doch schon in dem aus dem 12. Jahrhundert stammenden indischen *Rajatarangini* Berichte über Überfälle des Stammes der Darden nach Kaschmir (Jettmar 1983b). Auch Montgomerie (1869) vermerkt, daß noch zu seiner Zeit die Darden aus Ladakh regelmäßig Raubzüge nach Westtibet unternähmen, um dort Gold und sogar Sklaven zu rauben. Leitner (1893) erwähnt solche Raubzüge ebenfalls und Durand (1899) berichtet, daß im Stammesgebiet der Hunza zu seiner Zeit noch ein Sklavenmarkt für die bei den Raubzügen gemachten Gefangenen bestand.[11] Der Name der von Herodot erwähnten und nach einem altiranischen Stamm benannte Landschaft 'Palatyike' lebt übrigens noch heute in den beiden südostafghanischen Provinzen 'Paktika' und 'Paktia' nach.

Als Transportmittel benutzen die Inder in der Myrmeken-Geschichte übrigens Kamele, obwohl sie in dem von Großkönig Xerxes gegen die Griechen aufgebotenen Heer laut Herodot *VII 86* nur über Pferde und Esel verfügen, wohingegen Kamele dort nur bei den Arabern erwähnt werden. Auch heutzutage ist in den angesprochenen Gebieten des Himalaja das Kamel nicht heimisch. Erst weiter im Norden, in Turkestan, erscheint es häufiger, wobei es sich dabei allerdings um das zweihöckrige Kamel (*Camelus bactrianus*) handelt, das es in Schnelligkeit bei weitem nicht mit dem von Herodot sicherlich gemeinten Dromedar (*Camelus dromedarius*) aufnehmen kann. Herodots persische Gewährsleute haben hier also ein ihnen bekanntes und der Wüste angepaßtes Tier eingeführt.[12] Eine freie Darstellung der Myrmeken-Geschichte zeigt die aus dem Herodot-Buch von Keller (1972) entnommene Abb. 5.

---

11) Für seine Räuberbanden war insbesondere West-Tibet noch bis in das frühe 20. Jahrhundert hinein bekannt und berüchtigt, wie der Asienforscher Hedin (1909) zu seinem Leidwesen erfahren mußte.

2.1 Die ersten fünfhundert Jahre

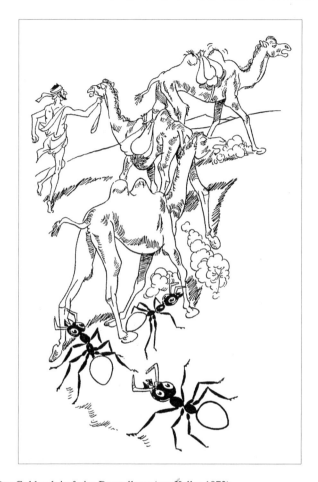

Abb. 5: Der Goldraub in freier Darstellung (aus Keller 1972)

Ein letzter Aspekt verdient es ebenfalls noch, erwähnt zu werden, nämlich das Motiv der Stute, die es zu ihrem Fohlen zieht. Dabei ist auffällig, daß dieser Aspekt von keinem der nachfolgenden klassischen Autoren, die über die Myrmeken berichten, auch nur andeutungsweise erwähnt wird. Er erscheint erst wieder in der vermutlich aus dem 4.-5. nachchristlichen Jahrhundert stammenden *Brief des Königs Fer-*

---

[12] Interessanterweise findet sich unter den vielen tausend Felsritzungen entlang des Karakorum Highway zwischen Pakistan und West-Tibet keine einzige Darstellung eines Kameles, jedoch häufig solche von Pferden (Thewalt 1984).

mes an Kaiser Hadrian (s. Kap. 2.3.3). Es handelt sich um ein sehr beliebtes Motiv, das hier erstmals in die Literatur eingeführt wird.

Ohne Zusammenhang mit den Myrmeken findet es sich um 200 n. Chr. in der *de natura animalium* („Über das Wesen der Tiere") des Enzyklopädisten Aelianus sowie in dem so genannten *Pseudo-Kallisthenes*, einer romanhaften Darstellung der Taten Alexanders des Großen aus dem 4. nachchristlichen Jahrhundert (Kap. 2.2.7). Hier rät *II 39* ein Greis Alexander vor dem Marsch in das Land der großen Finsternis: „Suche Dir weibliche Pferde aus, welche Fohlen haben und die Fohlen lasse hier zurück. Wir aber werden mit den Stuten hineingehen und die Stuten werden uns hierher zurückbringen." Das Motiv findet sich davon ausgehend in mongolischen Überlieferungen des 14. Jahrhunderts, bei Marco Polo, in indochinesischen Märchen und selbst in der Ballade vom *Harfner von Lochmaben* 1812 von Sir Walter Scott.[13]

2.1.4 Voralexandrinische Quellen

Der von Herodot beschriebene Goldreichtum Indiens muß in Griechenland schon bald sprichwörtlichen Ruhm erlangt haben, denn es findet sich nur wenige Jahre nach der Veröffentlichung seiner Myrmeken-Geschichte in einem anderen Werk der Weltliteratur, der *Antigone* des Sophokles (497/96–406/5 v. Chr.), ein Hinweis darauf. Aufgrund von Vergleichen von Motiven bei Herodot und Sophokles wird allgemein vermutet, daß Sophokles bei Herodots Aufenthalt in Athen im Jahre 445 v.Chr. die *Historien* kennenlernte und in der Folgezeit einige Motive aus diesen in seinem eigenen Werk verwendete.

Nun aber zur Antigone: König Kreon herrscht den Seher Teiresias, der die Bestattung von Antigones Bruder Eteokles fordert, *v. 1039* an:

Gewinnt, feilscht und schachert um das Silbergold von Sardes, ...
wenn ihr wollt, das Gold von Indien!

Er solle nur die Finger davon lassen, den Leichnam zu begraben!

Bei dem Silbergold von Sardes in Lydien handelt es sich um das dort vorkommende Elektron, eine silberreiche natürliche Gold-Silber-Legierung. Auf diese reichen Goldlagerstätten hatte der lydische König Krösus seinen noch heute sprichwörtlichen Reichtum gegründet, der um 560 v. Chr. zur Prägung der ersten 'genormten' Goldmünzen führte. Der Verweis auf das indische Gold dürfte aller Wahrscheinlichkeit nach auf Herodots Myrmeken-Geschichte zurückzuführen sein, kann aber nur implizit auf diese bezogen werden.[14]

Im *Lexikon* des Photius, eines byzantinischen Gelehrten des 9. nachchristlichen Jahrhunderts, findet sich unter dem Stichwort ἐσφηκώμενον folgende Erklärung:

---

[13] In einem mongolischen Märchen, das Heissig (1986) erzählt, wurden der von ihrem Fohlen getrennten Kamelstute „ihre zwei Augen vor Sehnsucht viereckig, als sie an ihr einjähriges Fohlen dachte."

[14] Darauf deutet auch eine Scholie, eine gelehrte Texterläuterung in einer Handschrift der *Antigone* aus dem 13. Jahrhundert hin (s. Kap. 2.4.11).

2.1 Die ersten fünfhundert Jahre

geschnürt, bei den Wespen, die in der Mitte eingeschnürt sind. Daher auch die Wespe. Sophokles nennt so in den 'Äthiopiern' die eingeschnürten Ameisen mit fleischigem Wuchs, *'vierflüglig jedoch, den Rücken eingekerbt, Wespen mit schwarzem Fell.'*
Von diesem Schauspiel des Sophokles ist außer diesem Zitat nichts erhalten. Naber (1864: 214) ergänzt die Stelle wie folgt: „Sophokles nennt in den Äthiopiern die eingeschnürten, nicht mit Fleischwuchs gesegneten Ameisen Wespen", und stellt einen Bezug zu den Myrmeken des Herodot her. Dieser erwähnt zwar auch in Indien dunkelhäutige, das heißt, 'verbrannt- bzw. dunkelgesichtige' Stämme, die so genannten 'schlichthaarigen (das heißt, glatthaarigen) Äthiopier, die er im Küstenbereich des westlichen heutigen Pakistans ansiedelt, aus dem Sophokles-Fragment ist jedoch nicht ersichtlich, ob diese asiatischen Äthiopier gemeint sind oder die afrikanischen. Es wäre dies dann die erste Verlagerung der Myrmeken von Indien nach Afrika, die später noch öfter zu beobachten sein wird. Nabers Interpretation ist nicht absolut schlüssig, Sophokles dürfte jedoch die Myrmeken-Geschichte gekannt und mindestens mit dem 'indischen Gold' in der *Antigone* darauf Bezug genommen haben.

An dieser Stelle ist ein kurzer Abstecher von der Ameisenstraße angesagt. Da der hier erstmals erwähnte, für die Kenntnis antiker Geographen und Schriftsteller unverzichtbare Photius (810–893 n. Chr.) im folgenden noch mehrfach auftreten wird, ist es angebracht, über ihn einiges zu sagen: Seine Familie war um 840 n. Chr. im Zuge der Unruhen im Zusammenhang mit den Ikonoklasten, d.h. Bilderstürmern, aus Konstantinopel geflohen und er selbst kam erst 842 n. Chr. in die Stadt zurück.[15] Neben seinen geistlichen Aktivitäten — er war als erklärter Gegner des Papstes bekannt — verfaßte er auch ein umfangreiches schriftstellerisches Werk. Zusätzlich zu dem erwähnten *Lexikon* und einer Vielzahl von theologischen Schriften hinterließ er eine *Bibliotheka*, bestehend aus 280 Kurzfassungen oder Codices, in denen er Bücher 158 christlicher und 122 heidnischer Autoren zusammenfaßte. Viele dieser Autoren sind nur durch ihre Erwähnung bei Photius bekannt, eröffnete er doch Byzanz wieder den damals fast verschütteten Zugang zur antiken Literatur. Er verfaßte die *Bibliotheka* angeblich, um seinem Bruder mit diesem Lesematerial über den Trennungsschmerz anläßlich einer längeren Abwesenheit hinwegzuhelfen.[16]

Der nächste Autor, der im Rahmen früher griechischer Berichte über das ferne Indien erwähnt werden muß, ist der Arzt Ktesias, der aufgrund seiner vielen wundersamen Berichte über jenes ferne Land im Altertum einen ähnlichen Ruf genoß, wie im 18. Jahrhundert der Baron von Münchhausen (1720–1797) in Deutschland. Bereits Aristoteles bezeichnete Ktesias in seiner Naturgeschichte *(HA VIII 28)* als 'nicht glaubwürdigen Gewährsmann', und Lukianos bemerkt in 2. nach-christlichen Jahrhundert in seiner *Wahren Geschichte VH I 3*:

---

[15] Er war zweimal während des nach ihm benannten Photius-Schismas (858–880 n. Chr.) Patriarch der oströmischen Kirche (857–867 bzw. 877–886 n. Chr.), wurde aber beide Male vom Papst exkommuniziert und anschließend verbannt, jedoch im 10. Jahrhundert heilig gesprochen.
[16] Hier handelt es sich gewissermaßen um eine frühe Form des *Reader's Digest*.

2. Ad fontes — Zu den Quellen

Ktesias, der Sohn des Ktesiochus von Knidos, schrieb über das Land der Inder und was es dort gibt, über Dinge, die er weder selbst gesehen hat, noch über die er etwas von jemandem anderen gehört hat.

Bevor das Werk dieses Autors weiter behandelt wird, erscheint es angebracht, auf die Wundergeschichten der alten Schriftsteller und Geographen einzugehen. Während Herodot nicht alle wundersamen Berichte für bare Münze nimmt und seine Zweifel teilweise deutlich zum Ausdruck bringt, wirft Ktesias ihm vor, er sei ein Geschichtenerzähler und Lügner, wohingegen er selbst natürlich nur berichte, was er selbst gesehen oder von glaubwürdigen Augenzeugen gehört habe.[17] Dabei ist sich insbesondere Herodot, wie schon erwähnt, *VII 152* der damit verbundenen Probleme bewußt, berichtet aber z.B. *III 113*, in Arabien gäbe es Schafe

> [...] mit langen Schwänzen, mindestens drei Ellen lang. Ließe man zu, daß das Schaf den Schwanz nachzieht, so würde es ihn an der Erde wund reiben. Alle Hirten verstehen sich aber so weit auf das Zimmerhandwerk, daß sie kleine Wagen zimmern und sie unter die Schwänze binden. Jedes Tier hat einen solchen Wagen unter seinem Schwanz.

Man kann sich hier die diebische Freude derer vorstellen, die wieder einmal einem Fremden 'einen Bären aufbinden' konnten. Zwar vermerkt Keller (1972), daß dieser Brauch noch heute vereinzelt bestehe, gibt dazu jedoch keine Quellen an.

Aber was ist von den von Ktesias erwähnten keilköpfigen Panen zu halten, die der zu Zeiten des Kaisers Augustus lebende Geograph Strabon so verdammt? Könnte es sich dabei nicht vielleicht um Angehörige eines kleinwüchsigen Stammes handeln, bei dem Schädeldeformation im Kindesstadium betrieben wurde? Derartige Deformationen sind von Bewohnern einzelner Pazifikinseln sowie von den Vorläufern der Indianer Nordamerikas bekannt, lassen sich in Altamerika von Mexiko bis zu den Nazcas in Peru (200 v. Chr.–600 n. Chr.) nachweisen, und auf Reliefs der Maya Mittelamerikas erscheinen ebenfalls häufig Menschen mit unnatürlich abgeflachter Stirn. In China galt ein flacher Hinterkopf, der durch Anbinden der kindlichen Schädel an Bretter künstlich ausgebildet wurde, lange Zeit als überaus vornehm und auch im vorderen Orient war diese (Un)Sitte bei einzelnen semitischen Stämmen verbreitet. Im übrigen verweist Lassen (1856) darauf, daß im indischen *Mahabharata* (Kap. 2. 1.6) „haarreiche, spitzköpfige Stämme" erwähnt werden, die aus Südost-Tibet stammenden Kanka.

Andererseits fielen auch spätere, als nüchtern und rational geltende Autoren auf wundersame, an Jägerlatein gemahnende Geschichten herein. So berichtet z.B. Caesar in seinem *Gallischen Krieg XX 27* aus Germanien:

> Es gibt auch dort die so genannten Elche [...] Sie haben abgestumpfte Geweihe und Beine ohne Knöcheln und Gelenke. Sie legen sich auch nicht nieder, um zu ruhen, und können nicht, wenn sie, durch einen Unfall niedergeworfen, gestürzt sind, aufstehen oder sich auch nur aufrichten. Bäume dienen ihnen als Ruhestätte. An die lehnen sie sich an und so, ein wenig nur gestützt, pflegen sie der Ruhe.

---

[17] Wie allerdings schon Photius bemerkt, befindet er sich mit seinen Berichten aber häufig im Widerspruch zu Herodot.

2.1 Die ersten fünfhundert Jahre

Wenn die Jäger aus ihrer Fährte ihren Standort gefunden haben, unterwühlen sie entweder die Bäume an den Wurzeln oder schneiden sie an, so daß oben der Eindruck eines stehenden Baumes erhalten bleibt. Wenn sich die Elche gewohnheitsgemäß an diese anlehnen, reißen sie infolge ihrer Schwere die schwachen Bäume um und stürzen selbst mit ihnen zusammen zu Boden.

Und selbst Strabon, der die Leichtgläubigkeit des Ktesias kritisiert, beschreibt *16.4.10* exakt diese Jagdmethode von den Elefantenjägern Äthiopiens, obwohl ihm Elefanten aus eigener Anschauung bekannt gewesen sein müssen und bereits Aristoteles sich *HA II 1* ausführlich über die Beine des Elefanten ausgelassen hat. Die Geschichte könnte darauf beruhen, daß sich verschiedene Tierarten zur Beseitigung von Hautparasiten gerne an Bäumen oder auch Steinen scheuern und sich dabei sicher auch einmal kurzzeitig anlehnen.

Noch Plinius hatte im 1. nachchristlichen Jahrhundert Probleme mit für ihn wundersamen Erscheinungen und Fakten, sagt er doch in seinen *Naturalis historiae VI 1,6*: „Wer hätte glauben mögen, daß es Aithiopier [d.h. schwarzhäutige Menschen] gibt, bevor er nicht einen solchen mit eigenen Augen gesehen hätte?" Aber auch in der heutigen, ach so aufgeklärten Zeit sollte man bei der Beurteilung antiker Wundergeschichten etwas nachsichtig sein, denn der Glaube an wundersame Dinge blüht auch heute noch zu Genüge.[18]

Aber zurück an die Ameisenstraße zu Ktesias! Dieser entstammte einer alteingesessenen Ärztefamilie aus Knidos, einer karischen Stadt an der Südwestküste Kleinasiens. Sein Geburts- und Todesjahr sind nicht bekannt, er wird erstmals 'aktenkundig' bei der von Xenophon (430–354 n. Chr.) beschriebenen Schlacht von Kunaxa, in der die jüngere Kyros II im Jahre 401 v. Chr. gegen seinen Bruder, den persischen Großkönig Artaxerxes II Mnemon (404–359 v. Chr.) im Kampf um das Reich unterlag. Es wird berichtet, daß Ktesias bei dieser Schlacht gefangen genommen worden sei und es dann am persischen Hof zum Leibarzt des Großkönigs und seiner Familie gebracht habe (Diodor *II 32,4*). Die rührende Geschichte des zu Ansehen gelangten Gefangenen, der siebzehn Jahre am Hof gelebt haben soll, ist allerdings wenig wahrscheinlich, denn es war wohl eher Tradition am persischen Hof, daß man Griechen als Leibärzte einstellte. So hatte Dareios I, wie Herodot *III 129* berichtet, seit 522 v. Chr. als Leibarzt den Demokedes aus Kroton an seinem Hof zu Susa, der wirklich als Kriegsgefangener dorthin gekommen war und sich erst Jahre später auf einer Gesandtschaftsreise nach Griechenland absetzen konnte.[19] Ktesias wird also schon einige Jahre vor der Schlacht bei Kunaxa nach Persien geholt worden sein.

Sicher ist nur, daß er als Gesandter des Großkönigs dann 398/397 v. Chr. zu Verhandlungen über die persische Position in der griechischen Politik nach Sparta kam, es aber anschließend vorzog, in Griechenland zu bleiben. In der Folgezeit ver-

---

[18] Wie anders wäre sonst das Interesse an dem tibetischen Schneemenschen, dem Yeti, oder am Ungeheuer von Loch Ness zu erklären oder der Erfolg, dessen sich Bücher über angebliche Phänomene wie das Bermuda-Dreieck erfreuen?

[19] Ein weiterer Vorgänger des Ktesias war Apollonides von Kos, der Leibarzt von Artaxerxes I Langhand (465–424 v. Chr.), und selbst noch Artaxerxes III (359–337 v. Chr.) hatte einen griechischen Leibarzt namens Athenagoras.

2. Ad fontes — Zu den Quellen

faßte er ein umfangreiches schriftstellerisches Werk, das allerdings nur in Fragmenten und Zitaten bei anderen Schriftstellern überliefert ist. Es umfaßte eine persische Geschichte mit 23 Büchern, die *Persika*, sowie die sehr umfangreichen *Indika* mit vielen märchenhaften Berichten über jenes ferne Wunderland. Dieser Bericht galt im vierten vorchristlichen Jahrhundert als Standardwerk über Indien, wurde gerne und viel zitiert und exzerpiert, und selbst Platon bezieht sich in seinen *Gesetzen 694-695* auf die *Persika*.[20]

Die Ktesias zitierenden späteren Autoren erwähnen zwar keine Myrmeken-Geschichte aus seinem Werk, aber bei Photius (*Bibl. 72*) findet sich in der Zusammenfassung der *Indika* ein Hinweis auf eine besondere Art Gold in den hohen Bergen im Norden Indiens:

> Es gibt aber auch Gold im indischen Land, doch nicht, wie es sich in Flüssen findet und gewaschen wird, wie etwa im Paktolos, sondern auf zahlreichen und hohen Bergen, auf denen Greifen hausen, [...] groß wie ein Wolf. Ihretwegen ist das in den Bergen reichlich vorhandene Gold nur schwer zu beschaffen.

Damit wird das Gold als etwas ganz Besonderes gekennzeichnet, das allerdings von Greifen bewacht wird. Obwohl sich die vorliegende Untersuchung mit den Myrmeken beschäftigt, erscheint der Hinweis auf die Greifen hier angebracht, denn zwischen diesen beiden Fabelwesen bestehen, wie noch zu zeigen sein wird, recht enge, auf zentralasiatischen Traditionen beruhende Verbindungen (Kap. 2.2.5).[21]

Die nächste Erwähnung gefährlicher Ameisen, und damit der Myrmeken, findet sich bei Eubulos, einem überaus fruchtbaren Dichter der sogenannten mittleren attischen Komödie. Er lebte um 380 bis 335 v. Chr. und allein namentlich sind von ihm etwa dreißig Komödien bekannt. Aus seinem *Glaukos* wird im *Lexikon der zehn Redner* des Valerius Harpokration, das etwa zur Zeit Kaisers Tiberius (14-37 n. Chr.) verfaßt wurde, unter dem Stichwort χρυσοχοειν (Gold schmelzen) *X 14* folgende Geschichte erzählt:

> Es verbreitete sich einmal unter der Masse der Athener das Gerücht, daß auf dem Berge Hymettos eine große Menge Goldstaubes zu Tage gekommen sei, die von wehrhaften Ameisen bewacht werde. Da griffen sie zu den Waffen und zogen gegen diese aus. Als sie aber unverrichteter Dinge zurückkehrten, da sagten sie spottend zueinander: Du glaubtest, daß Du Gold schmilzst.[22] Darüber spottet man sogar bei den Komikern. So sagt Eubulos z.B. im *Glaukos*: „Einst machten wir Kekrops-Söhne uns auf, mit Waffen und Proviant für drei Tage versehen, gegen die Ameisen am Hymettos zu ziehen."

---

[20] Noch Aulus Gellius fand um 150 n. Chr., wie er in seinen *Noctes atticae* („Attische Nächte") *9,4,3* schreibt, in einem Antiquariat in Brundisium, dem heutigen Brindisi, „unter lauter griechischen Werken voll von Wundern und Märchen, unerhörten und unglaublichen Geschichten, auch den Ktesias."

[21] Die Beschaffungsmethode hat Ktesias offensichtlich nicht beschrieben, da Photius sie sicher nicht hätte entgehen lassen.

[22] Der Ausdruck 'Gold schmelzen' scheint etwa die Bedeutung gehabt zu haben wie 'sich goldene Berge versprechen', d.h. sich eitle Hoffnungen machen. Der Ausdruck wurde bald sprichwörtlich und findet sich z.B. bei Platon (*Der Staat V 450 b*).

Bei diesem seltsamen Unternehmen der Athener aus der Zeit um 350 v.Chr., über das sich Eubulos lustig macht, sollte der moderne Leser ebenfalls nachsichtig sein, denn selbst die abstrusesten Meldungen von Zeitungen zum 1. April eines jeden Jahres können auch heute noch eine Vielzahl von Menschen mobilisieren.[23]

An dieser Stelle ist auch Krates aus Theben (?365–285 v. Chr.) zu nennen, ein kynischer Philosoph und Tragödienschreiber, der Schüler des Diogenes war. In einem ihm zugeschriebenen Fragment (*Crates fr. 10,6 Diels*) heißt es:

> Ich will nicht die herrlichen Güter des reichen Käfers zusammentragen,
> noch der reichen Ameise ausgesuchte Schätze.

Hier sind zwar die Myrmeken nicht explizit erwähnt, aber die Kombination von Ameisen und Gold oder anderen Schätzen findet sich in der griechischen Literatur seit Herodots Bericht über die Myrmeken derart häufig, daß eine Verbindung vermutet werden kann.

2.1.5 Die Alexander-Historiker und ihre Nachfolger

Nur wenig mehr als eine Generation nach Eubulos zeichnete sich ein Prozeß von weltgeschichtlicher Tragweite ab, als sich ein junger König aus dem nordgriechischen Stamm der Makedonen in bester Tradition des Motivs 'David gegen Goliath' anschickte, nach Osten gegen Darius III, den Großkönig der Perser, zu ziehen, um schließlich dessen riesiges Reich niederzuwerfen und die Grenzen seines eigenen Reiches bis an den Ostrand der damals im Westen bekannten Welt auszudehnen. An diesem Feldzug des Alexander III (356–323 v. Chr.), den man später 'den Großen' nennen sollte, nahm auch eine große Anzahl gebildeter Köpfe teil, denen u.a. die Aufgabe von Chronisten und Kriegsberichterstattern zukam.

Hier ist insbesondere der um 360 v. Chr. in Lato auf Kreta geborene Nearchos zu nennen, ein Jugendfreund Alexanders, der zunächst als untergeordneter Führer, aber einer der vertrautesten 'Hetairoi', d.h. Kampfgenossen, Alexanders am Kriegszug teilnahm.[24] Als Alexander im Jahre 326 v. Chr. nach der Meuterei seiner Truppen in Indien endlich beschloß, nicht weiter nach Osten zu ziehen und nach Persien zurückzukehren, beauftragte er Nearchos mit dem Bau der so genannten Stromflotte, die den Indus bis zum Arabischen Meer hinunterfahren sollte. Von der Indusmündung segelte dieser dann Ende 325 v. Chr. mit seiner kleinen Flotte über etwa 2.300 km innerhalb von fünf Monaten in den Persischen Golf und bis hinauf nach Susa, der persischen Hauptstadt.[25] Bei der Reichsteilung nach Alexanders Tod 323 v. Chr. spielt Nearchos keine Rolle, er wird erst wieder im Jahre 316 v. Chr. als Unterfeld-

---

23) Auch die im Zeitalter des Internets immer leichter und weiter Verbreitung findenden sogenannten 'Wanderlegenden' sind ein Beleg für die Leichtgläubigkeit des heutigen, ach so aufgeklärten Publikums.

24) Für seine Dienste wurde er 334 v. Chr. durch Verleihung der Statthalterschaft über das kleinasiatische Lykien und Pamphylien ausgezeichnet.

25) Erst durch diese Fahrt des Nearchos wurde der Persische Golf im Westen bekannt, denn noch für Aristoteles mündeten Euphrat und Tigris direkt in das 'Erythräische Meer', d.h. den Indischen Ozean.

herr des Alexander-Nachfolgers und Diadochen Antigonos erwähnt — letztmalig fällt sein Name im Jahre 314 v. Chr.

Sein literarisches Hauptwerk ist der wohl zum größten Teil nach eigenem Erleben geschriebene *Paraplus* (Das Vorbeisegeln), der auf dem an Alexander abgelieferten Bericht beruhen dürfte und damit auf seinem sicherlich umfangreichen Bordtagebuch. Das Werk ist nur durch Zitate bei anderen Schriftstellern bekannt, muß aber schon zu Lebzeiten des Nearchos große Verbreitung gefunden haben, brachte es doch direkte Kunde von den ungeheuerlichen Taten der Alexander, beschrieben von einem Augenzeugen, der im Gegensatz zu anderen Zeitgenossen allgemein als glaubwürdig angesehen wurde.[26] Und selbst Alexander der Große soll sich noch auf seinem Sterbebett von Nearchos selbst über dessen große Fahrt berichten haben lassen.

Nun kehrt die Ameisenstraße zunächst an ihren Ausgangsort zurück, denn Alexanders Zug führte über den Hindukusch in die Ausläufer des Himalajas. Über die Myrmeken selbst finden sich in den Nearchos-Zitaten zwar nur wenige Hinweise (Kap. 4.2), doch es handelt sich dabei um ein für die spätere Deutung dieser Wundertiere überaus wichtiges Detail. In der *Geographia* des griechischen Historikers und Geographen Strabon (64/63 v. Chr.–23/26 n. Chr.) heißt es *XV 1,44*:

> Nearchos sagt, die Bälge der goldgrabenden Ameisen schienen Pantherfellen gleich.

Die Myrmeken waren also offensichtlich felltragende Säugetiere. Übrigens ist Strabon *II 1,9* der Ansicht, daß Nearchos bei aller Kritik doch wenigstens „einige Worte der Wahrheit stammelt".

Bei Arrianos (86–160 n. Chr.), der sich in seiner Beschreibung von Alexanders Feldzügen umfangreichen Quellenmateriales bediente (s. Kap. 2.2.3), heißt es zum gleichen Thema in den als Anhang zum Feldzugsbericht gedachten *Indika 15,4*:

> Nun denn — hinsichtlich der Ameisen sagt auch Nearchos, er habe selbst keine solchen Ameisen gesehen, wie einige andere sie als auf dem Gebiete der Inder vorkommend beschrieben haben; doch Bälge von diesen habe er viele gesehen, die ins makedonische Lager heruntergebracht worden seien.

Danach ergibt sich zweierlei: Auch andere Berichte über den Alexanderzug müssen die Myrmeken in der einen oder anderen Form erwähnt haben und offensichtlich wurden bestimmte Felle von Händlern aus dem Gebirge als angebliche Myrmeken-Felle den Griechen als Souvenirs 'angedreht'. Nearchos zitiert hier offensichtlich eine lokale Tradition und nicht, wie Herodot, einen persischen Bericht darüber. Interessanterweise berichtete Hodgson (1841) von einem schwunghaften Handel mit Murmeltierfellen von Tibet nach Nepal und Visser-Hooft (1935) schreibt, daß Murmeltierfelle noch im ersten Drittel des 20. Jahrhunderts in großer Anzahl von Dardistan nach Tibet und Indien verkauft wurden. Sterndale (1982) erwähnt einen umfangreichen Handel mit diesen Fellen nach Nepal und China in früheren Zeiten.

---

[26] Andere Mitstreiter Alexanders, wie z.B. der kynische Philosoph und Historiker Onesikritos, der gleichzeitig Obersteuermann des königlichen Schiffes auf dem Indus war, verfaßten ähnliche Berichte, von denen jedoch nur sehr spärliche Fragmente überliefert sind.

2.1 Die ersten fünfhundert Jahre

Durch die Eroberungen Alexanders gelangten beträchtliche Mengen Gold und Silber nach Griechenland und dabei vielleicht auch das eine oder andere Talent 'indischen Goldes', von dem vielleicht sogar noch etwas erhalten sein könnte. Im makedonischen Amphipolis geprägte Goldmünzen, so genannte Statere, aus der Zeit kurz nach Alexanders Tod zeigen auf der Vorderseite das Portrait Alexanders und auf der Rückseite neben der geflügelten Siegesgöttin Nike häufig eine kleine Ameise (Troxell 1998). Ob hier ein direkter Bezug zu den Myrmeken besteht ('Ameisengold') ist unsicher, aber auf jeden Fall dürfte das Tierchen auch hier als Sinnbild des Reichtums gegolten haben.

Die Kunde von Alexanders Feldzug hatte sich rasch verbreitet und schon zu seinen Lebzeiten, wohl auch durch ihn selbst gezielt gefördert, märchenhafte Züge angenommen. Nach seinem frühen Tod im Jahre 323 v. Chr. wurde das Reich zwar von seinen Heerführern aufgeteilt, blieb aber als solches formal zunächst noch bestehen, insbesondere als Alexanders Gattin Roxane, die Tochter des baktrischen Fürsten Oxyartes, und ihr gemeinsamer Sohn Alexander IV, der potentielle Thronerbe, noch lebten. Ägypten fiel an Ptolemaios, Kleinasien, Syrien und Palästina an Antigonos, Griechenland im wesentlichen an Kassander und Lysimachos, und der gesamte Osten anfangs an Seleukos. Erst nach langen Kriegen um die Aufteilung des Reiches und der Ermordung des Thronfolgers und seiner Mutter in Amphipolis durch Kassander im Jahre 310 v. Chr. nahmen die Nachfolger im Jahre 305 v. Chr. den Titel 'König' an. Alexanders Reich existierte endgültig nicht mehr.

Seleukos I (358–281 v. Chr.), mit Beinamen 'Nikator', gründete 311 v. Chr. Seleukia bei Babylon als neue Hauptstadt seines Reichsteiles und dehnte in der Folgezeit seinen Herrschaftsbereich weit nach Osten sowie schließlich auch in Richtung Mittelmeer und Kleinasien aus. Nachdem er bis 305 v. Chr. auch Teile des bereits 317 v. Chr. nach Abzug der letzten Makedonen Eudamos und Peithon verlorengegangenen Nordwestens Indiens wiedergewonnen hatte, trat er diese in einem Friedensvertrag im folgenden Jahr an den unter seinem griechischen Namen Sandrokottos bekannt gewordenen indischen König Chandragupta (321–297 v. Chr.) aus dem Geschlecht der Maurya ab, um für seine Eroberungen im Westen seines Reiches gegen Antigonos freie Hand zu bekommen.[27]

Seleukos I schickte nach Abschluß des Vertrages mit Sandrokottos den Griechen Megasthenes als Gesandten an den Hof des Königs in Palimbothra oder Pataliputra, der in der Nähe des heutigen Patna am Ganges gelegenen Hauptstadt des Maurya-Reiches. Es wird vermutet, daß Megasthenes nicht ständig in Palimbothra residierte, sondern, wie Arrianos *Anab. V 6,2* berichtet, nur mehrere Male zwischen 300 und 290 v. Chr. von der im südöstlichen Afghanistan gelegenen Satrapie Arachosien bei Bedarf nach Indien reiste.[28] Über das Leben des Megasthenes ist nur wenig bekannt,

---

[27] Sandrokottos hatte bereits in Alexanders Todesjahr damit begonnen, den Panjab und weite Teile Afghanistans den Griechen und Persern zu entreißen und schließlich ganz Indien mit Ausnahme des äußersten Südens unterworfen.

[28] Als Folge der in diesem Vertrag vereinbarten wechselseitigen Heiraten kam vermutlich eine griechische Prinzessin im Tausch gegen 500 Elefanten in den königlichen Harem nach Indien und griechische Händler, Kaufleute und Handwerker zogen bald in solchen Scharen nach Indi-

er dürfte um 360 v. Chr. geboren worden sein, am Feldzug Alexanders als junger Mann teilgenommen haben und nach etwa 285 v. Chr. gestorben sein. Als Gesandter war er bis 293 v. Chr. in Indien und wurde dann durch Daimachos ersetzt, auf den noch zurückzukommen sein wird. König Seleukos I selbst wurde 281 v. Chr. ermordet.

Megasthenes hat seine Erfahrungen im fernen Indien in seiner vierbändigen *Indike* — der Titel stammt von Arrianos — zusammengefaßt, die sich im Altertum großer Beliebtheit erfreuten und noch von den Kirchenvätern benutzt wurden. Das verschollene Werk bildet die wesentliche Grundlage der Berichte des Arrianos und ist ansonsten nur in Zitaten und Auszügen bei späteren Autoren erhalten. Er berichtete jedoch so viele unglaubliche Dinge aus dem Wunderland Indien, daß es nicht verwundert, wenn er von vielen als höchst unglaubwürdig angesehen wurde.

Megasthenes geht ausführlich auf die Myrmeken ein und wird daher von späteren Autoren mit oder ohne Quellenangabe gern zitiert. Seine Myrmeken-Geschichte findet sich sowohl bei Strabon als auch bei Arrianos. Bei Strabon (Kap. 2.2.1) heißt es *Ind. 15,1,44*:

> Megasthenes indes berichtet folgendes über die Ameisen: Bei den Derdai, einem großen Stamme östlicher Indusanwohner in den Bergen, liege eine Hochland von 3.000 Stadien Umfang. Den Untergrund bilden Goldgruben und die Grubenarbeiter seien Ameisen, nicht kleiner als Füchse, welche von außerordentlicher Schnelligkeit sind und von Tieren leben sollen. Sie durchwühlten im Winter die Erde und häuften sie vor den Zugängen auf, gerade wie Maulwürfe.
>
> Der Goldsand bedarf nur geringen Röstens. Die Bewohner des benachbarten Gebietes suchen seiner mittels Lasttieren heimlich habhaft zu werden. Offen nämlich, vor aller Augen, kämpften die Ameisen erbittert darum und sie bringen sie, haben sie sie einmal eingeholt, samt ihren Lasttieren elendiglich auf der Flucht um.
>
> Um dies zu verhüten, legen sie [die Derdai] Fleisch von Tieren in Stücken aus und, während die Ameisen allzu sehr abgelenkt und beschäftigt sind, nehmen sie den Sand an sich. Sie bieten ihn den erstbesten Händlern unverarbeitet an, da sie sich auf das Schmelzen nicht verstehen.

Strabon gibt diesen Bericht des Megasthenes kommentarlos wieder, obwohl er den Autor doch sonst für einen Lügenbold hält. Interessanterweise erwähnt Megasthenes bei der Beschreibung der Größe der Myrmeken hier die Füchse und nicht, wie nahezu alle späteren Autoren, die Hunde. Wir erfahren hier erstmals genaueres über dieses sagenhafte Goldgebiet, in dem die fleischfressenden Myrmeken hausen: Es liegt bei dem Stamm der Derdai östlich des Indus auf einer Bergebene mit einem Umfang von umgerechnet etwa 470 Kilometern. Das Gold muß außergewöhnlich rein gewesen sein, denn es bedurfte nur geringfügigen Röstens zur Anreicherung. Die Goldräuber verkauften das Gold allerdings unaufbereitet an Händler, da ihnen die nötigen metallurgischen Erfahrungen fehlten. Somit kam das Gold hier über Zwischenhändler zum Großkönig und nicht von den Darden direkt.

---

en, daß es laut Strabon *XV 1,50* erforderlich wurde, zur Unterbringung und Überwachung der Fremden eine eigene Behörde ('zweite Abteilung') einzurichten.

2.1 Die ersten fünfhundert Jahre

Hier wird also erstmals der Stamm der Goldräuber namentlich aufgeführt, die Derdai, später auch Dardai oder Daradae genannt. Bei diesem Stamm — Herodot bezeichnet ihn, allerdings ohne Nennung des Namens, als „die kriegerischsten der Inder" — dürfte es sich um bereits aus alten Sanskrit-Texten bekannte, am Oberlauf des Indus siedelnde Stämme handeln, die nicht nach den brahmanischen Gesetzen lebten, und daher verächtlich als 'Mleccha' ('Barbaren') bezeichnet wurden.[29] Nach Mock (2002) bezeichnet sich jedoch keine der heute im fraglichen Gebiet siedelnden Volksgruppen selbst als Darden und sogar das Wort ist in ihren Sprachen nicht bekannt, obwohl die Region auf allen Karten als Dardistan eingetragen ist. Der Terminus wird seit Megasthenes stets nur von benachbarten Bevölkerungsgruppen für diese räuberischen Bergstämme benutzt.

Aus dem Bericht des Megasthenes ist besondere der Verkauf des unaufbereiteten Goldes an Händler bemerkenswert, stellt er doch einen Brauch dar, der sich in der Region über viele Jahrhunderte erhalten hat. Der Moghulkaiser Humayun, Sohn des Babur, unternahm im Jahre 1532 einen Feldzug gegen Tibet, angeblich einen heiligen Krieg, der aber wohl eher dem Gold dieser Gebiete galt. Mirza Haidar, sein Vetter, beschrieb diese Kampagne 1547 im *Tarikh-al-Rashidi*, in dem er berichtet, daß es in den meisten von den 'champ' ('Nordmännern') genannten Nomaden bewohnten Gebieten Gold gebe (Elias & Ross 1898). Die Goldwäscher verkauften ihre Ausbeute an indische Händler oder tauschten sie gegen in Ziegelform gepreßte Teeblätter ein.

Der Berliner Natur- und Sprachforscher Peter Simon Pallas (1742-1811), der im Auftrag der Zarin Katharina II Sibirien bereiste, berichtet von seinem Besuch in Orenburg am Südwestende des Urals im Jahre 1771, unter den „hauptsächlichen Waaren, welche von den in Carawanen ankommenden asiatischen Kaufleuten eingetauscht werden", habe sich neben Fellen und Seide auch Goldsand befunden. Wahl (1807) und Ritter (1833) erwähnen ebenfalls Goldstaub als Ausfuhrartikel aus dieser Gegend noch für das frühe 19. Jahrhundert.

Montgomerie (1869) veröffentlichte den ausführlichen Bericht eines Pandits, eines von der englischen Kolonialverwaltung unter Tarnung nach Tibet geschickten indischen Kundschafters, der bei Thok-Jalung auf einer Höhe von etwa 4.900 m ein Goldgräberlager mit etwa sechshundert kleinen Zelten antraf. Der Kundschafter berichtete, daß die Goldgräber ihre Ausbeute an im Lager ansässige Händler verkauften, es also nicht selbst einschmolzen, was an die entsprechende Bemerkung des Megasthenes erinnert.[30]

---

[29] Möglicherweise handelt es sich bei ihnen auch um die von Herodot *III 91* und *VII 66* erwähnten Dadikae, Bewohner der 7. Satrapie Gandhara, die im Heer des Königs Xerxes dienten.

[30] Dieser Verkauf der unaufbereiteten Konzentrate mag zum einen dadurch begründet sein, daß die 'Goldräuber' wirklich nicht über die erforderlichen metallurgischen Kenntnisse verfügten. Andererseits ist zu bedenken, daß in den fraglichen kahlen Bergwüsten kein Brennholz zu finden ist, aus dem man die zur Erzeugung höherer Temperaturen benötigte Holzkohle hätte herstellen können. Man hätte also entweder aus weiter Entfernung herbeigebrachtes Holz oder nur Tierdung als Brennstoff zum Schmelzen einsetzen können. Das eine wäre sicherlich zu teuer gewesen und das andere hätte keine ausreichenden Temperaturen ermöglicht.

2. Ad fontes — Zu den Quellen

Im Vergleich zu Strabon ist Arrianos in seinen *Ind. 15,5* gegenüber dem Bericht des Megasthenes wesentlich kritischer und läßt den Aspekt des Raubes völlig aus. Dort heißt es:

> Megasthenes indessen berichtet, die Geschichte von den Ameisen sei wahr, sie seien es, die das Gold ausgraben, jedoch nicht des Goldes wegen, vielmehr wühlten sie ihrer Natur gemäß im Boden, um eine Höhle zu bekommen, gerade so wie unsere kleinen Ameisen ein wenig Erde aufgraben. Jene aber — sie sollen größer sein als Füchse — wühlten im entsprechend ihrer Größe das Erdreich auf. Der Boden aber sei goldhaltig und von da komme das Gold der Inder.

Arrianos erwähnt die Geschichte offensichtlich nur der Vollständigkeit halber, läßt aber erkennen, wie wenig er von ihr hält.[31] Aly (1921) und Stein (1931) sind der Ansicht, daß Megasthenes als erster länger in Indien weilender Grieche bei seiner Version der Myrmeken-Geschichte, wie schon Nearchos, unabhängig von Herodot lokale Informationen verwertet hat. Brown (1955) widerspricht dieser Vermutung und auch Karsai (1978) verneint eine indische Herkunft der Geschichte. Allerdings sprechen die vielen technischen Details, die Megasthenes erwähnt, dafür, daß er andere Quellen als Herodot zur Verfügung hatte.

Als nächster Autor, der die Myrmeken erwähnt haben wird, ist der aus dem mittelgriechischen Plataä stammende Daimachos zu nennen, der um 290 v. Chr. vom seleukidischen König Antiochos I. Soter (293–261 v. Chr.), dem Sohn und zeitweiligen Mitregenten des Seleukos I Nikator, als Botschafter an den Hof des indischen Königs Amitrochades (indisch = Amitroghata), des Nachfolgers des Sandrokottos, geschickt wurde, bei dem Megasthenes als Gesandter akkreditiert gewesen war. Auch Daimachos verfaßte ein Buch über Indien, von dem jedoch noch weniger als von dem des Megasthenes erhalten ist. Die antike Einstellung zu diesem Werk gibt am besten folgendes Zitat aus Strabon *II 1* wieder:

> Zwar sind alle die über Indien geschrieben haben, in hohem Maße Lügenredner, aber alle übertrifft Daimachos. Den zweiten Rang behauptet Megasthenes [...]. Eben diese erwähnen auch die goldgrabenden Ameisen, die keilköpfigen Pane und die Schlangen, welche Rinder und Hirsche mitsamt dem Geweih verschlingen, über welche Dinge dann, wie auch Eratosthenes bemerkt, einer den anderen Lügen straft.

Also hat wohl auch Daimachos zu dem so aufregenden Thema der Myrmeken etwas geschrieben. Im Gegensatz zu Megasthenes geriet Daimachos sehr bald in Vergessenheit und nur bei älteren Autoren wie Eratosthenes (295/80–?200 v. Chr.) findet er überhaupt noch Erwähnung.

---

[31] Die Myrmeken-Geschichte des noch zu erwähnenden Dion Chrysostomos (46–?110 n. Chr.) wird üblicherweise ebenfalls auf Megasthenes zurückgeführt, eine Interpretation, die jedoch nicht aufrechtzuerhalten ist (s. dazu Kap. 2.2.3).

2.1.6 Nichtgriechische Quellen

Die Myrmeken-Geschichte hat sich auch, obgleich nur in Teilaspekten, schon früh entlang der Ameisenstraße in einer Abzweigung weit nach Osten verbreitet. Laufer (1908) verwies als erster auf die chinesischen, so genannten *Elegien aus T'su*, in denen von gefährlichen großen Ameisen in den westlich gelegenen Ländern berichtet wird.

Bei diesen Elegien oder Strophen handelt es sich um eine literarische Gattung, die der Dichter Qü Yüan (340–278 v. Chr.) begründete, der zeitweilig auch Minister des Königs Huai im ostchinesischen Staat Chu während der Feudalzeit der so genannten 'Streitenden Reiche' (403–221 v. Chr.) war. Er war von diesem König wegen ungebetener, aber wie sich später herausstellen sollte, gerechtfertigter Ratschläge verbannt worden war und hat dann seine Enttäuschung und Verbitterung[32] in der Elegie *Li-sao* („Begegnung mit dem Leid") zusammengefaßt.

Die Werke späterer Dichter des Reiches Chu, die nach Qü Yüans Vorbild im nicht durch Versmaß gebundenen freien Stil des *Li-sao* geschrieben haben, wurden dann im zweiten nachchristlichen Jahrhundert von dem Gelehrten Wang Yi als *Elegien aus T'su* zusammengefaßt. Die Riesenameisen werden hier im *Kapitel 10* in dem Gedicht *Zhao hun* („Rückruf der verirrten Seele") erwähnt, das von dem Dichter Song Yu (290–233 v. Chr.) verfaßt wurde. Das in Form eines beschwörenden Rückrufes der Seele eines Verstorbenen aufgebaute Gedicht beruht auf älteren schamanischen Überlieferungen. Das die Myrmeken betreffende Zitat in *v. 30–34* lautet nach der englischen Übersetzung von Bolton (1962: 82):

> Komm zurück, du verirrte Seele!
> Der Westen birgt viele Gefahren!
> Die Gefahr im Westen ist der tausend Meilen treibende Sand. [...]
> Rote Ameisen sind so groß wie Elefanten,
> schwarze Wespen wie Flaschenkürbisse.

Das Gedicht bezieht sich hier offensichtlich auf die Wüste Takla-makan. Aus den späteren chinesischen Kommentaren zu diesem Gedicht zitiert Laufer (1908: 442) eine Stelle, wonach

> es in der Wildnis der westlichen Gegenden rote Ameisen gab, die so groß waren wie Elefanten, und Menschen zu töten vermochten.

Somit wußte der Dichter Yong Su von den elefantengroßen Ameisen und der spätere Kommentator hat zusätzlich noch von den menschenfressenden Aktivitäten dieser Ungeheuer gehört.[33]

---

[32] Er soll später im Fluß Mi-Lo den Tod gesucht haben und ihm zu Ehren werden bei dem auf ihn zurückgehenden, jährlich am 5. Mai in China begangenen Drachenbootfest Reisopfer dargebracht.

[33] Interessanterweise findet sich bei modernen Autoren, die sich in dieser Angelegenheit auf Laufer (1908) beziehen, zum Teil die Fehlzitierung, daß diese Ameisen Elefanten und Menschen verspeisen. Aber so furchtbar hat selbst die chinesische Überlieferung die Myrmeken — und um diese handelt es sich ja hier — doch nicht dargestellt.

2. Ad fontes — Zu den Quellen

Bolton (1962: 81) erwähnt eine weitere chinesische Quelle, das *Shan Hai Ching*, ein synkretistisches Werk, das in seiner gegenwärtigen Form etwa gegen Ende des ersten vorchristlichen Jahrhunderts entstanden sein dürfte, aber wohl bereits zweihundert Jahre früher bestanden haben könnte. Es heißt darin *v. 55a-56a* über das Gebiet nördlich des Kuen-Lun Gebirges u.a.:

> Im Osten des ch'iung ch'i, [der wie ein geflügelter Tiger ist] gibt es riesige Wespen, die wie Wespen aussehen, und riesige Ameisen, die wie Ameisen aussehen.

Nach Bolton beinhaltet auch dieses Gedicht ältere schamanische Überlieferungen der so genannten Jangtse Tal-Kultur und geht damit wohl auf dieselbe Quelle zurück wie das vorher erwähnte *Zhao hun*.

Hier treten also wieder die Myrmeken auf, allerdings ohne das Gold, wobei die Tiere jedoch mit zunehmender Entfernung vom Ursprungsgebiet der Geschichte offensichtlich immer gefährlichere Dimensionen annehmen. Wahrscheinlich gelangte die Kunde von den Myrmeken bruchstückhaft nach vielen Zwischenstationen entlang der Seidenstraße unter Verlust des Goldaspektes spätestens zu Beginn des dritten vorchristlichen Jahrhunderts bis nach China, und somit zu einer Zeit, als Megasthenes und später auch Daimachos als Gesandte am indischen Hof weilten.

Auch im *Mahabharata*, einem der frühesten großen Werke der klassischen indischen Literatur, sind goldgrabende Ameisen bekannt. Bei diesem monumentalen Epos handelt es sich um ein Kompendium von etwa 106.000 Doppelversen, das aus einer großen Anzahl verschiedenartiger Dichtungen wie Sagen, Legenden und Lobgedichten sowie Rechtsbüchern zwischen dem 4. vor- und dem 4. nachchristlichen Jahrhundert zusammengestellt wurde.[34] Das Werk besteht aus 18 Abschnitten, sogenannten 'parvas', und beschreibt als verschwommenen Nachhall den Feudalismus der frühen arisch-indischen Königreiche am Ganges, wobei ähnlich wie in der *Ilias* des Homer oder dem *Nibelungenlied* teilweise spätere Verhältnisse in das ältere Zeitalter projiziert werden.[35] Das *Mahabharata* behandelt die Feindschaft zweier verwandter Geschlechter, der Pandava und der Kaurava, die sich um die höchste Königswürde streiten. Die Pandava werden zunächst von den Kaurana, ihren Vettern, vertrieben, aber deren Vater holt sie zurück und setzt sie in die eine Hälfte des Reiches ein, was mit einem Pferdeopfer in der Hauptstadt Indraprashta, dem alten Delhi, gefeiert wird. Die Kaurava neiden aber den Pandava den Erfolg und entreißen ihnen ihren Reichsteil mit List. Die nachfolgenden Auseinandersetzungen gipfeln in einer achtzehntägigen blutigen Schlacht, die die Pandavas durch göttliche Hilfe wegen ihrer gerechten Sache schließlich gewinnen. Yudhishthira, der älteste Pandava-Prinz, wird danach zum Weltherrscher gekürt.

Eine genaue Datierung der einzelnen Teile des *Mahabharata* ist aus den oben genannten Gründen nicht möglich. Da in ihm jedoch auch die sogenannten 'Yavanas' (wohl abgeleitet aus dem altpersischen 'Yauna') auftauchen, worunter die seit späte-

---

[34] Es wird dem mythischen Sri Vayasa zugeschrieben, dem Großvater der Haupthelden des Epos.
[35] So verfügen Homers Helden schon über 'eherne' (eiserne) Waffen, obwohl die Geschichte noch in der Bronzezeit spielt.

2.1 Die ersten fünfhundert Jahre

stens dem Ende des 6. vorchristlichen Jahrhunderts von den Persern als 'Ionier' bezeichneten Griechen zu verstehen sind (Jong 1973), ist eine Einordnung der nachstehenden Textstelle in das 3. vorchristliche Jahrhundert zumindest möglich, denn zu dieser Zeit waren die griechischen Königreiche in Baktrien und Ostafghanistan, die aus den Satrapien Alexanders des Großen hervorgegangen waren, ein bedeutender Machtfaktor in der Region. Der Kern des Werkes dürfte jedoch, wie bereits erwähnt, durchaus älter sein.[36]

Im zweiten Buch des *Mahabharata,* dem *Sabha Parva* (Buch der Versammlung), heißt es *2,48,4 ff.* nach der englischen Übersetzung von Wilson (1843: 143), der als erster auf diese Stelle im Zusammenhang mit den Myrmeken hinwies:

> Die Völker, die im angenehmen Schatten der Kichaka-venús (einer Art Weide) entlang des Flusses Sailoda zwischen dem Berg Meru und dem Berg Mandara wohnen und Khasas,[37] Pradaras, Páradas, Etkásanas, Arkas, Kulindas, Tanganas und Paratanganas heißen, brachten Yudhishthira Goldklumpen von einem Drona Gewicht[38] von der Art, die *paipillika* genannt wird, d.h. Ameisengold, das so heißt, weil es von *paipillikas* ausgegraben wird, also von den gemeinen großen Ameisen.

Die Art, in der dieses Gold erwähnt wird, zeigt deutlich, daß es sich dabei nicht um etwas Besonderes handelte und daß es wohl allgemein bekannt war, daß Ameisen in ihren Haufen Gold an die Oberfläche befördern, wo es dann von den Menschen aufgesammelt werden kann. Bergaigne (1874) vermutet, daß „es durchaus möglich ist, daß das Motiv der das Gold verteidigenden Ameisen schon in der wedischen Epoche[39] existierte oder vielleicht sogar schon lange vorher."

Der Berg Meru ist der Weltberg der Hindus an der Nordgrenze der Welt und der Mandara der an der Ostgrenze. Der Fluß Sailoda ('Felswasser') hat nach *Mhb. 2,48, 2-4* die Eigenart, daß nichts auf seinem Wasser schwimmt, sondern untergehen muß.[40] Er ist nicht lokalisierbar, aber eventuell hilft hier eine Bemerkung bei Malte-Brun (1819) weiter, der berichtet, daß der Fluß Sutlej, einer der fünf Ströme des Panjab, von den Eingeborenen im Himalaja auch 'Scherouder' genannt werde. Dieser Name könnte etymologisch über einen so genannten r/l-Tausch durchaus mit Sailoda verwandt sein. Die Goldfelder befinden sich also offensichtlich hoch oben im Himalaja.

---

[36] Von den Yavanas heißt es *Mhb. 8,30,80* übrigens hochachtungsvoll, daß sie „alle Wissenschaften haben", allerdings kämpfen sie zusammen mit den 'bösen' Kaurava gegen die 'guten' Pandava *(Mhb. 7,95,12ff.).*

[37] Der Stamm der Khasa wird üblicherweise in Kaschmir lokalisiert (Schiern 1871), wohingegen die in der Aufzählung erwähnten Paradas häufig mit den Daradae oder Dardae der antiken Geographen gleichgesetzt werden.

[38] Bei den als Einheit genannten Drona soll es sich nach Dube (1996) um ein Hohlmaß von etwa 70 Liter handeln. Die kann aber nicht zutreffen, da ein solches Staubgold gefülltes Volumen über 450 kg gewogen hätte.

[39] Die Weden sind zu späteren Zeiten niedergeschriebene Überlieferungen aus der Epoche der arischen Einwanderung in Indien in der zweiten Hälfte des zweiten vorchristlichen Jahrtausends.

[40] Dieser Fluß wird auch von Megasthenes (bei Strabon *XV 1,38*) erwähnt.

2.1.7 Hellenistische Quellen

Die Myrmeken finden sich auch bei dem in Kyrene, in der nach diesem Ort benannten Cyrenaika an der libyschen Ostküste, um 310 v. Chr. geborenen hellenistischen Dichter und Grammatiker Kallimachos. Dieser kam relativ früh in das geistige Zentrum der hellenistischen Welt, den Hof der Ptolemäer in Alexandria, wo er im Jahre 263 v. Chr. als eine der Hauptfiguren des geistigen Lebens der Stadt gefeiert wurde. Er wurde von Ptolemaios II Philadelphos (285-246 v. Chr.) hoch geehrt und gehörte unter dessen Nachfolger Ptolemaios III Euergetes (246-220 v.Chr.) zum engeren Kreis des Hofes. Er starb um 240 v. Chr.

Kallimachos war ein überaus fruchtbarer Dichter und Grammatiker, jedoch sind die weitaus meisten seiner angeblich über achthundert Werke nicht erhalten geblieben. Lediglich drei Bücher sind durch eine Vielzahl von Fragmenten belegt und verhältnismäßig gut rekonstruierbar. Bei einem dieser Werke, dem *Iambus*, handelt es sich um eine Art dichterisches Taufgeschenk für ein kleines Mädchen, die Tochter eines gewissen Leon, anläßlich des Festes der Amphidromeia.[41]

Unter den guten Wünschen des Kallimachos finden sich in diesem Werk *fr. 202, 58-60* auch die Myrmeken:

> Zum Beispiel die Ameisen, die indischen Hunde,
> werden Gold aus der Tiefe der Erde auf ihren Flügeln bringen
> und oft wird das Haus, in dem es [das Kind] angelangt, ihr Ziel sein.

Die Bezeichnung 'indische Hunde' dürfte einerseits auf die Größe der Myrmeken anspielen, aber andererseits waren solche Hunde, die sogar gegen Löwen kämpften, schon seit den Perserkriegen (Herodot *VII 187*) als besonders wild bekannt. Hier findet also eine Verschmelzung der hundsgroßen Myrmeken mit den wilden indischen Hunden statt, während bei den Flügeln allerdings dichterische Freiheit im Spiele ist. Die Erwähnung der Myrmeken in diesem Gedicht zeigt jedoch, daß diese Fabeltiere sich ihren festen Platz im griechischen Bildungsgut erobert hatten.

Der zu den bukolischen, das Hirten- und Landleben verherrlichenden Dichtern gezählte Theokritos, ein Zeitgenosse des Kallimachos, erwähnt die Myrmeken ebenfalls. Er wurde vor 275 v. Chr. in Syrakus geboren und nach längerem Wirken in seiner Heimatstadt zog es ihn, über die Insel Kos, schließlich ebenfalls nach Alexandria, wo er unter dem bereits erwähnten Ptolemaios II Philadelphos seine Glanzzeit erlebte. Sein Todesdatum ist unbekannt.

Sein *Hymnus XVII* ist ein 'Eukomion', ein Lobgesang, auf den König, den Sohn des Begründers der Dynastie der Ptolemäer. In ihm lobt Theokritos, daß der gute König, ein Freund auch der Künstler, seinen eigenen Reichtum und den des Staates nicht nutzlos liegen lasse, sondern ihn ständig zu mehren suche. Es heißt *XVII 106,7*:

> Aber nicht nutzlos liegen in dem reichen Hause die Haufen Goldes
> wie die Reichtümer bei den nimmermüden Ameisen.

---

[41] Dabei wurde das zwischen fünf bis zehn Tage alte Kind mehrmals um den häuslichen Herd getragen, wonach Verwandte und Freunde der Familie es mit Geschenken bedachten.

2.1 Die ersten fünfhundert Jahre

Hier werden zwar keine indischen Ameisen explizit genannt, aber der Zusammenhang zwischen den hier erwähnten Ameisen und den Myrmeken dürfte eindeutig sein, heißt es doch in einer nicht näher datierten, wohl byzantinischen Scholie, einer gelehrten Erläuterung, zu dieser Stelle nach Wendel (1914: 321):

> Über die goldschürfenden Ameisen bei den Indern haben viele berichtet.

Ein weiterer Autor, der häufig als Quelle für die Myrmeken genannt wird, ist Agatharchides (208-132/31 v. Chr.) aus dem karischen Knidos an der Südwestküste Kleinasiens. Er kam nach jugendlichen Wanderjahren nach Alexandria, wo er seine Laufbahn zunächst als Schulmeister begann, aber schließlich als Sekretär und Vorleser des Herakleides Lembos, eines einflußreichen Diplomaten, zu Ansehen in der Stadt gelangte.[42] Seine Geographie und Geschichte Asiens und Europas ist aus Fragmenten und Exzerpten bei anderen Autoren nur bruchstückhaft bekannt. Im Gegensatz dazu ist von seinem Alterwerk, dem *Periplus*[43] („Umsegelung des Erythräischen Meeres")[44], durch längere Auszüge bei Photius und Diodor wesentlich mehr erhalten.

Als Quelle für die Myrmeken wird üblicherweise das Exzerpt des Photius *(Bibl. 69)* aus dem *Periplus* genannt, in dem aber nur über arabische Löwen gesprochen wird, die 'Ameisen' hießen. Wörtlich heißt es hier:

> Von denen [den Löwen], die Ameisen genannt werden, sind die meisten im Aussehen von den anderen nicht zu unterscheiden. Die Geschlechtsteile sind jedoch bei ihnen, im Gegensatz zu den anderen, nach hinten gerichtet.[45]

Hier besteht somit offensichtlich keinerlei Zusammenhang mit den Myrmeken. Der Verweis auf Agatharchides dürfte auf Müller (1882) zurückgehen, der sich in diesem Zusammenhang auf eine Notiz des Artemidoros[46] bei Strabon (*XVI 7,74*) bezieht. Auch in dieser heißt es von arabischen Löwen, die Ameisen genannt würden, daß ihre Geschlechtsteile nach hinten gerichtet seien.

Zusätzlich zu diesen beiden vermeintlichen Quellen zu den Myrmeken zieht Müller noch den Aelianus heran (Kap. 2.2.5), der in seiner *de natura animalium NA 17,42* von Ameisen in Babylonien berichtet, deren Geschlechtsteile, hier drastisch

---

[42] Durch diese Tätigkeit hatte er sicher auch Zugang zu der königlichen Bibliothek, was ihm bei der Abfassung seiner verschiedenen geographischen Schriften sehr zu gute gekommen sein dürfte.

[43] Unter einem *Periplus* verstand man im Altertum eine Segelanleitung für bestimmte Küstenabschnitte zusammen mit entsprechenden geographischen Beschreibungen.

[44] Der Terminus 'Erythräisches' oder 'Rotes Meer' umfaßte übrigens im Altertum nicht nur den heute unter diesem Namen bekannten Meeresarm, sondern den gesamten Indischen Ozean mit seinen verschiedenen Randmeeren.

[45] Rückwärts gebogene Geschlechtsteile, eine Bemerkung, welche die Antike anscheinend faszinierte, erwähnt übrigens erstmals Herodot *III 103* von den Kamelen.

[46] Artemidoros von Ephesus war ein berühmter griechischer Geograph, dessen Wirkungsperiode um das Jahr 100 v. Chr. lag, als er nach ausgiebigen Reisen, die ihn von der Atlantikküste bis nach Ägypten führten, eine umfangreiche Geographie der gesamten „Oikumene", d.h. der damals bekannten bewohnten Welt, verfaßte, von der aber nur wenige Fragmente überliefert sind.

Kindermacher (griechisch = παιδόποιον) genannt, ebenfalls nach hinten gerichtet seien. Ohne in Betracht zu ziehen, daß bei Aelianus möglicherweise der Bezug zu den Löwen ursprünglich ebenfalls vorhanden war, bei dem Zitat aber ausgelassen wurde, zieht Müller den fragwürdigen Schluß, daß es sich bei den Löwen 'zweifelsfrei' („indicatur haud dubie") um die indischen goldgrabenden Ameisen handele. Dieser Ansicht kann jedoch nicht zugestimmt werden. Aelian scheint sich ebenfalls auf diese Löwenart zu beziehen, wenn er *NA 7,47* sagt, die Jungtiere von Raubtieren wie Schakal, Tiger, *Ameise* und Panther werde nur als 'die Jungen' (σμήκοι) bezeichnet. Bei diesen Myrmeken genannten Löwen könnte es sich möglicherweise um Hyänen handeln, deren Namen in der entsprechenden Landessprache ähnlich dem griechischen Wort für Ameise (μύρμηξ) geklungen haben könnte.

2.2 Aus dem Römischen Reich

2.2.1 Frühe Quellen aus römischer Zeit

Nachdem sich die Myrmeken bisher im wesentlichen im griechischen bzw. hellenistischen Raum bewegt haben, erscheinen sie als nächstes bei einem Autor aus dem lateinisch sprechenden Teil des römischen Reiches. Nach einer kurzen Notiz bei dem bereits erwähnten Aelianus wird sich hier als erster der numidische König Iuba II mit den Myrmeken beschäftigt haben. Nach der Niederlage seines Vaters, Königs Iuba I, gegen Rom in der Schlacht von Thapsos war er als fünf bis acht Jahre alter Knabe von Cäsar in seinem Triumphzug in Rom im Jahre 46 v. Chr. mitgeführt worden. Auf dessen Veranlassung erhielt er jedoch eine umfangreiche Ausbildung und nahm den Namen seines Gönners an. Unter Kaiser Augustus wurde ihm schließlich das römische Bürgerrecht zuerkannt und nach der Einnahme Alexandrias durch Augustus wurde er mit Kleopatra Selene, der Tochter von Kleopatra und Marcus Antonius verlobt, die er später dann auch heiratete.[47] Bei der Neuordnung des Reiches im Jahre 30 v. Chr. wurde Iuba von Augustus in einem Teil seines väterlichen Königreiches als Herrscher wieder eingesetzt. Das Gebiet wurde jedoch 25 v. Chr. mit der römischen Provinz Africa zusammengelegt. Iuba selbst scheint um 25 n. Chr. verstorben zu sein.

Neben seinen Herrschaftsgeschäften war Iuba ein gelehrter und fruchtbarer Schriftsteller, von dessen Werk sich aus Zitaten bei anderen Autoren mindestens neun Titel rekonstruieren lassen, darunter auch eine Beschreibung Arabiens und von Teilen Indiens, auf die sich der folgende Hinweis bei Aelianus beziehen dürfte, der bei der Beschreibung bestimmter Ameisen Indiens *NA 16,15* vermerkt:

> Iuba hat schon früher über die indischen Ameisen berichtet, aber das ist alles was ich jetzt darüber zu sagen habe.

---

47) Diese im Jahr 40 v. Chr. geborene Prinzessin war zusammen mit ihrem Zwillingsbruder Alexander Helios von Augustus in seinem Triumphzug in Rom 30 v. Chr. mitgeführt, aber dann von Octavia, der Gemahlin des Kaisers, aufgenommen und erzogen worden.

2.2 Aus dem Römischen Reich

Obwohl sich die Ausführungen vor diesem Zitat, nach den erwähnten Details der Bauten (μεταλλείς = Bergwerke) zu urteilen, auf Termiten beziehen, dürfte es sich bei dem Hinweis auf Iuba wohl mit großer Wahrscheinlichkeit eher um die Myrmeken gehandelt haben.

Der römische Dichter Sextus Propertius (der 'römische Kallimachos'), geboren um 47 v. Chr. in Asirium, dem heutigen Assisi, wurde bereits in verhältnismäßig jungen Jahren berühmt. Seine poetischen Fähigkeiten kamen durch sein Verhältnis zu der gebildeten Hetäre Hostia zur Entfaltung, einer Dame, die man heute als 'hochklassiges Callgirl' bezeichnen würde und die er als Cynthia in den Mittelpunkt seiner meist erotischen Elegien stellte. Nach der Veröffentlichung der ersten Elegien im Jahre 28 v. Chr. wurde er in den Kreis der Schöngeister um Maecenas, jenem bedeutenden Förderer der Künste, aufgenommen, zu dem auch Ovid und Vergil gehörten.[48] Das Todesjahr des Propertius ist nicht bekannt, wird jedoch vor dem Jahre 2 v. Chr. gelegen haben.

In *Elegie 13* im dritten Buch seines Werkes finden sich die Myrmeken als eine Quelle für Reichtümer, deren verhängnisvollen Einfluß auf die allgemeine Moral der Dichter an Hand von historischen und mythologischen Beispielen scharf geißelt.[49] Im ersten Teil der Elegie heißt es *13,5-8*:

> Die indische Ameise liefert Gold aus Bergwerkshöhlen,
> aus dem Roten Meer kommt die Perlmuschel,
> Purpur bietet uns dar das cadmeische Tyros
> und Zimt der Araber, der Hüter vieler Wohlgerüche.

Die Stelle belegt, daß die Myrmeken nicht nur im hellenistischen Bildungskreis, sondern mittlerweile auch im durch diesen beeinflußten Rom ihren festen Stellenwert als Sinnbild des Reichtums besaßen.

Der stoische Philosoph und Geograph Strabon (64/63 v. Chr.–23/26 n. Chr.) aus dem südlich des heutigen Samsun in Nordostanatolien gelegenen Amaseia bereiste nach einem längeren Aufenthalt in Alexandria, dem damaligen Zentrum der Gelehrsamkeit, einen großen Teil der seinerzeit im Westen bekannten Welt. Das Ergebnis dieser Reisen stellt seine siebzehnbändige *Geographia* dar, eines der wenigen antiken Werke dieser Art, das nahezu vollständig erhalten geblieben ist.

Für die vorliegende Untersuchung sind seine Nachrichten über Indien von Bedeutung, wobei er aber den von ihm benutzten älteren Schriftstellern sehr kritisch gegenübersteht und *2,5* „alle, die über Indien geschrieben haben, [...] in hohem Maße Lügenredner" nennt. Allerdings urteilt er *15,1,37* etwas gnädiger:

> Sowohl aus Unkenntnis als auch wegen der entfernten Lage der Verhältnisse ist alles über es [Indien] übertrieben oder als wundersam dargestellt, wie z.B. die Ge-

---

[48] In den späteren Elegien verlagert sich der Schwerpunkt von der Erotik, möglicherweise altersbedingt, mehr zu philosophisch-moralisierenden Themen.
[49] Die Elegie endet in dem Kassandra-Ruf, daß Rom an seinem Reichtum noch zugrunde gehen werde: „Roma, die Stolze, zerbricht noch an dem eigenen Gut!"

2. Ad fontes — Zu den Quellen

schichten der goldgrabenden Ameisen und von Tieren und Menschen mit besonderen Körperformen und mit wundervollen Fähigkeiten.

Dann bringt er aber genüßlich für seine Leser *15,1,44* eben diese bereits erwähnte Myrmeken-Geschichte des als Lügner gescholtenen Megasthenes zusammen mit der Ergänzung zu den panthergefleckten Fellen der Myrmeken nach Nearchos (Kap. 2.1.5). Und etwas später trägt er *15,1,69* noch nach:

> Sie sagen, daß einige der goldgrabenden Ameisen geflügelt seien.

Es drängt sich der Eindruck auf, daß Strabon seinen Lesern diese von ihm selbst angezweifelte Geschichte nicht vorenthalten wollte, war es doch schließlich jedem gebildeten Zeitgenossen damals bekannt, daß im hintersten Indien derlei Tiere ihr Unwesen trieben. Die Flügel der Myrmeken hatte schon Kallimachos um 250 v. Chr. erwähnt. Auch bei Strabon finden sich die 'Ameisen' genannten Löwen, von denen bereits Agatharchides und Artemidoros aus Arabien berichtet hatten.[50] Er versetzt sie allerdings nach Äthiopien.

Der nächste Autor, der die Myrmeken erwähnt, ist der im südspanischen Tigentera, wahrscheinlich dem heutigen Algeciras, geborene römische Geograph Pomponius Mela, von dem das älteste erhaltene in Latein geschriebene geographische Werk stammt. Über sein Leben ist wenig bekannt, seine Hauptwirkungszeit dürfte zur Zeit des Kaisers Claudius (41-54 n. Chr.) gelegen haben. Es handelt sich bei seinen wohl im Jahre 43 n. Chr. fertiggestellten *De situ orbis libri III* („Drei Bücher über den Erdkreis"), die meist aufgrund des frühesten Codex als *De chorographia* zitiert werden,[51] um eine zum großen Teil aus älteren griechischen Quellen zusammengestellte Erd- und Länderbeschreibung, einen, wie Brodersen (1994) sagt: „Spaziergang durch die alte Welt".[52] Es wird vermutet, daß die *Chorographia* eine Art Erläuterung für die von M. Vipsanius Agrippa (64/3-12 v. Chr.), dem Schwiegersohn des Augustus, entworfene, von seiner Schwester Vipsania Polla nach seinem Tode weitergeführte und 25 Jahre später am Porticus Vipsanius in Rom angebrachte Weltkarte war. Das Werk muß vor der nachstehend zu besprechenden *Naturgeschichte* des Plinius veröffentlicht worden sein, da sie von diesem zitiert wird.

In *De Chorographia* heißt es *III 62*, in Indien gäbe es

> Ameisen, die nicht kleiner als die größten Hunde sind und nach Art der Greife das Gold aus der Erde hervorbringen und es mit größter Gewalt vor Angreifern zu bewahren suchen.

Die Myrmeken sind hier also nicht mehr größer als Füchse und kleiner als Hunde wie bei Herodot, sondern bereits so groß wie die größten Hunde, und außerdem werden sie hier erstmals zusammen mit den Greifen[53] erwähnt.

---

[50] Über diese Löwenart heißt es *16,4,15* auch, daß sie ein goldfarbenes Fell besitze, daß ihre Geschlechtsteile nach hinten gerichtet seien, und daß sie weniger behaart seien als die anderen Löwenarten.
[51] „De situ orbis" sind die namengebenden drei ersten Wörter neuerer Handschriften.
[52] Darin wird u.a. auch auf die bereits von Aristoteles dargelegte und von dem alexandrinischen Geographen Eratosthenes bewiesene Kugelgestalt der Erde Bezug genommen.

2.2.2 Die Naturgeschichte des Plinius

Die Vita des nächsten Autors, der die Myrmeken erwähnt, Gaius Plinius Caecilius Secundus, ist sehr gut bekannt.[54] Er wurde 24 n. Chr. im antiken Novum Comum, dem heutigen Como in Norditalien, als Sohn eines begüterten römischen Ritters geboren. Seinen Militärdienst leistete er von 47–51 n. Chr. als Centurio einer thrakischen Hilfseinheit in Ober- und Untergermanien ab. Während der Regierungszeit Neros (54–68 n. Chr.) zog er sich aus dem öffentlichen Leben zurück und ging hauptsächlich seinen schriftstellerischen und naturwissenschaftlichen Interessen nach. Zwischen 68–75 n. Chr. ist er jedoch wieder im Staatsdienst, diesmal in hochrangiger Stellung in der Militärverwaltung verschiedener Provinzen von Südspanien bis Syrien tätig. Im Jahr 76 n. Chr. wird er nach Rom an den Hof Kaiser Vespasians gerufen und schließlich zum Präfekten der Mittelmeerflotte in Misenum bei Neapel befördert. Als am 24. August des Jahres 79 n. Chr. der Vesuv nach Jahrhunderten scheinbarer Ruhe wieder ausbrach, kam Plinius vor Pompeii während Rettungsmaßnahmen der von ihm befehligten Flotte ums Leben.

Sein Hauptwerk, die *Naturalis historiae libri XXXVII* („Die 37 Bücher der Naturgeschichte"), stellt die umfangreichste erhaltene Sammlung des naturwissenschaftlichen und geographischen Wissens seiner Zeit dar, von der die ersten zehn Bücher im Jahre 77 n. Chr. dem Prinzen und nachmaligen Kaiser Titus (geb. 39; regierte 79–81 n. Chr.) gewidmet wurden. Der Rest erschien erst nach dem Tod des Plinius. Das Werk enthält neben einer Vielzahl von eigenen Augenzeugenberichten im wesentlichen nur Exzerpte älterer Schriften von Herodot bis Pomponius Mela, die das Resultat der Auswertung von 2.000 Büchern von 100 Autoren seien, wie der Autor stolz im Vorwort selbst bemerkt, und auf einer Sammlung von etwa 20.000 Exzerpten beruhe.[55] Entgegen der verbreiteten Ansicht, daß es sich bei ihm um einen aktiven Forscher gehandelt habe, muß jedoch davon ausgegangen werden, daß er nur in geringem Umfang selbst Gesehenes oder eigene Forschungen verarbeitete, sondern in bester Enzyklopädistentradition hauptsächlich nur ältere Informationen zusammengestellt hat.[56]

Die Myrmeken werden in den *NH*, wie das Werk abgekürzt zitiert wird, an drei Stellen erwähnt. Die Myrmeken-Geschichte selbst findet sich im *Buch XI Über die Insekten* (*NH 11,111*). Den entsprechenden Absatz in der ersten deutschen Teilübersetzung des Plinius durch Heinrich von Eppendorf aus dem Jahr 1543 zeigt Abb. 6.

---

53) Die goldhütenden Greife selbst werden von Mela *II 1* vom Nordrand der Welt beschrieben, wo sie das Gold bewachen, das auf der Erdoberfläche herumliegt.

54) Zur Unterscheidung von seinem gleichnamigen Adoptivsohn (61/62-112/13), dem Briefschreiber, wird er auch Plinius der Ältere genannt.

55) Diese Zahlen stellen jedoch eine Untertreibung dar, denn der wirkliche Umfang des 'Zettelkastens' des Plinius war deutlich höher, wie allein aus einer Zusammenstellung der am Ende eines jeden Buches angegebenen bibliographischen Daten, einem frühen Literaturverzeichnis, ergibt.

56) Dies ist jedoch für die Kenntnis der antiken Wissenschaften von viel größerer Bedeutung, sind doch viele Autoren nur über ihre Erwähnung bei Plinius bekannt.

2. Ad fontes — Zu den Quellen

> **Caij Plinij xj. Büch.**
> **Von den Indianischen Omeyßen.**
> **Das. xxxiiij. Capitel.**
>
> Je hörner der Indianischen Omeyßen / so in der kirchen Herculis zů Erythris gehangen / seind ein mirackel geweßt. Sye tragen das gold vß den hölē des erdtreichs in India nach mitternacht / da leüt wonen die man Dardas nennet / habē ein farb wie die Katzen / seind so grosß als die Wölff in Egyptē. Was sye im Wynter von gold yntragen / das stelen ynen die Indianer in der hitz des Sommers / so sich die Omeyßen in die löcher des geschmacks halben verbergen. So bald sye aber entpfinden / dz man ynen das gold nemen will / so flyegen sye häranß / vnd plagen auch die so vnderstehen vff schnellen Camelen ynen zů entflyehen, so schnell vnd so ernsthafftig seind sye in der lyebe des golds.

Abb. 6: Die Myrmeken-Geschichte nach Plinius (aus der ersten deutschen Übersetzung von Heinrich von Eppendorf 1543

In moderner Übersetzung lautet die Stelle:

> Diese indischen Ameisen bringen Gold zusammen mit dem Erdreich aus ihren Höhlen in einer Gegend der nördlichen Inder, die Darden genannt werden. Sie haben die Farbe von Mardern und sind so groß wie ägyptische Wölfe. Was sie in der Winterszeit herausgeschafft haben, rauben ihnen die Inder zur Zeit der Sommerglut, wenn sich die Ameisen wegen der Hitze in ihre Gänge verziehen. Aus diesen fliegen sie durch den Geruch angeregt heraus und zerreißen die [d.h. die Inder], so sehr sich diese auch auf ihren überaus schnellen Kamelen hinwegflüchten. Eine solche Geschwindigkeit und Wildheit ist mit der Liebe zum Gold verbunden.
> (Übers. Lindegger 1979: 125)

Um welches Tier es sich bei dem erwähnten 'ägyptischen Wolf' handelt, ist unbekannt, möglicherweise ist es eine Schakalart. Die üblicherweise mit 'die von Katzen' („colore felium") übersetzte Farbe der Myrmeken kann nicht zutreffen, denn es gab auch damals keine typische Katzenfarbe. Bis in die zweite Hälfte des ersten nachchristlichen Jahrhunderts bezeichnete 'felis', ursprünglich eine Farbangabe mit der Bedeutung 'fahl, gelb', eher Kleinraubtiere wie den Marder oder Iltis (Keller 1909). Erst allmählich wurde der Ausdruck auch für die Katze benutzt, dann jedoch bald durch das Wort 'cattus' ersetzt. Somit bezeichnet der Terminus hier wohl eher eines der erwähnten Kleinraubtiere. Der Geruchsinn der Myrmeken wird ebenfalls hervorgehoben und Plinius erwähnt den bereits von Megasthenes angesprochenen Stamm

2.2 Aus dem Römischen Reich

der Darden, den er *NH 6,67* mit den Worten „… am goldreichsten aber sind die Darden" kennzeichnet.

Vor dem obigen Bericht über den Goldraub findet sich am Anfang von *NH 11, 111* noch ein höchst interessanter Hinweis:

> Im Herakles-Tempel zu Erythrae wurde als Wunder das Fell einer indischen Ameise aufgehängt.

In dieser Übersetzung wird das üblicherweise in den Handschriften auftretende Wort 'cornua' (Hörner) als verfälschtes 'coria' (Felle, Bälge) gelesen, eine Möglichkeit, auf die erstmals Wahl (1807) hinwies. Danach hätte ein Veteran des Alexander-Feldzuges nach seiner gesunden Rückkehr aus Indien eines der von Megasthenes und Nearchos erwähnten Felle der Myrmeken als Dank für die glückliche Heimkehr dem Herakles-Tempel zu Erythrae[57] gestiftet.

Die Myrmeken werden außerdem noch in *NH 33,66* bei der Beschreibung der verschiedenen Goldlagerstätten genannt:

> Gold wird in unserem Erdkreis — ohne auf das indische, von den Ameisen und das skythische, von den Greifen ausgegrabene, einzugehen, in drei Arten von Vorkommen[58] gefunden: […]

Sie werden schließlich noch *NH 37,54* zur Kennzeichnung einer geographischen Lage benutzt:

> Der Stein Amphidanes, auch Chrysocolla genannt, entsteht in Indien in dem Teil des Landes, in dem die Ameisen Gold ausgraben.

Chrysocoll ($CuSiO_3 \times nH_2O$) ist ein himmelblau, grünlich, bis schwarzes malachitähnliches Mineral,[59] das in opalartigen Lagen bei der Verwitterung von Kupferlagerstätten entsteht. Die von Plinius erwähnten Lagerstätten dürften in Afghanistan gelegen haben, d.h. von Indien aus gesehen im Nordwesten.

Die *Naturalis Historia* war noch lange bis in das Mittelalter hinein eine der Grundlagen des abendländischen naturwissenschaftlichen Bildungsgutes, wovon über zweihundert erhaltene Handschriften ein beredtes Zeugnis ablegen. Allein in Deutschland lassen sich im 16. Jahrhundert über zwei Dutzend gedruckte Ausgaben nachweisen.

---

57) Einer der zwölf ionischen Stadtstaaten gegenüber der Insel Chios.
58) Es handelte sich bei letzteren um aus Flüssen gewaschenes Gold, solches aus Bergwerken, und jenes, das aus Bergschutt, den so genannten 'arrugiae', gewonnen wurde.
59) Das Mineral, sein übersetzter Name lautet 'Goldleim', war im Altertum zur Herstellung von chemischem Lot zur Herstellung von mit Goldgranalien verzierten Schmuckstücken von Bedeutung.

2.2.3 Ein Redner und ein Historiker

In Prusa in der kleinasiatischen Provinz Bithynien wurde um das Jahr 46 n. Chr. Dion Chrysostomos als Sohn angesehener und begüterter Eltern geboren.[60] Er war kynisch-stoischer Philosoph und galt als begnadetster Redner seiner Zeit, von dem allein achtzig Reden erhalten sind. Seine Bewunderung von Herodots Werk war bereits in Kap. 1.2 erwähnt worden.

Dion kam früh nach Rom, wo er auch am Kaiserhof verkehrte und mit dem Philosophen Apollonius von Tyana zusammentraf (s. Kap. 2.2.6). Im Jahre 82 oder 83 n. Chr. wurde er, wohl aufgrund freimütiger Äußerungen über den Kaiser Domitian (81–96 n. Chr.), aus Rom und Italien verbannt und mußte auch seine Heimat meiden. In der Folgezeit führte er ein unstetes, oft entbehrungsreiches Wanderleben und erst unter Nerva (96–98 n. Chr.) konnte er sich wieder in Rom und in seiner Heimatstadt zeigen. Er hatte auch zu Trajan (98–117 n. Chr.) Kontakt, war aber später hauptsächlich als Kommunalpolitiker in seiner Heimat tätig. Um 110 n. Chr. wurde er von seinen Mitbürgern wegen angeblicher Majestätsbeleidigung und — sehr modern anmutend — falscher Bauabrechnungen verklagt. Sein Fall wurde vor dem römischen Legaten Plinius dem Jüngeren, dem Adoptivsohn des großen Plinius, verhandelt, es kam aber zu keiner Verurteilung. Dion hat danach anscheinend seine Heimat für immer verlassen und starb wohl bald darauf an unbekanntem Ort.

In seiner späten, im phrygischen Kelainai gehaltenen *Rede XXXV* findet sich eine überaus blumig ausgestaltete Version der Myrmeken-Geschichte. Es handelt sich dabei um eine recht lockere Rede, die ohne besonderen Anlaß gehalten wurde: „Männer, ich bin nicht vor Euch getreten, um meine Fähigkeiten als Redner herauszustellen, noch weil ich Geld von Euch möchte oder Euer Lob erheische [...]".[61] Am Ende der Rede geht er dann ausführlich auf das Volk der Inder und dabei auch auf die Myrmeken ein. Den darauf folgenden Bericht habe er angeblich „von den Leuten an der Küste" erfahren, die aber einen sehr schlechten Ruf genössen, womit er recht geschickt sogleich den Wahrheitsgehalt der Geschichte relativiert.

Er spricht *XXXV 24* über die schon von Plinius als die goldreichsten von allen Indern bezeichneten Derdai:

> Zu Gold aber kommen sie durch Ameisen. Die nun sind größer als Füchse, im Übrigen jedoch ähnlich denen bei Euch; sie graben sich ins Erdreich ein wie die übrigen Ameisen. Doch ist der von ihnen ausgeworfene Sand golden und gleißend hell. Es gibt nun da, nahe beieinander und einer hinter dem anderen, gewissermaßen Hügel von Goldsand und es funkelt die ganze Ebene. Mit Mühe läßt sie sich nur anschauen bei Sonnenschein und viele von denen, die diese Erscheinung zu betrachten versuchten, sind darob erblindet.
>
> Die Anwohner aber, die durcheilen das Gebiet dazwischen — eine Wüstenei, nicht eben groß — auf Gefährten, vor welche sie die schnellsten Pferde gespannt haben,

---

[60] Sein eigentlicher Name war Dion Cocceianus, den Beinamen 'Chrysostomos' (Goldmund) erhielt er erst im 3. Jahrhundert zur Unterscheidung von dem Historiker Dion.
[61] Im Folgenden läßt Dion sich u.a. über die offensichtlich Jahrtausende alte Frage aus, ob aus der Länge der Haare eines Mannes auf seine Gesinnung zu schließen sei.

2.2 Aus dem Römischen Reich

und sie gelangen dort zur Mittagszeit an, wenn die Ameisen sich unter die Erde verkrochen haben. Haben sie dann den Sand rasch an sich genommen, ergreifen sie die Flucht. Die Ameisen, die das gemerkt haben, jagen hinterher und nehmen, wenn sie sie eingeholt haben, den Kampf gegen sie auf, bis daß sie entweder selbst den Tod gefunden oder aber die Goldräuber getötet haben, denn die kampfeswütigsten von allen Tieren, das sind sie. So verstehen jedenfalls gerade sie sich auf das Gold, und sie geben es nicht preis, eher erleiden sie den Tod.

(Übers. Lindegger 1979: 117)

Seit Schwanbeck (1845) wird dieser Bericht als auf Megasthenes zurückgehend angesehen. Aber selbst wenn man das Erblinden beim Anblick des gleißenden Goldes als 'goldmundige' Zugabe des Dion ansieht, verbleiben in diesem Text keinerlei Zusammenhänge mit den Megasthenes-Zitaten bei Strabon und Arrianos (Kap. 2.1.5). Bei Dion kommen die Goldräuber mit Pferd und Wagen, bei den beiden anderen Quellen verfügen sie nur über Reit- und Lasttiere. Hier findet der Raub zur Mittagszeit wie bei Herodot statt, wohingegen in den Megasthenes-Zitaten nur gesagt wird, daß die Ameisen das Gold im Winter ausgraben. Von den anderen Aspekten, die Megasthenes erwähnt, finden sich hier nur die Darden, wobei jedoch Dions Hinweis, daß sie die goldreichsten der indischen Stämme seien, am ehesten auf Plinius zurückgehen dürfte. Da allerdings nach dem bereits oben erwähnten Ausspruch des Dion zu Herodots Werk anzunehmen ist, daß er dessen Werk kannte, kann gefolgert werden, daß er dessen Myrmeken-Geschichte hier ganz bewußt abgewandelt hat.

Bei Dionysios Periegetes, einem etwa zu Zeiten Kaiser Hadrians (117-138 n. Chr.) wirkenden alexandrinischen Schriftsteller findet sich ein Hinweis auf alluviales, d.h. in Sanden und Schottern vorkommendes Gold, der auf die Myrmeken-Geschichte zurückgehen könnte. Dieser Autor veröffentlichte im Jahre 124 n. Chr. eine 1.186 Hexameter umfassende *Periegese der Oekumene*. Diese kurzgefaßte Beschreibung der damals bekannten Welt erfreute sich großer Beliebtheit und wurde in der zweiten Hälfte des vierten Jahrhunderts von Rufus Festus Avienus erstmals als *Descriptio orbis* (Beschreibung der Welt) ins Lateinische übersetzt.[62]

Die Verse *1114-1115* im letzten Teil des Werkes, der sich mit Indien befaßt, lauten in einer Prosaübersetzung:

Einige von ihnen [d.h. den Indern] graben nach dem Ursprung des Goldes den Sand mit wohlgebogenen Hacken.

Obwohl hier also die Myrmeken fehlen, ist es doch wahrscheinlich, daß die Erwähnung des goldhaltigen Sandes auf die Myrmeken-Geschichte zurückgeht. Es scheint sich hier nämlich nicht um normales Waschgold aus einer Lagerstätte in einem Fluß oder Bach zu handeln, da sonst sicher der Bezug zu einem Gewässer hergestellt oder der Ausdruck 'Goldwaschen' benutzt worden wäre. Die Gewinnung fand also wohl im so genannten Trockenabbau statt (s. Kap. 5.3). Die Myrmeken-Geschichte erschien dem Dionysios offensichtlich so wichtig, daß er sie zumindest mit einem Teilaspekt im Kapitel *Indien* seiner Erdbeschreibung aufnahm.

---

[62] Das Werk wurde dadurch populär, daß es im Mittelalter teilweise als Schulbuch Verwendung fand (Lindegger 1982).

2. Ad fontes — Zu den Quellen

Der älteste im Original erhaltene schriftliche Hinweis auf die Myrmeken-Geschichte ist der im Jahre 1950 in Kairo für die Volks- und Universitätsbibliothek Genf erworbene Papyrus *pap. Genv. inv. 271a*, der spätestens in das 2. nachchristliche Jahrhundert oder sogar noch früher zu stellen ist (Martin 1959). Es handelt sich bei diesem Werk um ein philosophisches Gespräch zwischen Alexander dem Großen und dem brahmanischen Weisen Dandamis.[63] Der entsprechende Text ist hier *(col. V, fr. A)* nur sehr fragmentarisch erhalten und Martin (1959) ergänzt ihn nach der entsprechenden Stelle im Alexander-Roman des *Pseudo-Kallisthenes* (Kap. 2.2.7). Alexander sagt hier zu Dandamis:

> Sage mit nicht, ich trage keine weichlichen Kleider! Denn gerade diese Abhängigkeit macht es, daß der Inder begierig von dem schnöden Gold so viel rauben will.

Die Textstelle bezieht sich also offensichtlich auf den Raubaspekt der Myrmeken-Geschichte, ohne die Ameisen selbst zu erwähnen.

Von dem um 86 n. Chr. in Nikomedia in der kleinasiatischen römischen Provinz Bithynien als Sohn einer angesehenen Familie geborenen Lucius Flavius Arrianus[64] stammen zwei Werke über den Zug Alexanders des Großen gegen den Perserkönig und nach Indien, in denen auch die Myrmeken erwähnt werden. Als römischer Bürger trat er unter Kaiser Hadrian (117–138 n. Chr.) in den Staatsdienst ein, und zuletzt organisierte er um 133 n. Chr. als Verwalter der kleinasiatischen Provinz Kappadokien erfolgreich den Widerstand gegen die von Nordosten eindringenden iranischen Nomadenstämme der Alanen.

Als Arrianus um 160 n. Chr. verstarb, hinterließ er ein umfangreiches literarisches Werk, beginnend mit dem *Periplus*, der Beschreibung des Schwarzen Meeres, von etwa 130 n. Chr. und gipfelnd in der siebenbändigen Alexandergeschichte mit den *Indika*, der Beschreibung Indiens, als Anhang.[65] Mit diesem Werk begann die literarische 'Rehabilitierung' Alexanders, der bis dahin insbesondere von den Philosophen der stoischen und kynischen Schule wegen seiner Unbeherrschtheit und seines Eroberungsdranges stark getadelt worden war.

Die *Anabasis* des Arrianus wurde im Mittelalter viel beachtet, da sie es als Werk eines nüchternen Militärs vermeidet, allzu wundersame Berichte Dritter zu verarbeiten. *Anab. V 4,3* stellt der Autor klar, daß er in diesem Buch weder über die Sitten der Inder schreiben will,

---

[63] Das Werk findet später Eingang in den *Alexander-Roman* (s. Kap. 2.2.6) und wurde z.B. von Alkuin (732–804), dem Kanzler Karls des Großen, diesem zur Erbauung empfohlen (Foster 1977). Es war so populär, daß es in das aus der Zeit um 900 n. Chr. stammende *Buch der Länder* des arabischen Geographen Ibn al-Faqih al-Hamadani aufgenommen wurde (Massé 1973).

[64] In seinen frühen Jahren war Arrianus zeitweilig Schüler des stoischen Philosophen Epiktet (50–125 n. Chr.) in Nikopolis an der Nordwestküste Griechenlands.

[65] In Anlehnung an die *Anabasis* des Xenophon, die Geschichte des langen Marsches der zehntausend griechischen Söldner nach der verlorenen Schlacht von Kunaxa (401 v. Chr.) in Mesopotamien durch ganz Kleinasien nach Norden bis zum Schwarzen Meer, nannte er das Werk die *Anabasis Alexanders*.

2.2 Aus dem Römischen Reich

> [...] noch über die Ameisen, die Gold ausgraben oder über die Greifen, die es bewachen, noch über all die anderen Geschichten, die mehr zur Ergötzung erdacht wurden, als zur Beschreibung der Wirklichkeit.

Hier wird erstmals die 'Arbeitsteilung' zwischen den das Gold ausgrabenden Myrmeken und den es bewachenden Greifen erwähnt. Arrianus verweist allerdings in der *Anabasis* schon auf die *Indika*, in denen er derlei Geschichten bringen werde.

Dort findet sich dann auch wahrlich wieder eine Spur der Myrmeken, die er in der *Anabasis* noch als Märchen abtut. Er erwähnt zunächst *Ind. 15,4* den Bericht des Nearchos über die Felle der Myrmeken (s. Kap. 2.1.5), und dann den Bericht des Goldraubes nach Megasthenes (s. ebendort), den er *Ind. 15,5* abschließt mit den Worten:

> Allein, Megasthenes erzählt da ein Gerücht und weil ich nichts Genaueres darüber aufzuschreiben habe, lasse ich die Geschichte über die Myrmeken gerne auf sich beruhen.

Arrianus hielt diese Geschichte jedoch für zu interessant, als daß er sie seinen Lesern hätte vorenthalten mögen. Seine Zweifel an ihr äußern sich aber auch darin, daß er *Anab. IV 4* bemerkt, Alexander und seinen Mannen sei aufgefallen, daß der Teil Indiens, durch den sie gezogen waren, sehr arm an Gold gewesen sei.[66]

Einen Nachklang zu der von Arrianus zitierten Bemerkung des Nearchos, daß die Felle der Myrmeken gefleckt wie die von Panthern seien, findet sich bei dem griechischen Geographen Pausanias Periegeta (115-180 n. Chr.). Seine *Beschreibung Griechenlands* in zehn Büchern ist fast vollständig erhalten und *VII 2,7* heißt es darin:

> Ich habe auch gehört, daß die Greife gefleckt seien wie Leoparden.

Hier wird also ein bemerkenswertes Attribut des einen Wundertiers auf das andere übertragen, denn Nearchos hatte ja erwähnt, daß die Felle der Myrmeken gefleckt seien.

2.2.4 Der Satiriker Lukianos

Von Lukianos, dem bedeutenden griechischen rhetorisch-satirischen Schriftsteller der römischen Kaiserzeit, werden die Myrmeken direkt oder indirekt an wenigstens drei Stellen erwähnt. Lukianos wurde um 120 n. Chr. in der Stadt Samosata am östlichsten Rand der Provinz Syrien am Euphrat geboren. Neben seiner umfangreichen schriftstellerischen Tätigkeit war er lange als Wanderredner unterwegs, um schließlich einen Posten in der Verwaltung der Provinz Ägypten zu übernehmen, wo er um das Jahr 190 n. Chr. starb.

---

66) Im Gegensatz dazu hatte Strabon *15,1,30* vermerkt, daß am Unterlauf des Indus im Gebiet des Königs Sopheites „nach dem Zeugnis des Gorgos, des Bergmanns Alexanders, reiche Bergwerke für Gold und Silber liegen."

Direkt werden die Myrmeken in seinem ersten Brief an den Gott Kronos erwähnt, in dem er seine Auffassung von Reichtum und Armut dem Gott in recht jovialer Rede vorträgt. In dem üblicherweise lateinisch als *Saturnalia* zitierten Werk zeigt sich, daß diese Wundertiere sogar Eingang in ein Sprichwort gefunden haben, denn *Sat. 1,19* findet sich der Satz:

> Wie die Dinge nun stehen, heißt es 'Ameise oder Kamel', wie das Sprichwort sagt.

Nach Weißbach (1919) soll dies bedeuten, aus einer Mücke einen Elefanten machen, was jedoch schon aufgrund der von Lukianos gewählten Gegenüberstellung wenig wahrscheinlich ist. Nach *v. 68* der Sprichwörterenzyklopädie des Zenobios, eines Zeitgenossen des Lukianos, gibt es dafür im Griechischen den Ausdruck 'aus einer Maus einen Elefanten machen'. Es ergibt sich jedoch aus dem Textzusammenhang bei Lukianos, daß der Ausdruck eher im Sinne von 'himmelhoch jauchzend, zu Tode betrübt' verstanden werden muß. Ausgehend von der Myrmeken-Geschichte, in der diese beiden Tiere ja nebeneinander vorkommen, dürfte diese Stelle eher im Sinne von 'Entweder hat man als Ameise das Gold oder man wird als Kamel gefressen' zu verstehen sein.

Lukianos mokiert sich im weiteren Verlauf des Briefes auch über das Verhalten der Reichen und wünscht sich *Sat. 24*:

> Dies aber soll ihnen [d.h. den Reichen] die größte Sorge bereiten: Wir wollen dafür beten, daß ihr Gold von Ameisen wie den indischen herausgezerrt und nächtens in die öffentlichen Schatzhäuser geschleppt werde.

Die Myrmeken werden hier als ein Mittel zum Zweck benutzt, es läßt sich jedoch daraus ableiten, daß sie noch immer zum allgemeinen Bildungsgut der Zeit gehörten.

Auch in seinem als *Der Hahn* oder *Der Traum* bezeichneten Gespräch treten die Myrmeken auf. Es handelt sich dabei um ein im Traum geführtes Gespräch zwischen einem Hahn und einem gewissen Micyllus, in dem es unter anderem um das Leben der Reichen geht. Der angeblich aus einem Menschen verwandelte Hahn sagt *Gal. 16* zu Micyllus auf dessen Frage, ob er früher auch etwas anderes gewesen sei:

> Du warst eine Ameise von der goldgrabenden Art!

Daraufhin jammert Micyllus:

> Welch ein Graus, mir vorzustellen, daß ich mir nicht die Mühe gemacht, auch nur eine kleine Menge Goldstaub beiseite zu schaffen, bevor ich in ein Leben wie dieses kam!

Schließlich muß hier auch noch des Lukianos *Vera Historia* („Wahre Geschichte", abgekürzt *VH*) erwähnt werden. In dieser „Wahren Geschichte", einer Parodie auf Wundergeschichten wie zum Beispiel die des Ktesias, werden die Helden bei einer Seereise von einem Sturm erfaßt und landen nach tagelangem Flug über das Meer und durch die Lüfte auf dem Mond, wo sie in die Kämpfe zwischen den Bewohnern des Mondes und denen der Sonne verwickelt und schließlich von letzteren gefangen genommen werden.[67] Es heißt *VH 1,16*:

> Zur linken des Feindes (d.h. der Sonnenbewohner) standen die Pferdeameisen (ἱπποιμύρμηκες),[68] mit denen auch Phaeton war. Es sind dies geflügelte sehr große Tiere, wie unsere Ameisen, nur größer: Die größte maß 200 Fuß in der Länge. Ihre Reiter und auch sie nahmen am Kampfe teil, wobei sie besonders geschickt ihre Fühler einsetzten. Es sollen ihrer 50.000 gewesen sein.

Lukianos wurde zu diesen Riesenameisen sicherlich durch die Myrmeken-Geschichte angeregt, insbesondere als die Myrmeken ja mehrfach in seinem Werk auftauchen. Die Textstelle ist auch deshalb besonders bemerkenswert, als wir später noch an anderer Stelle (s. Kap. 2.3.8) auf pferdegroße Ameisen stoßen werden.

Auch dem aus Hadriani in der kleinasiatischen Provinz Mysien stammenden angesehenen Wanderredner Publius Aelius Aristeides (117-180 n. Chr.) waren die Myrmeken bekannt. In seiner anläßlich des Panathenäen-Festes des Jahres 155 n. Chr. in Athen gehaltenen Lobrede erscheinen sie *I 25*:

> Denn Elefanten und Löwen zieren einige Länder, und andere [zieren] Pferde und Hunde und noch andere Tiere, deren Geschichten Kindern Angst einjagen. Aber Euer Land ziert die trefflichste Angelegenheit der Welt, über die man nicht einfach so sprechen sollte wie über die geflügelten Ameisen Indiens!

Bei der 'trefflichsten Angelegenheit' handelt es sich um die Tatsache, daß in Griechenland die Wiege der Menschheit läge. Und hier sind sie also wieder, die Myrmeken, diesmal in der geflügelten Form, wie erstmals von Kallimachos erwähnt.

2.2.5 Aelianus und die Greife

Der Sophist Claudius Aelianus,[69] geboren um 170 n. Chr. in Praeneste, dem heutigen Palestrina bei Rom, und ein Zeitgenosse des Flavius Philostratos (Kap. 2.2.6), ist für die Myrmeken-Geschichte dadurch von Bedeutung, daß er eine bemerkenswerte Verknüpfung zwischen diesen Tieren und den Greifen herstellt. Neben einigen kleineren Werken schrieb Aelianus sein Hauptwerk *De natura animalium* („Vom Wesen der Tiere"), ein Buch zur Unterhaltung des gebildeten Publikums. Unter Kaiser Septimius Severus (193-211 n. Chr.) war Aelianus ein angesehener Rhetoriklehrer, zeitweilig sogar Oberpriester und gehörte schließlich zum Intellektuellenzirkel um Julia Domna, der Gattin des Kaisers. Neben den zoologischen Werken des Ari-

---

67) Die „Wahre Geschichte" inspirierte Gottfried August Bürger zum *10. Seeabenteuer* in der Sammlung der Geschichten des Freiherrn von Münchhausen, „wie er dieselben bey einer Flasche im Zirkel seiner Freunde selbst zu erzählen pflegte." In *Eine zweite Reise nach dem Monde* wird der Held bei einer Seereise von einem Orkan zum Monde verweht, wo er eine Reihe wundersamer Wesen trifft, allerdings keine Pferdeameisen.

68) Der Terminus ἱπποιμύρμηκες wird erstmals von Aristoteles *HA VIII 28* erwähnt, wo er allerdings damit eine nicht näher beschriebene Ameisenart bezeichnet, die in Sizilien nicht vorkommen solle.

69) Spätere Autoren gaben Aelianus den Beinamen der 'Honigzüngige' (gr. μελίγλωσσος).

stoteles und der *Naturalis Historiae* des Plinius war seine *Natura Animalium* noch bei den mittelalterlichen Naturkundlern überaus beliebt und wurde auch während der Renaissance und bis zur Epoche der Aufklärung gerne gelesen. Aelianus starb um das Jahr 235 n. Chr..

In seinem üblicherweise als *NA* zitieren Werk findet sich *3,4* ein Hinweis auf die Myrmeken, der nach der englischen Übersetzung von Bolton (1962: 67) wie folgt lautet:

> Die indischen Ameisen, die das Gold hüten, dürften wohl den Fluß Kampylinos nicht überschreiten. Die mit den Ameisen zusammenwohnen, werden Issedonen genannt, und sie sind es auch.

Hier werden die Myrmeken, die plötzlich das Gold nur noch hüten, und nicht mehr selbst graben, mit den Issedonen in Zusammenhang gebracht, jenem sagenhaften Volk am Nordostrand der damals bekannten Welt, das schon Herodot erwähnt hatte,[70] Die Lage des Flusses Kampylinos ist nicht bekannt, das Wort καμπυλος bedeutet 'gebogen, krumm'. Hier wird also erstmals ein Grenzfluß zum Gebiet der Myrmeken hin beschrieben, der später noch mehrfach auftauchen wird. Nach Wilford (1822) ist dieser Fluß der etwa 200 km nordwestlich von Delhi verlaufende Cambali, ein alter Grenzfluß zwischen dem nordwestlichen und dem östlichen Teil Indiens. Lassen (1856) lokalisiert den Kampylinos in Ladakh im nordwestlichen Himalaja in der Gegend von Gilgit.[71] Der tibetische Name des Indus bedeutet 'Fluß des Löwenmaules'. Auf die Myrmeken bezieht sich Aelianus außerdem in seinem Ameisen-Kapitel *(NA 16,15)*, wo er auf die früheren Arbeiten von König Iuba II verweist (s. Kap. 2.2.1).

An dieser Stelle ist es nun an der Zeit, auf die bereits mehrfach angesprochenen Greife einzugehen, denn *NA 4,27* heißt es:

> Der Greif, höre ich, ein indisches Tier, sei vierfüßig nach Art der Löwen und er habe Fänge, so kräftig wie nur irgend möglich, den Krallen des Löwen wirklich nahekommend; daß er geflügelt sei und die Oberseite seines Rückengefieders zwar schwarz und die Vorderseite rot sei, berichtet man allgemein, die Schwingen aber als solche seien weder das eine noch das andere, sondern sollen weiß sein.

> Ihr Hals nun sei durchsetzt mit dunkelblauen Federn, so berichtet Ktesias. Einen Schnabel habe er wie der Adler, desgleichen einen solchen Kopf: gerade wie die Künstler ihn zeichneten und bilden. Er [d.h. Ktesias] sagt, die Augen des Greifen seien wie Feuer. Seine Nester baut er auf Bergen, und ist es schon unmöglich, einen ausgewachsenen zu fangen, so überwältigen sie doch junge.

> Die Baktrier, den Indern benachbart, sagen, die Greife seien die Wächter des Goldes ebendort, daß sie es ausgrüben und mit selbigem ihre Nester durchflechten,

---

[70] Bei diesem handelt es sich um einen indogermanischen Volksstamm, der am Iset in Westsibirien siedelte (Herrmann 1916).

[71] Montgomerie (1869) bemerkt, daß die Tibeter den im Westen ihres Landes von Südosten nach Nordwesten verlaufenden Indus 'Singh-gi-kamba' nennen und führt aus: „Singh-gi-kamba erinnert insofern an die Art, wie der Fluß Kampylinos im Altertum bei Aelianus genannt wird."

daß indes die Inder lediglich den Abfall nähmen. Die Inder nun sagen, die Greife seien nicht eigentlich die Wächter des vorgenannten Goldes: die Greife bräuchten das Gold ja nicht (und wenn sie das sagen, scheinen sie mir etwas Glaubhaftes zu sagen), vielmehr kämen sie zwar hin zum Sammeln des Goldes, die Greife fürchteten aber lediglich für ihre Brut und kämpften daher gegen die Eindringlinge. Sie sollen sich zwar auch mit anderen Tieren auf einen Kampf einlassen und diese auch mit Leichtigkeit besiegen; dem Löwen und dem Elefanten aber stellten sie sich nicht.

Gerade aber weil sie [d.h. die Inder] nun die Körperkraft dieser Tiere fürchten, machen sie sich nicht tagsüber auf nach dem Golde, sondern sie gehen des Nachts. Sie meinen nämlich eben zu diesem günstigen Zeitpunkt besser unentdeckt zu bleiben.

Dieses Gebiet nun, in dem die Greife hausen und Goldvorkommen sich finden, ist von Natur aus eine Einöde, und das in besonderem Maße. Es kommen also diejenigen, welche auf das besagte Material aus sind, heran, an die tausend oder auch zweitausend, bewaffnet, und sie bringen Schaufeln mit und Säcke, und sie graben darauf los, wofür sie eine mondlose Nacht abwarten. Wenn sie's nun die Greife nicht merken lassen, ernten sie einen doppelten Gewinn: nicht nur kommen sie mit dem Leben davon, sondern sie bringen auch ihre Beute nach Hause und da sich dank einer eigenen Wissenschaft die Goldschmelzer darauf verstehen, es auch zu reinigen, erhalten sie einen riesigen Schatz im Verhältnis zu den vorausgegangenen Gefahren. Sie kehren, wie ich unterrichtet bin, in Zeiträumen von drei oder vier Jahren heim. (Übers.: Lindegger 1979: 178)

Diese Farbstellung der Greife in schwarz, rot und weiß entspricht der von Greife auf dem ältesten bekannten Knüpfteppich, dem aus der Zeit um 350–300 v. Chr. stammenden so genannten Pazyrk-Teppich, der 1949 von russischen Archäologen 'tiefgefroren' in einem Grabhügel oder Kurgan im Altai-Gebirge entdeckt wurde. Allerdings ist bei den dort dargestellten Greifen die Unterseite weiß, die Schwungfedern schwarz und der Rest des Körpers rot. Trotz dieser Unterschiede in der Färbung ist doch festzustellen, daß Aelianus hier eine originär asiatische Tradition überliefert.

Üblicherweise wird dieser Bericht des Aelianus auf den von ihm erwähnten Ktesias zurückgeführt, was jedoch für den Raubaspekt nicht gelten kann. Stammte diese Raubgeschichte wirklich aus den *Indika* des Ktesias, so hätte sich bei Photios, der dieses Werk *Bibl. 72* sehr ausgiebig exzerpiert hat, sicherlich ein entsprechender Hinweis gefunden, aber gerade den so spannenden Goldraub erwähnt dieser nicht. Gegen die Übernahme des Raubaspektes aus den *Indika* des Ktesias spricht auch die Art, in der Aelianus seine Quellen vorstellt, nämlich zunächst die Baktrier und dann die Inder. Somit stammen die Details aus anderen Quellen, die entweder die Geschichte gewaltig aufgebauscht haben oder Aelianus selbst hat hier seiner dichterischen Freiheit freien Lauf gelassen. Letztere Deutung ist wohl die wahrscheinlichere, zumal Aelianus sich auch der *Naturalis Historiae* des Plinius als Quelle bediente, in der sich die Myrmeken-Geschichte inklusive des Goldraubes, allerdings in Bezug auf die Ameisen, findet.

Bei Aelianus wird nun erstmalig der Raubaspekt der Myrmeken-Geschichte im Detail auf die Greifen übertragen. Bisher hatte es nach der wohl aus dem späten 7.

2. Ad fontes — Zu den Quellen

vorchristlichen Jahrhundert stammenden *Arimaspeia* des sagenhaften Aristeias von Prokonnesos, der heutigen Insel Marmara in dem gleichnamigen Meeresarm, wie u.a. bei Herodot *III 116* zitiert, im wesentlichen nur geheißen:

> Die Arimaspen, einäugige Menschen, raubten es [d.h. das Gold] unter den Fängen der Greifen hervor.

Diese einäugigen Menschen sind eine Tradition zentralasiatischen Ursprungs und lassen sich in den Mythen der Mongolen und der Turk-Völker des Altai-Gebirges nachweisen (Alföldi 1933). Sie wohnten nach Herodot und anderen Autoren noch östlich der Issedonen, die sonst häufig im Zusammenhang mit den Greifen genannt werden. Weitere Details dieses Raubes waren von Aristeias wohl nicht erwähnt worden, sonst hätte Herodot sicherlich bei der Myrmeken-Geschichte darauf verwiesen.[72]

Eine Darstellung des Arimaspenraubes findet sich auf einem Fragment einer Hydria, eines dreihenkligen Wasserkruges, aus Caere in Südetrurien, das Cook (1962) abbildete und das Lindegger (1979) als erster in diesen Zusammenhang brachte. Diese Hydria (Abb. 7), das Werk eines in Etrurien wirkenden ionischen Griechen (Webster 1928), gehört zum so genannten klazomenischen Stil[73] der Zeit um 525 v. Chr. und ist somit etwa 75 Jahre älter als der Myrmeken-Bericht des Herodot. Das Fragment zeigt einen Wagenlenker auf einem leichten einachsigen, von zwei Pferden gezogenen Wagen, der von einem Adlergreifen verfolgt wird. Der Räuber wird von einem Hund begleitet und hat eine Tasche umhängen, in der vermutlich das geraubte Gold ist.

Abb. 7: Vor einem Greifen fliehender Goldräuber, Fragment einer Hydria um 525 v. Chr. (aus Cook 1962)

---

[72] Vilamayo (1999) ist der Ansicht, daß Aristeias hier nur die ihm bekannten Greife für andere, eigentlich gemeinte Untiere der zentralasiatischen Volksüberlieferung eingesetzt hat.

[73] Die kleinasiatische Stadt Klazomenae war im Altertum berühmt für ihre bedeutende Tonwarenproduktion.

2.2 Aus dem Römischen Reich

Der Kampf zwischen Menschen oder Tieren und Greifen ist ein besonders im sogenannten Tierstil der skythischen Kunst der Zeit weit verbreitetes Motiv, das sich als so genannte Grypomachie auch auf griechischen und sogar etruskischen Vasen einer großen Beliebtheit erfreute. Nach Lindegger (1979) waren die Arimaspen in frühen chinesischen Annalen als Hung-no bekannt, bei denen es sich um Vorläufer der Hunnen handeln könnte. Er siedelt sie östlich des Balkash-Sees im östlichen Kasachstan in Richtung des Tien-shan Gebirges an.[74] In diesem Zusammenhang erwähnt Lindegger (1979) die nach Alföldi (1933) bei den Turkvölkern, Mongolen und Tibetern verbreitete, und schon von Ktesias erwähnte Tradition goldener Berge, die von Donner erzeugenden Drachen bewacht werden.[75]

Der nächste Autor, der die Myrmeken erwähnt, ist der um 140/50 n. Chr. als Titus Flavius Clemens geborene Sohn begüterter heidnischer Eltern. Er war schon früh weit im römischen Reich umhergereist und dabei Anhänger der damals noch jungen Religion des Christentums geworden. Nachdem er Leiter der Katechetenschule in Alexandria geworden war, änderte er seinen Namen in Clemens Alexandrinus.[76] Während der Christenverfolgung unter Kaiser Septimius Severus im Jahre 202 n. Chr. mußte er aus der Stadt fliehen und wanderte anschließend längere Zeit durch Antiochien und Kleinasien. Gestorben ist Clemens um 216/17 n. Chr.

Er muß ein überaus fruchtbarer Autor gewesen sein, aber von seinen Werken ist nur ein kleiner Teil erhalten. Von diesen ist der umfangreiche, aus drei Abschnitten bestehende *Paedagogus* für das Myrmeken-Thema von Interesse. Die Myrmeken werden *Paed. XII 120,1-2* in einen übergeordneten Rahmen gestellt und als Beispiele für Gottes Walten eingeführt:

> Außerdem liefert Gott die nötigen Dinge wie Luft und Wasser und diese sind unter aller Augen. Aber was nicht nötig ist, das verbirgt er unter der Erde oder im Wasser. Deshalb sind es die Ameisen, die das Gold aus den Stollen graben und die Greifen, die es bewachen, und es ist das Meer, das den Perlenstein birgt. Ihr aber beschäftigt Euch mit dem, was Ihr nicht braucht. Wehe, der ganze Himmel ist erleuchtet und Ihr sucht nicht Gott. Aber das verborgene Gold und die Edelsteine werden von jenen von uns ausgegraben, die des Todes sind.

Die Myrmeken als Goldproduzenten erscheinen hier, wie spätestens seit Arrianos üblich, zusammen mit den Greifen als Goldwächtern und finden mühelos Eingang in die christliche Literatur. Der moralisierende Bezug auf Ameisengold und Perlen findet sich bereits bei Propertius (Kap. 2.2.1) und es ist nicht auszuschließen, daß Clemens Alexandrinus durch dessen *Elegie XIII* zu seiner Darstellung angeregt wurde.

---

[74] Da jenseits von diesen Arimaspen die Greifen hausen, denen das Gold geraubt wird, ist es durchaus möglich, daß es sich bei der entsprechenden Landschaft um das goldreiche Altai-Gebirge handelt, dessen Name in den Turk-Sprachen schon auf Gold ('altin') verweist.

[75] Im westlichen Kulturraum werden dafür dann meist die dort eher bekannteren Greifen eingesetzt, wohingegen in der altpersischen Tradition eine gefährliche Abart des mythischen Riesenvogels Simurg ebenfalls auf hohen Bergen haust (Schmidt 1980).

[76] Trotz seines schwierigen Stils mit langen pointenreichen Sätzen gilt er als der Schöpfer der christlichen Literatur, wurde aber dennoch nicht unter die frühchristlichen Heiligen aufgenommen.

2.2.6 Die griechischen Romane

Mit dem ausgehenden 2. nachchristlichen Jahrhundert beginnt sich mit dem Roman eine neue literarische Form abzuzeichnen, wobei Altheim (1954) die Vorherrschaft dieses Genre im literarischen Leben des 3. Jahrhunderts als ein Zeichen des Formenverfalls und der Verflachung der Bildung wertet. Einer der ersten dieser Autoren war Flavius Philostratus, der um 175 n. Chr. als Sohn einer Sophistenfamilie in Lemnos geboren wurde. Er studierte in Athen und Ephesus, wirkte dann als Sophist in Athen und verbrachte anschließend anscheinend einige Jahre auf philosophischer Wanderschaft. Er wurde schließlich in Rom bei Hofe eingeführt und wie Aelianus (Kap. 2.1.5) in den Kreis der Julia Domna aufgenommen, der Frau des Kaisers Septimius Severus. Nach 217 n. Chr. kehrte er wieder nach Griechenland und insbesondere Athen zurück, wo er zur Zeit des Kaisers Philippus Arabs (244–249 n. Chr.) verstarb.

Dieser Philostratus nun schrieb auf Drängen der Julia Domna, einer hochgebildeten Frau, die in ihrem Kreis bewundernd Philosophin genannt wurde, sein 'magnum opus', das um 217 n. Chr. erschienene *Leben des Apollonius von Tyana*.[77] Der aus Tyana im kleinasiatischen Kappadokien stammende Apollonius hatte ausgedehnte Reisen im römischen Reich unternommen und soll sogar bis Indien gekommen sein, wobei er sich rasch den Ruf eines Wundertäters bzw. sogar eines Magiers erwarb. Er hielt sich lange in Rom auf, wo er mit nahezu allen Kaisern der zweiten Hälfte des ersten nachchristlichen Jahrhunderts engen Kontakt hielt. Er war befreundet mit Vespasian, Titus und Nerva, hatte aber andererseits Schwierigkeiten mit Nero und insbesondere, wie auch die meisten anderen Philosophen, mit Domitian.[78]

Philostratus benutzte insbesondere die Reisen des Apollonius, um dessen Weltgewandtheit und Weisheit sowie sein Wirken als moralischer Mahner hervorzuheben.[79] Bevor Apollonius im letzten Teil des Romans in Rom von Kaiser Domitian der Prozeß wegen Majestätsbeleidigung gemacht wird, kommt er auf seinen Reisen auch nach Äthiopien, wo er neben anderen geographischen und zoologischen Informationen über das Land *vit. Ap.* VII 10 auch berichtet:

> Die Greife der Inder[80] und die Ameisen der Äthiopier, obwohl ungleich an Gestalt, spielen jedoch, wie wir hören, ähnliche Rollen, denn in ihren Ländern werden sie Wächter des Goldes genannt und sind den Goldadern ihrer beiden Länder zugetan. Aber wir wollen uns damit nicht weiter befassen.

---

[77] Der Kaiserin lag daran, den neu-pythagoräischen Wanderphilosophen Apollonius (3–97 n. Chr.) gegen den Vorwurf der Magie in Schutz zu nehmen.

[78] Apollonius wurde wegen seines wenn auch nur vagen Monotheismus, seines Eintretens für die Unsterblichkeit der Seele und die Askese von den frühen Christen sehr geschätzt und nach seinem Tode wurde er zeitweilig als Heros nahezu gottgleich verehrt.

[79] Als Labsal für die gebildeten Griechen, die sich mit der Besetzung ihres Landes durch die in ihren Augen ungebildeten Römer nie so richtig abgefunden hatten, läßt Philostratos *vit. Ap. II 31* den Apollonius aus Indien berichten, daß dort die Brahmanen ihren Schülern das Studium des Griechischen und nicht des Lateinischen empfahlen.

[80] Die Greife der Inder beschrieb Philostratos übrigens *vit. Ap. III 48* im Detail.

2.2 Aus dem Römischen Reich

Hier erscheinen die Myrmeken nun erstmals in Äthiopien[81] anstatt, wie sonst üblich, in Indien. In der alten Geographie wurden Indien und Äthiopien allerdings lange als durch eine Landbrücke verbunden angesehen und die Verschiebung von wundersamen Erscheinungen und Tieren zwischen diesen beiden Regionen ist häufig festzustellen (Karttunen 1989).

Über den nächsten Autor, den aus dem nordwestlichen Syrien am Orontes gelegenen Emesa gebürtigen Heliodoros, gibt es nur sehr wenig biographische Informationen. Nach seinen eigenen Angaben entstammt er einer Familie bedeutender Priester des Helios-Kultes[82] in Emesa, worauf auch die Übersetzung seines Namens ('Geschenk des Sonnengottes') hinweist.

Heliodor ist der Verfasser des im zweiten Viertel des dritten nachchristlichen Jahrhunderts erschienenen, umfangreichsten erhaltenen griechischen Romanes, der *Zehn Bücher der Äthiopika*. Der Roman, eine mit Happy-end versehene Liebesgeschichte zwischen der äthiopischen Königstochter Chariklia und dem thessalischen Jüngling Theagenes, spielt in Griechenland und zu einem großen Teil in Äthiopien, das der Autor allerdings nicht aus eigener Anschauung kennt. Rom und der lateinisch sprechende Teil des Reiches werden interessanterweise völlig außer acht gelassen.[83]

Chariklia, eine hellhäutige äthiopische Königstochter, wird von ihrer Mutter, die keinen Argwohn wegen der Hautfarbe der Tochter erregen will, ausgesetzt und gerät später nach Olympia, wo sie sich in den schönen Theagenes verliebt. Nach vielen Fährnissen und Trennungen kommt das Paar, zunächst ohne sich zu erkennen, in Äthiopien als Gefangene wieder zusammen und soll vom dortigen König Hydaspes[84] gemeinsam geopfert werden. Gerade noch rechtzeitig wird Chariklia als Königstochter erkannt, und die beiden finden endlich zueinander, so daß ihrer Vermählung vor dem König nichts mehr im Wege steht.

Bei der Feier erscheinen als Geschenkebringer für das Hochzeitspaar vor dem König u.a. die Serer, d.h. Chinesen, sodann Abgesandte aus Südarabien (Arabia felix) und schließlich heißt es *X 26*:

> Es erschienen darauf die aus dem Trogodytenlande und brachten Ameisengold und ein Greifengespann mit goldenem Geschirr.

---

[81] Es muß jedoch offen bleiben, ob es sich bei diesen Äthiopiern wirklich um die Bewohner des äthiopischen Königreiches Aksum handelt. Wahrscheinlich sind damit eher die negroiden Stämme des kuschitischen Königreiches von Meroe im Nordsudan gemeint.

[82] Diese Religion befand sich in der Mitte des dritten nachchristlichen Jahrhunderts in höchster Blüte, insbesondere nachdem die bereits von Philostratus erwähnte Julia Domna, die Tochter eines Heliospriesters aus Emesa, den Kaiser Septimius Severus geheiratet hatte. Unter Kaiser Aurelian (270–275 n. Chr.) wurde Helios im Jahre 274 n. Chr. zeitweilig sogar oberster Reichsgott.

[83] Das Buch erfreute sich als Beschreibung einer reinen Liebe auch noch im christlichen Byzanz großer Beliebtheit und nach dem Erscheinen der ersten gedruckten Ausgabe in Basel im Jahre 1534 wurde es dann auch im christlichen Abendland rasch zu einem der am meisten gelesenen und gepriesenen antiken Werke. Es wirkte noch bis in das Libretto von Giuseppe Verdis Oper *Aida*.

[84] Dieser trägt interessanterweise den griechischen Namen des Jhelum, eines Nebenflusses des Indus im Panjab,

2. Ad fontes — Zu den Quellen

Das Myrmeken-Gold ist hier offensichtlich nur ein Sinnbild für überaus wertvolle und seltene Geschenke, aber auch die Greifen werden nicht vergessen, allerdings nicht als Hüter des Goldes, sondern nur in Form eines Geschenkes. Der Verfasser weiß aber noch, daß sie 'irgendwie' dazu gehören. Die Lokalisierung in Äthiopien könnte auf die entsprechende Angabe bei Philostratus zurückgehen.

Die hier zunächst etwas befremdliche Erwähnung der Serer, d.h. der Chinesen, als Geschenkebringer erklärt sich aus der Tatsache, daß die im heutigen Eritrea in der Gegend von Massaua gelegene antike Hafenstadt Adulis einer der Hauptumschlagplätze für Waren aus dem Mittelmeerraum und Indien bzw. auch Ostasien war. Die Geschenke aus 'Arabia felix', dem damals agrarisch geprägten Südarabien und Jemen auf der Ostseite des Roten Meeres, fügen sich in diesen geographischen Rahmen. Im Gegensatz dazu steht 'Arabia deserta', das wüstenhafte Nordarabien. Zu dem geographischen Kontext passen ebenfalls die Trogodyten,[85] die üblicherweise an der Westküste des Roten Meeres im Bereich des heutigen Sudan und Eritreas lokalisiert werden und ihr Gold wahrscheinlich aus den alten ägyptischen Goldfeldern des Nord-Sudans zwischen dem Nil und dem Roten Meer bezogen.

Über das Leben und Schaffen des nächsten Autors, der die Myrmeken erwähnt, des Gaius Julius Solinus, ist nichts bekannt — er könnte aus Italien, eventuell sogar aus Rom stammen. Seine *Collecteana rerum memorabilium* („Sammlungen denkwürdiger Dinge") wurden erstmals bei Ammianus Marcellinus etwa 390 n. Chr. zitiert, sind aber nach textkritischen Untersuchungen in die Mitte des dritten nachchristlichen Jahrhunderts zu stellen, etwa in die Regierungszeit der Soldatenkaiser Galienus (253–268 n. Chr.) und Valerianus (253–260 n. Chr.).[86]

Bei den *Collecteana* handelt es sich im Wesentlichen um ein geographisches Werk mit verschiedenen Einschüben über Menschen, Tiere und Pflanzen sowie über Aussehen und Lebensweise fremder Völker. Es ist zu etwa drei Vierteln aus der *Naturalis Historiae* des Plinius kopiert, so daß Solinus auch verschiedentlich als 'Affe des Plinius' bezeichnet wurde. Der Rest stammt fast durchgehend aus der *Chorographia* des Pomponius Mela, wobei jedoch beide Autoren nicht als Quellen erwähnt werden. Sie werden von Solinus allerdings zum Teil so falsch oder verkürzt zitiert, daß vermutet werden muß, daß sie ihm nicht direkt vorgelegen haben, sondern er aus einer Zwischenquelle abschreibt. Das Werk erhebt keinerlei literarischen Anspruch, sondern sollte wohl nur die Neugier der damaligen Leser stillen.[87] Die Myrmeken werden bei der Beschreibung Äthiopiens *Coll. 30,23* erwähnt:

---

[85] Ihr vermutlich anfangs eine griechische Schreibung des ursprünglichen Stammesnamens wiederspiegelnder Name wurde später zu 'Troglodyten' (Höhlenbewohner) verändert.

[86] Dieser Kaiser wurde im Jahre 260 n. Chr. von dem persischen Sassanidenherrscher Schapur I bei Friedensverhandlungen in Mesopotamien entgegen allen Regeln auch des damaligen Völkerrechts gefangengenommen. Nach seinem Tode soll er sorgfältig präpariert und ausgestopft worden sein, um dann angeblich Schapur als Fußschemel vor dem Thron zu dienen.

[87] Die *Collecteana* des Solinus erfreuten sich noch im Mittelalter einer großen Beliebtheit, insbesondere in der Form einer späteren Bearbeitung unter dem Titel *Polyhistor*.

Ameisen mit der Erscheinung eines sehr großen Hundes graben mit ihren löwenähnlichen Pfoten goldhaltigen Sand aus; den bewachen sie, damit ihn niemand wegnehme und wenn jemand ihn rauben sollte, so verfolgen sie ihn bis zum Tode.

Das Zitat stellt wohl eine Verkürzung der entsprechenden Stelle bei Pomponius Mela dar, worauf bei der Beschreibung der Größe der Wundertiere das 'ad formam *canis maximi*' bei Solinus hinweist, das dem 'non minores *canibus maximis*' bei Pomponius entsprechen könnte. Etwas unverständlich ist der Einschub mit den löwenähnlichen Pfoten. Solinus bezieht sich hier möglicherweise auf Aelianus *NA 4,27*, wo es unter Verweis auf Ktesias über die Extremitäten der Greifen heißt, sie seien „den Krallen der Löwen wirklich nahekommen". Es scheint sich bei diesem Detail aber eher um einen Einschub eines späteren Kopisten zu handeln, denn in der *Etymologia* des Isidor von Sevilla aus dem 7. Jahrhundert (Kap. 2.3.1) wird diese Stelle des Solinus wörtlich zitiert, allerdings ohne die löwenähnlichen Pfoten.

2.2.7 Der Alexander-Roman des Pseudo-Kallisthenes

Als Alexander der Große zu seinem Feldzug gegen den Perserkönig aufbrach, gehörten zu seinem Gefolge verschiedene Gelehrte, die als Augenzeugen und Kriegsberichterstatter die Taten des 'neuen Achill' für die Nachwelt verewigen sollten (Kap. 2.1.5). Unter diesen befand sich auch der um 370 v. Chr. in Olynthos geborene Kallisthenes,[88] der sich als Historiker mit seiner *Geschichte Griechenlands* bereits einen Namen erworben hatte. Kallisthenes kommt in der Frage der 'Prokynesis', der von Alexander übernommenen orientalischen Sitte des Niederwerfens der Untertanen vor ihrem König, mit diesem in einen tiefen Konflikt und wird von ihm in einem seiner berüchtigten Wutanfälle[89] im Jahre 327 v. Chr. im Zusammenhang mit der so genannten 'Pagenverschwörung des Hermolaos' zum Entsetzen aller zu Folter und Erhängen verurteilt.

Diesem Kallisthenes wird nun eine sagenhafte Darstellung der Taten Alexanders des Großen zugeschrieben, deren Ursprung allerdings im Dunkeln liegt. Obwohl er namentlich nur am Anfang einer einzigen mittelalterlichen Handschrift des Werkes als Autor erwähnt wird — „Kallisthenes, der Geschichtsschreiber, welcher das Werk über die Hellenen verfaßt, erzählt die Taten Alexanders" —, wird das Werk seit dem Beginn des 17. Jahrhunderts üblicherweise als *Pseudo-Kallisthenes* zitiert.

Dieser so genannte *Alexander-Roman* ist ein Werk, das für nahezu 1.000 Jahre ein Bestseller nicht nur im westlichen, sondern auch im vorder- und südostasiatischen Kulturraum werden sollte. In den Grundlagen seiner einzelnen Teile dürfte der Roman sicher bis in früh-hellenistische Zeiten zurückgehen, als die Erinnerung an

---

[88] Ein Neffe oder Großneffe des Aristoteles, der von diesem einen großen Teil seiner Bildung erhalten hatte. Sein schon während des Feldzuges verfaßtes Werk *Die Taten Alexanders* endet mit dem Bericht über die Schlacht von Arbela im Jahre 331 v. Chr.

[89] Bei einem solchen hatte er um Jahr 328 v. Chr. in Marakanda, dem heutigen Samarkand, seinen altgedienten General Kleitos mit einer Lanze erstochen.

2. Ad fontes — Zu den Quellen

Alexander noch lebendig war.[90] Die früheste schriftliche Überlieferung eines Teilaspektes stellt der Berliner *Papyrus 13044* aus der Zeit um 100 v. Chr. dar, in dem Alexanders Gespräch mit den Brahmanen beschrieben wird (Stoneman 1994). Die frühesten Fassungen des Romans selbst könnten auf hellenistische Wurzeln des 2.–3. nachchristlichen Jahrhunderts zurückgehen und ein Zusammenhang mit dem Alexanderkult, der unter Kaisern wie Caracalla (211–217 n. Chr.) und Severus Alexander[91] (222–235 n. Chr.) ausgesprochen stark entwickelt war, ist durchaus vorstellbar.

Zu dieser Zeit begann sich das zunächst insbesondere durch die kynischen Philosophen negativ geprägte Bild Alexanders endgültig zum Positiven zu wenden, bis er schließlich in einen christlichen Helden verwandelt wurde. Obwohl sich der entsprechende Papstname hauptsächlich wohl auf den gleichnamigen christlichen Märtyrer des 2. nachchristlichen Jahrhunderts beziehen dürfte, ist zumindest bei dem berüchtigten Borgia-Papst Alexander VI (1431–1503) anzunehmen, daß er sich mit dem Namen des großen Makedonen schmücken wollte.[92] Von Schottland über Turkestan bis Indonesien führten viele Stammeskönige bis in das 19. Jahrhundert ihre Ahnenreihen auf Alexander zurück

Insgesamt dürfte es sich bei dem *Alexander-Roman* nicht um die allmähliche literarische Verarbeitung einer in sich geschlossenen Volkssage handeln. Das Buch ist vielmehr ganz nach literarischen Vorlagen gearbeitet, einer zwischen dem 1. vorchristlichen und dem 2. nachchristlichen Jahrhundert in Ägypten entstandenen Alexander-Biographie und einem auf einer Vielzahl von Briefen mit Beschreibungen der Taten und Abenteuer des großen Alexanders bestehenden Briefroman. Diese fielen nach Ross (1988: 58) im 3. nachchristlichen Jahrhundert „in die Hände eines Alexandriners von höchst mittelmäßiger Bildung." Merkelbach (1954: 59) nennt ihn „[…] einen sehr ungebildeten und unwissenden Menschen, der in halbgelehrter Schriftstellerei sogar historisch fixierte Ereignisse in ihrer Reihenfolge kräftig durcheinanderwirbelte. […] An manchen Stellen glaubt man einen Schundroman zu lesen." So wird Alexander zum Beispiel von dem ägyptischen Autor von seiner griechischen Herkunft völlig losgelöst und als Sohn des letzten ägyptischen Pharaos und Zauberers Nectanebo[93] und seiner wirklichen Mutter Olympias bezeichnet. Durch diese Abstammung stellt der Autor Alexander als Wiederhersteller des ägyptischen Königtums dar.

---

[90] Polignac (1999) vermutet, daß Alexander bereits persönlich an der Verbreitung der Kunde von seinen sagenhaften Taten und ihren Legenden interessiert war.

[91] Diese Kaiser trieben mit dem Andenken und Reliquien des großen Makedonen einen teilweise abenteuerlichen Kult und insbesondere Caracalla sah sich als Inkarnation Alexanders an. Der Historiker Cassius Dion (155/64–235 n. Chr.) nennt ihn 77,9,1 φιλαλεξανδρότατος, heute würde man ihn als 'glühendster Alexanderfan' bezeichnen.

[92] Noch im Jahr 2002 war Alexander in Deutschland der am häufigsten für Jungen gewählte Vorname und in englischsprachigen Ländern ist bei Mädchen der Name von Alexanders Gemahlin, Roxane, noch heute sehr beliebt.

[93] Nectanebo (359–342 v. Chr.) war der letzte Pharao der XXX. Dynastie, während derer Ägypten von 402–342 v. Chr. noch einmal von Persien unabhängig war. Alexander selbst begründete die XXXI. Dynastie und erhielt den Thronnamen Meriamun Setepenre, d.h. Geliebter des Amun, Auserwählter des Re.

2.2 Aus dem Römischen Reich

Auch die Romanform deutet auf das frühe 3. nachchristliche Jahrhundert, als sich Romane wie die des Philostratos und Heliodoros (Kap. 2.2.6) großer Beliebtheit erfreuten. Merkelbach (1954: 60) charakterisiert das Werk mit folgenden Sätzen:

> Voraussetzung für den Erfolg dieses Buches war das Schwinden des objektiven Sinnes für Tatsachen: die Menschheit war im ausgehenden Altertum und im Mittelalter wieder kindlicher geworden. Auch der künstlerische Sinn nahm ab: Man nahm an den teilweise absurden Erzählungen des Alexander-Romanes keinen Anstoß. [...] Es sind die mythischen Bestandteile des Buches, die ihm seinen Reiz verliehen haben.

Trotz seiner geringen literarischen Qualitäten handelt es sich bei diesem Machwerk um den Ausgangspunkt einer ungewöhnlichen literarischen Entwicklung, auf dem sich eine reiche, durch alle vorderasiatischen und die meisten europäischen Sprachen und den islamischen Kulturraum bis nach Malaysia und Indonesien verzweigte und durch das ganze Mittelalter lebendige Literatur aufgebaut hat.

Das Werk bestand nach Pfister (1946) anfangs vermutlich aus zwei Teilen, wurde aber später durch Zusätze, so genannte Interpolationen, erweitert und in drei Bücher unterteilt. So wurde auch das bereits erwähnte Gespräch zwischen Alexander dem Großen und dem Brahmanen Dandamis aufgenommen, wobei allerdings der Verweis auf den Goldraub der Inder aus dem Genfer Papyrus (Kap. 2.2.3) entfallen ist. Die erste Erwähnung gefährlicher Ameisen, und damit höchstwahrscheinlich der Myrmeken, im *Pseudo-Kallisthenes* findet sich *II 29:*

> Dann zogen sie weiter und nach dreißig Tagen gelangten sie in eine sandige Wüste und als sie diese durchzogen, krochen riesige Ameisen hervor und raubten Pferde und Menschen. Alexander ließ Feuer gegen sie anzünden und so entrannen sie dieser Gefahr.

Der Autor wollte offensichtlich die Gefahr betonen, in der sich Alexanders Heer befand, indem er die lange Marschstrecke von 30 Tagen einführt und die Ameisen 'riesig' nennt. Gold erwähnt er nicht, wie überhaupt in den verschiedenen Versionen des *Alexander-Romanes* zusammen mit den Myrmeken fast nie Gold oder andere Schätze erwähnt werden.

Die Myrmeken erscheinen nochmals einem interpolierten, d.h. einem später eingefügten Kapitel, in dem Alexander in einem Brief an seinen Lehrer Aristoteles die wundersamen Abenteuer beschreibt, die er und seine Mannen auf dem Weg nach Indien zu bestehen hatten. Es heißt dort *III 10:*

> An dem Ort kamen ellenlange Skorpione und handspannengroße Ameisen hervor. Und die in diese Wüste ziehenden fanden dort die Heimstätte solch schrecklicher und giftschleudernder Tiere.

Auch hier findet sich kein Hinweis auf die goldgrabenden Aktivitäten der Myrmeken und es ist durchaus möglich, daß bei diesen Untieren große Heuschrecken Pate gestanden haben. Aber man kann davon ausgehen, daß Ameisen in jeglicher Größe den Alten unheimlich waren.[94]

---

94) Eine ganz ähnliche Wegbeschreibung findet sich schon in Keilschrift auf einem sechsseitigen

2. Ad fontes — Zu den Quellen

Die Myrmeken treten auch noch an einer dritten Stelle in verschiedenen Versionen des Romans auf, jedoch sind sie hier nicht ohne weiteres zu erkennen. In *III 17,4* der Rekonstruktion des Textes von Ausfeld (1907) springen 'Nachtfüchse' (νυκταλώπηκες) von zehn und acht Ellen Länge aus dem Sande hervor, [...] die das Zugvieh anfielen." In einigen Handschriften wird hier auch von unverständlichen μυαλωπηκες gesprochen, wobei Ausfeld (1907) der Ansicht ist, daß beide Formen aus 'Ameisenfüchsen' (μυρμηκαλώπηκες) entstellt sind, die wiederum auf die indischen, fuchsgroßen Myrmeken zurückzuführen seien. Es handelt sich aber wahrscheinlich eher um das Ergebnis einer fehlerhaften Abschrift aus einem älteren Manuskript.[95] Die Abfolge μυαλωπηκες > νυκταλώπηκες kann wie folgt rekonstruiert werden, wobei der ausgefallene Textteil in der deutschen Übersetzung in Klammern gesetzt ist: Zunächst war in der Urschrift die Rede von 'A(meisen, kleiner als Hunde und größer als) Füchse' die Rede. Der Kopist springt von der ersten Silbe von 'Ameise' direkt zu den 'Füchsen'. Im Griechischen wäre das von μυ... zu den αλώτηκες, den Füchsen, und das ergäbe die unverständliche Tierart μυαλωπηκες. Der nächste Kopist kann damit nichts anfangen, da aber im folgenden Absatz von νυκτοκώρακες ('Nachtraben') die Rede ist, erfindet er die 'Nachtfüchse'.

Ausgehend von der nicht mehr überlieferten Urform des Romans entstand um 315 n. Chr. die von Julius Valerius Polemos verfaßte lateinische Übersetzung der angeblich von einem griechischen Autor namens Aesopos stammenden *Res gestae Alexandri Macedoni* („Die Taten des Makedonen Alexander"). In diesen treten *III 17* zwar 'ellenlange Skorpione' und andere Ungeheuer wie stiergroße Löwen auf, die Myrmeken fehlen jedoch. Nur wenige Jahre später folgte das dem Kaiser Constantius II (340–345 n. Chr.) anläßlich des geplanten Feldzuges gegen die Parther an der Ostgrenze des Reiches gewidmete *Itinerarium Alexandri Magni* („Wegbeschreibung Alexanders des Großen").[96] In diesem *Itinerarium* wird Valerius erweitert und teilweise auch sachlich verbessert, Einschübe aus der *Anabasis* des Arrianos kamen ebenfalls dazu, aber auch hier fehlen die Myrmeken.

Die verschiedenen im *Alexander-Roman* verwendeten Briefe werden auch separat überliefert und in einer von Berger de Xivrey (1836) erwähnten, lateinischen Abschrift des Briefes an Aristoteles heißt es *fol. 9*:

> Vor der Morgendämmerung fielen dann Plagen vom Himmel von heller Farbe in der Art von Fröschen. Mit diesen drangen indische Mäuse in das Lager. Sie waren fuchsähnlich und von ihren Bissen verwundete Vierbeiner hauchten sofort ihr Leben aus. Für Menschen waren ihre Bisse aber nicht tödlich.

Tonzylinder, den der neuassyrische König Asarhaddon (680–669 v. Chr.) im Jahre 676 v. Chr. im Grundstein seines Palastes in Niniveh einmauern ließ. Es heißt dort nach Borger (1956) in *Episode 17:A,IV 55* über einen Feldzug nach Arabien: „[...] 140 Doppelstunden Sandgebiet und Disteln [...], wo Schlangen und Skorpione wie Ameisen das Feld bedecken."

[95]) Eine Erscheinung, die selbst noch heute in modernen Büros nicht unbekannt ist.
[96]) Das Werk soll als zweiten Teil noch eine Beschreibung des siegreichen Partherfeldzuges (114–116 n. Chr.) des Kaisers Trajan enthalten haben, die jedoch verschollen ist.

2.2 Aus dem Römischen Reich

Auch diese 'indischen Mäuse' lassen sich, wie schon oben die Nachtfüchse, durch die Übersetzung einer fehlerhaften Abschrift aus dem Griechischen erklären. Der Beginn des griechischen Wortes μύρ–μηξ für Ameise entspricht dem des lateinischen Wortes 'mur-es' für Mäuse. Es handelt sich bei diesen indischen Mäusen also wohl ebenfalls um die Myrmeken, wofür auch der Größenvergleich mit den Füchsen spricht. Außerdem könnte es sich bei den Plagen 'in der Art von Fröschen (ad formam ranarum)' um einen Kopierfehler von 'ad formam canum (in der Art von Hunden)' handeln.[97]

Dieser Bericht erinnert an den bei Herodot *III 141* erwähnten nächtlichen Überfall von Feldmäusen in Ägypten auf das Heer des assyrischen Königs Sanherib (705–681 v. Chr.), bei dem die Tiere Köcher, Bogensehnen und Schildgriffe zernagten, so daß das Heer am Morgen schutzlos den Rückzug antreten mußte. In den chinesischen *Berichten von der westlichen Welt* des Hiuen Tsiang von 646 n. Chr. findet sich ein solches Ereignis aus Khotan am Nordrand des Himalaya, bei dem Murmeltiere den Einwohnern gegen die einfallenden Hunnen halfen, indem sie nachts in deren Lager alle Ledergegenstände, von Schuhen bis zu den Pferdegeschirren, zernagten (Beal 1926).[98]

Alexander der Große blieb im Osten eine nie vergessene Heldengestalt und in den folgenden Jahrhunderten erschien eine Vielzahl von Übersetzungen und Bearbeitungen des *Alexander-Romans*. Pfister (1946) nennt etwa 200 Versionen in mindestens 35 Sprachen. Eine der ersten war die armenische Version im 5. nachchristlichen Jahrhundert. Eine syrische Bearbeitung erschien um 520 n. Chr., bald danach gefolgt von einer samaritanischen und solchen in Persisch, Koptisch, Hebräisch, Arabisch, und sogar einer äthiopischen im 14. Jahrhundert, in der Alexander kurzerhand zu einem christlichen Herrscher und Propheten gemacht wurde. Im Hebräischen wurde er in den Talmud übernommen (*Tamid 32 b*), wo ihm auf dem Weg zum Paradies ein Totenschädel überreicht wird (Tendlau 1842). Im Koran, basierend wahrscheinlich auf syrischen Wurzeln, erscheint er als 'Dulkarnein' (der 'Zweigehörnte').[99] In *Sure 18,82-101* ist er ein Prophet, der die Welt im Auftrag Allahs zusammenfassen und vor den unreinen Völkern schützen soll, um dem größten Propheten, Mohammed, den Weg zu bereiten.[100] Die entsprechende Beschreibung geht auf verschiedene Motive aus dem *Alexander-Roman* zurück.

---

[97] Unheimliche Frösche waren allerdings schon aus dem Alten Testament bekannt, wo sie der Herr als zweite Plage über Ägypten schickte, um den Pharao zu veranlassen, das Volk Israel auswandern zu lassen.

[98] Der chinesische Bericht führt noch aus, daß die Murmeltiere seither dort mit Opfergaben geehrt werden.

[99] Diese Bezeichnung ist nach dem arabischen Historiker al-Tabari (838–921 n. Chr.) darauf zurückzuführen, daß Alexander die beiden Enden (= Hörner) der Erde, d.h. ihr westlichstes und östlichstes Ende, besucht hat.

[100] Sein voller arabischer Name lautet Eskander al-Roumi ben Filicos, Alexander der Römer, Sohn des Philipp. Der 'Römer' heißt er in Anlehnung an das 'Neue Rom', als welches Konstantin der Große im Jahre 330 n. Chr. Konstantinopel zu seiner Hauptstadt gemacht hatte. Der Name 'Romäer' bezeichnete in der Spätantike und im frühen Mittelalter das byzantinische Reich.

Im Persischen fand er als Sekander, mit dem Beinamen „al-Jounani' (der Grieche) Eingang in das um das Jahr 1000 entstandene persische Nationalepos, das *Schahnameh* („Das Buch der Könige"). Im Europa wurden *Alexander-Romane* insbesondere im 12.–13. Jahrhunderts überaus populär[101] und selbst in Island im fernen Nordwesten erschien um 1260 eine Übersetzung. Im Südosten drang der Roman bis Thailand, Malaysia, Java und Celebes vor. Selbst in der Mongolei war Alexander als 'Sulkarein' im späten 13. Jahrhundert, ausgehend von der entsprechenden persischen oder arabischen Überlieferung, als großer Held bekannt (Poppe 1957). Eine türkische Übersetzung des persischen *Schahnameh*, das *Iskendername*, erscheint noch im Jahre 1412, eine arabische Übersetzung einer armenischen Version 1666 in Istanbul. In Deutschland tritt er im 13. bis 15. Jahrhundert mehrfach in den so genannten Historienbibeln auf. Polnische und russische Übersetzungen entstanden noch im frühen 16. Jahrhundert (Kap. 2.6.7).

Die von dem Presbyter Leo im 10. Jahrhundert verfaßte Übersetzung unter dem Titel *Alexander in praeliis* sowie die erste deutschsprachige Bearbeitung aus dem 12. Jahrhundert werden an den entsprechenden Stellen in der zeitlichen Abfolge dieses Buches angesprochen.

2.3 Zwischen Ost und West

2.3.1 Byzantinische Quellen

Bei dem um 317 n. Chr. geborenen Themistios handelt es sich um einen der bekanntesten Philosophen und Redner des vierten Jahrhunderts. Er wurde als Sohn einer heidnischen Großgrundbesitzerfamilie in der kleinasiatischen Provinz Paphlagonien geboren, möglicherweise in dem Städtchen Abunoteichos westlich des heutigen Sinop am Schwarzen Meer gelegen und begann seine Lehrtätigkeit um 350 n. Chr. an einer staatlichen Hochschule in Konstantinopel, wo schon sein Vater als Lehrer der Philosophie eine angesehene Persönlichkeit war. Spätestens im Jahre 353 n. Chr. hatte er selbst eine herausragende Stellung erreicht und als er 355 n. Chr. plante, der Stadt den Rücken zu kehren, veranlaßte ihn Kaiser Constantius II (337–361 n. Chr.), einer der Söhne Constantins des Großen, durch die Verleihung der Senatorenwürde zum Bleiben.[102]

Die Folgejahre sahen ihn als Leiter einer Gesandtschaft nach Rom und als Prokonsul in der Stadtverwaltung von Konstantinopel. Seine Blütezeit als Redner erlebte er während der Herrschaft des Kaisers Valens (364–378 n. Chr.), für den er gleichzeitig noch häufig im Staatsdienst aktiv war. Kaiser Theodosius (379–395 n. Chr.)

---

[101] Ross (1988) zählt mindestens 120 verschiedene Handschriften auf und stellt deren wechselseitige Abhängigkeit in Stammbäumen dar, deren Komplexität denen mancher europäischer Fürstenhäuser in keiner Weise nachsteht.

[102] Obwohl er nicht zum Christentum übertrat, hinderte ihn dies nicht daran, bei den frühen christlichen Kaisern dennoch hohe Stellungen einzunehmen.

2.3 Zwischen Ost und West

machte ihn zum Privatlehrer seines Sohnes, des nachmaligen Kaisers Arcadius (383 /94–408 n. Chr.). Themistios, dem spätere Schriftsteller den Beinamen 'Euphrades' (der Wohlsprechende) gaben, ist nach 388 n. Chr. verstorben.

Sein schriftstellerisches Werk umfaßt eine Vielzahl philosophischer Schriften sowie mindestens 34, meist staatspolitische Themen behandelnden Reden. Einige betreffen aber auch mehr private Themen wie die *XXVII.* mit dem Titel *Achtet mehr auf die Männer und nicht die Orte*, in dem wieder die Myrmeken auftreten.[103] Sie ist in der Form eines Schreibens an einen etwa zwanzigjährigen Studenten gestaltet, der von dem Wahn befreit werden soll, daß man nur in großen Städten studieren könne, also ein durchaus modernes Thema.[104] In der Rede heißt es *XXVII 337 d* nach ausführlichem Lob der einheimischen Künstler und Dichter:

> Obwohl ich so viel Gutes berichten könnte, will ich doch nicht weiter fortfahren, denn er [d.h. der angesprochene Studiosus] leidet unter einer heftigen Sehnsucht nach Geschichten aus der Fremde. Am meisten aber nicht nur nach solchen von den Hellenen, sondern auch aus Ägypten, Äthiopien und von den Indern, von denen du uns neuerlich wahrlich keine Kleinigkeiten und Altbekanntes berichtest, sondern über Drachen und Elefanten. Dort gibt es auch die indische Ameise, die groß sowohl als Tier als auch als Fabel ist. Die Brahmanen wagen sich aber zu diesen nicht hinauf, sonst würden sie niedergeworfen und erschlagen.

Der Goldaspekt fehlt hier also wieder, Themistios weiß nur noch, daß die Myrmeken gefährlich sind und in Indien irgendwo auf Bergen hausen.

Ein Zeitgenosse des Themistios war Libanios (314–393 n. Chr.), der verschiedentlich als der bedeutendste griechische Redner des 4. nachchristlichen Jahrhunderts gilt. Er stammte aus Antiochia, studierte unter anderem in Athen und gelangte schließlich nach Konstantinopel, von wo er sich im Jahre 354 n. Chr. in seine Heimatstadt zurückzog, um eine Philosophieschule zu eröffnen. Er war mit dem Kaiser Flavius Claudius Julianus (361–363 n. Chr.), einem Neffen von Konstantin dem Großen, befreundet, der auch Apostata ('der Abtrünnige') genannt wurde, da unter ihm das Christentum, das Konstantin 313 n. Chr. als Staatsreligion eingeführt hatte, wieder abgeschafft wurde.[105] Libanios hinterließ ein umfangreiches literarisches Werk, das bei weitem noch nicht völlig erschlossen ist. In seiner *Die Rache des Julianus* überschriebenen Rede heißt es *XXV 23*:

> Nicht den Nestor preisen sie glücklich, noch den Arganthonius, noch Paelea wegen der Hochzeitsfeiern, nicht Adonis ob seiner Schönheit oder Herakles ob seiner Un-

---

[103] Sie stellt wahrscheinlich die letzte überlieferte Rede des Themistios dar und dürfte 385 n. Chr. auf der Reise zur Beerdigung seines Vaters in einer kleinen, mit einem Asklepios-Heiligtum geschmückten Stadt Paphlagoniens gehalten worden sein.

[104] Themistios führt u.a. aus, daß aus ihm selbst schließlich auch etwas geworden sei, obwohl er 'nur' in einem kleinen Ort an der Südküste des Schwarzen Meeres studiert habe und nicht in den großen geistigen Zentren wie Konstantinopel oder Alexandria.

[105] Christen wurden danach aus allen öffentlichen Ämtern entfernt, es kam aber nicht zu Christenverfolgungen wie in früheren Jahren, auch nicht als Rache für die Heidenverfolgungen, die unter Konstantins Söhnen ab etwa 340 n. Chr. eingesetzt hatten.

sterblichkeit, sondern vielmehr den Kallias, den Gyges, den Kynares, den Kroisos und die Ameisen der Inder.

Also auch hier fungieren die Myrmeken wieder als Sinnbild des Reichtums.

Dem Palladius, einem Mönch und nachmaligen Bischof des bithynischen Helenopolis (363/64–431 n. Chr.), wird ein ursprünglich griechisch geschriebener Bericht über Indien und die dort lebenden Brahmanen zugeschrieben, das *Palladius de vita bragmanorum* („Palladius über das Leben der Brahmanen"). Der erste Teil besteht aus einer Beschreibung Indiens, die der Autor von einem Gelehrten aus dem ägyptischen Theben erhalten haben will, der als Gefangener sechs Jahre in Indien gelebt habe und dann freigelassen worden sei.[106] In seinem Bericht über Land und Leute heißt es in *Kap. 14*:

> Die Ameisen sind hier eine Handspanne lang und die Skorpione 18 Zoll.

Der Autor zitiert hier aus dem *Pseudo-Kallisthenes* den Brief Alexanders an Aristoteles *(III 19)*. Auch in diesem *Leben der Brahmanen* fehlt der Verweis auf den Goldraub der Inder, der im erwähnten *Genfer Papyrus 271a* aus dem 2. nachchristlichen Jahrhundert (Kap. 2.2.3) noch vorhanden war.

Der Gedanke des Clemens Alexandrinus, daß die Vorsehung unnötige Dinge wie Perlen und Gold unter Wasser oder in der Erde verbirgt, wird bei dem Kirchenvater Hieronymus, mit vollem Namen Eusebius Hieronymus Sophronius, wieder aufgegriffen, wobei dieser jedoch die Myrmeken nicht explizit erwähnt. Hieronymus, der um 345 n. Chr. in Stridon an der Grenze zwischen der Steiermark und Ungarn geboren wurde, war einer der bedeutendsten Kirchenväter, der unter anderem auch an der Vulgata, der ersten umfassenden lateinischen Bibelübersetzung mitarbeitete.[107] Hieronymus wirkte hauptsächlich im palästinensischen Caesarea und starb im Jahre 420 n. Chr. in Rom. Er hinterließ ein umfangreiches literarisches Werk, zu dem auch weit über 100 Briefe zählen. In einem seiner vielen an den Mönch Rusticus gerichteten Briefe heißt es *epist. 125,3,3* über Indien:

> Dort entsteht der Karfunkelstein, der Smaragd und die leuchtende Perle und auch große Perlen, nach denen das Verlangen der edlen Frauen brennt, und goldene Berge, die zu besuchen den Menschen wegen der Drachen und Greife und der Ungeheuer mit gewaltigen Leibern nicht möglich ist, damit uns gezeigt werde, über welche Wächter die Habsucht verfügt.

Hieronymus kannte also die goldführenden indischen Gebirge, von denen schon Ktesias gesprochen hatte, erwähnt unter den dazugehörigen Ungeheuern aber nur die Drachen und Greife explizit. Unter den 'Ungeheuern mit den gewaltigen Leibern' können aber wohl auch die Myrmeken vermutet werden. Auf jeden Fall werden auch

---

[106] Den zweiten Teil des Berichtes, die Beschreibung des Lebens der Brahmanen, will Palladius von Arrianus übernommen haben, der *Anab. VI 16,5* ein solches Werk zwar angekündigt hat, von dem aber sonst nichts bekannt ist.

[107] In religiösen Bildern wird er häufig zusammen mit einem Löwen dargestellt, dem er einen Stachel aus der Pfote gezogen haben soll.

hier, wie schon bei Clemens Alexandrinus, der wohl seinerseits von Propertius beeinflußt worden war, Ungeheuer in den Dienst der Vorsehung gestellt.

Dem Hesychos (auch Hesychios), einem sonst nicht weiter bekannten Autor aus dem Alexandria des fünften Jahrhunderts, wird ein nur aus einer einzigen Handschrift (*Codex Marcianus*) aus dem 15. Jahrhundert überliefertes Lexikon der griechischen Sprache zugeschrieben. Das Werk ist einem gewissen Eulogius gewidmet und in der Einleitung verweist der Autor auf das fünfbändige Gesamtwörterbuch der griechischen Sprache des Diogenian, eines Grammatikers aus Herakleia am Schwarzen Meer zur Zeit des Kaisers Hadrian (117–138 n. Chr.). Diesem Autor wird außerdem eine Sprichwörterenzyklopädie zugeschrieben, die bereits im Zusammenhang mit den Myrmeken bei Lukianos (Kap. 2.2.4) erwähnt worden war.

Hesychos scheint das Wörterbuch des Diogenian neu geordnet, bearbeitet und erweitert zu haben. Da jedoch der wirkliche Zusammenhang zwischen den beiden Autoren nach wie vor nicht eindeutig geklärt ist, sollen die beiden Hinweise des Hesychos auf die Myrmeken in der hier gewählten Zeitabfolge angeführt werden. Unter dem Stichwort μύρμηξ heißt es:

[...] auch unterirdische Tiere in der Größe von Hunden.

Es findet sich keinerlei Bezug zu Gold und es ist auch nicht klar, ob es sich um hundsgroße Ameisen handelt oder eventuell nur eine Namensgleichheit zwischen Ameisen und einer nicht näher beschriebenen grabenden Tierart. Unter dem Stichwort μεταλλείς heißt es:

Die, welche in den Bergwerken arbeiten; auch von den Ameisen werden einige so genannt.

Dem Hesychos ist offensichtlich die Myrmeken-Geschichte nicht mehr direkt geläufig, es handelt sich nur noch um einen vagen Nachhall.

2.3.2 Asiatische Quellen

Nachdem in der Mitte des 1. nachchristlichen Jahrhunderts der Buddhismus in China Fuß gefaßt hatte, wurde Indien für viele chinesische Mönche als Quelle der buddhistischen Weisheit Ziel umfangreicher Pilgerreisen. Einer dieser Pilgermönche, Faxian oder Fa-hsien, kam auf seiner sich über 15 Jahre erstreckenden Wanderung im Jahre 399 n.Chr. über die Schneeberge des Karakorum und berichtete nach Legge (1886: 15):

Dort finden sich giftige Drachen, die, wenn man sie reizt, giftige Winde ausstoßen und Schneegestöber auslösen und Stürme aus Sand und Geröll.[108]

Im Indien des 5. nachchristlichen Jahrhunderts ist der Zusammenhang zwischen Gold und Ameisen noch gegenwärtig. In der Arrian-Ausgabe von Wirth & Hinüber (1985: 1123) heißt es in einer Anmerkung zu *Ind. 15,4*:

---

[108] Es handelt sich dabei wohl um die bereits von Ktesias erwähnten Ungeheuer, die hier allerdings kein Gold hüten.

Das *hataka*-Gold steht Anguttara-Nikaya 1.215.14 in einer Aufzählung verschiedener Goldarten. Buddhaghosa (5. Jh. n. Chr.) merkt dazu in der Manorathapurani 2.239.21 an: '*hataka tik pipillikahi nihatasuvarnam = hataka*' heißt 'von Ameisen hervorgeholtes Gold'. Vermutlich ist dies eine alte volksetymologische Deutung dieses Goldnamens.

Beim *Anguttara-Nikaya* handelt es sich um einen Teil des *Sittapitaka*, der angeblich direkt nach dem Tod des Buddhas mündlich fixiert und im 1. Jahrhundert n. Chr. in Ceylon schriftlich niedergelegt wurde. Seine endgültige Fassung erhielt das Werk im 5.-6. Jahrhundert. Der im Zitat erwähnte Buddhagosa ist ein Übersetzer und Kommentator der frühen buddhistischen Werke aus Ceylon. Hier zeigt sich somit, daß die Myrmeken-Geschichte ohne Probleme aus dem hinduistischen in den buddhistischen Kulturbereich hinüberwandern konnte.

An dieser Stelle kann der Verweis auf die mongolische Sage vom Helden Geser Chan eingefügt werden, die Teil eines weitverzweigten tibetisch-mongolischen Sagenkreises ist. Im Kern dürfte sie aber auf tibetische Wurzeln des 7.-9. nachchristlichen Jahrhunderts zurückgehen (Heissig 1964). Wie schon Laufer (1908: 431) ausführte, reicht das Werk sogar in eine Periode zurück, die weit vor den Anfänge geschichtlicher Aufzeichnungen in Tibet und auch in der Mongolei fällt, und könnte sich folglich in den Umkreis der hier bereits mehrfach erwähnten zentralasiatischen Überlieferungen einfügen. In dieser Sage werden dem Helden Geser, der die Seele des Coridong Lama in Gestalt einer Heuschrecke in der Hand gefangen hält, für deren Freilassung vierzehn Schätze als Lösegeld angeboten, darunter auch ein Fläschchen mit Nasenblut von Ameisen. Als 7. Schatz wird erwähnt:

> Es gibt Gold in Klumpen, welches der König der Ameisen in seiner Tätigkeit angesammelt hat.

In einer nachfolgenden Aufzählung von Schätzen wird das Ameisengold allerdings nicht mehr erwähnt, und Laufer ist der Ansicht, daß die faktische Erwähnung dieses Goldes zeigt, daß es nicht wunderwirkend ist, kein Talisman, kein Retter in der Bedrängnis ist, wie die übrigen Schätze, deren durchaus märchenhafter Charakter sich dem Leser ohne weiteres aufdrängt. Die bloße Erwähnung des Ameisengoldes als eines gegebenen Faktums allein setzt das Vorhandensein einer ausgeprägten Tradition voraus, deren allgemeine Kenntnis von vornherein angenommen wird.

2.3.3 Der Brief des Fermes

Wie schon beim *Alexander-Roman* (Kap. 2.2.7) erwähnt, erfreuten sich seit dem 3. nachchristlichen Jahrhundert Briefe bzw. Briefromane als Literaturform einer großen Beliebtheit. James (1929) verlegt aufgrund textlicher Aspekte die Entstehung der folgenden Werke auf ein griechisches Original aus dem 4.-5. nachchristlichen Jahrhundert, das sich in seiner Anlage stark an den Brief Alexanders an Aristoteles aus dem *Pseudo-Kallisthenes* anlehnt. Hier ist zunächst die *Epistola Fermes regis ad Adrianum imperatorem* („Der Brief des Königs Fermes an den Kaiser Hadrian") zu nen-

2.3 Zwischen Ost und West

nen. Die entsprechende Handschrift *(Bibl. Nat. Paris nouv. acq. lat. 1065)* aus dem 9. Jahrhundert stammt laut James (1929) aus dem nordfranzösischen Beauvais.

Der Name 'Fermes' wird als lateinische Verkürzung von 'Farasmanes' gedeutet, so daß es sich um den von mehreren römischen Historikern erwähnten Pharasmanes II handeln dürfte, einen römischen Klientelkönig aus dem kaukasischen Georgien, der zur Zeit des Kaisers Hadrian (117-138 n. Chr.) regierte. Dieser König hatte im Jahre 129 n. Chr. eine Einladung Hadrians zu einem Treffen ausgeschlagen, kam aber unter Kaiser Antoninus Pius (138-161 n. Chr.) um 141 n. Chr. zu einem Besuch nach Rom, wie Braund (1991) festhält. Zwischen Fermes/Pharasmanes und Hadrian hatten also wirklich direkte Kontakte bestanden, was dem Verfasser des Briefes bekannt gewesen sein muß.

Fermes berichtet, er habe die beschriebene Reise selbst in Begleitung von Vertrauten unternommen, um dem Kaiser auf dessen entsprechende Anfrage über die Länder des Ostens ausführlich Bericht erstatten zu können.[109] Es handelt sich hierbei aber nur um eine sehr schlichte Zusammenstellung der verschiedenen, aus der spätantiken Literatur bekannten Wunder und Untiere des Ostens. Folglich findet sich hier auch die Myrmeken-Geschichte. Sie sei hier in Gänze wiedergegeben, bringt sie doch erstmals seit über achthundert Jahren wieder ein wichtiger Aspekt aus Herodots Version der Geschichte — die Kamelstuten und ihre Fohlen —, der bis dahin erstaunlicherweise völlig in Vergessenheit geraten war. Die entsprechende Stelle in *Kap. 18* lautet nach dem lateinischen Text bei James (1929: 43):

> Es gibt auf dieser Insel einen Fluß Gargarus, jenseits dessen es myrmidonische Ameisen in der Größe von Katzen gibt, mit sechs Beinen und Stacheln in der Mitte wie Meeresheuschrecken. Zähne haben sie wie Hunde, sind von schwarzer Farbe und bewachen das Gold, das sie aus der Erde ans Licht tragen. Und wenn sie Menschen oder Tiere erblicken, so verschlingen sie diese bis auf die Knochen. Sie sind überaus schnell, so daß man meinen könnte, sie fliegen eher als daß sie laufen. Diese graben von Sonnenaufgang bis zur fünften Stunde Gold und tragen es ans Licht. Dies Gold wird mit einer List von den ihnen benachbarten Menschen fintenreich weggenommen. Sie nehmen nämlich viele männliche Kamele und Stuten mit ihren Fohlen. Diese Fohlen lassen sie jenseits des Flusses angebunden und sie selbst überschreiten den Fluß mit den Kamelhengsten und -stuten. Wenn sie an dem Ort angekommen sind, laden sie das Gold auf die Stuten. Von ihren Fohlen angezogen, überschreiten diese eilends und schnellstens den Fluß zu den Fohlen. Wenn die Menschen die Ameisenscharen sie verfolgen sehen, lassen sie die männlichen Kamele zurück und fliehen zum Fluß und überschreiten diesen eilig mit den Stuten. Wenn die Ameisen die Kamelhengste finden, verschlingen sie diese und werden so verlangsamt. Denn wenn sie nachlaufen wollen und an das Wasser kommen, können sie nicht hinüber. Auf diese Art wird das Gold jener Provinz gewonnen.

---

[109] Hadrian hatte übrigens als großer Bewunderer des Griechentums zwei Reisen nach Griechenland und eine weitere in den ferneren Osten seines Reiches unternommen.

2. Ad fontes — Zu den Quellen

Ein neuer Aspekt ist hier der nicht lokalisierbare Grenzfluß Gargarus,[110] möglicherweise in Anlehnung an Aelianus, bei dem es *NA 3,4* ebenfalls heißt, daß die Myrmeken einen Fluß, dort den Kampylinos, nicht überschreiten. Die Erwähnung der Größe analog zu Katzen geht auf die entsprechende falsch verstandene Bezeichnung „in der Farbe von Katzen" (colore felium) statt von Mardern bei Plinius *NH 11,111* zurück.

Einen ähnlichen Brief, diesmal von einem König Premonis an den Kaiser Trajan (98–117 n. Chr.),[111] enthielt ein in der Stadtbibliothek Straßburg aufbewahrtes Manuskript *(C.IV.15)* aus dem 8. oder 9. Jahrhundert (Graff 1827), das bei der Belagerung der Stadt zu Beginn des deutsch/französischen Krieges im August des Jahres 1870 verbrannte. Der Text ist gegenüber dem *Fermes-Brief* stark gekürzt, die Myrmeken-Geschichte aus *Kap. 12* findet sich im Anhang 2. Der Grenzfluß 'Gargarus' wird hier übrigens durch r/l-Tausch in 'Gallalis' umgewandelt. In diesem Brief bleiben die Kamelhengste allerdings zusammen mit den Fohlen jenseits des Flusses zurück und erscheinen auf dessen 'Ameisenseite' erst, nachdem die Stuten sicher über den Fluß gekommen sind. Dort werden sie schließlich von den Myrmeken verschlungen, was zur Verzögerung bei der Verfolgung der Goldräuber führt.

Hilka (1923) stellt eine altfranzösische, aus dem 13. Jahrhundert stammende Handschrift des Briefes vor, geschrieben von einem König Premenis an Kaiser Hadrian, die sich als *MS 14562* in der königlichen Bibliothek zu Brüssel befindet (Anhang 3). Obwohl der Brief aufgrund der Absenderbezeichnung eine Beziehung zum Premonis-Brief nahelegt, ist sein Text deutlich umfangreicher und lehnt sich eher an den des Fermes-Briefes an.

Aber auch hier geht es mit den Kamelen und dem Raub in der zeitlichen Abfolge etwas durcheinander. Insgesamt lassen sich in dieser Version der Myrmeken-Geschichte *Kap. XVI 2* zwei Merkmale feststellen, anhand derer die gegenseitige Abhängigkeit späterer Handschriften dieser Gruppe von Texten dargestellt werden kann, die James (1929) unter der Bezeichnung *Die Wunder des Ostens* zusammenfaßt. So werden die Myrmeken mit Meeresheuschrecken verglichen: „quasi locustae marinae".[112] Andererseits heißt es in der Beschreibung der Schnelligkeit der Myrmeken, sie seien „so schnell, daß man meinen möchte, sie fliegen", was sich Krebsen kaum zuordnen läßt. Im Premonis-Brief hatte sich dieser Hinweis allerdings auf die Stuten bezogen.

---

[110] Der Name des Flusses dürfte auf den bei Plinius *NH 6,12* erwähnten, an den Ufern des Ganges lebenden Stamm der 'Gagaridae' zurückgehen, womit auch diese Geschichte einen indischen Bezug erhält.

[111] Bei dem Adressaten Trajan handelt es sich offensichtlich um eine Verwechslung mit Hadrian, wie sie in der Spätantike häufiger vorkommt (Faral 1914).

[112] Hierbei könnte es sich möglicherweise um Heuschreckenkrebse der Ordnung Stomatopodes, deren bekanntester Vertreter, der bis 20 cm messende Große Fangschreckenkrebs (*Squilla mantis*) auf italienischen und spanischen Fischmärkten noch heute vereinzelt anzutreffen ist.

2.3.4 Die Etymologiae des Isidor

Der um 560 n. Chr. im spanischen Cartagena geborene Isidor,[113] der letzte abendländische Kirchenvater, gehört ebenfalls zu den Schriftstellern, denen die Myrmeken bekannt sind. Seit dem Jahre 600 n. Chr. war er als Nachfolger seines Bruders Leander Erzbischof von Sevilla, wo er 636 n. Chr. verstarb.[114] Zwischen 622–633 n. Chr. verfaßte Isidor die aus zwanzig Büchern bestehenden *Origines seu Etymologiae* („Ursprünge oder Wortbedeutungen"), in der er in enzyklopädischer Form das gesamte Wissen seiner Zeit aus einer Vielzahl von Quellen zusammentrug.[115]

Im Buch über die Geographie erwähnt er *etym. 14,3,7* aus dem Norden Indiens die goldenen Berge mit ihren Greifen und Drachen, wobei er fast wortgleich den entsprechenden Text aus dem Brief des Hieronymus an Rusticus kopiert (Kap. 2.3.1). Im Buch über die Zoologie *(etym. 12,3,9)* schreibt er *De minutis animantibus* („Über die kleinen Wesen"), neben Tieren wie Maus, Maulwurf und Grille:

> Es heißt, in Äthiopien gibt es Ameisen von der Erscheinung eines Hundes, welche Goldsand aufgraben, den sie bewachen, auf daß ihn keiner wegnehme; und die, welche davon rauben, verfolgen sie bis auf das Blut.

Isidor kopiert hier wortgleich den Solinus, allerdings ohne den Einschub mit den löwenähnlichen Beinen aufzugreifen (Kap. 2.2.6). Sein Bericht wird in der Folgezeit von einer Vielzahl christlicher Autoren zitiert.

2.3.5 Myrmeken im Himalaja

Auf seiner Pilgerfahrt nach Indien zu den Quellen der buddhistischen Lehre überquerte der chinesische Mönch Hieun Tsiang zwischen 630–645 n. Chr. auch das Karakorum (Tucci 1956). Er berichtete neben vielen anderen erstaunlichen Begebenheiten unter anderem über ein von Frauen regiertes Reich 'Suvanagotra' (Goldreich), das westlich von Tibet liege, diesem jedoch nicht untertan sei und in dem es eine besondere Art Goldes geben soll, das „rot wie Feuer" sei. Auf besonders reines Gold aus dieser Gegend („das nicht geröstet werden muß") hatte schon Megasthenes (Kap. 2.1.5) nach Strabon *Ind. 15,5* im Zusammenhang mit den Myrmeken verwiesen.

---

113) Bekannt auch als Isidor Hispalensis, d.h. der aus Hispalis, dem alten Sevilla.

114) Neben seinen kirchlichen Verpflichtungen — er organisierte z.B. das 4. Konzil zu Toledo im Jahre 633 n. Chr. — fand er noch reichlich Zeit für literarische Aktivitäten. Zusätzlich zu einer Vielzahl kleinerer Werke, darunter eine Geschichte der Goten, Vandalen und Sueben in Spanien für den Zeitraum 256–624 n. Chr.

115) Um den gewaltigen Umfang der zwanzig Bücher der *Etymologiae* auch nur anzudeuten, seien hier die verschiedenen behandelten Themen aufgeführt: die sieben freien Künste, Medizin, Recht, Chronologie, Theologie, Philosophie, Gesellschaftslehre, Etymologie, Anthropologie, Zoologie, Physik, Geographie, Bauwesen, Mineralogie, Ackerbau, Kriegswesen, Theater und Spiele, Handwerk, Kleidung und Hausrat. Das Werk ist außerdem für die Geschichte der romanischen Sprachen von herausragender Bedeutung. Allerdings sind die von Isidor angegebenen Ableitungen einzelner Begriffe teilweise sehr fraglich, so daß von diesem Werk vereinzelt als 'Etymogeleien' gesprochen wird.

Eine umfangreiche Erwähnung besonderes gefährlicher Tiere im Karakorum, diesmal sogar im Zusammenhang mit Gold, findet sich in der so genannten *Untersuchung der Vimalaprabha*.[116] Nach Thomas (1935) spielen die meisten in dem Werk beschriebenen Ereignisse im 7. nachchristlichen Jahrhundert, zu einer Zeit, als Khotan zwischen den Chinesen im Osten, den Tibetern im Süden und Turkvölkern im Norden umstritten war.

Die Heldin des Buches ist Vimalaprabha, der es in einer Inkarnation als Rabnes, der verwitweten Gattin des Königs von 'Suvarnabhu' (Goldland) im Karakorum, durch diplomatisches Geschick im Zusammenwirken mit den Chinesen gelang, die Tibeter aus Khotan zu vertreiben. Diese Devi Vimalaprabha war, wie Thomas (1935) zusammenfaßt, aufgrund einer Verfehlung in der Götterwelt in die Herrscherin Hu-sa verwandelt und in das Goldland versetzt worden. Sie war außerdem ein weiblicher Dämon, eine Raksasi oder noch schlimmeres, denn zusammen mit fünfhundert Gefährtinnen unterhielt sie in nicht gerade züchtiger Form[117] Händler, die zum Goldenen Berg kamen, um von dort Gold zu holen. Das ausschweifende Leben dauerte jeweils bis zur Ankunft der nächsten Karawane, dann wurden die Händler von den Raksasi gefangen gesetzt und verschlungen.[118]

Als die Strafzeit der Hu-sa sich dem Ende zuneigte, blieb eine Folgekarawane ungewöhnlich lange aus, so daß aus ihrer Beziehung mit einem Händler eine Tochter gleichen Namens entsprang. Diese wollte ihren Vater vor dem Verderben schützen und befreite ihn aus der Gefangenschaft, worauf er seine Gefährten freisetzte und mit ihnen floh. Bei der Verfolgung der Händler entledigte sich die Raksasi ihres Umhanges und es zeigte sich, daß sie ein großes, ohrloses, haariges Etwas war, das in der Deva-Welt einmal die Form einer Katze angenommen hatte und durch Abschneiden der Ohren bestraft worden war. Als ihr Liebhaber, den sie mit seinen wieder eingefangenen Gefährten in einem Umhang über der Schulter trug, darüber lachte, daß ein so starkes Wesen seine Ohren verloren habe, war der Bann gebrochen. Hu-sa verlor dadurch ihr dämonisches Wesen und wurde in den Himmel zurück versetzt. Ihr Liebhaber blieb mit seiner Tochter auf der Erde zurück und seine fünfhundert Gefährten vermählten sich mit den nicht in den Himmel erhobenen fünfhundert Raksasi.[119]

In diesem Bericht werden zwar keine Myrmeken angetroffen, aber doch wird hier eine lebensgefährliche Art der Goldbeschaffung beschrieben, die den Myrme-

---

[116] Es handelt sich dabei um einen buddhistischen Geschichtstext mit stark religiösem Unterton, der in einer tibetisch geschriebenen Fassung vorliegt, aber aufgrund des antitibetischen Grundtenors ursprünglich aus Khotan stammen dürfte.

[117] Nach Jettmar (1975) eine Art Gastprostitution.

[118] Eine ähnliche Geschichte über böse Raksasis findet sich als Nr. 196 in den buddhistischen Jatakas, Erzählungen, die teilweise noch in die Zeit vor Buddha (560–480 v. Chr.) zurückgehen. Dort nehmen auf einer Insel im Meer lebende Raksasis Schiffbrüchige zunächst freundlich auf, um sie dann aber bei Eintreffen der nächsten potentiellen Opfer zu verschlingen. Die Geschichte erscheint ähnlich auch in den chinesischen Berichten aus der westlichen Welt des Hiuen Tsiang von 646 n. Chr. (Beal 1926).

[119] Geschichten von diesen schrecklichen Raksasi waren noch zu Beginn des 20. Jahrhunderts in der Gilgit-Region lebendig. Nach Lorimer (1929) wurden diese unter dem Namen 'Ru.i' als hexenähnliche menschenfressende Wesen beschrieben, die ihre Opfer in einen Umhang gewickelt zum gemeinsamen Freßplatz tragen.

2.3 Zwischen Ost und West

ken-Bericht des Herodot stark modifiziert, hingegen in der erwähnten Todesgefahr große Ähnlichkeit damit aufweist und aus derselben geographische Region stammt. Bei der ohrlosen Katze könnte es sich um ein Murmeltier handeln, vor dessen Höhle im ausgeworfenen Boden Gold vorkam. Diese Tierart wird uns später noch in mehreren Kapiteln beschäftigen.

Nach Chavannes (1922: 127) schenkte der persische Schah dem Kaiser von China im Jahre 638 n. Chr. „[...] ein ‚houe-jou-tche', das die Form einer Ratte besaß, von frischer grüner Farbe und neun Zoll [23 cm] lang war und Ratten in ihren Löchern fangen kann".[120] Und im Jahre 642 n. Chr. erhielt der Kaiser aus dem Reich Ki-pin, das als das nordwestindische Gandhara angesehen wird, zum Geschenk „[...] eine Ratte jou-t'o, deren Schnauze spitz und deren Schwanz rot ist. Sie kann Schlangen fressen. Wenn sie verletzt wird, riecht sie an der Wunde, uriniert darauf und diese verheilt völlig." Die beiden Tiere haben wahrscheinlich nichts mit den Murmeltieren zu tun, sie zeigen jedoch, daß exotische Tiere als wertvolle Geschenke galten (s. auch Kap. 2.4.1 und 2.6.4).

Chavannes erwähnt noch einen weiteren Bericht aus chinesischen Annalen, wonach im Jahre 717 n. Chr. der König von Khotan dem chinesischen Kaiser „ein Tier mit Namen na(k)" zum Geschenk gemacht habe. Nach dem chinesischen *Kang-hi-Wörterbuch* besitzt dieses Tier keine Vorderbeine, sei dachsähnlich, von blauschwarzer Farbe und ein Rattenfänger. Die fehlenden Vorderbeine könnten auf das Murmeltier mit seinen deutlich verkürzten Vorderextremitäten verweisen, wohingegen die Bezeichnung Rattenfänger möglicherweise daher rühren könnte, daß man sich nicht vorstellen konnte, daß ein so großes, unterirdisch lebendes und mit großen Zähnen versehenes Tier wie das Murmeltier[121] sich nur von Pflanzen ernähren sollte. Auf jeden Fall muß es ein ganz besonderes Tier gewesen sein, das man sogar fremden Herrschern zum Geschenk machen konnte. Schließlich hatte nach Herodot *III 102* schon der persische Großkönig Dareios I einige Myrmeken in seinem Tiergarten besessen.

Dem in der zweiten Hälfte des 8. Jahrhunderts regierenden tibetischen König K'ri-sron-lde-btsam wird in der im Jahre 1327 verfaßten offiziellen Geschichte der tibetischen Königsdynastie anläßlich von Überlegungen zum Bau des Klosters bSam-yas im Rate seiner Minister nach Laufer (1908: 437) folgende Frage in den Mund gelegt:

(7) Soll ich das Fuchs-Tal mit dem Ameisengold anfüllen?

Seine Minister antworten dazu nur:

(14) Das Fuchs-Tal wird nicht von dem Ameisengold angefüllt.

Diese trockene Behandlung des Themas 'Ameisengold' läßt ebenfalls erkennen, daß es sich dabei zwar um etwas außergewöhnlich Seltenes handelt, daß man aber davon

---
[120] Das Tier muß einen beträchtlichen Eindruck hinterlassen haben, denn schließlich konnte der Schah nach der Eroberung Persiens durch die Araber 642 n. Chr. ins Exil nach China gehen.
[121] Immerhin werden Murmeltiere im Himalaja ohne Schwanz gemessen bis zu 60 cm lang.

ausgehen kann, daß es allgemein bekannt war[122] und nicht weiterer Erläuterungen bedurfte, wie dies im Gegensatz dazu in den westlichen antiken Texten der Fall ist.

2.3.6 Das Buch der Ungeheuer

In der zweiten Hälfte des 7. Jahrhunderts oder spätestens in den ersten Jahrzehnten des 8. Jahrhunderts verfaßte ein englischer Schreiber das *Liber monstrorum de diversis generibus* („Das Buch der Ungeheuer der verschiedenen Arten"). Nach Lapidge (1982) war der Autor dieses in fünf lateinischen bzw. altenglischen Handschriften aus dem 9.-10. Jahrhundert überlieferten Werkes ein belesener, hochgebildeter Mann, der Zugang zu einer umfangreichen Bibliothek hatte, Als Quellen benutzte er unter anderem den Isidor sowie den *Fermes-* und den *Brief Alexanders an Aristoteles*.[123]

Es handelt sich bei diesem Werk um eine in die drei Bücher *Ungeheuer, Untiere* und *Schlangen* unterteilte Aufzählung von insgesamt 120 Wunderwesen, wobei die einzelnen Handschriften unterschiedlich 'vollständig' sind. Die Myrmeken finden sich im zweiten Teil des *Codex Pithoeanus* in *Kap. XV* unter der Überschrift *formicae aurum servantes* („goldhütende Ameisen"):

> Unter den Nichtigkeiten, die sie erzählen, sollen auf dieser Insel[124] Ameisen sein, die sechs Beine besitzen sowie von dunkler Farbe und wundersamer Schnelligkeit sind. Mit diesen [Beinen?] graben sie eine unglaubliche Menge Gold aus, so wird geschrieben, welches sie mit dem ihnen eigenen Eifer hüten.

James (1929) stellt dies Werk wie den *Fermes-Brief* in den Rahmen der *Wunder des Ostens*. Zwar ist bei dieser Textstelle eine Beziehung zum *Fermes-Brief* nicht eindeutig — es fehlt die Geschichte mit den Kamelstuten — aber in der Gegenüberstellung des gesamten Textes bei James wird der Zusammenhang deutlich. Auch die Anzahl der Ameisenbeine und ihre Schnelligkeit deuten einen solchen Zusammenhang an.

Als Autor des *Liber monstrorum* wird verschiedentlich der englische Bischof Aldhelmus oder Adelinus genannt (Faral 1953). So heißt es im *Liber de natura rerum* („Buch über die Natur der Dinge") des Thomas von Cantimpré aus dem frühen 13. Jahrhundert (Kap. 2.4.8), daß auch „Adelinus über die Myrmeken geschrieben hat". Bei diesem Adelinus dürfte es sich um den Heiligen Adelinus (ca. 640-709 n. Chr.), genannt auch Adelmus oder Aldhelmus,[125] handeln, den Bruder des Königs Inas der Westsachsen und ersten Bischof des mittelenglischen Sherburn.

---

[122] Hier ergibt sich eine Parallele zu der indischen Überlieferung im *Mahabharata*, wo Ameisengold ebenfalls als Faktum dargestellt wird.

[123] Außerdem dürften ihm byzantinische Handschriften vorgelegen haben, denn er erwähnt im *Codex Pithoeanus (MS 906)* der Pierpont-Morgan Bibliothek/New York nach Berger de Xivrey (1836) den byzantinischen Kaiser Anastasius (491-518 n. Chr.).

[124] Bei der hier erstmals erwähnten Insel könnte es sich um Taprobane oder Ceylon handeln, das in der Folgezeit verschiedentlich als Heimat der Myrmeken genannt wird.

[125] Dieser frühe Missionsheilige, einer der wenigen englischen Heiligen überhaupt, gilt als der erste Engländer, der lateinisch schrieb.

Lapidge (1982) nimmt aufgrund der von Adelinus und dem unbekannten Autor des *Liber monstrorum* verwendeten bzw. zitierten Quellen nur an, daß die beiden zumindest Zugang zu derselben Bibliothek hatten. Nach dem Hinweis bei Thomas von Cantimpré muß jedoch im 13. Jahrhundert in Nordfrankreich eine Handschrift des *Liber monstrorum* sowie der *Enigmata* (Rätsel) des Adelinus im Umlauf gewesen sein, in der letzterer als Autor der beiden Werke bezeichnet wurde. Thomas zitiert nach Knock (1979) insgesamt an dreißig Stellen den Adelinus, allerdings sind davon nur vierzehn eindeutig seinen *Enigmata* zuzuordnen. Die anderen sechzehn Stellen entstammen dem *Liber monstrorum*, als dessen Autor damals offensichtlich Adelinus galt.

Die Myrmeken treten in der von Berger de Xivrey (1836) veröffentlichten Handschrift noch an einer weiteren Stelle auf. Es heißt in *Kap. XXXVIII* unter der Überschrift *mures vulpium statura* („fuchsgroße Mäuse"):

> Der Makedone Alexander schrieb an Aristoteles über indische Mäuse von fuchsähnlicher Art, die mit mörderischen Bissen Menschen und Zugtiere zerfleischten.

Diese wohl durch eine Fehlübersetzung aus den Myrmeken hervorgegangenen Mäuse wurden schon im *Alexander-Brief* erwähnt (Kap. 2.1.7), wo sie allerdings für Menschen noch nicht todbringend waren.

2.3.7 Die karolingische Ära

Die Myrmeken finden sich auch in einem rätselhaften Werk, der vulgärlateinisch geschriebenen *Cosmographia* des Aethicus Ister,[126] die zwischen 768–821 n. Chr. verfaßt worden sein dürfte, da sie bereits im entsprechenden Katalog des Klosters Reichenau am Bodensee aufgeführt wird. Es handelt sich dabei um ein literaturgeschichtlich hochinteressantes Werk, von dem der unbekannte Verfasser, um ihm größeres Ansehen zu verschaffen, behauptet, es sei eine von dem Kirchenvater Hieronymus aus dem Griechischen in das Lateinische übersetzte Schrift des berühmten Philosophen Aethicus Ister. Er habe angeblich die gesamte damals bekannte Welt als Forscher in der Art des Apollonius von Tyana (Kap. 2.1.6) bereist. Ein Aethicus ist allerdings aus keiner einzigen spätantiken Quelle bekannt.

Löwe (1951) vermutet eine Herkunft des Werkes aus der sogenannten Freisinger Schreibschule und kommt nach kriminalistisch anmutender Textinterpretation zu der Ansicht, daß es sich bei dieser *Cosmographia* um die Arbeit des irischen Abtes Virgil handelt, der vom fränkischen König Pippin (714–768 n. Chr.) aus dem irischen Kloster Aghaboe 743 n. Chr. an seine Hofmeierei berufen und 745 n. Chr. nach Bayern geschickt wurde, wo er im Jahre 767 n. Chr. in Salzburg die Bischofswürde annahm. In diese Zeit fällt seine Auseinandersetzung mit seinem Landsmann Bonifa-

---

[126] Sein Beiname 'Ister' wird meist als Hinweis auf eine Herkunft des Autors aus der Gegend des alten Istriens interpretiert, der südlich an das heutige Triest angrenzenden Halbinsel gleichen Namens. Löwe (1951) bezieht den Beinamen des Autors nicht auf die Landschaft Istrien, sondern auf 'Histria', worunter damals das Gebiet entlang der als 'Hister' bezeichneten Donau verstanden wurde.

tius, dem 'Apostel der Deutschen' (672–754 v.Chr.), der sehr traditionalistisch und auf Rom ausgerichtet war und heftig gegen die Gefahren des weltlichen, d.h. nicht unbedingt mit der Heiligen Schrift in Einklang stehenden Wissens und die Beschäftigung mit der antiken Literatur polemisierte. Virgil hatte dagegen eine mehr naturwissenschaftlich fundierte Einstellung, die zusammen mit seiner angeblich nicht unbedingt mit Rom im Einklang stehenden 'irischen Amtsführung' mit den Ansichten des Bonifatius kollidieren mußte — wobei dieser aber schließlich Sieger blieb.

In dieser Situation sieht Löwe (1951: 943) den

> psychologischen Ansatzpunkt für die Abfassung der Kosmographie unter dem Pseudonym des Aethicus und seines Bearbeiters, des hl. Hieronymus. Unter Berufung auf die überkommene Lehrmeinung, auf die ‚auctoritas patrum', hatte zweifellos Bonifatius den Virgil angegriffen; lag es da nicht nahe, unter dem Deckmantel einer unbestreitbaren Autorität wie der des heiligen Hieronymus der Welt ein Werk vorzusetzen, das voll der größten Absurditäten und Phantasien war und das sie dann doch für ernst nehmen würde? Virgil hat diese Absicht voll erreicht.

Nach neueren textkritischen Untersuchungen (Prinz 1993: 51), die insbesondere auf historische Anspielungen Bezug nehmen, soll es sich um das Werk eines Autors aus dem Umfeld der frühkarolingischen Hofgeschichtsschreibung des 8. Jahrhunderts handeln:

> Der Autor war offensichtlich darauf bedacht, mit seinem Werk Aufsehen zu erregen, was ihm mit großem Geschick gelungen ist. Schon daß er Hieronymus als Übersetzer und Gutachter vorschob, gab der Kosmographie Ansehen und Glaubwürdigkeit. Bei dem großen Umfang und der weiten Verbreitung der literarischen Hinterlassenschaft des Kirchenvaters konnte ihm später leicht eine Fälschung untergeschoben werden. Zur Beliebtheit des Werkes hat sicherlich beigetragen, daß der geographische Teil als Erlebnisbericht eines Philosophen Aethicus dargestellt ist, der als außergewöhnliche Person geschildert wird, nämlich nicht nur als kühner Seefahrer und wagemutiger Forscher, der alle Meere bereist und bis zum Acheron vordringt, sondern auch als größter Gelehrter seiner Zeit. Selbst als Schiffs- und Brückenbauer soll er tätig gewesen sein. Alles in allem eine übersteigerte Häufung von Eigenschaften, wie man sie bei einem Romanhelden zu finden pflegt. So wird die Kosmographie den Reise- und Abenteuerromanen zuzurechnen sein, einem Literaturbereich, der im 8. Jahrhundert kaum vertreten war, so daß das Werk ein hohes Maß an Originalität für sich in Anspruch nehmen kann. Anregungen können am ehesten von der Alexanderlegende ausgegangen sein.

Es liegen hier also zwei verschiedene Interpretationen der Herkunft des Werkes vor. Allerdings beantwortet Prinz nicht die Frage, warum sich jemand zu einer Zeit, als das Schreiben keine weitverbreitete Fähigkeit war, die Mühe machen sollte, ein solch umfangreiches Werk anonym zu verfassen. Hier erhebt sich somit die kriminalistische Frage 'Cui bono?' oder 'Wem nutzt's?' Und dann paßt die Ansicht von Löwe eher, denn Virgil hatte ja noch mit dem Bonifatius einen Strauß auszufechten und auf diese Art wäre es ihm gelungen, letzterem ein Phantasieprodukt voll antiker Überlieferungen 'unterzujubeln', das durch die angebliche Übersetzung durch den Kirchenvater Hieronymus höhere Weihen der Glaubwürdigkeit empfangen hatte.

2.3 Zwischen Ost und West

Nun aber zum Text, in dem die Myrmeken an zwei Stellen erwähnt werden. Im *3. Buch* mit der Überschrift *Vieles schreibt er über die Menschen, die das Alte Testament nicht haben* heißt es *Kap. 38* von den mythischen Inseln Bizas und Crisolida im fernen nördlichen Ozean:

> [...] die Mauern der robitarischen Städte sind zerstört; die Eidechse, die Heuschrecke, [...] und die Raupe, die arabische Ameise,[127] mit schrecklichen Krallen, in sinnloser Tollwut verdreht, stürzen unbezwingbare Steine und lassen das goldene Kalb im Hause brüllen.

Im *6. Buch* mit der Überschrift *Über Inseln mit Völkern und gar vielen Künsten*, heißt es dann *Kap. 105* nach der Erwähnung des armenischen Kaukasus weiter:

> Fern von diesen gewaltigen Bergen besuchte ich goldene Hügel zur Nacht mit Fakkeln, aus Angst vor den dort wachenden Drachen, Straussen, Greifen und Schlangen, die dort gemeinsam wachen; und hundeartige Ameisen, wildeste Zentauren und giftige Echsen ließ ich mit meinen Gefährten, hochgelehrten Männern, schnell hinter mir und berichtete davon mit den Worten: Oh unzugängliche, unermeßliche Schätze, welch gierige und grausame Wächter habt ihr doch.

Hier ließ sich Aethicus offensichtlich von der Stelle im *Rusticus-Brief* des Hieronymus inspirieren, in der von den goldenen Bergen berichtet wird und die den Klageruf über die schrecklichen Wächter enthält (Kap. 2.3.1). Die Erwähnung der Myrmeken in diesem Zusammenhang hingegen dürfte auf Isidor *etym. 14,2,7* zurückgehen, sie werden von Aethicus allerdings wohl nur erwähnt, um die Zahl der schrecklichen Ungeheuer zu vergrößern.

Die Myrmeken finden sich auch bei Hrabanus Maurus (780–856), genannt 'praeceptor Germaniae' (Lehrer Germaniens), einem Vertreter der so genannten 'karolingischen Renaissance', in der eine Rückbesinnung auf antike und frühchristliche Formen- und Stofftraditionen stattfand. Er wurde in Mainz geboren, erhielt seine Ausbildung in der Klosterschule Fulda und bei dem am karolingischen Hof wirkenden angelsächsischen Historiker und Theologen Alkuin (730–804), von dem er wohl insbesondere seine naturwissenschaftliche Bildung empfing. Von 803–842 lehrte er in Fulda, wo er später auch Abt wurde. Wegen politischer Betätigungen mußte er sich zunächst allerdings zurückziehen, wurde aber 847 Bischof in seiner Vaterstadt, wo er schließlich starb. Neben seinen zahlreichen theologischen Schriften verfaßte er auch das umfangreiche naturwissenschaftliche Kompendium *De universo libri XXII* („Die 22 Bücher über das Universum"), das über weite Strecken den Isidor wörtlich kopiert.[128]

In *Buch VIII, Kapitel II* unter den *minuta animantia*, den „kleinen Wesen", findet sich folgende Beschreibung der Myrmeken:

---

127) Die Ameise ist hier nur noch eines der schrecklichen Ungeheuer, an „denen nichts gutes oder schönes ist" und die auch „blutiges Fleisch verschlingen". Sie wird allerdings nach Arabien versetzt, obwohl die genannten Inseln im Nordmeer liegen sollen.

128) Der gelehrte William von Malmesbury (1090–1143) erkannte als erster dieses Abschreiben ohne Nennung der Quelle und bemerkt nach Borst (1994): „Hrabanus hat wohl seinen Lesern nicht genügend Gedächtnis zugetraut, daß sie ihn bei seinen Diebereien ertappen könnten."

> In Äthiopien soll es Ameisen von Hundegestalt geben, welche mit ihren Füßen Goldstaub ausscharren, den sie aber bewachen, damit ihn niemand fortnehme. Solche aber, die davon nehmen, verfolgen sie zu Tode.

Auch bei dieser Beschreibung sind die *Etymologiae* des Isidor deutlich zu erkennen.

2.3.8 In den fernen Westen

Die Reise geht nun mit einem großen Sprung nach Irland an das westlichste Ende Europas. In der frühen gälischen Literatur bilden die so genannten *Immrama* oder *Reisen* eine der einfallsreichsten Gruppe von Geschichten, meist auf heidnische Wurzeln zurückgehenden Erzählungen, deren Hauptmotiv die Suche nach der anderen Welt, d.h. dem Land der Verheißung oder der Ebene des Honigs ist. Für die Myrmeken-Geschichte ist aus dieser Literaturgattung die *Immrama Maíle Dúin* („Die Reise des Maíl Dúin") von Bedeutung.

Nach der englischen Übersetzung des Urmanuskriptes bei Oskamp (1975) stellt sich die Geschichte wie folgt dar: Maíl Dúin ist Sohn des Aillil, eines Gefolgsmannes des Königs der westirischen Aran Inseln aus dem Clan der Owens. Bei einem Raubzug nach Irland hatte dieser König auch ein Kloster überfallen und Aillil hatte dabei eine Nonne vergewaltigt, eine Untat, der Maíl Duin entsprang. Seine Mutter gibt ihn aus verständlichen Gründen an ihre Schwester, die Ehefrau eines lokalen Stammeskönigs, die ihn zusammen mit ihren drei leiblichen Söhnen aufzieht. Er wird von diesen wegen seiner unklaren Herkunft gehänselt und erfährt schließlich von seiner Pflegemutter, wer sein wirklicher Vater war. Bei weiteren Nachforschungen hört er dann, daß dieser vom Klan der Laíghis ermordet worden sei. Er zieht mit siebzehn Gefährten und seinen drei königlichen Stiefbrüdern mit einem Schiff zu einem Rachezug aus. Bevor sie die Laíghis auf ihrer Insel allerdings überfallen können, werden sie von einem Sturm überrascht und auf das Meer hinaus getrieben. Es heißt dann 2,24 weiter:

> Drei Tage und Nächte waren sie unterwegs und fanden kein Land und festen Boden. Am Morgen des dritten Tages hörten sie aus Nordwesten ein Geräusch. Dies ist der Klang von Wellen am Strand, sagte Gherman. Als sich das helle Tageslicht einstellte, steuerten sie auf das Land zu. Als sie gerade Lose zogen, wer an Land gehen sollte, kam ein großer Schwarm Ameisen — eine jede von ihnen so groß wie ein Fohlen — vom Strand auf sie zu ins Meer. Die wollten sie und ihr Boot verschlingen. Und sie flohen vor ihnen drei Tage und drei Nächte und fanden nicht Land noch festen Boden.[129]

Später treffen die Helden auf ihrer Fahrt entlang verschiedener Inseln unter anderem noch auf eine riesige Katze, die einen Schatz bewacht und auf eine Insel mit riesigen Pferden. Maíl Dúin findet schließlich den Mörder seines Vaters, aber als dieser um

---

[129] In der aus der Zeit um 1100 stammenden Handschrift wird nach jedem Kapitel das beschriebene Geschehen noch einmal kurz zusammengefaßt und so heißt es weiter: „Und nach einer Weile kam ein Schwarm Ameisen von der einen Landseite; sie waren von erstaunlicher Größe wie Fohlen. Es war eine grausige Strecke."

Gnade bittet, verschont er ihn, und so endet diese Legende mit einem versöhnlichen, sicherlich christlich eingefärbten Tenor.[130]

Die wohl im 9. Jahrhundert entstandene Geschichte ist heidnisch in der Anlage und enthält außerdem eine Vielzahl von Bezügen zur orientalischen und antiken Mythologie. Auf Parallelen zwischen diesen irischen Reisegeschichten und der *Cosmographia* des Aethicus hatte schon Löwe (1951) hingewiesen.

Hier erscheinen also offensichtlich wieder die Myrmeken, allerdings ohne das Gold und in dieser vom westlichsten Rand ihres 'Verbreitungsgebietes' stammenden Quelle erhalten sie eine neue Größenordnung, nämlich die von Fohlen. Dieser ungewöhnliche Vergleich legt den Schluß nahe, daß der offensichtlich in spätantiken Texten bewanderte Autor der Geschichte, vermutlich ein belesener Mönch, sich dazu von den 'Pferdeameisen' (ἱπποιμύρμηκες) des Lukianos hat inspirieren lassen (Kap. 2.2.4).[131]

2.3.9 Andere Quellen des 9. Jahrhunderts

Während der Regierungszeit des byzantinischen Kaisers Michael III (842–867) verfaßte Georgios Hamartolos ('der Sünder') eine aus vier Büchern bestehende Geschichtschronik von Adam, dem Anbeginn der Zeit, bis zum Jahre 842.[132] Im ersten Buch nimmt der Zug Alexanders nach Indien breiten Raum ein und hier erscheinen bei der Beschreibung der Gefahren der indischen Wüsten auch die Myrmeken, allerdings ohne Gold. Es heißt *I 19*:

> Dort gibt es auch ellenlange Skorpione und handspannengroße Ameisen. Daher sind diese Wüsten schwierig zu durchqueren und wegen der schrecklichen giftigen Ungeheuer unbewohnt.

Georgios zitiert hier also die entsprechende Stelle (*III 10*) aus dem Aristoteles-Brief des *Pseudo-Kallisthenes* (Kap. 2.2.7).

An dieser Stelle ist aus chronologischen Gründen eine Handschrift eines Werkes des römischen Epikers Marcus Annaeus Lucanus[133] zu erwähnen, der 39 n. Chr. im

---

130) Sie dürfte in Teilen auf die ältere, vorchristliche Legende des Bran mac Feabhail zurückgehen und könnte in ihrer Urform ihrerseits als Modell für die Seefahrerlegende des Heiligen Brendan (484–578 n. Chr.) gedient haben.

131) Von der Reise des Mael Duin gibt es eine große Zahl jüngerer, teilweise sehr freier Bearbeitungen, in denen auch die Myrmeken stark modifiziert werden. In einer Nacherzählung werden sie nur noch als „riesig, mit faustgroßen Augen" beschrieben (McDowell 1991), und in einer Bearbeitung für Kinder schrumpfen sie dann schließlich auf die Größe von Hühnern. Der Bearbeiter des Kinderbuches hat hier das englische Wort 'foals' für Fohlen mit 'fowls' für Hühner verwechselt

132) Das erste Buch behandelt die Zeit von Adam bis zu Alexander dem Großen umfaßt, das zweite die Geschichte des Alten Testaments, das dritte die Zeit von Julius Caesar bis zu Konstantin dem Großen und das letzte den restlichen Zeitraum bis zum Jahre 842.

133) Lucanus wurde als Neffe des Seneca (um Chr. Geburt–65 n. Chr.) zunächst in den Kreis der Günstlinge um Kaiser Nero aufgenommen, fiel dann aber in Ungnade, wohl auch als Folge des

spanischen Corduba geboren wurde. Obwohl er selbst die Myrmeken nicht erwähnt, wird er der Einfachheit halber an dieser Stelle aufgeführt. Wichtigster Teil seines umfassenden dichterischen Werkes ist das *Bellum Civile,* eine epische Fassung des Bürgerkrieges zwischen Cäsar und seinen Gegnern, die fälschlicherweise häufig als *Pharsalia* zitiert wird. Hier erwähnt Lucanus *VII 756* bei der Beschreibung der Plünderung des Lagers des Pompeius durch die Soldaten Caesars nach der Entscheidungsschlacht bei Pharsalus (48 v. Chr.) die Arimaspen, die das Gold der Greifen stehlen. In den Randbemerkungen zu dem vom Ende des neunten Jahrhundert, vermutlich aus Reims, stammenden Berner Codex 370 (*comm. Bern. ad Luc.*) heißt es *fol. 98 r*:

> Die Arimaspen sind ein skythisches Volk, bei denen die Ameisen[134] leben, hundeähnliche Tiere, die die Erde aufgraben und das gefundene Gold heraufbringen.

Auch im Frankenreich des ausgehenden neunten Jahrhunderts waren die Myrmeken also durchaus noch bekannt.

2.4 Das Hochmittelalter

2.4.1 Arabische Quellen

In den 20er Jahren des 10. Jahrhunderts geschah im Morgenland etwas Aufsehenerregendes: Eine 'katzengroße Ameise' wurde nach Bagdad gebracht. Im *Adja'ib Al-Hind* („Buch über die Wunder Indiens"), das der Kapitän Bozorg Ibn Shahryar aus dem westpersischen Ramhormuz um das Jahr 340 der Hedschra (etwa 950 n. Chr.) nach eigenen Beobachtungen und Berichten namentlich benannter Gewährsleute zusammenstellte, findet sich in der Übersetzung von Devic (1883: 65) im *Kap. XXXVII* neben anderen Informationen zu den Myrmeken, die weiter unten in diesem Kapitel noch erwähnt werden sollen, folgender Bericht:

> Im Jahr 306 [= 919 n. Chr.][135] hatte der Emir von Oman, Ahmed Ibn Helal unter den Dingen, die er als Geschenk zum Kalifen Moqtadir [908-932 n. Chr.] schickte, auch eine schwarze Ameise, so groß wie eine Katze, die in einem Eisenkäfig mit einer Kette angebunden war. Diese starb aber auf der Reise im Gebiet von Dhou-Djabala. Man balsamierte sie ein und brachte sie in gutem Zustand nach Bagdad, wo der Kalif und die Einwohner sie anschauen konnten. Diejenigen, die sie transportiert hatten, sagten, daß sie sie zweimal täglich, vormittags und abends, mit zwei Pfund in Stücken geschnittenen Fleisches gefüttert hätten.

Das Ereignis wird auch von einem der berühmtesten arabischen Ärzte, Philosophen und Alchimisten, dem in der Stadt Raj in der nordostpersischen Provinz Khorasan geborenen Abu Bakr Muhammad ben Zacharijia El-Rasis (864–930 n. Chr.) berich-

---

sinkenden Einflusses des Seneca. Er schloß sich der erfolglosen pisonischen Verschwörung an und wurde, wie sein Onkel Seneca, im Jahre 65 n. Chr. von Nero zum Selbstmord gezwungen.
[134] Im lateinischen Text griechisch μύρμηκες geschrieben.
[135] In einer zweiten Handschrift des Werk, ohne Autorenangabe, heißt es, daß die Ameise nicht im Jahr 306, sondern 307 der Hedschra nach Bagdad gebracht worden sei (Devic 1878a).

2.4 Das Hochmittelalter

tet. Gefunden wurde die entsprechende Textstelle zunächst bei dem italienischen Insektenforscher Ulisse Aldrovando aus dem 17. Jahrhundert (Kap. 2.7.1), der seinerseits auf Hieronimus Cardanus (1501-1575) verwies, einen Universalgelehrten, der 1543-1570 als Professor der Medizin in Padua und Bologna lehrte.[136] In seinem 1554 erschienenen Werk *De subtilitate libri XXI* („Die 21 Bücher über die Einfachheit") schreibt dieser über die Ameisen unter anderem:

> Sie werden in warmen Gegenden sehr groß, wie Rasis berichtet, wonach in der berühmten Stadt Susa[137] in persischen Landen eine Ameise öffentlich gefüttert worden sei, auf dem Avianus-Platz, die an einzelnen Tagen ein Pfund Fleisch verschlungen habe.

Hier erscheint also wieder ein reales fleischfressendes und 'Ameise' genanntes Tier.

Nach umfangreichen Recherchen zu den lateinischen Übersetzungen der Schriften des Rasis konnte die entsprechende Textstelle schließlich in einem 1508 in Venedig erschienenen Sammelband seiner Werke in einer kleinen Schrift mit dem Titel *Über die nützlichen und schädlichen Eigenschaften von 60 Tieren* gefunden werden, einem dem *Physiologus,* dem Hauptwerk der christlichen Tiersymbolik (Kap. 2.4.5), ähnlichen Traktat. Im *Kapitel XXXIIII* erwähnt Rasis zunächst die Myrmeken-Geschichte, worauf nachstehend zurückzukommen sein wird, und anschließend heißt es:

> Und einer hat mir erzählt, er habe in Bagdad eine Ameise auf dem Avianus gesehen, die jeden Tag ein Pfund Bagdader Fleisch gefressen habe, zur Zeit als Almuzadir [=Moqtadir] König war.

Rasis bezieht sich, wie der Verweis auf die Menge Fleisch zeigt, offensichtlich auf dieselbe Quelle wie Kapitän Bozorg in seinem Buch über die *Wunder Indiens.* Es hat also noch zu Rasis' Zeit eine persisch-arabische Myrmeken-Tradition bestanden, nach der ein Kleinraubtier unbekannter Art als 'indische Ameise' bezeichnet wurde.[138] Ein ähnliches Tier war bereits als Geschenk des letzten persischen Schahs an den chinesischen Kaiser Jahr 638 n. Chr. erwähnt worden (Kap. 2.3.5). Und es sei schon hier gesagt, daß es im Jahre 1559 nochmals auftauchen wird (Kap. 2.6.4).

Kapitän Bozorg liefert vor dem erwähnten Bericht über die katzengroße Ameise in *Kap. XXXVII* folgende Version des Goldraubes:

> In den bergigen Regionen der Zindj[139] finden sich Goldgruben. Es sind dies sandige Gebiete wie die meisten dieser Lagerstätten. Die Leute, so erzählt mir Kapitän

---

136) Von Hause aus Mediziner, beschäftigte er sich allerdings auch mit Astronomie, Astrologie, Theologie, Traumdeutung und Schach, sowie als Mathematiker mit Verschlüsselungstechniken. Er entwickelte die nach ihm benannte Lochscheibe zur einfachen und schnellen Verschlüsselung von Nachrichten und eine Vorform der heute gebräuchlichern Blindenschrift nach Braille. Er war übrigens der Ansicht, daß es zwar dem Wissenschaftler erlaubt sein müsse, frei zu forschen, daß aber dem gemeinen Volk die Wissenschaft vorzuenthalten sei.
137) Cardanus versetzte das Ereignis nach Susa, was aber aus der nachfolgenden Übersetzung nicht abzuleiten ist.
138) Was immer dieses Tier war, es kann nicht sehr groß gewesen sein, wenn die Tatsache, daß es an einem Tag ein ganzes Pfund Fleisch verzehrt, als erwähnenswert betrachtet wird.
139) Umfaßte etwa das südliche Somalia und die Küste Kenias und Tanzanias.

2. Ad fontes — Zu den Quellen

Ismailawéih, graben dort auf der Suche nach Gold um. Und manchmal führen ihre Arbeiten sie in ein umgegrabenes, wie mit Ameisenhaufen bedecktes Gebiet. Dort kommen Schwärme von Ameisen heraus, die so groß wie Katzen sind und diese [die Leute] verschlingen und zerreißen.

Der Autor erwähnt hier also zunächst die Lagerstätten, die wie mit Ameisenhaufen bedeckt aussahen, dazu aber auch die Myrmeken, die entsprechenden antiken Überlieferungen entstammen. Der Größenvergleich mit Katzen verweist auf den *Brief des Fermes* (Kap. 2.3.3), in dem dieses Tier erstmals in der abendländischen Literatur im Zusammenhang mit den Myrmeken erwähnt wird.

Die Geschichte wird auch von Rasis erzählt (s. Textanhang Nr. 4), wobei aus seinem Bericht eindeutig abgeleitet werden kann, daß ihm eine möglicherweise zusammenfassende Übersetzung der *Historien* des Herodot vorgelegen haben muß. Denn nur bei diesem Autor findet sich der Bericht, daß die Inder drei Pferde nehmen, eine Stute in der Mitte und je ein Hengst auf der Seite. Auch die Beschreibung des Temperaturverlaufs am Vormittag, allerdings am Äquator und nicht mehr in den Bergen Nord-Indiens, spricht für diese Interpretation.

In der erwähnten zweiten Handschrift der *Wunder Indiens* (Devic 1878a) heißt es über die Goldlagerstätten, daß sie außergewöhnlich reich seien. Es gibt aber anscheinend noch eine dritte Handschrift der *Wunder Indiens*, denn Devic (1878b) zitiert daraus:

> Im Land der Neger gibt es weit entfernt von der Küste sehr reiche Goldgruben,[140] aus denen das reinste Gold der Welt kommt. Aber man kann sich nicht ohne Schwierigkeiten und Gefahren in den Besitz dieses Goldes versetzen.

Anschließend folgt der Bericht über die Schwärme von Ameisen. Am Ende des ersten Teils seines Buches erwähnt Kapitän Bozorg außerdem den Bericht eines Gewährsmannes über Inseln im Osten des Indischen Ozeans mit den Worten:

> auf diesen Inseln gibt es eine Unzahl entsetzlicher Ameisen, insbesondere auf der Insel Lameri, wo sie außergewöhnlich groß sind.

Es handelt sich hier vermutlich um Inseln vor der Nordküste Sumatras. Somit waren also die Myrmeken auch in Sumatra bekannt, wo sich diese Tradition noch länger gehalten haben muß, denn in den *Sedjaret Malayou*, den malaiischen Chroniken, die zum Teil auf Überlieferungen aus der Zeit vor der Islamisierung Südostasiens ab der Mitte des 13. Jahrhunderts zurückgehen, erscheinen die Untiere ebenfalls (Kap. 2.4.9).

Die Myrmeken müssen im arabischen Kulturkreis des 10. Jahrhunderts weit bekannt gewesen sein. Der arabische Geograph Masoudi (893-956) verfaßte im Jahr 943 nach weiten Reisen durch Persien, Indien und die arabische Welt sein *Buch über die goldenen Wiesen und die Edelsteingruben*, in dem er sich auch antiker Quellen wie Aristoteles, Platon und Ptolemaios bedient (Barbier de Meynard 1865). In *Kap.*

---

[140] Der Hinweis auf die große Entfernung der Gruben von der Küste könnte sowohl auf die Goldlagerstätten in Tansania als auch auf die in Simbabwe zutreffen.

68 des ersten Teils des Buches erwähnt er in einem längeren Absatz all die Dinge, über die er nichts sagen wolle, so zum Beispiel „die Pyramiden Ägyptens und die Inschriften, die dort eingemeißelt sind". Und er wolle auch nichts sagen „über die Ameisen, die so groß wie Wölfe oder Hunde sind."

Noch im Jahr 966 n. Chr. schrieb der aus Jerusalem stammende Mutakhar bin Tahir al-Maksidi auf Befehl des Herrschers von Bast in der südostpersischen Provinz Sijistan das *Kitab al-bed wet-tarikh* („Das Buch der Schöpfung und der Geschichte"), in dem er das Wissen seiner Zeit zusammenfaßte. Bei der Beschreibung Indiens heißt es *P.88* nach der französischen Übersetzung bei Ferrand (1913: 476)

> In jenem Land gibt es eine Bestie in der Form von Ameisen, die Menschen frißt.

Die Myrmeken waren also im arabisch-persischen Raum im 10. Jahrhundert immer noch weithin bekannt, so daß kein Autor, der etwas auf sich hielt, sie übergehen konnte, selbst wenn er ihre Existenz auch bezweifelte.

2.4.2 Die *Historia in praeliis*

In der Mitte des 10. Jahrhunderts leitete der neapolitanische Archipresbyter Leo im Auftrag des kampanischen Herzoges Johann III und seines Sohnes Marinus eine Gesandtschaft nach Konstantinopel zu den Kaisern Konstantinus VII (913-959 n. Chr.) und Romanus I (919-944 n. Chr.). Er brachte von dort neben vielen Handschriften eine von ihm selbst verfertigte Abschrift eines griechisch geschriebenen *Alexander-Romans* mit, den er zwischen 951-959 n. Chr. auf Wunsch von Herzog Johann ins Lateinische übersetzte. Die daraus entstandene, später erweiterte und mehrfach überarbeitete *Nativitas et victoriae Alexandri Magni regis* („Geburt und Siege Alexanders des Großen") ist aber anscheinend eher eine freie lateinische Version, von der mindestens 89 Handschriften erhalten sind[141] (Hilka & Mangoun 1934). In späterer Zeit erhielt dies Werk noch verschiedene andere Titel, in der philologischen Literatur spricht man allerdings meist nur von der *Historia in praeliis* oder kurz der *Historia*. Pfister (1946) nennt die *Historia* ein hölzernes dürftiges Werk, das aber, wie so viele minderwertige Produkte, von allergrößter Bedeutung für die abendländische Literatur des Mittelalters wurde, gilt sie doch als Ursprung der meisten europäischen Alexander-Geschichten.

In einer von Berger de Xivrey (1836: 266) erwähnten, nicht näher beschriebenen und datierten Handschrift aus der damaligen königlichen Bibliothek in Paris, heißt es *Kap. 98*:

> Aus anderer Richtung kamen plötzlich von draußen katzengroße Ameisen, mit sieben Füßen und einem Kamm wie große Heuschrecken,[142] mit Zähnen größer als die von Hunden und von schwarzer Farbe.

---

141) Das älteste, kurz nach dem Jahre 1000 geschriebene Exemplar soll Kaiser Heinrich II (973-1024) aus Italien nach Bamberg gebracht haben (Ausfeld 1907).

142) Der anscheinend aus dem Binnenland stammende Kopist kannte die Heuschreckenkrebse aus dem *Fermes-Brief* wohl nicht und ersetzte 'marinae' durch 'magnae' und so werden aus den 'Meeresheuschrecken'" nur noch 'große Heuschrecken'.

2. Ad fontes — Zu den Quellen

Mit einer solchen Detailbeschreibung versucht der Autor offensichtlich, seinem Bericht einen höheren Grad von Authentizität zu geben. Die Katzengröße und die Erwähnung der Heuschrecken zeigen eine Verwandtschaft mit dem *Fermes-Brief* (Kap. 2.3.3) an, allerdings ist das Myrmeken-Kapitel hier sehr gekürzt. Wie schon in den älteren Versionen des *Alexander-Romanes*, treten die Myrmeken auch hier nur als Ungeheuer auf und das Goldmotiv ist entfallen.

Eine ausführlichere Version der Geschichte findet sich in der so genannten *Orosius-Rezension J²* der *Historia* in der Ausgabe von Hilka (1920). Paulus Orosius, ein christlicher Schriftsteller und Historiker, lebte um 400 n. Chr. und verfaßte vor 417 n. Chr. seine *Historiarum adversos paganos libri VII* („Die sieben Bücher der Geschichte wider die Heiden"). [143] Aus diesem Werk wurden insbesondere die „ameisenfreien" Kapitel *III 16-19* über Alexander den Großen in Rezension J² verarbeitet. Sie ist spätestens im frühen 12. Jahrhundert entstanden und enthält gegenüber den älteren Rezensionen eine Vielzahl von zusätzlichen Interpolationen Hier heißt es *III 119,8*:

> Von dort zog das Heer weiter und kam an einen Fluß, den es überschritt und sein Lager dort aufschlug. Plötzlich kamen aus der Erde katzengroße Ameisen hervor, mit sechs Beinen und Kämmen wie Meeresheuschrecken, und sie hatten Zähne größer als die von Hunden und waren von schwarzer Farbe. Und sie kamen aus der Erde heraus und töteten eine Menge Tiere dieses Heeres. Jene Ameisen graben das Gold unter der Erde und tragen es ans Tageslicht. Wenn sie auf einen Menschen oder ein Tier treffen, so verschlingen sie diese. Sie können nämlich äußerst schnell laufen, daß man meinen könnte, sie fliegen. Und sie sind die ganze Nacht bis zur fünften Stunde des Tages unter der Erde und graben Gold, aber von der fünften Stunde bis zum Sonnenuntergang sind sie auf der Erde.

Hier ist nun eine neue Version der Geschichte, die sich auf zwei verschiedene Quellen gründet, denn einerseits fressen die wie im *Fermes-Brief* katzengroßen Myrmeken Tiere und Menschen aus dem Heer Alexanders, wie auch an anderen Stellen im *Pseudo-Kallisthenes* beschrieben. Aber dann graben sie auch Gold aus, das aber hier von niemand eingesammelt wird. Es handelt sich dabei um einen vagen Nachhall der Myrmeken-Geschichte, denn hier findet sich erstmals im Rahmen der Alexander-Geschichten ein Bezug zum Gold, das diese Ungeheuer ausgraben. Der Kopist hat den Goldaspekt allerdings ohne nähere Kenntnis des Zusammenhangs hier einfach 'angehängt'.[144]

---

[143] Es handelt sich dabei um die erste in sich geschlossene und literarisch hochstehende Weltgeschichte, die übrigens als einziges lateinisches Werk auch in das Arabische übersetzt wurde.

[144] In der zeitlichen Abfolge und der Vollständigkeit halber wäre hier noch das aus der Mitte des 10. Jahrhunderts stammende byzantinische Lexikon, der *Suidas,* anzuführen, in dem allerdings die Myrmeken nicht für erwähnenswert erachtet werden.

2.4.3 Die Wunder des Ostens

In diesen, nach James (1929) mit dem *Fermes-Brief* (Kap. 2.3.6) und dem *Liber monstrorum* (Kap. 2.3.3) beginnende Tradition gehören auch die drei folgenden englischen Handschriften. Das spät-westsächsisch geschriebene Manuskript *MS Cotton Vitellius A XV* der British Library/London stammt aus dem späten 10. Jahrhundert, während das abwechselnd aus lateinischen und spät-westsächsischen Kapiteln aufgebaute *MS Cotton Tiberius B. V* zu Beginn des 11. Jahrhunderts in Cambridge geschrieben wurde. Die westsächsischen Texte der beiden Handschriften sind nahezu identisch und gehen auf dieselbe wohl im 8. Jahrhundert in England entstandene Vorlage zurück (Knappe 1906). Als Quelle benutzen die Handschriften insbesondere beim Myrmeken-Kapitel interessanterweise den *Fermes-Brief* und nicht das damals sehr populäre *Liber monstrorum*. Eine Übersetzung der Version des *MS Tiberius* findet sich in Anhang 5, die des *MS Vitellius* in Anhang 6.[145]

In den drei Texten findet sich am Beginn des Myrmeken-Kapitels jeweils ein Fluß namens 'Capi', während sich der Name 'Gorgoneus'[146] für den im *Fermes-Brief* erwähnten Fluß 'Gargarus' hier auf eine Landschaft bezieht: „Capi [ist] der Fluß in dieser Landschaft, die Gorgoneus heißt." Der Kopist des *MS Bodl. 614* setzt sogar noch hinzu: „Capi vocatur fluvius" (Capi wird der Fluß genannt). Woher kommt aber dieser Fluß? Es handelt sich schlicht um einen Kopierfehler eines Zeilenanfanges, an dem die Abkürzung 'Cap.' oder 'Cap:' für 'Kapitel' gestanden hatte. Der Kopist des *MS Vitellius* hat den Punkt oder Doppelpunkt nach 'Cap' als 'i' gelesen und damit für weitere Kopisten und spätere Übersetzer den Fluß 'Capi' geschaffen.

Das *MS Vitellius*[147] weist große Erhaltungsmängel auf, da es beim Brand der Bibliothek des englischen Bibliophilen Sir Robert Cotton im Jahre 1731 stark beschädigt worden war. Der Band enthält übrigens neben einer altangelsächsischen Übersetzung des Briefes Alexanders an Aristoteles als so genannter 'codex unicus' die einzige bekannte Handschrift der *Beowulf-Sage*. Aufgrund der geringen künstlerischen Qualität der Illustrationen des *MS Vitellius* vermutet Sisam (1953), daß das Werk von einer älteren Vorlage für den 'Hausgebrauch' in einer Klosterbibliothek kopiert worden war.

---

[145] Wortgleich mit dem lateinischen Text des *MS Tiberius*, und wohl aus diesem kopiert, ist der des *MS Bodl. 614* der Bodleian Library (Oxford), das etwa zeitgleich entstanden ist, und in der sich in einem der zwölf zusätzlich angefügten Kapitel *(Kap. 40)* sogar noch die von Greifen und Drachen bewachten goldenen Berge finden, die erstmals Hieronymus in seinem Brief an Rusticus erwähnt hatte. Auch die identischen Abbildungen zeigen, daß dieses Manuskript nach dem *MS Tiberius* kopiert wurde.

[146] Zusätzlich zu 'Gorgoneus' wird der Fluß im *MS Tiberius* auch 'Gargulus' genannt, wohingegen er in den beiden spät-westsächsischen Fassungen erläuternd auch 'Waelcyrging' (Sohn der Walkyre) heißt.

[147] Es handelt sich dabei um eine so genannte Miscellan-Handschrift, bestehend aus Texten unterschiedlicher Herkunft, die nach Sisam (1953) in der zweiten Hälfte des 10. Jahrhunderts zusammengebunden worden waren. Als Ursprungsort wird ein Kloster in London vermutet, das damals zum mittelenglischen Königreich Mercia gehörte.

2. Ad fontes — Zu den Quellen

In diesen drei Handschriften erscheinen nun erstmals bildliche Darstellungen der wundersamen Myrmeken. Im oberen Teil von *MS Vitellius fol. 101 v* (Abb. 8) sind oberhalb des Grenzflusses drei hundeähnliche Myrmeken beim Hervorscharren von Goldkörnern aus einem Erdloch dargestellt, während darunter ein an einem Baum angebundenes Kamel von drei Myrmeken angefallen wird. Auf der anderen Flußseite

Abb. 8: Der Raub des Goldes nach *fol.101 r* des *Codex Cotton Vitellius A XV* der British Library (London), nachgezeichnet nach Druce (1923: 356)

2.4 Das Hochmittelalter

steht ein Goldräuber mit einem Kamel, das einen mit Goldkörnern gefüllten Kasten trägt. Auf der rechten Seite ist das an einer aus einem dreibeinigen Topf herauswachsenden Pflanze angebundene Kamelfohlen zu erkennen.[148]

MS Tiberius, dessen Illustrationen von deutlich höherer Qualität sind, wurde nach Sisam (1953) zunächst auf Lateinisch zusammen mit den Illustrationen konzipiert. Die spät-westsächsischen Übersetzungen der einzelnen Kapitel wurden erst danach eingesetzt. Hier werden in der linken Spalte von *fol. 80 r* (Abb. 9a) zunächst die Myrmeken vorgestellt, allerdings nicht als Ameisen in Hundegröße, sondern direkt als Hunde mit den erwähnten Heuschreckenfüßen.

Man erkennt drei Hunde, die in einer steinigen Umgebung Goldkörner ausgraben, während ein vierter Hund halb in einem Erdloch steckt, um dort nach Gold zu graben. Das zweite Bild (*fol. 80 r* rechte Spalte) zeigt die Fluchtsituation, bei der links in der gelblich gezeichneten Wüste ein männliches Kamel zurückbleibt und von den heuschreckenfüßigen Hunden/ Myrmeken angefallen wird (Abb. 9b). Ein Goldräuber überquert auf der mit den Goldsäcken beladenen Kamelstute den Grenzfluß, an dessen anderem Ufer das zurückgelassenen Kamelfohlen wartet. Der Illustrator hat die Situation bemerkenswert wortgetreu dargestellt.

Abb. 9: *Codex Cotton Tiberius V A* der British Library (London), nach Druce (1923: pl. XXXVIII)
    a)   *fol.80 r* linke Spalte: Die goldgrabenden hundeähnlichen Ameisen
    b)   *fol.80 r* rechte Spalte: Die Goldräuber mit ihren Kamelen

---

148) Auf *fol. 101 r* erscheinen dann zwei recht gut getroffene Kamele, die trotz ihrer Position auf der genannten Seite noch zur Myrmeken-Geschichte gehören.

2.4.4 Orientalische Epen und Märchen

Bevor die hochmittelalterlichen europäischen Überlieferungen zu den Myrmeken vorgestellt werden, gilt es, den Blick entlang der Ameisenstraße nochmals nach Osten, in den arabisch-vorderasiatischen Raum zu richten. Hier ist zunächst das um das Jahr 1000 verfaßte persische Nationalepos, das *Schahname* („Buch der Könige") des persischen Dichters Firdausi 'l Kasim (939–1020) zu erwähnen, in das Alexander der Große[149] als rechtmäßiger Nachfolger der persischen Großkönige aufgenommen wurde. In diesem Buch wird in etwa 60.000 Doppelversen die Geschichte Persiens von den mythischen Anfängen bis zur Eroberung durch die Araber im Jahre 642 n. Chr. besungen. Auf seinem Marsch an das westliche Meer wird Alexanders Heer von Schlangen, feuerfarbenen Skorpionen, Wildschweinen und Löwen angefallen, derer es sich nur dadurch zu erwehren weiß, daß es das umgebende Schilf anzündet. Es handelt sich hier um die Skorpione aus dem *Pseudo-Kallisthenes* und das Feuer, mit dem sich das Heer vor den Myrmeken rettet, letztere erscheinen selbst allerdings nicht.

Im Orient hatten sich im Laufe der Jahrhunderte Volks- und Kunstmärchen als eigene, hoch angesehene Literaturgattung etabliert. Die bekannteste Sammlung solcher Geschichten sind die *Märchen aus 1001 Nacht*, oder auf Arabisch *Alf laila walaila*, wobei die Zahl 1001 nicht wörtlich zu nehmen ist, sondern nur eine sehr große Menge andeuten soll. Die über dreihundert Erzählungen umfassende Sammlung enthält Märchen wie die von Aladin und Hassan von Basra, Ritter-, Seefahrer-, Schelmen- und Liebesgeschichten, Legenden, lehrhafte Geschichten, Humoresken und Anekdoten. Die Rahmenhandlung der Haremsdame Scheherazade, die König Shahryar von Samarkand durch gezielt dosierte Vorträge von Gute-Nacht-Geschichten davon abhalten kann, sie, wie alle ihre Vorgängerinnen, aus Rache für den Betrug seiner Frau mit einem schwarzen Sklaven am nächsten Morgen hinrichten zu lassen, soll hier nicht näher beschrieben werden.[150]

Schon aus dem 8. Jahrhundert ist eine derartige, aus dem Persischen ins Arabische übersetzte Sammlung von Geschichten namens *Hazar afsana* („Tausend Geschichten") bekannt, die durch dieselbe Rahmenhandlung zusammengehalten wird. Man vermutet bei diesem vielschichtigen Werk eine indische Grundlage, darüber eine persische Schicht, dann aus dem 8.–12. Jahrhundert die so genannte Bagdader Schicht, und als letzte eine ägyptische Schicht. Enthalten sind außerdem europäische, jüdische, babylonische, arabisch-islamische und syrische Einflüsse. Das älteste arabische Handschriftenfragment der Geschichten stammt aus dem 9. Jahrhundert, die 'Endredaktion' erfolgte im 13.–14. Jahrhundert.[151] Eine vollständige Sammlung der

---

[149] Alexander erscheint hier unter seinem arabischen Namen Sekandar und wird von einem Weisen namens Arestatalis (= Aristoteles) beraten.
[150] In der Literaturgeschichte kann Scheherazade jedoch als die Erfinderin des Fortsetzungsromans gelten.
[151] Bereits seit dem 14. Jahrhundert wurden durch Seefahrer und Kaufleute Teile der Sammlung in Europa bekannt und beeinflußten schon im 16. Jahrhundert Märchensammlungen in Italien und Frankreich.

2.4 Das Hochmittelalter

Märchen wurde von dem im französischen diplomatischen Dienst reisenden Orientalisten J. A. Galland (1646-1715) nach Europa gebracht und erschien übersetzt und teilweise nachgedichtet erstmals zwischen 1704-1717 in zwölf Bänden.

Zu diesem Märchenkreis gehört auch die Geschichte des Prinzen Dschanschah oder Ganesha, des Sohnes des Königs von Kabil und der Tochter des Königs von Khorasan. Dieser Prinz verfolgt eines Tages auf der Jagd eine Gazelle, die sich seltsamerweise hinaus auf das Meer flüchtet, woraufhin er zur Verfolgung mit sieben Gefährten ein Schiff besteigt. Nachdem er auf einer ersten Insel drei seiner Gefährten durch Menschenfresser verliert, gelangt er zu einer Insel, die König Salomon angeblich früher einmal besucht hatte und die jetzt von einem Affenvolk bewohnt wird. Diese Affen zerstören Dschanschahs Schiff, behandeln aber ihn und seine Gefährten freundlich und machen ihn zu ihrem König. Auf einem Kriegszug gegen die feindlichen Ghouls, böse Grabschänder, die sich von Leichen ernähren, zu dem die Affen mit einer aus pferdegroßen Hunden bestehenden Kavallerie ausziehen, kommen sie zu einem Marmortisch, auf dem Dschanschah eine Botschaft Salomos findet. Danach könne er dieses Land nur über zwei Pässe verlassen, über den östlichen, für den er drei Monate brauche, oder über den westlichen Paß, für den er vier Monate rechnen müsse. Der östliche Paß führe zum Ozean, der die Erde umgibt, und er müsse auf dem Wege wilde Geister und Ungeheuer bekämpfen. Über den westlichen Paß werde er zum Tal der Ameisen[152] kommen, danach einen Feuerberg antreffen und schließlich einen sandigen Fluß, der nur am Sabbat fließt und an dem eine nur von Juden bewohnte Stadt liege.[153]

Nach eineinhalb Jahren macht sich Dschanschah schließlich mit seinen Gefährten in Begleitung der Affen auf den Weg zu dem westlichen Paß, angeblich um zur Jagd zu gehen. Eines Nachts beschließt er dann, zusammen mit seinen Gefährten durch das Tal der Ameisen zu fliehen. Sie werden am nächsten Morgen natürlich von den Affen verfolgt, und in der Übersetzung von Littmann (1953: 18) heißt es weiter:

> Doch es verging nur eine kurze Weile, da fielen die Affen schon über die Flüchtlinge her und wollten sie töten. Plötzlich aber kamen Ameisen aus der Erde hervor, gleich wie ein Heuschreckenschwarm, und eine jede von ihnen war so groß wie ein Hund. Als die Ameisen die Affen sahen, stürzten sie auf sie zu und fraßen eine Menge von ihnen. Zwar wurden auch viele der Ameisen getötet, aber der Sieg blieb ihnen doch. Denn wenn nur eine Ameise auf einen Affen traf, so hieb sie auf ihn ein und zerteilte ihn in zwei Hälften, während zehn Affen eine einzige Ameise angriffen und an ihr herumzerrten und sie in zwei Teile zerrissen. Heftig tobte der Kampf zwischen ihnen bis zum Abend. Doch nachdem es dunkel geworden war, floh Dschanschah mit seinen Gefährten, und sie eilten auf der Sohle des Tales dahin bis zum Morgen. Doch als es hell wurde, waren die Affen schon wie-

---

152) Das Tal der Ameisen ist jedem gläubigen Moslem aus dem Koran bekannt, denn in *Sure 27*, genannt 'die Ameise', zieht Salomo mit seinem Heer durch das Tal der Ameisen, die allerdings von normaler Größe und in keiner Weise gefährlich sind.

153) Ein solcher Fluß findet sich erstmals im *Alexander-Roman II 30*. Nach dem *Buch der Länder* des arabischen Geographen Ibn al-Faqih al-Hamadani aus dem 10. Jahrhundert (Massé 1973) liegt er angeblich westlich von Ägypten und Alexander der Große kam an ihn, nachdem er Ägypten erobert hatte.

2. Ad fontes — Zu den Quellen

der dicht hinter ihnen. Wie Dschanschah sie erblickte, schrie er seinen Leuten zu: „Erschlagt sie mit den Schwertern!" Da zückten jene ihre Schwerter und hieben auf die Affen ein, nach rechts und nach links. Doch mit einem Male stürzte ein Affe wider sie los, der so große Zähne hatte wie ein Elefant, und er sprang auf einen der Mamelucken, traf ihn und zerriß ihn in zwei Teile. Nun drangen die Affen in Scharen auf Dschanschah ein, und er flüchtete bis an das Ende des Tales. Dort sah er einen großen Strom und an dessen Ufer eine gewaltige Ameisenschar. Als die Ameisen den Fliehenden auf sich zukommen sahen, umringten sie ihn; einer der Mamelucken aber hieb mit dem Schwerte auf sie ein und zerschlug sie in Stücke. Wie die Krieger der Ameisen das bemerkten, stürzten sie in großen Haufen wider den Mamelucken und machten ihn nieder. In diesem Augenblick kamen die Affen über den Berg und eilten in Scharen auf Dschanschah zu.

In dem sich anbahnenden Getümmel flieht er schließlich mit dem letzten seiner Begleiter durch den reißenden Fluß, kommt aber nur als einziger am anderen Ufer an.

Unterdessen war zwischen den Affen und den Ameisen ein wilder Kampf entbrannt; doch schließlich kehrten die Affen in ihr Land zurück.

Der Name des Helden, Dschanschah oder auch Ganesha, weist einen Bezug nach Indien zu dem elefantenköpfigen Gott gleichen Namens auf. Es handelt es sich somit um ein ursprünglich aus Indien stammendes Märchen, wofür auch die auf Hunden reitenden Affen sprechen, die der Armee des Affenhelden Hanuman,[154] wie er im *Ramanyana* beschrieben wird, entsprechen. Die Wehrhaftigkeit der Ameisen könnte auf den *Alexander-Roman* zurückgehen, in dem das Heer durch große Ameisen empfindliche Verluste erleidet. Interessant ist hier auch, daß der bereits von Herodot eingeführte Größenvergleich der Ameisen mit Hunden noch gebraucht wird. Er stellt zwar nur einen sehr schwachen Bezug zum Original der Myrmeken-Geschichte dar, scheint jedoch insgesamt das kontinuierlichste Merkmal dieser Tiere zu sein.

In denselben Kulturkreis wie die *Märchen aus 1001 Nacht* gehören, gewissermaßen als Gegenstück, die *Geschichten von 1001 Tag*[155] (persisch *Häzar-jak Rúz*), eine Sammlung von Geschichten in persischer Sprache, die der französische Reisende Pétis de la Croix (1653–1713) im Jahre 1683 zusammen mit einer Vielzahl anderer Handschriften aus Persien nach Europa brachte. Dieser hatte nach eigenen Angaben ein Manuskript dieser Geschichten im Jahre 1675 von „dem Erzähler Mokles", einem befreundeten Derwisch, mit der Erlaubnis geliehen bekommen, es zu kopieren. Es soll sich nach Auskunft seines Gewährsmannes um Bearbeitungen indischer Geschichten gehandelt haben. Nach seiner Rückkehr nach Paris übersetzte er einen Teil dieser Geschichten unter dem Titel *Les mille et un jour* („1001 Tag") und ließ das fertige Werk durch den Schriftsteller A. Le Sage überarbeiten, da er sich wegen seines langen Aufenthaltes in Persien seiner Muttersprache nicht mehr ganz sicher fühl-

---

[154] Der arabische Geograph Idrisi (1100–1165) lokalisiert eine solche Insel mit kriegerischen Affen vor der Küste des Horns von Afrika bei der Insel Sokotra.

[155] Um die Zahl von 1001 zusammen zu bringen, hat es hier, wie auch bei *1001 Nacht*, verschiedene Versuche gegeben, die Geschichten durch teilweise recht willkürliche Unterteilung in eine entsprechende Anzahl von Kapiteln zu gliedern.

2.4 Das Hochmittelalter

te. Die französische Erstausgabe erschien in den Jahren 1710–1712. Durch diese Bearbeitung einer Übersetzung hat das Resultat allerdings verschiedentlich mit dem Originalmanuskript nicht mehr viel gemein.

Die Myrmeken treten in diesen *Geschichten aus 1001 Tag* im Märchen des Prinzen Saif al Muluk auf, des Sohnes des Sultans Asim bin Sufuan, der dem Sultan Badr al Dins von Damaskus seine Leidensgeschichte erzählt: Er habe im Alter von sechzehn Jahren im Schatzhaus seines Vaters in einem Sandelholzkästchen einen wunderschönen Ring und das Bild einer schönen Frau gefunden, in die er sich sofort verliebt habe.[156] Er habe beides, Ring und Bild, an sich genommen und seinem Vertrauten Said davon erzählt, der auf der Rückseite der Schatulle, in der das Bild steckte, eine arabische Inschrift entdeckte, wonach die Schöne Badia al Dschamal, Tochter des Königs Schahbal sei. Der Held machte sich daraufhin sofort zusammen mit Said und einigen Dienern auf die Suche nach dieser Prinzessin. In Basrah erfuhr er von einem alten Mann, daß der König Schabhal auf einer Insel in der Nähe der Insel Serendip[157] lebe.

Saif schiffte sich sofort nach Serendip ein, geriet aber kurz vor Erreichen der Insel in einen gewaltigen Sturm, den er mit seinen Gefährten wie durch ein Wunder überlebte, der ihn jedoch weit vom Kurs abbrachte. Sie warfen dann Anker bei einer Insel nahe den Malediven, wo sie in Gefangenschaft eines Negerstammes kamen, der seine Gefährten nach und nach einer als Götze verehrten Schlange opferte. Nur Saif und Said blieben wegen der amourösen Avancen einer Negerprinzessin und ihrer Zofe zunächst verschont und es gelang ihnen nach einigen weiteren Fährnissen, mit einem kleinen am Strand liegenden Boot über See den beiden mannstollen Damen oder, alternativ, einem drohenden Opfertod zu entkommen. Am nächsten Morgen erreichten sie eine wunderschöne, aber verlassene grüne Insel.

Diese erkundeten sie zunächst und als Saif al Muluk am nächsten Morgen aufwachte, war sein Gefährte Said verschwunden. Er untersuchte die Insel weiter, fand ein schönes Schloß und darin eine schlafende Prinzessin. Zunächst aber suchte er weiter nach Said und in der Übersetzung von Greve (1963:380) heißt es weiter:

> Ich erging mich auf der Insel und ward voll Entsetzen eine große Anzahl wilder Tiere von der Größe der Tiger gewahr, die jedoch gestaltet waren wie Ameisen; ich hätte sie für furchtbare Raubtiere gehalten, wenn sie bei meinem Anblick nicht die Flucht ergriffen hätten.

Er ging zurück in das Schloß und erweckte durch zufälliges Berühren einer Inschrift auf einem Tisch die Schlafende, die ihm berichtete, daß sie die von einem Dschinni, einem bösen Geist, entführte Tochter des Königs von Serendip sei. Dieser Dschinni

---

156) Opernkenner werden hier natürlich sogleich an den Tamino aus der Zauberflöte denken: „Dies Bildnis ist bezaubernd schön!"

157) Der Name Serendip leitet sich aus dem Sanskritwort 'Suvarnadvipa' (Goldinsel) ab. Diese Insel wird von den arabischen Geographen ganz allgemein im Indischen Ozean angesiedelt und kann das heutige Sri Lanka, aber auch Sumatra, Java oder sogar Madagaskar bezeichnen. Der arabische Universalgelehrte al-Beruni (973–1048) schreibt: „Die östlichen Inseln werden von den Hindus Suvarnadip, d.i. Goldinseln, genannt denn dort kann man viel Gold gewinnen, wenn man nur ein wenig Erde dieses Landes danach auswäscht."

2. Ad fontes — Zu den Quellen

erschien dann auch sogleich, konnte aber Saif nichts anhaben, da dieser durch den aus dem Schatzhaus seines Vaters entwendeten Ring geschützt war. Und hier wird es nun für die Myrmeken wieder interessant, denn in der Übersetzung heißt es weiter:

> Kraft dieses Ringes also, sprach ich zu dem Dschinni, habe ich nicht Schiffbruch erlitten? Ja, oh mein Herr, erwiderte er, er hat dich auch vor den Tieren gerettet, die diese Insel bevölkern. Sprach ich: Sage mir, wenn Du es weißt, was aus dem Gefährten geworden ist, der bei mir war, als ich hierher kam. Ich kenne die Gegenwart und die Vergangenheit, entgegnete der Dschinni und ich will Dir sagen, daß Dein Gefährte von den Ameisen gefressen wurde, die ihn nachts an deiner Seite verschlungen haben. Diese Ameisen sind sehr zahlreich und machen diese Insel unbewohnbar. Freilich hindern sie nicht, daß alljährlich die Nachbarvölker und vor allem die Bewohner der Malediven herkommen, um hier Sandelholz zu fällen.
>
> Aber sie bringen es nicht ohne Mühe fort, und dies ist die Art, wie sie dabei verfahren: Sie kommen im Sommer her und bringen auf ihren Schiffen sehr wilde Pferde mit, die sie landen und besteigen; dann reiten sie mit verhängten Zügeln überall hin, wo sie Sandelholz bemerken; sowie sie die Ameisen kommen sehen, werfen sie ihnen große Fleischstücke hin, mit denen sie sich zu diesem Zweck versehen haben. Während dann die Ameisen damit beschäftigt sind, diese Fleischstücke zu verschlingen, bringen die Menschen an den Bäumen, die sie fällen wollen, ein Zeichen an, um dann davonzuziehen. Im Winter kommen sie wieder und fällen die Bäume, ohne die Ameisen zu fürchten, denn während dieser Jahreszeit zeigen sie sich nicht.

Hier ist sie nun also wieder, die Myrmeken-Geschichte, in einer sehr phantasievoll abgewandelten Form, aber dennoch deutlich zu erkennen: Die Ameisen sind für Menschen höchst gefährlich, sie werden durch Fleisch abgelenkt, und im Winter bleiben sie unter der Erde. Man erkennt Elemente aus Megasthenes — das Auslegen von Fleisch — sowie das bei verschiedenen antiken Autoren auftauchende Zeitmotiv, daß die Ameisen im Winter unterirdisch graben und nur im Sommer über der Erde sind. Das Gold der antiken Überlieferungen wird allerdings, passend für märchenhafte Tropeninseln, durch das ebenso äußerst wertvolle Sandelholz ersetzt. Die Geschichte spielt hier also am Südrand des 'Verbreitungsgebietes' der Myrmeken. Im Gegensatz zu der Geschichte von Dschanschah in *1001 Nacht*, der das Tal der Ameisen besucht — einer Verarbeitung des Myrmeken-Motivs aus dem *Alexander-Roman* — werden in diesem Falle verschiedene Motive der ursprünglichen Version der Geschichte und insbesondere das von Megasthenes erwähnte Ablenken mittels Fleischstücken benutzt.

Nachzutragen bleibt hier, daß der Dschinni Saif dann noch berichtete, daß die Prinzessin Badia al Dschamal zu Zeiten König Salomos gelebt habe und eine seiner Geliebten gewesen sei. Voll Trauer ließ sich Saif also von dem Dschinni mit der Prinzessin in deren Heimatland zurückbringen und übergab sie ihrem überglücklichen Vater.[158] Saif machte sich, obwohl ihm die schöne Prinzessin von ihrem Vater zu Braut angeboten wurde, auf den Weg in die Heimat nach Kairo. Dort war inzwi-

---

[158] Dieser ließ sich von ihr ausführlich alles erzählen und war froh, „daß sie glücklich genug gewesen war, ihre Tugend vor der Schamlosigkeit ihres Entführers zu bewahren und daß sie auch den Dank gegen ihren Befreier nicht zu weit getrieben hatte."

2.4 Das Hochmittelalter

schen sein Vater verstorben und sein älterer Bruder auf dem Thron, der ihn sogleich beseitigen lassen wollte. Saif konnte nach Damaskus fliehen und verbrachte dort am Hof seine traurigen Tage in Gedanken an die ihm unerreichbare Prinzessin Badia al Dschamal — ein Märchen einmal ohne Happy-End.

In diesen Kontext gehört auch eine Erwähnung der Myrmeken bei dem persischen Schriftsteller Sharaf al-Zaman Tahir Marvazi (1045-1125). In seinem *Taba 'I' al-Hayawan* („Die Natur der Tiere") behandelt er im ersten Drittel *(fol. 1-66 v)* zunächst religiöse, geographische sowie human-anatomische Themen und im folgenden zoologischen Teil *(fol. 66 r-217)* dann 178 Tiere, vom Floh bis zum Elefanten (Minorsky 1942). Nach der englischen Übersetzung von Iskander (1981: 240) findet sich das Myrmeken-Kapitel *fol. 210 r*:

> In den fernen Ebenen Indiens, genannt 'zamin zar', d.h. Goldland, wächst Gold wie ein Kraut. Händler wollen dieses Land erreichen, können es aber nicht betreten, außer in der Nacht, wegen der 'Ritter-Ameisen', die die Größe eines Hundes erreichen können. Sie verschlingen Menschen und andere Tiere und können ein Zuchtrennpferd einholen. Von den riesigen Arten der 'Ritter-Ameisen' hat eine große verzweigte Fühler, die dem Geweih eines Bockes ähnlich sehen. Sie sind schwarz und von großem Umfang. Wir meinten, daß dies nicht möglich sei, bis ein solcher Fühler vor Sultan Malik-Shah gebracht wurde. Er [der Fühler] sah so aus, wie wir ihn beschrieben haben. Wir haben ihn gewogen: sein Gewicht betrug zwei Drittel einer Drachme.[159] Wir waren erstaunt. Solches ist geschehen im Jahre 514 der Hedschra.[160]

Die obige Beschreibung könnte auf eine arabische Übersetzung eines griechischen Textes zurückgehen, wodurch die seltsamen 'Ritter-Ameisen' am ehesten zu erklären wären. Im griechischen Text wurden die Myrmeken wahrscheinlich mit den bereits von Aristoteles und Lukianos (Kap. 2.2.4) erwähnten Pferdeameisen (ἱπποιμυρμηκες) in Verbindung gebracht, mit denen der Übersetzer aber nichts anzufangen wußte. Er hat dann statt der Pferde (ἱπποι) das ihm wohl geläufigere Ritter (ἱππευς) gelesen und schon waren die 'Ritter-Ameisen' geboren.

Aber damit sind wir mit den arabischen Quellen bei weitem nicht am Ende. Im Jahr 2002 erwarb die Universität Oxford ein arabisches Manuskript (*MS Bodl. Arab c.90*), das aufgrund der darin enthaltenen Landkarten für die Geschichte der Kartographie von großer Bedeutung ist (Johns & Savage-Smith 2003). Das von einem unbekannten Autor am Ende des 11. Jahrhunderts verfaßte *Buch der Absonderlichkeiten der Wissenschaft und der Wunder für die Augen* enthält auf 96 Seiten insgesamt 25 Kapitel, von denen aber vom Kopisten des Werkes drei weggelassen worden waren. Kapitel 21 behandelt „deformierte menschenähnliche Kreaturen" und dort heißt es

---

[159] Eine Drachme wog üblicherweise zwischen 3,5-4,5 g. Somit muß es sich bei der oben genannten Drachme um eine andere Gewichtseinheit gehandelt haben, denn ein Fühler von 2,5-3 g Gewicht wäre für eine hundegroße Myrmeke doch etwas klein.
[160] 1120/1121 n. Chr.

nach Rapoport (persönl. Mitteilung, 2004) über die 'Nisnas'[161] des Landes 'Wabar':[162]

> Das Land der Nisnas war von Ameisen eingenommen worden, und jede Ameise ist so groß wie ein großes Lamm und in der Lage, einen Reiter von seinem Pferd zu schlagen. Andere sagen, ihr Land sei von den Teufeln eingenommen worden und diese Ameisen seien deren Lasttiere.

Die Myrmeken, mit denen wir es hier trotz des fehlenden Goldaspektes zu tun haben, erhalten hier also eine neue Größenordnung, die von Lämmern.

2.4.5 Der Physiologus

Aber nun zurück nach Europa, wo ein Exkurs zum so genannten *Physiologus*, der Hauptschrift der christlichen Natursymbolik, erforderlich wird. Unter diesem Namen versteht man eine in frühchristliche Zeit zurückgehende Sammlung von Eigenschaften realer und mythischer Tiere, Steine und Pflanzen, die mit christlichen moralisch-theologischen Erklärungen und Deutungen versehen sind. Die griechische Urform des Werkes dürfte vor 200 n. Chr. in Alexandria verfaßt worden sein, möglicherweise basierend auf einem syrischen Tierbuch, und war vermutlich schon dem bereits erwähnten Clemens Alexandrinus (Kap. 2.2.5) bekannt. Der *Physiologus*, so genannt nach seinem mythischen Verfasser, umfaßte ohne systematische Ordnung ursprünglich 42 Tiere, 4 Steine und 2 Pflanzen und war aus einer Vielzahl antiker Quellen wie Aristoteles, Solinus und Plinius zusammengeschrieben.[163]

Es handelt sich beim *Physiologus* um eine populär-theologische Schrift, die in allegorischer Anlehnung an Eigenschaften der Tiere usw. die wichtigsten Sätze der christlichen Glaubenslehre zum Ausdruck bringt. Das Werk erfreute sich bei den frühen Christen einer solchen Beliebtheit, daß es in einem seit dem 6. Jahrhundert Papst Gelasius (492–496 n. Chr.) zugeschriebenen Dekret als ketzerisch verdammt wurde, was aber seiner Beliebtheit keinerlei Abbruch tat. Es wurde schließlich von Papst Gregor dem Großen (540–604 n. Chr.) rehabilitiert und als Lehrbuch der christlichen Zoologie anerkannt. Es war schon im 4. Jahrhundert ins Lateinische übersetzt worden und anschließend in alle anderen Sprachen der frühen Christenheit wie z.B. Armenisch oder Äthiopisch, und es gibt sogar zwei arabische Übersetzungen aus vorislamischer Zeit.

Die umgangssprachlichen europäischen Versionen waren bis weit in das Mittelalter hinein überaus beliebt[164] und selbst Leonardo da Vinci (1452–1519) stellte noch aus verschiedenen Quellen einen sich stark an den *Physiologus* anlehnenden

---

[161] Diese entstanden aus dem Verkehr zwischen Menschen und Dämonen. Sie bestehen nur aus einem halben menschlichen Gesicht und einem halben Körper. Sie können sich nur durch Grunzlaute verständigen.

[162] Mythischer Ort im Süden der großen saudi-arabischen Sandwüste Rub al Kaali an der Grenze zum Oman. Hier befindet sich einer der bedeutendsten jüngeren Meteoriteneinschlagskrater.

[163] Selbst Strabon ist als Quelle zu vermuten, wird doch seine Geschichte vom afrikanischen Elefanten berichtet, der angeblich keine Knie besitzt (s. Kap. 2.1.4).

[164] Der erste deutsche *Physiologus* stammt aus der 2. Hälfte des 11. Jahrhunderts.

2.4 Das Hochmittelalter

Tiercodex[165] zusammen, der als zusätzliche Quellen den Plinius und den italienischen Enzyklopädisten Brunetto Latini (1210-1294) benutzt (Kap. 2.4.8). Der Dichter Guillaume Apollinaire (1880-1918), mit bürgerlichem Namen Wilhelm Apollinaris de Kostrowski, schrieb noch im 20. Jahrhundert eine sehr freie Fassung mit 26 Tieren, die jeweils in 4-7 Zeilen bedichtet werden.

Während die 'normale' Ameise von Anfang an ein regelmäßiger Bestandteil des *Physiologus* ist, der ihren Fleiß, ihre Vorsorge für schlechte Zeiten und ihre Unterscheidungsfähigkeiten nennt und mit christlichen Eigenschaften vergleicht, erscheinen die Myrmeken in diesem Zusammenhang erstmals in einem Werk, das dem Abt Hugo aus dem Kloster St. Victor zugeschrieben wird. Dieser kam im Jahre 1115 an die dortige, vor Paris gelegene Abtei der Dominikaner-Chorherren und wirkte hier als Leiter der Klosterschule bis zu seinem Tod[166] im Jahre 1141. Basierend auf seinem umfangreichen Wissen in Bereichen von der Theologie bis zur Geometrie und Geschichte unternahm er den Versuch einer Enzyklopädie des gesamten Wissens seiner Zeit. Carmody (1938) hält den Hugo zugeschriebenen, aus drei Bücher bestehenden Anhang zu seinem dogmatischen Werk unter dem Titel *De bestiis et aliis rebus* („Über Tiere und andere Dinge") für eine Kompilation von Werken dreier verschiedener Autoren, unter denen sich auch der Augustinermönch Hugo († 1172) aus dem Kloster Fouilly (Folieto) in der Nähe des nordfranzösischen Amiens findet, der u.a. auch ein Buch über die Vögel geschrieben hatte. Der eigentliche Autor bleibt allerdings unbekannt, so daß sich die Bezeichnung *Pseudo-Hugo* für dieses Werk eingebürgert hat.

Die Myrmeken-Geschichte des *Pseudo-Hugo* soll hier vollständig wiedergegeben werden, da sie als Quelle der meisten nachfolgenden Werke gelten kann. „Über das Wesen der Ameise" heißt es *II* 29 in dem von Migne (1845) herausgegebenen Text nach den üblichen, dem Isidor entnommenen Angaben aus dem *Physiologus* und einer etymologischen Erklärung des lateinischen Wortes 'formica' *Sp.76*:

> Man sagt auch, in Äthiopien gäbe es hundsgroße Ameisen, die mit ihren Pfoten goldenen Sand ausgraben, den sie bewachen, auf daß ihn keiner fortnähme. Und die, die diesen rauben wollen, verfolgen sie bis zum Tode. Aber jene, die ihnen das Gold stehlen wollen, nehmen Stuten mit ihren Fohlen und lassen sie drei Tage lang hungern. Dann halten sie die Fohlen am Ufer des Flusses, der zwischen ihnen und den Ameisen fließt, zurück und führen die Stuten mit Körben auf dem Rücken über den Fluß, wo sie auf der anderen Seite grünes Gras sehen, und sie weiden auf den Feldern jenseits des Flusses. Die Ameisen aber, die auf ihrem (der Pferde) Rücken die Packsättel und Kisten sehen, tragen Goldsand in diese, da sie ihn dort verstecken wollen. Wenn der Tag sich zum Ende neigt, nachdem die Stuten sich satt gefressen haben und mit Gold beladen sind, so führen sie (d.h. die Menschen) die Fohlen, die vor Hunger wiehern, herbei und so kommen jene (die Pferde) zu ihnen mit viel Gold zurück.

---

[165] Das entsprechende Manuskript befindet sich als *Codex 6543* in der Universitätsbibliothek Manchester.

[166] Er hinterließ ein reiches literarisches Werk, das seine Zeitgenossen so beeindruckte, daß sie ihn 'Harfe Gottes' nannten. Sein Motto war: „Lerne alles, nachher wirst du sehen, daß nichts überflüssig ist."

Der Anfang dieser Myrmeken-Geschichte des *Pseudo-Hugo* wurde dem Isidor entnommen, während der Goldsammelaspekt eine Modifikation der entsprechenden Stelle in den *Wundern des Ostens* darstellt und damit einen Übergang zwischen dieser und den verschiedenen christlichen Versionen.[167] In dieser phantasievollen Verarbeitung des Myrmeken-Motivs finden wir erstmals eine weniger blutrünstige Art der Goldbeschaffung, die wohl eher in ein christliches Erbauungswerk paßt, als die Ursprungsversion von Herodot.[168]

2.4.6 Byzantinisches und der Brief des Priesters Johannes

Auch im antik beeinflußten byzantinischen Kulturkreis erscheinen die Myrmeken um diese Zeit noch einmal, nämlich bei Ioannes Tsetses (1112–1185). Dieser stieg in kaiserlichen Diensten zunächst zum Sekretär bei einem Verwandten des Kaisers Johannes II. auf, der eine hohe Verwaltungsposition in Makedonien innehatte. Diese Stellung mußte Tsetses aufgrund nicht näher bekannter Verfehlungen überstürzt räumen, anscheinend sogar unter Zurücklassung seiner gesamten Habe. Erst ab 1138 erschien er wieder in Konstantinopel, diesmal als Schreiber eines Adligen, wo er sich großes Ansehen erwarb und schließlich Grammatiklehrer für die Kinder hochgestellter Familien wurde.[169]

In den Jahren 1135–1170 verfaßte Tsetses eine große Anzahl von Briefen, die eine Vielzahl von Themen behandeln und sicherlich dazu gedacht waren, seine Belesenheit zur Schau zu stellen und seine Eitelkeit zu befriedigen.[170] Als Kommentar zu diesen Briefen legte er dann sein *Buch der Geschichte* vor, eine Sammlung von über 12.000 zwölfsilbigen Versen, die üblicherweise als *Chiliades* (Tausende) zitiert wird.

In den *Chiliades* heißt es *XII 22 (330-340)* in der *Geschichte über das Silber von Alybe*[171] *und das Gold Ägyptens und Indiens und das Ameisengold:*

---

[167] Nahezu wortgleich findet sich die Geschichte des Pseudo-Hugo in einem so genannten Bestiarium (s. Kap.2.4.7), das sich als Anhang zu dem *De natura avium et de pastoribus et ovibus* („Über die Natur der Vögel, der Hirten und der Schafe") des Hugo von Folieto in der von etwa 1260 stammenden Sammelhandschrift *MS Ludwig XV 4 (fol. 77 v–78 r)* des Getty Museums, Los Angeles. In derselben Sammlung findet sich die Geschichte außerdem noch in *MS Ludwig XV 3* (fol. 80 v–r) aus dem Jahre 1277.

[168] Außerdem werden hier die bisher in diesem Zusammenhang erwähnten Kamele durch Pferde 'ersetzt'.

[169] So mußte er z.B. die junge Bertha von Sulzbach, die spätere Kaiserin Irene, die 1142 als Braut des Thronfolgers, des späteren Kaisers Manuel I Komnenos (1120–1180), an den Hof in Konstantinopel kam, mit der Literatur ihrer neuen Heimat vertraut machen, und dabei besonders mit den klassischen Autoren wie Homer. Ihre Hochzeit mit dem Thronfolger sollte ein Zeichen des Bündnisses zwischen dem deutschen Kaiser Lothar III bzw. später Konrad III und Byzanz gegen die in Sizilien herrschenden Normannen sein.

[170] Tsetses war bekannt für seine Rechthaberei und Überheblichkeit, und sein ständiges Klagen über seine angeblich so schlechte materielle Lage trug nicht dazu bei, ihn bei seinen Zeitgenossen beliebt zu machen.

[171] Der Verweis auf das Silber von Alybe in der Überschrift bezieht sich auf das von Homer *Ilias 2,857* erwähnte sagenhafte Silberland, das im Allgemeinen im nordöstlichen Kleinasien angesiedelt wird.

2.4 Das Hochmittelalter

In Sachen Gold ist der Inder allen überlegen. Goldgrabende Ameisen von Fuchsgröße halten ihre Höhlen als Goldlager. Die Inder aber nehmen Säcke und schnell laufende Kamele, die neugeborene Junge haben, diese aber zurücklassen [müssen, (?)] Sie selbst aber gehen mit den Kamelen allein dorthin. Sie ziehen aber bei Nacht, wodurch sie die Greife täuschen. Wenn sie ihre Säcke gefüllt haben, fliehen sie, ihre Kamele antreibend; dabei werden sie von jenen Ameisen verfolgt. Die Kamele, aus Sehnsucht nach den zu Hause gebliebenen Junge, laufen [umso] angestrengter und entkommen ihnen.

Hier werden die Myrmeken interessanterweise als fuchsgroß und nicht wie sonst als hundegroß beschrieben, allerdings in einer sehr verkürzten Form der ursprünglichen Version Herodots. Gleichzeitig hat Tsetses aber von den goldhütenden Greifen gehört, die plötzlich ohne Zusammenhang in seinem Text auftauchen, sofern sie nicht der Feder eines phantasiebegabten Kopisten entstammen.

Bischof Otto von Freising (1112–1158) berichtet in seiner *Chronica*, daß im Jahre 1145 ein Bischof namens Hugo aus dem syrischen, bei Antiochia gelegenen Gabala nach Rom gekommen sei, um dem Papst Honorius II (1144–1145) einen Brief von einem König und Priester namens Johannes aus dem fernen Orient jenseits von Persien zu bringen. Dieser sei nestorianischer Christ, Herr eines großen und unermeßlich wohlhabenden Reiches und habe in einer gewaltigen Schlacht die Könige der Perser und Meder geschlagen.[172] Ein solcher Bericht mußte der Christenheit, die sich in den Kreuzfahrerstaaten Palästinas während des zweiten Kreuzzuges in überaus mißlicher Lage befanden, und deren byzantinischer Teil sich in ständigen Kämpfen mit den nach Anatolien eindringenden Türkenstämmen und insbesondere mit den Seldschuken herumschlagen mußte, frische Hoffnungen auf unerwartete Hilfe aus dem Osten, im Rücken der Feinde der Christenheit, wecken.

Dieser sagenhafte Priesterkönig Johannes[173] tritt dann wieder im Jahre 1165 in einer Notiz in der *Chronik* des Zisterziensermönches Albericus aus dem lothringischen Troisfontaines auf, die den Zeitraum von der Sintflut bis zum Jahre 1241 umfaßt: „Um diese Zeit sandte der Presbyter Johannes, König der Inder, seine viel Wunderbares enthaltenden Briefe an verschiedene christliche Herrscher, insbesondere an Kaiser Manuel von Konstantinopel und den römischen Kaiser." Danach zitiert Albericus sogar einige Sätze aus diesem Brief (Oppert 1863). Knefelkamp (1990) vermutet, daß der Verfasser dieses als *Brief des Presbyter Johannes* in die Literaturgeschichte eingegangenen Werkes aus dem Umfeld der Staufer stammte und damit seinen Zeitgenossen einen „Fürstenspiegel" vorlegen wollte, in welchem dem byzantinischen Kaiser Manuel I. Komnenos, aber auch dem Papst und dem Stauferkaiser Friedrich I Barbarossa (1123–1190) das Bild eines idealen christlichen Herr-

---

172) Bei dieser Schlacht handelt es sich um ein Ereignis aus dem Jahre 1141, bei dem Je-lü ta-schi, der Herrscher des Turkstammes der Kara-Khitai, dem Seldschukenkhan Sandschar eine vernichtende Niederlage beibrachte.

173) Der Terminus 'Presbyter Johannes' geht nach Kopp (2003), der sich dabei auf Ludolf (1691) bezieht, auf eine altitalienische Grundform 'preste gianni' zurück, die ihrerseits eine Verballhornung des persischen 'parastar khan' (Herrscher der Gläubigen) oder 'ferestegiani' (Gesandter) ist.

2. Ad fontes — Zu den Quellen

schers vorgehalten werden sollte,[174] wobei letzterer allerdings erst in späteren Kopien des Briefes namentlich erwähnt wird.

Der Brief wurde so ernst genommen, daß Papst Alexander III (1159-1181) nach der *Chronik* des Albericus im Jahre 1171 einen Antwortbrief verfassen ließ: „Geschrieben wurden Briefe von Papst Alexander, die er an den oben erwähnten Presbyter Johannes sandte. Dafür wurde der Bischof Philipp von diesem Papst bestimmt und mit der Treue und den Sitten der römischen Kirche bestens vertraut gemacht. Dieser Philipp war übrigens von jenem Presbyter Johannes an den römischen Papst geschickt worden." Dabei war aber natürlich völlig unklar, wohin diese Delegation denn überhaupt reisen sollte. Der *Presbyter-Brief* erwies sich allerdings, wie die über zweihundert erhaltenen Handschriften zeigen, als überaus erfolgreich, enthielt er doch unter anderem Informationen über exotische Länder, Tiere und Pflanzen, die seit dem Altertum und insbesondere im *Alexander-Roman* fester Bestandteil der Berichte über den Orient waren.[175]

Altslawische Übersetzungen des Briefes stammen aus dem 13.-14. Jahrhundert (Belova 1999). Lecouteux (1984) erwähnt einen französischen Druck des Briefes aus dem frühen 16. Jahrhundert, der auf einer anfangs des 14. Jahrhunderts entstandenen französischen Übersetzung basiert, in dem neben dem „Kaiser von Rom" auch der König von Frankreich als Adressat erscheint. Eine italienische Versversion des Briefes wurde von Giuliano Dati noch im späten 15. Jahrhundert verfaßt. Und selbst in jüngster Zeit inspirierte der *Presbyter-Brief* den italienischen Erfolgsautor Umberto Eco zu seinem 2001 erschienen Roman *Baudolino* über einen fiktiven Bauernsohn, der zum Protegé des großen Barbarossa wurde und im Jahre 1206 seine Erinnerungen aufschreiben läßt, bei denen es auch um die Suche nach dem Presbyter Johannes geht und in denen, wie könnte es anders sein, auch die Myrmeken erwähnt werden.

In der von Zarncke (1879) vorgelegten Handschrift des Briefes[176] heißt es nach der Beschreibung von allerlei Ungeheuern und wilden Tieren Indiens in *Kap. 14*:

> In gewissen anderen unserer Provinzen leben Ameisen von Katzengröße mit sechs Füßen sowie Flügeln wie Meeresheuschrecken. Im Maul haben sie zum Fressen Zähne, die größer als die von Hunden sind. Und außerhalb des Maules tragen sie Hauer, größer als die von Wildschweinen, mit denen sie Menschen und anderes Getier töten. Und wenn sie solche ergriffen haben, so verschlingen sie diese sogleich. Dies ist nämlich nicht verwunderlich, denn sie laufen so schnell, daß man zweifelsohne meinen möchte, sie flögen, weshalb in diesen Provinzen die Menschen nur in sicheren und befestigten Städten wohnen. Denn diese Ameisen leben von Sonnenuntergang bis zur dritten Stunde unter der Erde und graben die ganze Nacht lang das allerreinste Gold und fördern es zu Tage. Von der dritten Stunde bis Sonnenuntergang halten sie sich über der Erde auf und fressen. Danach gehen

---

[174] Motive des Briefes wurden von Wolfram von Eschenbach (1170-1220) im *Parzival* verwendet.
[175] Und mancher Kopist der Schrift fügte, wie es damals durchaus gang und gäbe war, noch den einen oder anderen Aspekt, der ihm aus dem Fundus der Orientliteratur bekannt war, als Interpolation hinzu.
[176] Nach Zarncke (1879) handelt es sich bei dieser Beschreibung um einen Teil der so genannten Interpolation D, die im späten 13. Jahrhundert eingefügt wurde, während der Brief selbst um 1165 entstanden sein dürfte.

2.4 Das Hochmittelalter

sie wieder unter die Erde, um Gold zu graben. Und so verfahren sie einen jeden Tag.
In der Nacht aber kommen die Menschen aus ihren Städten und sammeln das Gold, das sie auf Elefanten, Flußpferde, Kamele und Camelothurnis [?] und andere Tiere von beträchtlicher Körpergröße laden und den ganzen Tag dann in unsere Schatzhäuser bringen. Denn in der Nacht aber arbeiten sie, ackern, säen und ernten und gehen und tun was immer sie mögen, denn bei Tag wagt sich keiner zu zeigen, da die Ameisen über der Erde sind, und wegen der Kraft und der Wildheit dieser Ameisen.

Hier sind also wieder die Myrmeken, wobei der Anfang zum größten Teil aus den *Wundern des Ostens* stammt, worauf die Erwähnung der Meeresheuschrecken hinweist sowie ihre Schnelligkeit. Der Verfasser läßt allerdings die Kamelstuten und ihre Fohlen weg. Die Gefährlichkeit der Myrmeken wird im zweiten, vermutlich aus anderer Quelle stammenden Teil noch dadurch hervorgehoben, daß die Bewohner der Gegend sich nur nachts, wenn die Ungeheuer in ihren Bauten sind, zeigen können.[177]

Hilka (1915) stellte eine anglo-normannische Versversion des Briefes aus der Zeit um 1192 vor. In dieser findet sich *Z. 272-274* nur noch ein Land, „das von Schlangen voll ist wie ein Ameisenhaufen von Ameisen.". Es handelt sich hier nur noch um einen vagen Nachhall der entsprechenden Stelle *III-10* aus dem *Pseudo-Kallisthenes*. Als starke Fabeltiere finden sich hier aber noch 'cametheterni', die mit den 'camelothurni' der Interpolation D bei Zarncke (1879) verwandt sind. In ihrer umfangreichen Untersuchung des Presbyter-Themas stellt Wagner (2000) eine aus dem 15. Jahrhundert stammende Handschrift der so genannten *Bearbeitung III* der aus dem 14. Jahrhundert stammenden *Hildesheimer Fassung* (s. Anhang 7) vor. Am Beginn der entsprechenden Textstelle heißt es:

> In der vorgenannten Provinz gibt es auch eine von einem großen Fluß umflossene Insel, auf der strahlendstes Gold im Überfluß vorhanden ist und auf die stiergroße Ameisen geboren werden und leben …

Diese Stelle zeigt eindringlich, wie solche Texte von Kopisten immer wieder bearbeitet und erweitert wurden.[178]

Ameise und Kamel erscheinen dann zusammen, allerdings ohne Gold, in der *Historia scholastica* des Petrus Comestor.[179] Dieser Theologe gehörte zunächst dem

---

[177] Hier zeigt der Kopist auch, welche großen Tiere er kennt: Elefanten, Flußpferde usw. und sogar die nicht näher bekannten 'Camelothurnis', möglicherweise wilde Kamele. Warum so große und starke Tiere erforderlich sind, wenn die Myrmeken zum Zeitpunkt des Raubes ohnehin in ihren Höhlen bleiben, führt der Schreiber allerdings nicht aus.

[178] Da sich die Hoffnungen der Kreuzritter auf eine Hilfe aus dem Osten als trügerisch erwiesen, wurde das Land des Priesters Johannes ab dem Anfang des 14. Jahrhunderts zunehmend in dem christlichen Königreich Abessinien gesucht, wo es insbesondere die Portugiesen bei ihren Indienexpeditionen am Ende des 15. Jahrhunderts gefunden zu haben glaubten.

[179] Seinen Beinamen 'der Esser' erhielt er, weil er alle ihm in die Hände kommenden Bücher 'verschlang'.

Klerus von Troyes an und kam vor 1158 nach Paris, wo er 1178 verstarb. Die *Historia scholastica*, eine Weltgeschichte des Alten und Neuen Testamentes, entstand zwischen 1169–1173 und fand als Schulbuch weite Verbreitung. Im *Kap. VIII de opere sexti diei* („Die Werke des sechsten Tages") werden die wesentlichen Tiergruppen vorgestellt, mit denen der Herr an diesem Tage die Erde schmückte, verbunden mit Ermahnungen an die sündhaften Menschen. Dort heißt es *Z.45-47*:

> und er wird angeleitet die Werke des Herrn zu bewundern,
> wobei er mehr das Wirken der Ameise bewundert als die Lasten der Kamele;
> insbesondere, wenn er sieht, wie diese kleinen ihm schaden können, besinnt er
> sich seiner Zerbrechlichkeit und wird bescheiden.

Zwar besteht hier kein eindeutiger Zusammenhang mit den Myrmeken, aber die gemeinsame Erwähnung dieser beiden Tiere könnte daher rühren, daß Petrus ebenfalls im Kloster St. Victor lebte, in dem kurz zuvor Abt Hugo gewirkt hatte. Dessen Werke und möglicherweise den *Pseudo-Hugo* dürfte Petrus gekannt haben, und die Myrmeken-Geschichte des letzteren könnte ihn zu diesen Zeilen angeregt haben.

2.4.7 Die Bestiarien

Im Laufe der Jahrhunderte wuchs der Umfang des *Physiologus* durch zusätzliche Einträge immer mehr an. Ab dem frühen 12. Jahrhundert wurden insbesondere in England zunehmend Textteile aus dem Buch 12 der *Etymologiae* des Isidor (Kap. 3.3.4) aufgenommen sowie aus den *Collecteana* des Solinus (Kap. 2.2.6). In der Handschrift *MS Ashmole 1511* der Bodleian Library (Oxford) aus dem frühen 13. Jahrhundert sind schließlich nahezu 200 Kapitel enthalten. Insgesamt treten die Bibelzitate deutlich zurück und die moralischen Betrachtungen werden gekürzt. In einem fließenden Übergang bilden sich dabei die mittelalterlichen Bestiarien heraus, Bücher mit Geschichten über wundersame Tiere, Ungeheuer usw., wobei aber dann die einzelnen Objekte systematisch nach Säugetieren, Vögeln, Fischen usw. angeordnet werden.[180] Ein Bestiarium soll, wie es im *Aberdeen Bestiarium* aus dem 13. Jahrhundert heißt: „... den Geist der einfachen Leute stärken, so daß die Seele wenigstens physisch Dinge erfassen kann, die sie geistig nur schwer begreift: daß sie das, was sie mit ihren Ohren nur schwer verstehen können, mit ihren Augen sehen mögen."[181]

Da ist zunächst die um 1121 in altnormannisch verfaßte Gedichtversion des aus der Gegend von Caen in der Normandie stammenden Philipp de Thaon, des ersten normannischen Dichters Englands. In diesem 38 Kapitel umfassenden Werk[182] findet sich die Myrmeken-Geschichte in *Kap. XIV* mit dem Titel *De minutis animantibus*

---

[180] Diese Handschriften erlangen einen hohen Prestigewert wie später im 15. Jahrhundert die Stundenbücher und werden zum Teil aufwändig illustriert. Es war wohl gerade auch dieser Bilderbuchcharakter der Bestiarien, der zu ihrer großen Beliebtheit beitrug.

[181] In dieser Tradition steht auch der Großteil der mittelalterlichen geistlichen Kunst wie Kirchenfenster, Altargemälde und Schnitzwerk, mit Hilfe derer einfachen, des Lesens unkundigen Menschen die christliche Heilslehre näher gebracht werden sollte.

[182] Es war der zweiten Frau des englischen Königs Heinrich I (1100-1135) gewidmet.

2.4 Das Hochmittelalter

("Über die kleinen Wesen"). Sie erscheint in dem lateinisch in Rot überschriebenen Absatz (rubrum) „In Äthiopien gibt es eine Ameisenart in der Form von Hunden". Und im Folgenden heißt es:

> Und weiter Isidor
> Sagt noch über eine andere Ameise:
> In Äthiopien gibt es sie,
> die so groß wie Hunde sind.
> Einen Fluß gibt es dort,
> dessen [Sand]körner alle aus Gold sind.[183]

In der ersten Textzeile wird also fälschlicherweise Isidor als Quelle genannt, der die Geschichte in dieser Ausführlichkeit überhaupt nicht kennt. Philipp schreibt wohl aus dem *Pseudo-Hugo* ab, da bei ihm, wie auch in den anderen Bestiarien, keine Kamelhengste mehr von den Myrmeken verschlungen werden. Mann (1884) nennt das Werk „eine müßige Anhäufung von ungenießbaren naturwissenschaftlichen Armseligkeiten, in denen sich das Mittelalter so sehr gefiel". Er übersieht aber bei aller berechtigten Kritik, wie McCulloch (1962) ausführt, daß hier erstmals ein Bestiarium in eine europäische Umgangssprache übersetzt wurde.

Um das Jahr 1210 schreibt Guillaume le Clerc, genannt auch „le Normand", in altnormannischer Sprache sein *Bestiaire divin* („Göttliches Bestiarium"), eine kunstvolle Gedichtsfassung eines Bestiariums. Das Werk war offensichtlich sehr erfolgreich, wie die noch heute erhaltenen vierundzwanzig verschiedenen Handschriften aus dem 13.-15. Jahrhundert in England und Frankreich zeigen.[184] Die Myrmeken-Geschichte umfaßt hier 48 Zeilen und folgt im Wesentlichen dem vom *Pseudo-Hugo* her bekannten Verlauf. Es heißt dort zu Beginn von *Kap. 14:*

> Ameisen von einer anderen Art
> Gibt es in Äthiopien auf den Bergen,
> sie sind gänzlich von Hundegestalt
> und auch von solcher Größe.[185]

Guillaumes wortgetreue Wiedergabe benutzt nach Mann (1888) als Vorlage einen lateinischen *Physiologus* aus dem frühen 12. Jahrhundert aus dem Kloster St. Peter im englischen Gloucester, der in der Handschrift *MS Roy. 2 C XII* in der British Library (London) vorliegt. Hier wird zu Beginn der Isidor wörtlich zitiert.[186] Guillaume endet sein Ameisenkapitel mit der Zeile „Die Ameisen sind traurig" ob des verlorenen Goldes.

---

[183] Der komplette Text findet sich in Anhang 8.
[184] Im Gegensatz zu seiner Meinung über Philipp de Thaon urteilt Mann (1888) hier wesentlich gnädiger: „Der Bestiaire Divin ist ein Werk von bleibendem Wert für die Litteraturgeschichte … das ehrwürdige Alter seines Stoffes, der Charakter seiner Sprache und der naive Ausdruck seiner Tendenz, den Menschen zur Betrachtung des Göttlichen anzuhalten, werden ihm eine achtungsgebietende Stellung in der Litteraturgeschichte sichern für alle Zeiten." G. Körtig, der Herausgeber der Schriftenreihe, in der Manns Arbeit erschien, bemerkte dazu allerdings in einer Fußnote: „Ein Urteil, dem ich nicht beizustimmen vermag."
[185] Der komplette Text findet sich in Anhang 9.
[186] Text siehe Anhang 10.

2. Ad fontes — Zu den Quellen

Abb. 10a: Das *Bestiaire divin* des Guillaume le Clerc: Der Goldraub nach *fol. 19 r* der Handschrift *MS 14969* (Photo: Bibliothèque Nationale de France, Paris)

2.4 Das Hochmittelalter

Abb. 10b: Ausschnitt aus Abb. 10a

Abb. 10c: Nachgezeichneter Ausschnitt aus Abb. 10b

In zwei der Handschriften des Bestiariums des Guillaume finden sich Illustrationen des Themas. In *MS 14969* der National-Bibliothek Paris wird am Unterrand von *fol. 19 r* (Abb. 10) in einem umrahmten Bild links etwa ein Dutzend Ameisen auf einem Ameisenhügel abgebildet und rechts ein Getreidefeld neben einem Ameisenhaufen sowie dazwischen Körner transportierende Ameisen. Hiermit wird das normale Ameisenverhalten gezeigt, das der *Physiologus* kommentiert. In der Mitte des Bildes steht ein Pferd hinter einem Sandhaufen mit Gold, das kleine Ameisen in die Satteltaschen des Pferdes tragen. Getreu der Beschreibung im Text sind drei der Ameisen als Hunde dargestellt. Der links außerhalb des Bildes stehende Mann mit dem Fohlen gehört ebenfalls zu der Geschichte. In *MS Fr. 1444* der Nationalbibliothek Paris werden die Myrmeken auf *fol. 245 r* (Abb. 11) unter der Überschrift *Autre maniere de formis* („Eine andere Art von Ameisen") in Form von zwei einander anschauenden großen Hunden auf einem Ameisenhügel dargestellt.[187]

---

[187] In einer ähnlichen Bildkomposition finden sich auf *fol. 241 v* zwei einander anschauende Löwen.

2. Ad fontes — Zu den Quellen

Abb. 11: Das *Bestiaire divin* des Guillaume le Clerc: Myrmeken nach *fol. 245 r* der Handschrift *MS 1444* (Bibliothèque Nationale de France, Paris)

2.4.8 Die mittelalterlichen Enzyklopädien

Mittlerweile hatte sich in der gebildeten Welt die Nachfrage nach prestigeträchtigen enzyklopädischen Werken ausgeweitet. So ist es nicht verwunderlich, daß solche Werke, die so genannten 'monastischen' Enzyklopädien, im 13. Jahrhundert in immer größerer Zahl auftauchen, denn den Bedarf nach Büchern in der Art des Plinius, Isidor oder Solinus zu erfüllen, ließen sich gelehrte Mönche und Schreiber gerne angelegen sein.[188]

Um das Jahr 1212 verfaßte der um 1150 geborene Gervasius von Tilbury, kaiserlicher Marschall im südfranzösischen Reichsteil Arelat, damals noch Teil des 'Heiligen Römischen Reiches Deutscher Nation', für den Kaiser Otto IV, genannt das Kind (1182–1218)[189] die *Otia imperialia* („Die kaiserlichen Mußestunden"). Es handelt sich dabei um eine Weltbeschreibung, Weltgeschichte und Mirabiliensammlung in drei Büchern. Eine der wesentlichen Quellen der *Otia* war die 'myrmekenfreie', aus der 1. Hälfte des 12. Jahrhunderts stammende *Imago mundi* („Bild der Welt") des Mönches Honorius Augustodunensis.[190] Die Myrmeken-Geschichte findet sich in den *Otia* hingegen in *Abteilung III Kap. 72* (s. Anhang 11). Den Text kopierte Gervasius nahezu wörtlich aus dem bereits erwähnten *Fermes-Brief*, worauf die Übernahme des Ausdrucks 'myrmidonische Ameisen' eindeutig hinweist. Gervasius muß übrigens ein für die damalige Zeit sehr belesener Mann gewesen sein, da er eine große Zahl alter Quellen nutzt, diese aber vielfach nur ungenau und flüchtig zitiert (Liebrecht 1856).

In *Abteilung I, Kap. 63* („Vom Vieh, Gewürm und Wildtieren") treten übrigens Ameisen und Kamele wieder nebeneinander auf, wenn es heißt:

> Er bewundert ja tatsächlich mehr die Lasten der Ameisen als die Lasten der Kamele.

Gervasius übernimmt hier *Z.46* aus *Buch VIII* der *Historia scholastica* des Petrus Comestor, ändert aber dessen 'Werke' (*opera*) in 'Lasten' (*onera*) der Ameisen. Möglicherweise handelt es sich dabei um ein zeitgenössisches Sprichwort.

In diese Zeit fällt auch das *Liber de proprietatibus rerum bartholomaei anglici de ordine minorum* („Das Buch des Bartholomaeus Anglicus aus dem Minoritenorden über die Eigenschaften der Dinge"). Biographische Daten über diesen auch als Bartholomaeus Glanvillus bekannten Franziskanermönch sind spärlich, er dürfte um

---

[188] Immerhin füllte der Verkauf von Kopien den Klosterfundus und mehrte das Ansehen. Ein ähnlicher Wissensdurst war erst wieder im Zeitalter der Aufklärung zu verzeichnen, als sich Enzyklopädien wie die von Zedler ab 1733 oder Diderot ab 1757 höchster Beliebtheit erfreuten.

[189] Otto war als zweiter Sohn Heinrichs des Löwen im Jahre 1198 zum Gegenkönig gegen den Staufer Philipp von Schwaben gewählt worden und war 1208–1215 alleiniger deutscher König. Er dankte jedoch 1215 unter dem Druck des übermächtigen Staufers Friedrich II ab und zog sich auf seine Güter zurück.

[190] Dieser soll angeblich aus dem heutigen Autun in Burgund stammen, dürfte aber wohl eher in Regensburg gewirkt haben.

2. Ad fontes — Zu den Quellen

1180 in England geboren sein und kam über Paris und Bremen im Jahre 1231 nach Magdeburg, wo er um 1240–1245 sein Werk[191] vollendet haben dürfte. Das Todesjahr des Bruders Bartholomaeus ist nicht bekannt. Er benutzt für sein Werk als Quellen hauptsächlich den Isidor, daneben aber unter anderem auch Plinius, Aristoteles und verschiedene arabische Gelehrte.

Die Myrmeken finden sich im *Buch XVIII*, eingeleitet mit den Worten „Es hebt an das Buch XVIII über die Tiere", in dem es *Kap. 51* heißt:

> In Äthiopien soll es Ameisen in der Form von Hunden geben, die goldene Sande mit ihrem Pfoten ausgraben und diesen bewachen, auf daß ihn keiner hinwegtrage. So sie einen solchen ergreifen, bringen sie ihn zum Tode. So sagt Isidor im Buch XII im Kapitel über die kleinen Tiere.[192]

Und kurz danach findet sich unter dem expliziten Verweis auf Plinius *N.H. 11,32* (nach moderner Zählung *NH 11,111*) folgender Bericht:

> Es gibt gewisse größere gehörnte indische Ameisen, die mit übermäßiger Gier Gold und Edelsteine bewachen. Davon rauben die Inder zur Sommerzeit, wenn die Ameisen wegen der großen Hitze in ihre Haufen hinabsteigen. Diese Ameisen bemerken den Geruch [der Menschen] und davon angelockt fliegen sie hervor und zerfleischen diejenigen, die von dem Golde rauben wollen, wenn diese nicht mit schnellen Kamelen vor den Ameisen fliehen würden. So stark ist bei ihnen die gefährliche Wildheit aus Liebe zum Gold.

Bartholomaeus läßt im ersten Satz die Hinweise zu Größe und Farbe der Myrmeken sowie die geographischen Hinweis auf die Darden weg, folgt aber danach im wesentlichen dem Wortlaut der Stelle bei Plinius.

Im Jahre 1245 verfaßte Walter (Gauthier) von Metz, genannt auch Maitre Goussain, in altfranzösischen Versen sein *Imago mundi* („Spiegel der Welt"), dem kurz danach eine Prosaversion folgte. Er benutzte als Quelle im Wesentlichen die *Imago mundi* des bereits erwähnten Honorius Augustodunensis. In dem dreiteiligen Werk treten die Myrmeken zwar selbst nicht auf, jedoch in der Prosaausgabe von Prior (1913a), im *Teil II* („Geographie") *Kap. D* findet sich unter der Überschrift „Über Schlangen und Untiere Indiens" folgende gegenüber der Quelle zusätzliche Bemerkung:

> Es gibt dort Mäuse, die so groß wie Katzen sind und auch so [schnell] laufen.

Wie bereits beim *Alexander-Roman* (Kap. 2.2.7) ausgeführt, dürfte es sich bei diesen Mäusen um die Myrmeken handeln, bei denen sich aus der Übersetzung aus dem Griechischen ins Lateinische ein entsprechender Fehler eingeschlichen hatte. Darauf weist auch der aus dem *Fermes-Brief* stammende Vergleich mit den Katzen hin, sowie der Hinweis auf ihre Schnelligkeit.

---

[191] Es hat die Bildung des Mittelalters bis zum Ende des 16. Jahrhunderts stark beeinflußt und wurde immer wieder übersetzt und aufgelegt (s. Kap. 2.6.5).

[192] Erstaunlich ist hierbei die erstmals erscheinende wissenschaftlich exakte Quellenangabe. Isidor, der seinerseits den Solinus ausschreibt, wird von Bartholomaeus hier wörtlich zitiert.

2.4 Das Hochmittelalter

Die drei bedeutendsten Enzyklopädisten des 13. Jahrhunderts gehören interessanterweise alle dem Dominikaner-Orden an. Der erste, Thomas von Cantimpré (1201 – nach 1263), manchmal auch Brabantinus genannt, stammte aus ritterlicher Brabanter Familie, studierte 1206-1217 in Brüssel und trat anschließend in das nordfranzösische Augustinerkloster Cantimpré ein. Im Jahre 1232 wechselte er zum neu gegründeten Dominikaner-Orden über und studierte 1233-1237 bei Albertus Magnus in Köln[193] sowie anschließend in Paris. Thomas zitiert mehrfach aus einer anonymen, zwischen 1220 und 1225/6 entstandenen lateinischen Naturenzyklopädie eines von ihm *Experimentator* genannten Autors, aus der sich auch Bartholomäus Anglicus bediente (Deus 1998).

Neben seinen kirchlichen Schriften verfaßte er auch naturwissenschaftliche Werke.[194] Nach eigenen Angaben schrieb er zwischen 1233-1248 das *Liber de natura rerum* („Buch über die Natur der Dinge"),[195] das im Wesentlichen aus dem Isidor und dem damals wohl noch unveröffentlichten Werken des Albertus Magnus zusammengeschrieben ist.[196] Nach der 'normalen' Ameise und dem Ameisenlöwen heißt es nach der Ausgabe von Boese (1973: 315) im *Liber de vermibus* („Buch über die Würmer") im *Kap. XXIII*:

> In Indien gibt es Ameisen bei den goldenen Bergen. Sie sind größer als Füchse, stark und sehr wild; sie besitzen vier Beine und krumme Krallen an den Füßen. Diese Ungeheuer sind von solcher Kraft, daß sie Menschen, die sie sehen, zerfleischen. Andere Tiere aber, wie Pferde, Esel, oder Stiere verletzen sie kaum. Es ist hinreichend bekannt, daß von ihnen jenes Gold kommt, das sie auf vorgenannten Bergen gegen das Menschengeschlecht verteidigen und sich nur ungern wegnehmen lassen. Zur Strafe für Unbesonnenheit und Habgier sind dort von Gott jene Ungeheuer gesetzt. Von diesen Ameisen schreiben Isidor und Adelinus. Und Plinius sagt über sie: Wenn jene im Winter in ihrem Bau sind, kommen die Inder und holen das Gold. Aber durch den Geruch gereizt, fliegen die Untiere heraus und zerfleischen viele [Inder], obwohl diese auf schnellen Pferden oder Kamelen fliehen.

Diese Textstelle ist nicht dem *Experimentator* entnommen, denn dieser zitiert hier (Kap. XIII) nur wörtlich den entsprechenden Bericht des Isidor über die äthiopischen Myrmeken. Thomas verweist namentlich auf letzteren, erwähnt aber zusätzlich auf Plinius und den englischen Missionsheiligen Adelinus (Kap. 2.3.6). Die Myrmeken, die er jetzt wieder nach Indien versetzt, nehmen bei ihm übrigens in der göttlichen Vorsehung die Position der Greifen oder Drachen auf den goldenen Bergen ein. Der

---

[193]) Dort war Thomas von Aquin sein Kommilitone.
[194]) Sein Buch über die Bienen ist das erste ausschließlich diesen Tieren gewidmete Werk, es verbindet naturwissenschaftliche Beobachtungen mit theologischen Deutungen.
[195]) Sein eigenes, mit Marginalien versehenes Handexemplar des Werkes ist übrigens erhalten.
[196]) Der naturwissenschaftliche Wert des Buches ist gering und Bodenheimer (1928: 168) urteilt scharf: „Wir dürfen nicht vergessen, daß wir in Thomas von Cantimpré einen der führenden Finsterlinge einer Zeit, in der Geister- und jeder wüste andere Aberglaube zu herrschen begann, vor uns haben und wir müssen uns vergegenwärtigen, daß ein großer Teil seiner hagiographischen Schriften sogar von der zeitgenössischen Kirche abgelehnt wurde."

2. Ad fontes — Zu den Quellen

Größenvergleich mit Füchsen, anstatt wie sonst üblich mit Hunden, ist ungewöhnlich.[197]

Etwa zeitgleich mit Thomas von Cantimpré, um 1240–1246, schrieb Vinzenz von Beauvais (1190–1264) sein für damalige Zeiten gewaltiges enzyklopädisches *Speculum maius*, in dem er in bester Nachfolge von Autoren wie Plinius oder Isidor das gesamte Wissen seiner Zeit zusammenfaßte. Das Werk besteht aus den Teilen *Speculum historiale, doctrinale* und *naturale*, während es sich bei dem früher häufig dazu gezählten *Speculum morale* um eine spätere Erweiterung durch einen unbekannten Autor handelt. Vinzenz war Mönch in einem Dominikanerkloster in Paris und kam um 1228 in den Dominikanerkonvent zu Beauvais in Nordfrankreich. Ab 1246 wirkt er im Zisterzienserkloster von Royaumont, das *Speculum* ist jedoch noch vor diesem Umzug fertiggestellt worden.

Im 848 Folioblätter umfassenden *Speculum naturale*, das wie das *doctrinale* im Vergleich zum *historiale* nur wenig Beachtung fand, wird die Natur in Anlehnung an die sieben Tage der Schöpfung des Alten Testamentes in 32 Büchern mit insgesamt 3.718 Kapiteln beschrieben. Die Myrmeken erscheinen wie in der *Historia scholastica* des Petrus Comestor am sechsten Schöpfungstag in *Buch XXI, Kap. 134* unter der Überschrift *De maioribus formicis* („Über größere Ameisen").[198] Vinzenz zitiert kommentarlos zunächst den Solinus, gefolgt von Plinius mit Quellenangabe des Buches *XI* der *NH*. Danach erscheint die Myrmeken-Geschichte aus dem *Physiologus* und schließlich zitiert Vinzenz noch den Bericht über die Myrmeken „aus dem *Buch über die Natur der Dinge*", bei dem es sich eindeutig um das Werk seines Zeitgenossen Thomas von Cantimpré handelt. Vinzenz gibt übrigens die unterschiedlichen geographischen Angaben der einzelnen Autoren zum Aufenthalt der Myrmeken, d.h. in Indien bzw. Äthiopien, kritiklos wieder.

An dieser Stelle ist nun eine erste kritische Stimme zu den Myrmeken zu nennen, die des Albert, Grafen von Bollstädt, geboren im Jahre 1193 im schwäbischen Lauingen, der unter dem Namen Albertus Magnus als größter Gelehrter seiner Zeit und 'Doctor Universalis' berühmt wurde. Seine Zeitgenossen nannten ihn auch Albert den Deutschen. Er war ebenfalls Dominikaner, lehrte 1230–1248 an der Universität Paris und anschließend 1248–1260 an der Hochschule seines Ordens in Köln. Im Jahre 1254 wurde er Prinzipal seines Ordens in Deutschland und 1260 Bischof zu Regensburg. Insbesondere während seiner Kölner Zeit[199] beschäftigte er sich mit

---

[197] Thomas' Werk wurde von dem Regensburger Domherrn Konrad von Megenberg (1309–1374) unter dem Titel *Puch von den naturleichen Dingen* 1350 ins Deutsche übersetzt, bzw. eher bearbeitet und neu geordnet, wobei die Myrmeken 'verloren gingen'. Aber die Greife finden sich bei ihm noch aus einer anderen Quelle, wenn er sagt: „Rabanus erzählt, daß die Greifen Gold ausgraben und sich bei seinem Anblick sehr freuen." Konrads Übersetzung war bis in das 16. Jahrhundert hinein eines der am meisten gelesenen und beliebtesten deutschen Bücher, der Erstdruck erschien im Jahre 1475 (Sollbach 1989).

[198] Der entsprechende Text findet sich in Anhang 12.

[199] Im damaligen so genannten Universalienstreit, in dem es um die Frage ging, ob man vom Glauben oder vom Experiment zur Naturerkenntnis kommen könne, setzte Albert als Nominalist auf die Aussagekraft des Experimentes. Sein besonderes Verdienst liegt darin, daß er die Autorität

2.4 Das Hochmittelalter

naturwissenschaftlichen Themen, wobei ihm seine umfassenden Kenntnisse der Physik, Chemie und Mechanik sehr zu statten kamen. Albert starb im Jahre 1280 in Regensburg.

Sein aus 26 Büchern bestehendes *Opus de animalibus* („Werk über die Tiere") wurde als Erklärung der Tierbücher des Aristoteles geschrieben. Dessen Werk war erst um 1220 wieder durch die Rückübersetzung aus dem Arabischen ins Lateinische bekannt geworden. Er hat den Text des Aristoteles meist wörtlich übernommen[200] und dann teilweise recht umfangreiche Bemerkungen und eigene Beobachtungen beigefügt. In *Buch XXVI, Tract. 1, Kap. 20* heißt es in der Abteilung *De parvis animalibus sanguinem non habentes* („Über kleine blutlose Tiere"):

> Wenn wir glauben dürfen, was im Alexander-Brief über die Wunder der Ferne geschrieben steht, dann gibt es in Indien Ameisen so groß wie Hunde und Füchse, mit vier Beinen und krummen Krallen, die goldene Berge bewachen und die Menschen zerreißen, die dorthin kommen; aber das ist nicht ausreichend durch Untersuchungen bewiesen [*non satis est probatum per experimentum*].

Albert bezieht sich hier also auf den Alexander-Brief (Kap. 2.2.7) aus dem *Pseudo-Kallisthenes*, aber der gleichzeitige Größenvergleich mit Hunden und Füchsen läßt an Herodot denken, da nur dieser beide Tiere gleichzeitig in ihrer Größe mit den Myrmeken vergleicht. Die Ameisen übernehmen bei ihm, wie schon bei Thomas von Cantimpré, allerdings auch die Bewachung des Goldes auf den goldenen Bergen, wofür sonst meist die Greife 'zuständig' sind. Dieser Aspekt stammt jedoch nicht aus dem Alexander-Brief, da in dieser Tradition der Zusammenhang zwischen den Myrmeken und dem Gold nicht vorkommt. Die „krummen Krallen" der Myrmeken finden sich auch bei Thomas von Cantimpré und dem diesen ausschreibenden Vinzenz von Beauvais.

In den Rahmen der drei großen kirchlichen Enzyklopädisten des Mittelalters gehört auch der florentinische Philosoph und Staatsmann Brunetto Latini (1210–1294), der die erste in einer europäischen Umgangssprache geschriebene Enzyklopädie verfaßte, seine *Li livres dou trésor* („Die Schatzbücher"). Latini war von Hause aus Notar und übte einen großen Einfluß auf das geistige Leben in Florenz aus.[201] Latini gehörte in Florenz zur demokratischen Partei der Guelphen und befand sich während der Herrschaft der kaiserlich gesinnten Ghibellinen 1262–1267 im Exil in Paris, wo er möglicherweise von den erwähnten Enzyklopädien der drei Dominikaner erfuhr.

---

der Werke des Aristoteles wiederherstellte, die in der Kirche damals noch heftig angefeindet wurden. Noch im 13. Jahrhundert verboten verschiedenen Kirchensynoden jede Lektüre dieser Werke und erst unter Papst Urban V (1362–1370) wurde diese Anordnung 1366 dahingehend geändert, daß niemand die 'venia legendi', das Recht, an einer Hochschule zu unterrichten, erhalten dürfe, der diese Bücher nicht kannte.

[200] Dies hat ihm bei einigen Zeitgenossen den Titel 'Affe des Aristoteles' eingebracht, so wie Solinus (Kap. 2.2.6) auch 'Affe des Plinius' genannt wurde.

[201] Er soll auch den jungen Dante Alighieri beeindruckt haben, der ihn allerdings in seiner *Göttlichen Komödie* unter die Sodomiter, die Sünder wider die Natur, in die Hölle versetzt. Im *Gesang XV 30* spricht er ihn erstaunt an: „Was, Herr Brunetto, Ihr an diesem Ort?"

2. Ad fontes — Zu den Quellen

Schon vor dem Weg ins Exil schien er sein allegorisches, 3.000 Verse umfassendes Lehrgedicht *Tesoretto* („Schätzchen") verfaßt zu haben, in dem er sich im Tal von Ronceval verirrt und nach verschiedenen Irrwanderungen den Olymp besteigt, wo er ein Gespräch mit dem antiken Geographen Ptolemaios beginnt. Dabei werden die Besonderheiten verschiedener Weltgegenden vorgestellt und darunter in der Levante neben Gewürzen und Edelsteinen verschiedene Raubtiere und Ungeheuer, deren Aussehen „kein lebender Mensch getreulich in Sprache und Schrift wiedergeben könnte". Und schließlich erscheint *XI 86* ohne weitere Kommentare 'le formiche dell' oro' („die Goldameise").

Sein enzyklopädischen Hauptwerk, die im französischen Exil einem Gönner diktierten und von diesem auf französisch niedergeschriebenen *Schatzbücher*,[202] wurden später von seinem Zeitgenossen Bono Giamboni ins Italienische übersetzt. Es handelt sich um drei Bücher, von denen das erste Geschichte, Astronomie und Geographie behandelt und vom Autor als Grundlage des Wissens bezeichnet wurde.[203] Im *Buch I* werden in *Teil V* in alphabetischer Reihenfolge verschiedene Tiere beschrieben und *Kap. 190* finden sich unter der Überschrift *dou fourmi* („Von der Ameise") zunächst vier Zeilen über deren allgemein bekanntes Verhalten. Danach folgt die aus dem *Physiologus* bekannte Myrmeken-Geschichte mit den Pferdestuten und ihren Fohlen (Text s. Anhang 13), wobei sich allerdings noch der geographische Hinweis findet, daß die Myrmeken in Äthiopien auf einer Insel hausen und nicht mehr nur jenseits eines Flusses.

Über das Leben des zwischen 1220–1240 geborenen größten flämischen Dichters des Mittelalters, Jakob van Maerlant, ist trotz seines umfangreichen Werkes von immerhin insgesamt etwa 225.000 mittelniederländischen Verszeilen (Berteloot 1999) nur wenig bekannt.[204] Um 1270 schrieb er seine *Der Naturen Bloemen* („Die Blumen der Natur"), eine aus etwa 16.700 Verszeilen bestehende und in 13 Bücher unterteilte Naturgeschichte, in der die Stichworte der einzelnen Bücher jeweils alphabetisch geordnet sind. Als eine seiner Quellen erwähnt er das *Liber de natura rerum*, das er aber fälschlicherweise dem Albertus Magnus zuschreibt. Wie sich jedoch aus den verschiedenen Zitaten ableiten läßt, handelt es sich um das gleichnamige Werk des Thomas von Cantimpré (Berteloot 1999). Seine Beschreibung der Myrmeken im 7. Buch (Text s. Anhang 14) entspricht weitgehend der in seiner Vorlage und enthält auch die Verweise auf Adelinus, Isidor und Plinius.

Allmählich schien jedoch der Glaube an die Existenz der Myrmeken abzunehmen, denn im großen Wörterbuch *Summa quad vocatur Catholicon* des Dominikanermönches Johannes de Janua, genannt Balbus, das im Jahre 1268 vollendet wurde,

---

[202] Das Werk wird übrigens auch von Dante erwähnt, der Latini im Inferno *XV 119* sagen läßt: „In meinem 'Schatz' leb' ich noch fort."
[203] Das zweite Buch behandelt moralische Fragen, das dritte Politik und Regierung.
[204] Seine frühen Schriften sind meist ritterliche Romane und Epen, wie sie in der damaligen höfischen Gesellschaft so beliebt waren, und bei deren Abfassung er sich auf französische und lateinische Originale stützte. So verfaßte er z.B. ein Alexander-Lied und einen Troja-Roman. Später wandte er sich mehr didaktischen und moralisierenden Themen zu. Sein Todesjahr liegt nach 1291.

fehlen sie bereits. Es handelt sich dabei um ein teilweise alphabetisch geordnetes Lexikon des gesamten Wissens der Zeit, in dem unter den Stichwort 'formica' nur die schon von Plinius beschriebenen Verhaltensweisen erwähnt werden.[205]

2.4.9 Kaswini, der Herodot des Mittelalters

Bei Zakariyya ibn Muhamad ibn Mahmud Abu Yahya (1203–1283), dem großen arabischen Kosmographen, der nach seiner nordwestlich von Teheran gelegenen Geburtsstadt Kaswin herkömmlich als Kaswini bezeichnet wird, finden sich die Myrmeken ebenfalls. Dieser, einer arabischen Juristenfamilie entstammende Gelehrte ging zunächst 1233 nach Damaskus und wirkte anschließend viele Jahre unter dem letzten abbasidischen Kalifen al-Musta'sim (1240-1258) als hochgeachteter Richter in den irakischen Städten al-Wasit und al-Hilla. Nach der Eroberung Bagdads durch die Mongolen im Jahre 1258 zog er sich aus dem öffentlichen Leben zurück und widmete sich der Schriftstellerei. Sein dem persischen Historiker al-Dschuwaini gewidmetes Buch über *Die Wunder der Schöpfung und die Merkwürdigkeiten des Kosmos* erschien 1262 und wurde rasch zum wohl am meisten gelesenen bildenden und zugleich unterhaltenden Werk der damaligen islamischen Welt.[206] In diesem Werk sucht man die Myrmeken allerdings vergeblich, denn Kaswini gibt hier unter dem Stichwort „Ameise" nur nüchtern Berichte verschiedener Verhaltensweisen wieder und beschreibt insbesondere deren Bauten.

Bereits 1263 erschien, als zweiter Teil des Gesamtwerkes, das *Adjaib al-buldan* („Die Wunder der Länder"). Das Buch wurde bis 1275 überarbeitet und erhielt den neuen Titel *Kitab Atar al-Bilad* („Das Buch der Denkmäler der Länder"). Es ist eine in der Art eines geographischen Lexikons aufgebaute Aufzählung von Ländern, Völkern, Bergen, Flüssen usw. und natürlich auch von allerlei Wundergeschichten.[207] Kaswini hält sich an die seit dem griechischen Geographen Parmenides (510–445 v. Chr.) aus dem unteritalienischen Elea gebräuchliche Einteilung der Erde in sieben ost-westlich verlaufende Klimazonen, welche die Annahme einer Kugelgestalt der Erde voraussetzt. Indien liegt danach in der zweiten Zone. In dem der Wüstenfeld-Ausgabe zugrunde liegenden Manuskript fand Gildemeister (1838: 220) *fol. 78-79* unter den zahlreichen Wundern Indiens die Geschichte der Myrmeken, die er auf Lateinisch wiedergab:

> Der Schreiber des *Buches der Wunder* sagt, daß es im äußersten Indien ein Land gebe, dessen Sand mit Goldstaub vermischt sei. Darüber hinaus lebe dort eine Ameisenart von größter Gestalt, die im Laufen schneller sei als der Hund. Das Klima in diesem Land sei sehr heiß. Sobald die Sonne aufgeht und die Temperatur

---

[205] Späte Berühmtheit erlangte das Werk, als es 1460 von Gutenberg in Mainz im 42-zeiligen Folio wie seine Bibel gedruckt wurde.

[206] Dank dieses Buches wurde Kaswini auch der Herodot des Mittelalters oder der Apollonius der Araber genannt, letzteres nach Apollonius, dem bedeutenden griechischen Mathematiker und Astronomen aus dem kleinasiatischen Perge (262-190 v. Chr.).

[207] Das Werk wurde bisher noch nicht komplett übersetzt, es liegt nur in einer Teilausgabe des arabischen Textes von Wüstenfeld (1848) vor.

steigt, ergreifen die Ameisen die Flucht in unterirdische Höhlen. Dort halten sie sich auf, bis die beißende Kraft der Sonne zurückgegangen ist. Sobald die Ameisen verschwunden sind, tauchen die Inder mit ihren Packtieren auf, beladen diese mit dem erwähnten Sand und ziehen sich schleunigst zurück, weil sie befürchten, daß die Ameisen sie einholen und fressen werden.

Es finden sich hier viele der Aspekte der ursprünglichen Geschichte von Herodot, zum Beispiel der Vergleich mit den Hunden, allerdings nur nach Schnelligkeit, nicht nach Größe, die Hitzeempfindlichkeit der Myrmeken, usw.. Es ist durchaus anzunehmen, daß der von Kaswini zitierte Autor des *Buches der Wunder* [208] von einem der klassischen Autoren kopiert hat, denn es gab schließlich von nahezu allen klassischen griechischen Autoren arabische Übersetzungen.

Wie bereits in Kap. 2.4.1 erwähnt, erscheinen die Myrmeken auch in den *Sedjaret Malayou*, (Malayischen Chroniken), die teilweise auf lokale Überlieferungen aus der Zeit vor der Islamisierung der Region seit der Mitte des 13. Jahrhunderts zurückgehen (Devic & Starkley 2000):

> Eines Tages ging Prinz Marah-Silou mit seinem Hund auf die Jagd, als dieser plötzlich vor einem Hügel zu bellen begann. Der Prinz bestieg diesen Hügel und fand dort eine katzengroße Ameise, die er erlegte und anschließend verspeiste. Der Platz wurde danach *Samudra* genannt, d.h. 'große Ameise'.

Samudra ist der malaiische Name der Insel Sumatra sowie des ersten islamischen Staates in Indonesien. Hier findet sich also eine unabhängige Bestätigung des Berichtes des Kapitäns Bozorg (Kap. 2.4.1). Interessanterweise wird die Ameise hier nicht wie sonst als hundegroß beschrieben, sondern als katzengroß, wie erstmals im *Fermes-Brief*.

2.4.10 Mappaemundi, die frühen Weltkarten

Während die frühen Weltkarten mit sehr wenigen Ausnahmen bis in das 12. Jahrhundert hinein noch sehr einfach und schematisch aufgebaut waren, zeichnet sich mit dem 13. Jahrhundert ein Wandel zu wesentlich detaillierten Darstellungen auf schon monumental zu nennenden Karten ab. Bei diesen frühmittelalterlichen Karten oder *mappaemundi* handelt es sich um so genannte T-Karten, auf denen der Erdkreis in eine obere Hälfte mit Asien und zwei untere Quadranten unterteilt ist, den linken mit Europa und den rechten mit Afrika. Jerusalem liegt stets im Zentrum dieses Erdkreises, der rundum vom Ozean umgeben ist. Diese Karten werden auch mit dem Terminus TO-Karte für 'terrarum orbis' („Erdkreis") belegt.

Nach Wiseman (1992) geht diese Art der kartographischen Darstellung auf Julius Cäsar zurück, der noch kurz vor seiner Ermordung im Jahre 44 v. Chr. eine sol-

---

[208] Um welches arabische *Buch der Wunder* es sich dabei genau handelt, das des bereits erwähnten Kapitäns Bozorg aus dem 10. Jahrhundert oder ein anderes, ist nicht festzustellen, da diese Bücher eine in der damaligen arabischen Welt überaus beliebte und daher umfangreiche Literaturgattung darstellen, die so genannte 'Mirabilia-Literatur'.

che Karte in Auftrag gegeben haben soll.[209] Für die Herstellung solcher Karten gab es sogar eine ausführliche Zeichenanleitung — *Expositio mappae mundi* — vom Ende des 12. Jahrhunderts aus England, die Dalché (2001) entdeckte. Da die Karten des 13. Jahrhunderts meist sehr detailliert sind und sich für eine auf das Format dieses Buches verkleinerte Darstellung nicht eignen, wird hier zur Illustration nur eine von Miller (1896) angefertigte Umzeichnung der nachstehend zu besprechenden *Hereford mappamundi* gezeigt (Abb. 12).[210]

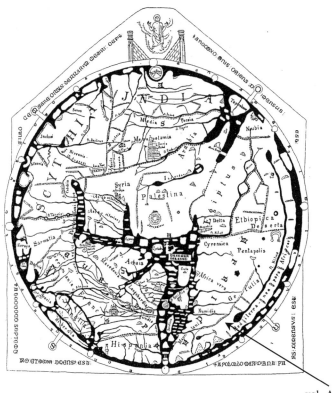

vgl. Abb. 14

Abb. 12: Die *Hereford mappamundi* (vereinfachte Umzeichnung von Miller 1896)

[209)] Auf einer der nachstehend zu beschreibenden *mappamundi*, der so genannten *Ebstorferin*, findet sich ein entsprechender textlicher Verweis.
[210)] Die Karte ist, wie die meisten T-Karten, nach oben orientiert, was bedeutet, daß sie 'ad orientem' ausgerichtet ist, d.h. nach Osten und somit nach Jerusalem. So ist zum Beispiel der Chor fast einer jeden christlichen Kirche orientiert, denn der Zusatz „nach Osten" ist aufgrund der ursprünglichen Bedeutung des Wortes eigentlich entbehrlich.

2. Ad fontes — Zu den Quellen

Das früheste Exemplar dieses Kartentyps, auf dem sich die Myrmeken finden, ist die *Cornwall mappamundi*, ein 61 x 53 cm großes Fragment einer ursprünglich kreisrunden Karte mit einem Durchmesser von etwa 1,6 m. Die Karte wurde erstmals von Haslam (1987) beschrieben, der sie 1985 bei einer Inventur im Archiv des Herzogtums Cornwall entdeckt hatte. Sie war zwischen 1521-39 zerschnitten und zum Einbinden anderer Bücher verwendet worden. Nach einer Kohlenstoffisotopenbestimmung durch die Universität Oxford liegt der Entstehungszeitraum der Karte zwischen 1150-1220 (Woodward 1987). Hameleers (1987) hingegen hält nach kunstgeschichtlichen Überlegungen eine Entstehung zwischen 1260-1285 für wahrscheinlicher. Auf diesem Fragment sind an der Westküste Afrikas auf schwarzen (?) Bergen zwei Ameisen dargestellt (Abb. 13), zwischen denen sich folgender, durch Nadellöcher verstümmelter Hinweis befindet: „formice magne que aureos sua..? vid? (große Ameisen, die goldene ...)." Kliege (1991) liest den verstümmelten Teil als: „... aureos sumunt montes (... nehmen/besetzen goldene Berge)." Nach einer persönlichen Mitteilung von G. Haslam könnten die letzten Worte auch „suate vidi esse" gelesen werden, was aber unverständlich ist. Der Schöpfer der Karte bezieht sich hier wahrscheinlich auf den entsprechenden Hinweis bei Isidor.

Eine große Ähnlichkeit mit der *Cornwall mappamundi* weist die *Hereford mappamundi* auf, so benannt nach ihrem Aufbewahrungsort in der Kathedrale im englischen Hereford. Nach einer Randinschrift wurde sie von einem gewissen Richard de Bello aus Haldingham in Südengland geschaffen, vermutlich zwischen 1285-1295 (Davis 2000). Die fünfeckige Karte ist auf ein Pergament aus einer kompletten Kalbshaut von 1,35 x 1,65 m gemalt, wobei die Erde selbst als Scheibe von 1,32 m Durchmesser dargestellt ist (vgl. Abb. 12) und die Ecken mit allegorischen Darstellungen gefüllt sind. Die geographischen Angaben stammen von Plinius, Solinus und Strabon sowie von christlichen Autoren wie Hieronymus und Isidor.[211] Aufgrund bestimmter Ähnlichkeiten mit der *Cornwall mappamundi* vermutet Hameleers (1987), daß die beiden Zeichner entweder nach derselben Vorlage gearbeitet haben oder daß es sich sogar um dieselbe Person handelte. Dalché (2001) wies auf die Ähnlichkeit zwischen der *Hereford mappamundi* und der Zeichenanleitung *Expositio mappae mundi* aus dem späten 12. Jahrhundert hin.

Die Myrmeken erscheinen wieder in Afrika im rechten unteren Teil der Karte (Abb. 14) östlich eines völlig fehlplazierten Nillaufes in Form von zwei an Strichmännchen aus Comic-Heftchen erinnernden vierbeinigen Wesen. Gegenüber der *Cornwall mappamundi* wurden sie von der Atlantikküste weit ins Inland nach Osten verschoben. Die Myrmeken bestehen hier aus je drei Kreisen mit einem schnabelähnlichen Anhang am Kopf, der durch ein Auge in Form eines Punktes gekennzeichnet ist, und stehen über kleinen runden „Goldkörnchen". Dabei befindet sich der lateinische Hinweis: „hic grandes formice aureas eruunt arenas", d.h. „hier graben große Ameisen goldene Sande aus." Der Bezug auf ihre sonst üblicherweise erwähnte Hun-

---

[211] Wie bei den frühen mittelalterlichen Karten üblich, ist Jerusalem als Mittelpunkt der Welt dargestellt und die Erdscheibe vom Ozean umflossen.

2.4 Das Hochmittelalter

degröße oder -gestalt fehlt. Die Lesart „eruunt (graben aus)" geht auf die entsprechende Stelle bei Isidor zurück.[212]

Abb. 13: Die Myrmeken auf der *Cornwall mappamundi* (nach Woodward 1987)

Abb. 14: Die Myrmeken auf der *Hereford mappamundi* (nach Miller 1896) (zur Lage s. Abb. 12)

---

[212] Westrem (2001) liest allerdings „... aureas <u>sericam</u> arenas" und hält den Ausdruck 'sericam' für eine verderbte Schreibweise von 'servant', wie im *Liber monstrorum*. Danach hieße die Stelle dann: „Hier bewachen große Ameisen goldenen Sand."

2. Ad fontes — Zu den Quellen

Die größte und wohl bedeutendste dieser monumentalen mittelalterlichen *mappaemundi* war die von ihrer Erforschern liebevoll so genannte *Ebstorferin*, die um 1830 in einem Hinterzimmer des Benediktinerinnenklosters Ebstorf bei Uelzen in der Lüneburger Heide entdeckt worden war. Nach umfangreichen Restaurierungsarbeiten wurde sie Ende des 19. Jahrhunderts nach Hannover in das dortige Hauptstaatsarchiv verbracht, wo sie bei dem großen Bombenangriff in der Nacht vom 22.-23. September 1943 zunächst in einem Tiefkeller verschüttet wurde. Sie verbrannte schließlich bei dem Folgeangriff am 8.-9. Oktober 1943 zusammen mit 12.700 Fach Akten und etwa 11.000 Handschriften, Urkunden usw. (Brosius 1991).

Glücklicherweise war sie jedoch von Sommerbrodt (1891) ausführlich photolithographisch dokumentiert und von Miller (1896) im Detail beschrieben worden.[213] Die 3,56 x 3,58 m große Karte bestand ursprünglich aus 30 ungleich großen Pergamentblättern, die mit 1 cm breiten Pergamentstreifen aneinander geklebt waren. Allerdings waren im Laufe der Jahrhunderte bereits einige Blätter verloren gegangen. Nach einem Eintrag in den Randinschriften wurde die Karte in Helmstedt geschaffen, Miller (1896) hält eine Entstehung nach 1270 für wahrscheinlich, da die erst zu diesem Zeitpunkt entdeckten Salzvorkommen von Lüneburg auf der Karte erwähnt sind. Wolf (1991) nennt aufgrund des geschichtlichen Umfeldes das Jahr 1239 als Entstehungszeitpunkt, wohingegen Kevan (1992) die beigefügte undeutliche Jahreszahl als 1234 statt 1284 liest. Nach neueren Untersuchungen von Wilke (2001) entstand die Karte in Ebstorf selbst zwischen 1298 und 1308.

Der Charakter dieser für damalige Verhältnisse gewaltigen Karte wird am besten mit den Worten von Wolf (1991: 115) beschrieben: „Die Ebstorfer Weltkarte ist gleichzeitig geographisch eine Weltkarte, didaktisch ein enzyklopädisches Lehrmittel, ikonographisch ein Bild von Gottes Weltschöpfung, politisch ein Herrschaftszeichen und frömmigkeitsgeschichtlich ein Andachts- und Meditationsbild." Sie umfaßt etwa 1.400 Textstellen, die zum größten Teil dem Solinus entstammen, jedoch lassen sich auch der *Alexander-Roman* und andere antike Quellen nachweisen. Geschaffen wurde das Werk wahrscheinlich von dem Ebstorfer Probst Gervasius (1163-1240), der verschiedentlich mit dem Gervasius von Tilbury aus der zweiten Hälfte des 12. Jahrhunderts gleichgesetzt wird, jenem Mönch, der für Kaiser Otto IV 1212 die *Otia imperialia* (Kap.2.4.8) verfaßt hatte. Es besteht hier aber lediglich Namensgleichheit, was Wilke (2001) belegen konnte.

Nun aber zu den Myrmeken: Auf der *Ebstorferin* finden sie sich weder in Äthiopien, noch in Indien, sondern in Mesopotamien an dem sich vor dem Taurus-Gebirge vom Tigris nach Westen abspaltenden Euphrat, links von der Stadt Ninive.[214] Es wird hier ein etwas unförmiges hundeähnliches Wesen dargestellt (Abb. 15) und mit den auf Solinus zurückgehenden Worten „hundsgroße Ameisen bewachen goldene

---

[213] Sie wurde mittlerweile von Forschern der Universität Lüneburg in einem aufwendigen Verfahren für das Internet aufbereitet und ist dort unter *www.uni-lueneburg de/Ebs Kart/* abrufbar.

[214] Bei dieser Verbindung zwischen diesen beiden Strömen könnte es sich um den von Herodot *I* 193 beschriebenen Kanal handeln, „der schiffbar ist und vom Euphrat gegen Südosten läuft bis zu einem anderen Strom, dem Tigris, an dem die Stadt Ninive lag."

Sande" kommentiert. Die Myrmeken wurden also immer noch als so wichtig erachtet, daß sie auf dieser Weltkarte dargestellt wurden. Im übrigen erscheinen auf der *Ebstorferin* natürlich in Indien auch die goldenen Berge, die „wegen der dort hausenden Drachen und Greife nicht aufgesucht werden können."

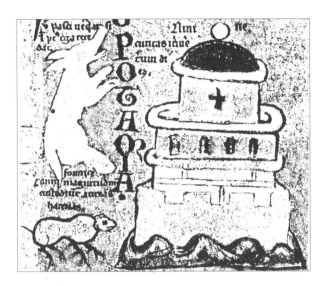

Abb. 15: Die Myrmeke auf der *Ebstorfer Weltkarte* (nach Sommerbrodt 1891)

2.4.11 Mitteleuropäische Alexander-Romane des 12.-13. Jahrhunderts

In der Blütezeit des europäischen Rittertums im 12.-13. Jahrhundert war es nicht verwunderlich, daß sich Berichte über die Taten Alexanders des Großen einer großen Beliebtheit erfreuten, und dies in einem Ausmaß, das heute nur noch schwerlich nachzuvollziehen ist. Es sind insgesamt sieben Versromane und zwei Prosafassungen erhalten. Das erste dieser Werke, und dabei gleichzeitig das erste in einer Volkssprache — franco-provenzalisch — geschriebene ist der um 1120 verfaßte *Alexander-Roman* des Alberich von Pisancon, von dem aber nur die ersten 105 Verse erhalten sind. Im deutschsprachigen Raum erscheint darauf aufbauend kurz danach das *Alexander-Gedicht* des Pfaffen Lamprecht, dessen älteste mittelhochdeutsche Handschrift von 1180 datiert. Das Gedicht umfaßt 7.150 Verse, in denen man jedoch die Myrmeken noch vergeblich sucht.[215]

---

[215] Es geht hauptsächlich auf die ebenfalls 'myrmeken-freie', lateinisch geschriebene *Alexandreis* des südfranzösischen Walter von Chatillon (1134-1200) zurück, die ihrerseits der Alexander-Geschichte des Curtius Rufus folgt. Dieses Werk wurde zum Vorbild für viele andere europäische volkssprachliche Alexander-Romane.

2. Ad fontes — Zu den Quellen

Zwischen 1177–1180 entstand der altfranzösische *Alexander-Roman* des Alexander de Bernay, der aus etwa 20.000 zwölfsilbigen Versen mit Endreimen besteht (Streckenbach 1990).[216] Der Autor hat wahrscheinlich ein bereits bestehendes Gedicht überarbeitet und in seine heutige, aus vier Abteilungen bestehende Form gebracht. Neben den fuchsgroßen Mäusen *(3,76)* werden *3,33* auch die Myrmeken erwähnt, als Alexander vor der Entscheidungsschlacht gegen den indischen König Poros seinen Mannen zuruft (Anonymus 2003):

> 652 Das Volk, das ihr da seht, ist nicht vorbereitet.
> Es hat noch nicht gemerkt, daß es so gut wie erobert ist.
> Wegen des Goldes und des Silbers, das bei ihnen die Ameisen bringen,
> 655 wird der sein Leben lang reich genannt werden,
> der sie wacker mit dem blanken Schwert erobert.
> Am Morgen ziehen wir gegen sie,
> wenn sich der Morgennebel gehoben.

Hier bringen die Myrmeken also nicht nur Gold, sondern auch noch Silber.

Etwa zu derselben Zeit verfaßte in England ein gewisser Thomas von Kent den anglo-normannischen, aus etwa 12.000 Versen bestehenden *Roman de toute chevalerie*, den „Roman der gesamten Ritterschaft" (Foster 1977).[217] Das Werk entstand nach 1173, da es auch aus der zwischen 1169–1173 geschriebenen *Historia scholastica* des Petrus Comestor zitiert. Von den hier interessierenden Untieren erscheinen zunächst unter *Rubrum CXIX* die fuchsgroßen Mäuse, die Menschen und Tiere angreifen. Sie werden im folgenden *Rubrum CXX* von geierähnlichen Vögeln vertrieben.[218]

In *Rubrum CLXXXXVIII* finden sich dann schließlich „Ameisen, die wertvolle Steine tragen." Es heißt Z. *6831–6834*:

> In Äthiopien, so sagt man, gibt es Ameisen,
> die so stark sind, daß sie Perlen herbeitragen.
> Die aber, die davon rauben wollen, begehen einen großen Fehler,
> denn sie sind des Todes und vernichtet, bevor sie sich davonmachen können.

Die Verse scheinen eine freie dichterische Bearbeitung der entsprechenden Stelle bei Solinus darzustellen, der die Myrmeken ja aus Äthiopien beschreibt. Statt des Goldes wurden wegen der erforderlichen Endreime (fourmie — margarie) Perlen gewählt.

Die altfranzösische Prosaversion des Alexander-Romans, *La histoire du roy Alixandre* („Geschichte des Königs Alexander") wird in die zweite Hälfte des 13. Jahrhunderts gestellt. Wie Hilka (1917) zeigen konnte, handelt es sich dabei zu einem großen Teil um eine wörtliche Übersetzung der entsprechenden Teile der *Orosius-*

---

[216] Nach diesem Werk heißen zwölfsilbige Verse in Frankreich „Alexandriner".
[217] Das Werk basiert im Wesentlichen auf den *Res gestae* des Julius Valerius und dem *Alexander-Brief* an Aristoteles, enthält aber auch Zitate aus dem Solinus, der *Orosius-Rezension* der *Historia* und dem Aethicus Ister (Kap. 2.3.7).
[218] Damit bezieht sich der Autor möglicherweise auf die späthellenistische *Batrachomyomachie* („Kampf der Frösche und Mäuse"). In dieser Persiflage auf die Heldenkämpfe der Ilias werden die obsiegenden Mäuse auf Veranlassung des Götterrates von Krebsen vertrieben.

2.4 Das Hochmittelalter

Rezension der *Historia* aus dem frühen 12. Jahrhundert. In dem Werk finden sich neben den anderen Untieren Indiens wieder die fuchsgroßen Mäuse, die Leichen fressen und durch ihre Bisse Tiere töten. Hilka (1917) benutzte in seiner Textausgabe die so genannte Berliner Handschrift *78.C.1* des Werkes, in der sich die Myrmeken nicht finden. Aber an der entsprechenden Stelle (*fol. 68 r*) in der Stockholmer Handschrift des Werkes finden sie sich dann doch (Text s. Anhang 15). Ihre Beschreibung ist gegenüber der *Orosius-Rezension* etwas abgewandelt, insbesondere werden sie hier wieder größenmäßig mit Hunden und nicht mit Katzen verglichen. Auch hier wird der Goldaspekt einfach an die Beschreibung der gefährlichen Myrmeken unvermittelt 'angehängt'.

Etwa zur gleichen Zeit, um 1295, vollendet ein gewisser Ulrich[219] seinen über 28.000 Verse umfassenden, für den böhmischen König Ottokar II geschriebenen *Alexander,* der in weiten Teilen ebenfalls die *Orosius-Rezension* der *Historia* als Quelle benutzt. Der Autor läßt keine Gelegenheit aus, wundersame Gegebenheiten in epischer Breite auszumalen und so findet sich hier nach der Beschreibung von 'etablierten' Fabelwesen wie unter anderem den Kynokephalen, den Hundsköpfigen, *Z. 23. 115-23.156* eine neue Version der Myrmeken-Geschichte, die hier sprachlich aktualisiert nach der Textausgabe von Toischer (1888: 615) wiedergegeben wird:

23.115 Die Nacht brachten sie zu
in Ruhe wie sie es gedacht.
Sie schliefen lang bis in den Tag
von Müdigkeit bezwungen
bis zur fünften Stunde
23.120 des Tages; da begann
das Vieh heftig auf den Wiesen
laut zu brüllen und herumzulaufen,
und von dem lauten Schalle
erwachten die Leute alle.
Sie sahen viel totes Vieh
und manchen Haufen roten Goldes,
das während der ganzen Nacht
auf die Erde herauf gebracht
Ameisen groß und wundersam,
23.130 ähnlich einem zottigen Wolf.
Sie hatten in ihrem Maule
scharfe Zähne wie Hunde
sechs lange Beine
hatten sie und scharfe Klauen
wie die Meeresmücken
und einen gefiederten Rücken.

---

[219] Ulrich wird heute nach seinem Geburtsort in Böhmen meist Ulrich 'von Etzenbach' genannt. Sein Werk regte noch im 16. Jahrhundert Hans Sachs (1494-1576) zu einer „Tragedia mit 21 Personen, von Alexandro Magno, dem König Macedonie, sein Geburt, Leben und Endt" an.

Und sie hatten scharfe Schnäbel,
und so manche schleppte ein Lamm mit sich.
Wenn sich ein Mann ihnen näherte,
23.140 dann war er gewisslich des Todes.
So mussten sie das Vieh verteidigen,
da sie sich davon ernähren wollten.
Man sah sie die Ameisen jagen
Und wollten sie gern erschlagen.
Doch die liefen so schnell,
daß es schon verwunderlich war
und es schien, als ob sie fliegen.
Damit verbrachten sie den Tag
bis die Sonne zur Ruhe sich neigte
23.150 und das Gewürm in die Erde kroch,
wie es seine Art und Weise.
Aber da übernachtete
das Heer im Freien,
und der königliche Herr gebot,
daß sie von dem Golde nehmen sollten,
soviel ein jeder nur wollte.

Hier zeigt sich eine bunte Mischung von Aspekten aus verschiedenen Quellen: Da sind zunächst die toten Rinder, die aus der *Historia* stammen, wo die fuchsgroßen, aus den Myrmeken ableitbaren Mäuse über das Heer kommen und die Tiere töten. Die Beschreibung der Myrmeken geht im wesentlichen auf die *Orosius-Rezension* der *Historia* zurück, worauf insbesondere der ursprünglich aus dem *Fermes-Brief* stammende Terminus 'Meeresmücken' (locustae marinae) und ihre Schnelligkeit hinweisen. Auch der gefiederte Rücken stammt aus dieser Quelle. Das Gold erscheint plötzlich völlig ohne Begründung, wobei der Autor, wie in der *Orosius-Rezension*, nicht so recht weiß, wie er diesen von den Myrmeken nächtens heraufgebrachten Schatz literarisch verarbeiten soll, und so wird es von den Soldaten auf Geheiß Alexanders nur einfach aufgesammelt.

Auch in der Spätzeit des byzantinischen Reiches waren die Myrmeken dort noch in gebildeten Kreisen bekannt, so z.B. dem Demetrios Triclinios (1280–1340).[220] In einer sich auf das 'indische Gold' in der *Antigone* des Sophokles *v. 1039* beziehenden Scholie, einer gelehrten Erläuterung, aus dem Werk des Demetrios heißt es:

> In Indien gibt es gewisse geflügelte Tiere, Ameisen genannt, die Gold ausgraben.

Der Autor bezieht sich hier möglicherweise auf Strabon, der *15,1,69* bemerkt, er habe gehört, daß einige der indischen Ameisen geflügelt seien oder vielleicht auf den Kallimachos, der dies ebenfalls berichtet.

---

[220] Dieser im nordgriechischen Thessaloniki geborene Gelehrte wirkte hauptsächlich in seiner Vaterstadt, wo er ein angesehener Lehrer, Kopist antiker Handschriften sowie Herausgeber und Kommentator klassischer Autoren von Aristophanes über die Tragiker bis zu Theokritos war, wobei einige seiner Texteditionen der Klassiker sogar autograph vorliegen.

2.5 Das Spätmittelalter

2.5.1 Die Myrmeken im England des 14. Jahrhunderts

Darstellungen der Myrmeken finden sich auch in einem höchst ungewöhnlichen, in der British Library (London) unter der Signatur *MS Roy. 2 B VII* aufbewahrten Werk. Es handelt sich um den in Ost-England im ersten Viertel des 14. Jahrhunderts auf Latein geschriebenen, so genannten *Queen Mary's Psalter*, ein mit mehreren hundert Zeichnungen aufwendig illustriertes, 319 Pergamentblätter starkes Andachts- und Psalmenbuch.[221]

In diesem Werk finden sich, nach einer Geschichte des Alten Testamentes, dem Stammbaum Jesu und einem Kalendarium, auf *fol. 85–280* die auch im Text reich illustrierten Psalmen, wobei am unteren Rand jeder Seite zusätzlich in leicht kolorierten Federzeichnungen unterschiedliche Szenen dargestellt sind, die aber erstaunlicherweise keinerlei Bezug zu den darüber stehenden Psalmentexten aufweisen. So gehören die Abbildungen der *fol. 85* bis mindestens *fol. 118* eindeutig zu einem Bestiarium, das bis auf wenige Ausnahmen in der Reihenfolge der dargestellten Tiere der des *Bestiariums* des Guillaume le Clerc und der in diesem Zusammenhang erwähnten Handschrift *MS Roy. 2 C XII* aus dem 13. Jahrhundert entspricht (Kap. 2.4.7). Da die Illustrationen am Unterrand der Seiten offensichtlich von anderer Hand stammen als die in den Text selbst eingefügten, liegt die Vermutung nahe, daß diese Illustrationen wohl zunächst für ein Bestiarium vorbereitet worden waren, dessen Text dann in dem darüber frei gelassenen Platz geschrieben worden wäre. Aber dann besann man sich wohl eines anderen und schrieb darüber ein frommes Psalmenbuch und andere kirchliche Texte.

Im Text finden sich zwei Darstellungen der Myrmeken. Zwischen zwei Bäumen zeigt *fol. 95 v* (Abb. 16a) unter dem Text des 13. Psalms einen Ameisenhaufen, auf dem es von über einem Dutzend hundegestaltiger Wesen wimmelt. Auf *fol. 96 r* (Abb. 16b) werden zwei Myrmeken als große Hunde dargestellt, die von einem mit einem Baum bestandenen Hügel zwei bewaffnete Männer anbellen, die sie offensichtlich angreifen wollen. Zu welcher Art von Text die nach *fol. 118* folgenden Abbildungen von Jagd- und Ritterszenen, höfische Szenen usw. gedacht waren, läßt sich nicht mehr feststellen.[222]

---

[221] Das nach der Katalogbeschreibung der British Library aus der Familie der Earls von Rutland stammende Buch sollte 1553 außer Landes geschmuggelt werden, wurde aber vom Zoll abgefangen und der Königin Mary (1516–1558) übergeben, der Tochter Heinrichs VIII (1491–1547) und seiner ersten Frau, Katharina von Aragon (1485–1536). Mary war 1553 Königin geworden und hatte den von ihrem Vater abgeschafften katholischen Glauben wieder eingeführt. Sie ließ dabei im Laufe ihrer Herrschaft über 300 führende Protestanten als Ketzer hinrichten, was ihr den Beinamen 'Bloody Mary' (Blutige Maria) einbrachte. Der aus Wodka und Tomatensaft bestehende Cocktail gleichen Namens spielt mit recht englischem Humor auf die Königin an.

[222] Warner (1912) ist der Ansicht, daß die Illustrationen insbesondere aufgrund der detailreichen Darstellungen höfischen Lebens und der liebevollen Zeichnung der weiblichen Personen in der zweiten Hälfte des Werkes aus einer weltlichen professionellen Künstlerwerkstatt stammen.

2. Ad fontes — Zu den Quellen

Abb. 16a: *Queen Mary's Psalter* (Handschrift *Roy 2 BVII*, British Library London), *fol. 95 v*: Myrmeken auf einem Ameisenhaufen
nach Druce (1923: 351)

Abb. 16b) *Queen Mary's Psalter* (Handschrift *Roy 2 BVII*, British Library London), *fol. 96 r*: Die Räuber
nach George (1981: 189)

2.5 Das Spätmittelalter

Der *Alexander-Roman* war auch in England um diese Zeit noch sehr populär und um 1330 entstand in London der etwa 8.000 achtsilbige Verszeilen umfassende mittelenglische *Kyng Alisaunder*, der als Quelle den altfranzösischen *Roman de toute chevalerie* aus dem späten 12. Jahrhundert (Kap. 2.4.11) benutzt (Smithers 1961).[223] Bei der Beschreibung der Fauna des Landes finden sich eine Vielzahl der schon aus der antiken Indien-Literatur bekannten Ungeheuer und Fabelwesen, und dabei auch die Myrmeken. Es heißt Z. *6.556-6.559*:

6.556 Dort werden Ameisen gefunden,
die größer als Jagdhunde sind.
Niemand darf sie stören,
sonst wird er sogleich sterben.

Während die frühen Enzyklopädisten, angefangen von Plinius bis zu den Dominikanern des 12. Jahrhunderts (Kap. 2.4.8) ihre Werke fast ausnahmslos thematisch, und höchstens, wie Jakob von Maerlant, in einzelnen Kapiteln, alphabetisch gliederten, erscheint nun das erste umfangreiche Werk dieser Art, dessen Stichworte durchgehend alphabetisch angeordnet sind. Es handelt sich dabei um das *Omne bonum* („Sämtliches Gute") des am Londoner Hof tätigen Zisterziensermönches James le Palmer (1320–1375), das um 1370 entstand.[224] Seine 1.350 Einträge gehen nur bis zum Buchstaben M, bei den nachfolgenden Buchstaben finden sich nur vereinzelte Einträge. Palmer benutzt als Hauptquellen den Bartholomaeus Anglicus und das *Catholicon* des Balbus (Kap. 2.4.8). Und so finden sich in *MS Royal 6 E VII (fol. 149 v–150 r)* dann auch wortgetreu die Beschreibungen der Myrmeken, wie in *Kap. 18.51* der *De proprietatibus rerum* des Bartholomaeus Anglicus. Auf die Wiedergabe dieser Textstellen wird daher verzichtet.

Auf den monumentalen *mappaemundi* (Kap. 2.4.10) waren die Myrmeken ja ein sehr beliebtes Motiv gewesen. Sie erscheinen nun nochmals, auf der zwischen 1350–1385 entstandenen *Aslake mappamundi*, so benannt nach ihrem frühesten bekannten Besitzer, einem gewissen Walter Aslake aus dem englischen Norfolk. Das 60 x 23 cm große, stark beschädigte Fragment war von diesem anscheinend gegen Ende des 15. Jahrhunderts als Versteifung einer Papierrolle zur Lagerung von größeren Dokumenten benutzt worden (Barber 1989).[225] Dies Fragment von der rechten unteren Ecke einer ursprünglich wohl über 1 m im Durchmesser großen Karte zeigt hauptsächlich Afrika und am linken oberen Rand das Rote Meer und Teile Westasiens. Wie auf der Hereford und der Cornwall *mappamundi* befinden sich die Myrmeken an der Westküste Afrikas, allerdings ist nur noch der Verweis „formice magne qui aureos ..." zu erkennen (Barber & Brown 1992). Es sind vermutlich wie bei Isidor

---

[223] Alexander unternimmt in diesem sogar von Indien aus per Schiff einen Feldzug nach Äthiopien.
[224] Das reich illustrierte Werk (*MS Royal 6 E VI & 6 E VII* der British Library/London) stellt nach Sandler (1996) die Urschrift des Verfassers dar und wurde interessanterweise später nie kopiert.
[225] Barber beschreibt den Zustand der Karte zum Zeitpunkt ihrer Entdeckung als den einer 'übergroßen Frühlingsrolle'.

die „großen Ameisen, die goldene (Sande ausgraben)". Möglich ist allerdings auch die Rekonstruktion zu „..., die goldene Berge bewachen."[226]

2.5.2 Die Myrmeken bei Giovanni Boccaccio und anderswo

In die Tradition der *Wunder des Ostens* gehört eine kleine Schrift, das um 1330 von dem südfranzösischen Dominikaner Jordanus verfaßte *Mirabilia descripta* („Beschriebene Wunder"). Dieser Mönch hatte einige Jahre im südindischen Columbum (Quilon) an der Malabarküste verbracht und war 1330 vom Papst dorthin als Bischof geschickt worden. Viele seiner Beschreibungen beruhen auf eigenen Beobachtungen, aber er kann sich von Ungeheuern wie den goldene Berge bewachenden Drachen nicht befreien. Und so erscheinen sie auch wieder, die aus den Myrmeken hervorgegangenen fuchsgroßen Mäuse aus dem *Alexander-Roman*. In der Ausgabe des Werks von Yule (1863) heißt es V 9: „In Nieder-Indien [Westküste Indiens] gibt es Ratten so groß wie Füchse, die überaus giftig sind."

Der als unehelicher Sohn eines Florentiner Kaufmanns und einer Französin in Paris geborene italienische Dichter Giovanni Boccaccio (1313-1375) gilt zusammen mit seinem Landsmann Francesco Petrarca (1304-1374) als einer der Begründer der italienischen Renaissance. Seine Bedeutung liegt zu einem großen Teil darin, daß er die italienische Umgangssprache als Gegenpol zu dem von den gebildeten Kreisen benutzten Latein „hoffähig" machte.[227] In späteren Jahren wandte er sich mehr klassischen Themen zu und schrieb meist in Latein.[228]

In den Jahren 1355-1360 entstand sein geographisches Nachschlagewerk *De montibus, silvis, fontibus, lacubus, fluminibus, stagnis seu paludibus, de diversis nominibus maris* („Über Berge, Wälder, Quellen, Flüsse, stehende Wässer oder Sümpfe und die verschiedenen Namen des Meeres"). In diesem stellt er insgesamt nahezu 2.000 geographische Namen aus der antiken Literatur zusammen, die innerhalb der einzelnen Kapitel alphabetisch angeordnet sind.[229] Im Kapitel über die Flüsse findet sich als Stichwort *439* folgender Hinweis:

> Gargarus ist ein Fluß auf der Insel, welche die Hydrophagen bewohnen. Sie tragen Bärte bis zu den Knien und essen auch rohen Fisch. Jenseits davon, so sagt man, gibt es Ameisen, die größer als Katzen sind.

Boccaccio benutzt hier als Quelle die *Otia imperialia* des Gervasius von Tilbury (s.

---

[226] Soweit in der sehr schlecht erhaltenen Karte unter UV-Licht erkennbar, scheint nach einer Mitteilung von P. Barber (London) noch eine schlangenähnliche Darstellung einer Myrmeke vorhanden gewesen zu sein.

[227] Sein heutiger Ruf gründet sich allerdings vor allem auf seinen um 1350 entstandenen *Decamerone*, eine Sammlung von einhundert Geschichten der unterschiedlichsten Art, von denen insbesondere die deftigeren noch heute bekannt sind.

[228] Die Stadtverwaltung von Florenz beauftragte ihn 1373 mit der öffentlichen Lesung und Kommentierung von Dantes *Göttlicher Komödie*.

[229] Das Werk lehnt sich in seinem Aufbau stark an das lateinische geographische Wörterbuch der Vibius Sequester aus der Zeit um 400 n. Chr. an.

2.5 Das Spätmittelalter

Kap. 2.4.8) aus dem frühen 13. Jahrhundert, der seinerseits die Tradition der *Wunder des Ostens* weiterführt.

In einer Sendung des Zweiten Deutschen Fernsehens vom April 2004 über die portugiesischen Entdeckungsfahrten entlang der Westküste Afrikas unter Heinrich dem Seefahrer (1394–1460) wurden die Myrmeken ebenfalls erwähnt:

> Dort am Rio d'Ouro [Goldfluß] graben Ameisen so groß wie Katzen Goldstücke aus dem Boden und häufen sie zu Türmen auf.

Nach Angaben des Autors der Sendung stammt diese Beschreibung aus dem geschriebenen *Libro de conoscimiento del mundo* eines nicht weiter identifizierbaren Autors. Es handelt sich in der Tat um das im Jahr 1350 von einem unbekannten, aber nach eigenen Angaben 1305 geborenen Franziskaner geschriebene *Libro de conoscimiento de todos los regnos y tierras et senorios que son por el mundo* („Buch der Kenntnis aller Königreiche, Länder und Herrschaften der Welt"), das in sechs Handschriften erhalten ist. Es ist die Beschreibung einer von Sevilla ausgehenden und dorthin zurückkehrenden Reise durch Europa, Afrika und Asien, die nach Markham (1912) zum Teil auf eigenem Erleben des Autors beruhen dürfte. In diesem Buch wird der legendäre Priester Johannes (Kap. 2.4.6) übrigens erstmals nach Abessinien versetzt, wo er in den darauf folgenden Jahrhunderten meist vermutet wird.

In der für die Bayrische Staatsbibliothek München im Jahr 1981 für 12.000 £ erworbenen Handschrift des Werkes *(Cod. Hisp. 150)* findet sich *fol.12 r (col. b)* über die Randgebiete der Sahara in Westafrika folgender Hinweis:

> Ansonsten ist die Sahara unbewohnt und die zwei Berge, die zwei erwähnten Berge, liegen am Rio del Oro, von dem ich schon gesprochen habe. Und dort holen sie die Elfenbeinzähne, die es am Ufer des Flusses Nil gibt. Und sie holen Gold aus den Ameisenhaufen, die die Ameisen am Ufer des Flusses bauen. Und diese Ameisen sind sehr groß, so groß wie Katzen, und graben viel Erde aus.

Und etwas später heißt es aus dem Inneren der heutigen Elfenbeinküste, daß die Eingeborenen am Ufer des Nils (hier wohl des Volta) Gold aus Ameisenhaufen gewinnen.

Die Myrmeken werden hier also nach Westafrika verlegt, wo sie auch auf dem mittelalterlichen mappaemundi 'zuhause' sind (Kap. 2.4.10). Bei dem Rio del Oro, der mit dem Nil zusammenhängt, dürfte es sich um den Senegal handeln und die Ameisenhaufen sind sicherlich die in Westafrika weit verbreiteten Termitenhaufen. Hier wird die faktische Beschreibung der dort noch heute gebräuchlichen Gewinnung von Gold aus Termitenhaufen (s. Kap. 4.2.2) mit den gefährlichen katzengroßen Myrmeken (Kap. 2.3.3) verquickt. Interessant ist auch die Art, in dieser Stelle in der Fernsehsendung verfälschend zitiert wurde.

Noch nach der hohen Zeit der mittelalterlichen Alexander-Romane im 13. und frühen 14. Jahrhundert, vollendete im Jahre 1352 der aus dem bayrischen oder österreichischen Raum stammende Seyfrit, oder wie er sich selbst nennt, „der arme Seyfrit", seinen aus 9.081 Versen bestehenden *Alexander*. Seine Hauptquelle ist die *Rezension I²* der *Historia*, an die er sich meist recht eng hält. Unter der Überschrift „Das gross amaissen aus ror chruchen" [Die großen Ameisen kriechen aus dem Röhricht] erscheinen *Z. 5.597 – 5.608* auch wieder die Myrmeken:

> Große Ameisen danach
> man aus dem Röhricht kriechen sah,
> die waren größer als ein Fuchs
> und hatten Zähne wie ein Luchs.
> Die fraßen zu diesen Stunden
> alles, was sie gefunden,
> ob Mensch ob Tier,
> die haben sie verzehret schier.
> Ihr Biss war so giftig,
> dass kein Tier davon genas,
> doch schadeten sie den Leuten nicht,
> das war die gute Zuversicht.

Hier wird im Zusammenhang mit den Myrmeken eine neue Tierart eingeführt, der Luchs — aber nur weil sich das so gut reimt auf 'Fuchs'.

2.5.3 John de Mandeville, ein Vorläufer von Karl May

Um die Wende vom 13. zum 14. Jahrhundert nimmt das Interesse der gebildeten Kreise sowie auch der einfacheren Leute an geographischen Themen stark zu. Im Zuge von Handels- und Missionsreisen kamen immer mehr Menschen mit der Ferne direkt in Berührung oder erfuhren davon aus den Berichten der Reisenden.[230] Diese Reiseberichte und in ihrem Gefolge eine Vielzahl von Abenteuer- oder Reiseromanen erreichten im 14. Jahrhundert eine ungeahnte Popularität, stellten sie doch die einzige Möglichkeit für das damalige Europa dar, sich über die Ferne zu informieren, zumal als die Kreuzzüge, bei denen früher gewissermaßen das Fernweh befriedigt werden konnte, schon lange eine Sache der Vergangenheit waren.

Und damit ist es an der Zeit, den literarischen 'Bestseller' des Mittelalters zu erwähnen, den Reisebericht des Engländers John de Mandeville. Die Herkunft des Werkes liegt im Dunkeln, die älteste französische Handschrift stammt aus dem Jahre 1371, die älteste englische von 1375. Es wird allgemein angenommen, daß der Autor aus England stammt und das Manuskript in Lüttich entstanden ist. In der Einleitung des Werkes schreibt der Verfasser, daß er in St. Albans in England geboren worden sei und im Jahre 1322, nach einer anderen Quelle nach einem Totschlag bei einem Duell, das Land habe verlassen müssen. Er habe beschlossen, die biblischen Stätten

---

[230] Es sei hier nur an Pioniere wie Wilhelm von Rubruk erinnert, jenen Mönch, der 1253 im Auftrage Ludwigs IX von Frankreich (1214–1270) in die Tartarei, d.h. die Mongolei, und China, gereist war und einen umfangreichen Bericht über diese Reise verfaßt hatte. Auch Marco Polo (1254–1324) ist hier zu erwähnen, der zwischen 1271–1295 im Fernen Osten weilte und nach seiner Rückkunft durch sein *Buch der Wunder* bekannt wurde, dessen Authentizität allerdings immer wieder bezweifelt wird.

2.5 Das Spätmittelalter

im Heiligen Land zu besuchen, sei schließlich mehrere Jahre im Dienst des Sultans Melek-madaron[231] in Kairo gewesen und habe sich nach glücklicher Rückkehr aus der Ferne im Jahre 1342 zunächst in Lüttich niedergelassen. Nach England sei er erst nach über 33 Jahren Abwesenheit im Jahre 1356 zurückgekehrt und habe beschlossen, obwohl ihn die Gicht plagte, die Abenteuer „zur Bekämpfung meiner Langeweile" aufzuschreiben. Dazu habe ihm auch der Lütticher Arzt Jean de Bourgogne (genannt à la Barbe) geraten, dessen Identität mit John de Mandeville allerdings aufgrund verschiedener Erwähnungen anzunehmen ist. Das Werk sei zunächst auf Latein geschrieben und von ihm ins Französische und dann erst ins Englische übersetzt worden.

Bei der Abfassung des Buches gab sich der Autor allergrößte Mühe, seine Quellen zu verheimlichen, denn er hat nahezu die gesamte damalige europäische Reiseliteratur in sein Werk eingearbeitet und versucht, ihm den Anschein des persönlichen Erlebens zu geben. Seine Hauptquellen sind nach Ridder (1991) der Bericht des Wilhelm von Boldensele von 1330 über seine Palästinareise und der des Mönches Odorico Pordenone aus Portenau in Südtirol über seine Asienfahrt von 1322–1330.[232] John de Mandeville ist angeblich am 12. November 1372 in Lüttich verstorben, wo noch 1584 sein Grabstein zu sehen gewesen sein soll.

Aber selbst wenn John, oder wer immer sich sonst hinter dem Namen verbirgt, als phantasiebegabter Kopf- und Schreibtischreisender nur aus anderen Werken kompiliert haben sollte, ändert das nichts an der Popularität seines Werkes, wie es ja auch dem Ruf von Karl May (1842–1912), der mit etwa 100 Millionen gedruckten Exemplaren zu den erfolgreichsten Schriftstellern deutscher Sprache zählt, nie geschadet hat, daß er die Länder, die er so großartig beschrieb, nie selbst gesehen hatte. Und dennoch gelang ihm ein Bestseller nach dem anderen. Von den zwischen 1360–1365 entstandenen *Reisen* als literarischer Sensation des Mittelalters sind noch über dreihundert Handschriften und Inkunabeldrucke erhalten, und der Bericht gehört zu den Werken, die schon bald nach der Erfindung der Buchdruckerkunst in nahezu alle wichtigen europäischen Sprachen übersetzt auf den Markt geworfen wurde. Allein aus der Zeit von 1470–1500 sind etwa vierzig verschiedene Drucke bekannt (Abb. 17).[233]

[231)] Möglicherweise Sultan Nasser Mohamed Ben Qalawoon, dessen dritte Herrschaftphase von 1309–1340 dauerte.

[232)] Nach Untersuchungen von Bennett (1954) scheinen jedoch zumindest der erste Teil von Mandevilles Werk, die Berichte über den Vorderen Orient und seine Zeit in Kairo, auf eigener Anschauung zu beruhen.

[233)] Und so wie das Plagiat die höchste Anerkennung eines Werkes ist, kann auch eine Persiflage ein Gradmesser für Beliebtheit sein. Darum handelt es sich bei dem um 1560 in Straßburg veröffentlichten Volksbuch vom *Finkenritter*, der auf seinen Reisen „zur zeit als Herr Johann von Montevilla, Ritter aus Engeland, die ganze Welt, soweit der Himmel blau, umbzogen ist" viele Mandeville ähnelnde Abenteuer er- und überlebte (Bolte 1913).

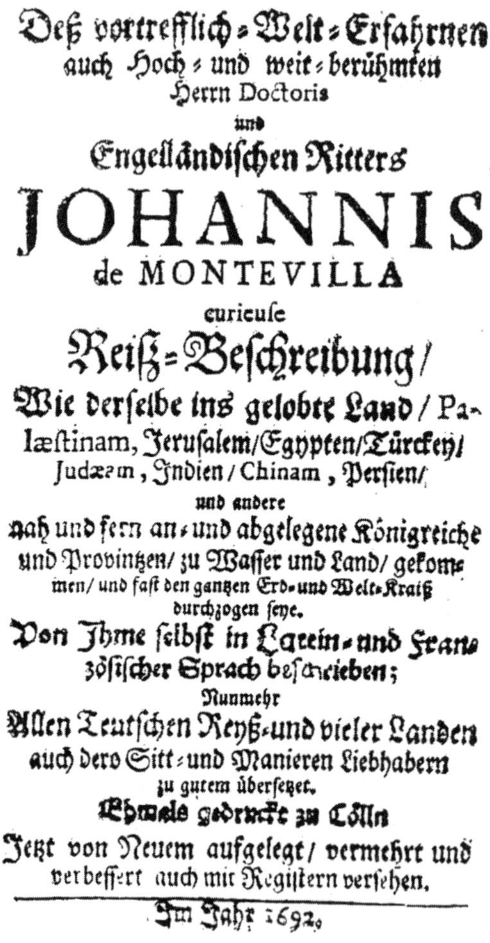

2. Ad fontes — Zu den Quellen

Deß vortrefflich-Welt-Erfahrnen
auch Hoch- und weit-berühmten
Herrn Doctoris
und
Engelländischen Ritters
JOHANNIS
de MONTEVILLA
curieuse
Reiß-Beschreibung /
Wie derselbe ins gelobte Land / Palæstinam, Jerusalem/Egypten/Türckey/
Judæam, Indien / Chinam, Persien/
und andere
nah und fern an- und abgelegene Königreiche
und Provintzen/ zu Wasser und Land/ gekommen/ und fast den gantzen Erd- und Welt-Kraiß
durchzogen seye.
Von Jhme selbst in Latein- und Frantzösischer Sprach beschrieben;
Nunmehr
Allen Teutschen Reyß- und vieler Landen
auch dero Sitt- und Manieren Liebhabern
zu gutem übersetzet.
Ehmals gedruckt zu Cölln
Jetzt von Neuem aufgelegt/ vermehrt und
verbessert auch mit Registern versehen.
Im Jahr 1692.

Abb. 17: Titelblatt einer Ausgabe der *Reisen des John de Mandeville* von 1692

Kopisten des Werkes haben es im Laufe der Zeit immer wieder erweitert und ausgemalt, und zur Erhöhung der Glaubwürdigkeit fügten zum Beispiel einige englische Schreiber den Zusatz ein, der Autor habe auf seiner Rückreise nach England um 1340 den Papst in Rom besucht, um diesem sein Werk vorzulegen. So heißt es in der von etwa 1410-1420 stammenden Handschrift *MS Egerton 1982* der British Library (London): „Und somit hat unser Heiliger Vater mein Buch anerkannt und in

2.5 Das Spätmittelalter

allen Punkten bestätigt." Der Schreiber hat dabei allerdings übersehen, daß die Päpste aufgrund der Kirchenspaltung von 1305-1379 zu dem genannten Zeitpunkt nicht in Rom, sondern in der so genannten 'babylonischen Gefangenschaft der Kirche' im südfranzösischen Avignon residierten.

Die *Reisen* gehörten für nahezu 250 Jahre zu den am meisten gelesenen Reiseberichten und übertrafen an Popularität bei weitem Marco Polos *Buch der Wunder*. Selbst Kolumbus, dessen mit Randbemerkungen versehenes Exemplar der *Reisen* erhalten ist, soll sich bei seinem Plan, Asien von Osten her zu erreichen, auf John de Mandeville berufen haben, berichtet dieser doch *Kap. XX*, er habe in seiner Jugend einen Mann gesprochen, der immer gen Osten gewandert sei, bis er wieder nach Hause kam. Und John sagt selbst: „... und hätten wir Schiffe gefunden und Gesellschaft, um weiterzusegeln, ich meine wir hätten die Rundheit der Erde umfahren". An dieser Stelle gibt er auch den Umfang der Erde mit 31.500 englischen Meilen an, d.h. etwa 50.000 km,[234] und damit um etwa 25 % zu groß.

In *Kap. XXXIII* einer englischen Handschrift des Werkes (Seymour 1967: 218) heißt es über die Länder östlich des bereits erwähnten Priesters Johannes unter der Überschrift *Von den Hügeln aus Gold, die Ameisen hüten* zu der im Ozean liegenden Insel Taprobane oder Sri Lanka (Ceylon) zunächst:

> Auf dieser Insel Taprobane gibt es auch große Berge mit Gold, das Ameisen sorgfältig bewachen, und sie finden dort reines Gold und verwerfen das unreine. Und diese Ameisen sind so groß wie Hunde und so kann kein Mensch diesen Bergen nahe kommen, denn die Ameisen würden ihn anfallen und verschlingen, damit niemand von den Gold etwas bekommt, wenn er nicht mit großer List vorgeht. Wenn nun große Hitze herrscht, so rasten die Ameisen in der Erde von Tagesanbruch bis mittags und dann kommen die Menschen des Landes mit Kamelen, Dromedaren, Pferden und anderen Tieren und gehen dorthin und beladen sie mit allergrößter Eile. Danach fliehen sie, so schnell die Tiere vermögen oder die Ameisen kommen aus der Erde heraus.

Soweit die Einleitung, die bis auf den geographischen Bezug von den antiken Überlieferungen wie z.B. dem Isidor nicht abweicht. Auch hier erscheint wieder die bekannte antike Behandlung des Themas, wobei die besonders heiße Tageszeit wie bei Herodot in die Vormittagsstunden verlegt wird.

Hier werden die Myrmeken, die schon vorher verschiedentlich auf Inseln angesiedelt worden waren, nach Taprobane versetzt. Dieser Name (aus dem Sanskrit 'Tamraparni', die 'Kupferblättrige') bezeichnet meist Ceylon, das heutige Sri Lanka. Er wurde erstmals nach Strabon *XV 4,91* von Alexanders Obersteuermann Onesikritos in seinen 'Memoiren' erwähnt, wobei jedoch die dort genannten geographischen Details nicht zu Sri Lanka passen. Sie ist seit Plinius *(NH VI 81-91)* der Inbegriff der indischen Wunder und ein Land, in dem alles besser als zu Hause ist, und damit das genaue Gegenteil des Roms seiner Zeit:

---

[234] Kartographen des 16. Jahrhunderts wie Ortelius und Mercator haben sein Werk benutzt und auch Goethe soll es gerne gelesen haben. Ihm dürfte die von seinem Schwager C. A. Vulpius 1809 für die Weimarer Hofbibliothek erworbene Handschrift der *Reisen* vorgelegen haben.

> Niemand hält einen Sklaven, jeder steht bei Sonnenaufgang auf, keiner hält rast zur Mittagszeit; ihre Bauten sind von mäßiger Höhe; der Getreidepreis unterliegt nicht der Inflation; es gibt keine Gerichte und keine Prozesse; [...] und der König wird gewählt nach seinem Alter, seiner freundlichen Art und wenn er keine Kinder hat; und sollte er nachher ein Kind bekommen, so wird er abgesetzt, um zu verhindern, daß das Königtum erblich wird.

Insbesondere der letzte Seitenhieb dürfte bei dem Kaiser Vespasian und seinem Sohn und Nachfolger Titus nicht sehr gut angekommen sein, hat aber offensichtlich der Karriere des Plinius nicht geschadet. Es handelt sich bei diesem Topos um eine so genannte 'ethnologische Satire', in der idealisiert andere Länder und Völker eingeführt werden, anhand derer der beklagenswerte Zustand der eigenen Kultur dargestellt werden kann.

Die zweite von Mandeville erwähnte List entspricht der Myrmeken-Geschichte mit den Stuten und ihren Fohlen aus den Bestiarien und dürfte von dort kopiert sein (Text s. Anhang 16). In ihr fügt de Mandeville noch zwei Erläuterungen ein, die ihm wichtig erscheinen. So erklärt er den Drang der Ameisen, die Behälter auf den Pferden mit Gold zu füllen, folgendermaßen:

> Wenn die Ameisen diese Behälter sehen, so springen sie hinein. Und es ist ihre Art, daß sie nichts bei sich leer lassen, sondern es, womit auch immer, auffüllen. Und so füllen sie die Behälter mit Gold.

Der Autor weiß also nicht mehr, daß nach der Darstellung der Geschichte, wie sie seit dem lateinischen *Physiologus* der erwähnten Handschrift *MS Roy. 2 C XII* überliefert wurde, die Myrmeken das Gold in den Körben verstecken wollen. Und auch die Tatsache, daß die Ameisen den Pferden nichts tun, weiß er zu erklären:

> Denn die Ameisen dulden, daß Tiere kommen und zwischen ihnen weiden, aber auf keinen Fall ein Mensch.

Erst mit diesen beiden Erläuterungen gibt die Myrmeken-Geschichte für den Autor überhaupt einen Sinn. Interessanterweise finden sich auch die fuchsgroßen Mäuse aus dem *Pseudo-Kallisthenes* bei John de Mandeville in *Kap. XXXI*. Sie erscheinen in stärker abgewandelter Form außerdem *Kap. XVIII*, wo es heißt, im Indischen Ozean „auf der Insel Chana gibt es Ratten so groß wie Hunde, die mit großen Doggen gejagt werden, da Katzen sie nicht überwinden können." Diese Insel liegt in der Nähe der Insel Lamary (Sumatra), die bereits in den *Malaiischen Chroniken* (Kap. 2.4.9) als Lebensraum katzengroßer Ameisen erwähnt worden war. Mandeville hat diese Informationen wahrscheinlich direkt aus arabischen Quellen bezogen.

Die große Beliebtheit der *Reisen* des John de Mandeville wird auch daraus ersichtlich, daß bereits kurz nach ihrem Erscheinen zwei deutsche Übersetzungen angefertigt wurden, offensichtlich um der entsprechenden Nachfrage zu genügen. Da ist zunächst die Übersetzung des Michel Velser, eines hohen und gebildeten Beamten aus Südtirol, der für das Jahr 1372 in Brixen urkundlich belegt ist. Er gehörte zu dem alteingesessenen Geschlecht der Herren von Vels, deren Stammsitz in Völs am Schlern, in der Nähe von Brixen, bis in das frühe 19. Jahrhundert in Familienbesitz war.

2.5 Das Spätmittelalter

Velser lieferte eine im Allgemeinen recht wortgetreue Übersetzung (Text s. Anhang 17) und nahm am Text nur wenige Änderungen und Kürzungen vor.[235] So läßt er zwar den 'normalen' Raub weg, erwähnt aber, daß die Ameisen zur heißesten Tageszeit unter der Erde sind. Er beschreibt nur die zweite List, bei der das Gold von den Ameisen in die Körbe getragen wird, nimmt dabei aber Pferde und Kühe, die Schlitten hinter sich ziehen, auf denen Körbe stehen. Zur Lokalisierung der Goldfelder weicht er allerdings vom Original ab:

> Und da sind zwei andere Inseln, die heißen Horrible und Agnite. Das ganze Land der zwei Inseln besteht aus Bergwerken und ist voll Gold und Silber.

Die Myrmeken befinden sich nicht mehr auf der Insel Taprobane, sondern auf den auf den im Original östlich von Taprobane gelegenen Inseln Horrible und Agnite,[236] die hier allerdings dort liegen, wo das Rote Meer in den „großen mer Occean" übergeht.[237]

Eine Handschrift der Velser-Übersetzung aus dem Jahre 1459, die aus der Gräflich-Stolberg'schen Bibliothek in Wernigerode stammte und 1941 für die Spencer-Sammlung der New York Public Library erworben wurde (*Spencer Man. 37*), zeigt ein Bildnis des John de Mandeville (Abb. 18) und sogar eine Illustration der Ameisen, die hier allerdings acht Beine wie Spinnentiere, statt eigentlich korrekt sechs Beine wie Insekten besitzen (Abb. 19). Sie krabbeln in Behältern, die wohl Körbe oder Packtaschen darstellen sollen. Den Kopisten dieses Werkes hat auch die Frage beschäftigt, warum die Ameisen denn nun unbedingt das Gold in die Körbe tragen und er hat sich eine neue Erklärung dazu ausgedacht. In einer sprachlich nur wenig modernisierten Form (Anhang 18) heißt es da:

> [...] und legen einen Korb auf das Pferd mit gebrochenem Brot. So kommen die Ameisen und springen in die Körb nach dem Brot und welche ein Knöllchen von Gold oder von Perlen im Mund hat, läßt es fallen und nimmt ein Bröcklein Brot stattdessen. Das treiben sie so lange, bis das Pferd beladen ist.

Es handelt sich hier also gewissermaßen um einen 'stillen Tauschhandel', der allerdings auch noch Perlen umfaßt.

---

[235] Morrall (1956) vermutet, daß Velser eine französische Handschrift der *Reisen* aus der Bibliothek der Grafen Visconti in Mailand oder Pavia vorgelegen hat und die Übersetzung zwischen 1393–1399 verfaßt wurde.

[236] Diese beiden Inseln im Indischen Ozean wurden in der geographischen Literatur erstmals von Plinius *NH 6,23*, der sich dabei auf Pomponius Mela bezieht, unter den Namen 'Chryse' und 'Argyre' eingeführt, die vor der Indus-Mündung liegen sollen. Wie die griechischen Namen besagen, enthält Chryse viel Gold und Argyre viel Silber. Bereits in dem im 4.–3. vorchristlichen Jahrhundert von dem mythischen Poeten Walmiki verfaßten Sanskrit-Epos *Ramayana* tauchen diese Inseln auf. Die Goldinsel soll allerdings nach Curtius Rufus *X 1,10* erstmals schon von den Alexanderhistorikern Onesikritos und Nearchos erwähnt worden sein.

[237] Hier könnte man an eine Beeinflußung durch den Aethicus denken, denn auch dieser erwähnt im Zusammenhang mit den Myrmeken zwei Inseln.

2. Ad fontes — Zu den Quellen

Abb. 18: John de Mandeville
auf *fol. 1 v* der Handschrift
Spencer Man. 37 der New York
Public Library; aus Letts (1949)

Abb. 19: John de Mandevilles
Myrmeken nach
fol. 151 v der Handschrift
Spencer Man. 37
(Abb. Spencer Collection,
The New York Public
Library; Astor, Lennox
and Tilden Foundations)

2.5 Das Spätmittelalter

Der Erstdruck der Velser-Übersetzung erschien 1480 in Augsburg. Aus diesem Werk stammt die nachstehende Darstellung der Szene, in der schwarze und weiße Ameisen auf ein mit Körben beladenes Pferd klettern (Abb. 20). Die Szene wird im Vordergrund von zwei Männern beobachtet, neben denen ein Fohlen steht. Über der Abbildung findet sich noch eine Kapitelüberschrift mit folgendem Wortlaut: „Da gibt es eine Insel mit viel Gold und Edelsteinen, die Ameisen hüten, welche Ungeheuer sind."[238]

Abb. 20: Darstellung des Goldraubes im Erstdruck der Velser-Übersetzung der Reisen des John de Mandeville aus dem Jahre 1480

---

[238] Der gesamte Text mit dem obigen 'Tausch' findet sich in Anhang 18.

2. Ad fontes — Zu den Quellen

Der zweite Übersetzer dieses Werkes, Otto von Diermeringen, tritt erstmals nach 1368 als Kanonikus oder Domherr[239] zu Metz in Erscheinung. Das Geburtsdatum dieses aus dem lothringischen Diemeringen stammenden Übersetzers ist nicht bekannt. Otto war um 1365 an der Universität zu Paris und dürfte dort Kontakt zu der vom damaligen König Karl V (1364–1380) eingerichteten Übersetzerschule gehabt haben. Wahrscheinlich erhielt er über seine dortigen Verbindungen Kunde von diesem aufsehenerregenden Buch und beschloß dann, in Metz eine Übersetzung davon zu verfassen.[240] Seine Übersetzung dürfte nach 1378 entstanden sein, als sein Todesjahr wird 1398 genannt.

Zu seinen Quellen sagt Otto in der Einleitung:

> Ich, otto von dermaringen, thumherre zu metze in lothringen hain diß buch verwandelt ußer latin und ußer welsche zu dutsche.

Er, ein Domherr zu Metz in Lothringen, habe dies Buch also aus dem Lateinischen und Französischen ins Deutsche übersetzt, d.h. unter Benutzung von zwei Handschriften.

Die Übersetzung Ottos gilt insgesamt als weniger gelungen, hat er doch nicht nur das ursprünglich nur in Kapitel untergliederte Werk in einzelne Bücher aufgeteilt und umgestellt, sondern sich außerdem noch so manch andere Freiheit erlaubt. Insbesondere Görres (1807: 70) kritisiert:

> Nie ist ein Schriftsteller so mißhandelt worden; außer dem, daß nach der grundlosesten Willkür alles verrenkt und verschoben ist, daß man die ganze Ordnung des Buches umgekehrt, hat der Übersetzer [d.h. Otto] sich jede Art von freventlicher Verstümmelung erlaubt.

All dies hat jedoch der Wirkung von Ottos Übersetzung keinerlei Abbruch getan, im Gegenteil, sie erfreute sich einer wesentlich weiteren Verbreitung als die Velsers. Ihr Erstdruck erschien 1481/82 in Basel.

Die vollständige Myrmeken-Geschichte, hier in *Buch II Kap. X.*, wird in Anhang 19 vorgestellt. Die goldenen Berge werden dort ebenfalls im Zusammenhang mit den Gold- und Silberinseln genannt. Otto läßt die „einfache" List aus, berichtet aber, daß vor den Goldbergen ein Wasser fließt, was an den Fluß Garganus aus dem *Fermes-Brief* erinnert (Kap. 2.3.3).

---

[239] Domherren sind Mitglieder einer geistlichen Gemeinschaft, die gegenüber dem örtlichen Bischof autonom ist und der u.a. die Durchführung der feierlichen Gottesdienste im jeweiligen Dom oder einer Kathedrale obliegt.

[240] Otto scheint dem geistlichen Leben allerdings nicht all zu sehr zugetan gewesen zu sein, denn im Jahre 1371 erteilt ihm das Domkapitel einen strengen Verweis (Ridder 1991:158): Er habe sich durch den Umgang mit einer jungen Dame kompromittiert und er sich in krasser Mißachtung der Regeln des Kapitels einen Bart und lange Haare wachsen lassen sowie einen kurzen Rock und, wohl als Gipfel der Verwerflichkeit, außergewöhnlich stark zugespitzte Schuhe getragen. Er wurde zu 14 Tagen Haft im Karzer verurteilt und man drohte ihm an, daß er im Falle der Beibehaltung seines Lebenswandels seines Einkommens aus dem Domkapitel verlustig gehen werde.

Die Tatsache, daß Übersetzer oder Herausgeber solcher mittelalterlichen Texte immer wieder Änderungen und Zusätze anbrachten, läßt sich auch noch im 20. Jahrhundert nachweisen. So legte Stemmler (1966) eine sprachliche Aktualisierung der Diermeringen-Übersetzung vor, bei der plötzlich beide Listen der Goldbeschaffung auftauchen und die Geschichte sich in *Kap. XI des IV. Buches* findet. Sie spielt hier außerdem auf der Insel Taprobane wie in der englischen Originalausgabe. Somit entsteht hier ein völlig falscher Eindruck der Diermeringen-Übersetzung, und nur auf der Rückseite des Titelblattes des Buches von Stemmler (1966) findet sich der Hinweis, daß für diese Ausgabe auch englische und französische Übersetzungen herangezogen wurden, d.h. daß der Text hier eine Bearbeitung darstellt.

2.5.4 Die erste Hälfte des 15. Jahrhunderts

Als der französische Orientalist Pétis de la Croix 1683 aus dem Orient nach Frankreich zurückkehrte (Kap. 2.4.4), brachte er neben den *Geschichten aus 1001 Tag* auch ein 148-seitiges türkisches Manuskript eines geographischen Werkes eines gewissen Abderraschid, Ben Saleh Ben Nouri, auf dem Titelblatt mit Nachnamen genannt 'Yakout', mit, das im Jahre 1614 in Laodicea in Griechenland kopiert worden war.[241] Eine Übersetzung des Werkes wurde von Guignes (1789) herausgegeben, ihr Titel lautet: *Darstellung dessen, was auf der Erde am bemerkenswertesten ist, und der Wunder des allmächtigsten Königs*. Es handelt sich um dabei um eine meist gekürzte Kompilation verschiedener Textteile aus dem Werk des Kaswini (Kap. 2.4.9) und des griechisch-arabischen Geographen Yakout.

Auch Bakoui hält sich an die Einteilung der Welt in sieben ost-westlich verlaufende Klimagürtel, wobei Indien, die Heimat der Myrmeken, in die zweite Klimazone gestellt wird, die beginnt, „wenn der Schatten bei der Tag- und Nacht-Gleiche $2^{3/5}$ Fuß mißt". Die innerhalb dieses von China im Osten bis in den Maghreb im Westen verlaufenden Gürtels liegenden Städte und Landschaften werden im Text in alphabetischer Reihenfolge beschrieben. Die Myrmeken erscheinen in Abschnitt *40 (Indien)* fast wörtlich wie bei Kaswini (Text s. Anhang 20). Das Werk verdient es dennoch, hier erwähnt zu werden, zeigt diese Stelle doch, daß auch zu Beginn des 15. Jahrhunderts im türkisch-arabischen Kulturkreis die Myrmeken als etwas durchaus Mögliches angesehen wurden.

Nun aber zurück zur Ameisenstraße und in das christliche Abendland: In einer ähnlichen Funktion wie bei Hieronymus (Kap. 2.3.2) und Eusebius, bei denen die Myrmeken, bzw. die mit ihnen 'verwandten' Greife in einen theologischen Rahmen gestellt werden, finden sich die Myrmeken auch im *Formicarius* des Johannes Nyder aus dem Jahre 1435. Dieser Autor wurde um 1380 in Isny im Allgäu geboren, trat in jungen Jahren dem Dominikanerorden bei und war um 1405 einer der bedeutendsten

---

[241] In der Einleitung erklärt der Verfasser, daß er aus Baku stamme, worauf sich sein heute gebräuchlicher Name 'Bakoui' bezieht, und er das Buch im Jahre 806 der Hedschra, d.h. 1403 christlicher Zeitrechnung, geschrieben habe. Daraus folgt, daß es sich trotz des Hinweises auf dem Titelblatt nicht um den Geographen Yakout (1179–1229) handelt.

2. Ad fontes — Zu den Quellen

Lehrer an der Wiener Hochschule. Aufgrund seiner theologischen und rhetorischen Begabung wurde er bald bei verschiedenen Reformprojekten des Ordens in Deutschland eingesetzt und im Jahre 1431 zum Prior des Konvents zu Basel ernannt, wo er einer der Organisatoren des dort im Rahmen der Auseinandersetzung mit den böhmischen Hussiten stattfindenden Konzils war. Hier vollendete er auch 1435 sein größtes literarisches Werk, eben diesen *Formicarius*. Ab 1436 war er Dekan der theologischen Fakultät in Wien und starb 1438 auf einer Reise in Nürnberg.

Der in fünf Bücher untergliederte *Formicarius*[242] ist insbesondere dadurch kulturgeschichtlich interessant, daß er in seinem letzten Teil einige der frühesten Berichte über Hexenvorstellungen des späten 14. und frühen 15. Jahrhunderts enthält. Das in der zur damaligen Zeit sehr beliebten Dialogform aufgebaute Werk ist über weite Strecken eine Sammlung verschiedener Phänomene, Anekdoten und Berichte über absonderliche Erscheinungen, mit denen der belesene Autor zeigen will, was alles geschehen kann, wenn sich der Mensch von Gott abwendet. Dabei fungiert der Faule (lateinisch 'piger') mit seinen Fragen als Stichwortgeber und der 'theologus' liefert entsprechende christliche Deutungen und Weisheitslehren.

Die Myrmeken finden sich im *Formicarius III 10:*

> Daß indische Ameisen Gold mit ihren Füßen ausgraben, lesen wir oben bei Isidor und Albertus.

Anschließend läßt sich der Autor über die Mühen dieser Arbeit aus und vermerkt, daß so, wie das Gold alle Metalle an Wert überragt, auch die Heilige Schrift in ihrer Würde über allen Wissenschaften steht. Nyder bezieht sich also nur auf geistliche Quellen der Myrmeken-Geschichte, übergeht aber bei Albertus die Tatsache, daß eben jener Autor die Geschichte nicht ganz glauben mochte.[243]

Eines der Zentren der Kartographie in der ersten Hälfte des 15. Jahrhunderts in Europa waren die Universität Wien und das donauaufwärts gelegene Augustinerstift Klosterneuburg. Für die Myrmeken ist dabei eine Karte von Bedeutung, die Kretschmer (1891) in der Apostolischen Bibliothek des Vatikans im *Codex palatinus lat. Mebranaceus n.1362* entdeckte.[244] Es handelt sich um eine kreisrunde Weltkarte von sechzig Zentimeter Durchmesser, auf der es am Ende eines lateinisch geschriebenen sechszeiligen Fußtextes heißt: „Diese Karte wurde gemacht von der Hand des Bruders Andreas Walsperger vom Orden des heiligen Benedikt zu Salzburg. Im Jahre des Herren 1448 zu Konstanz." Dieser Bruder Andreas wird der erwähnten Wien-Klosterneuburger Kartographenschule zugerechnet.

---

[242] Der Titel bezieht sich auf einen der Sprüche Salomos *(Spr. 6,6),* in dem es heißt: „Gehe zur Ameise, du Fauler, sieh' ihre Art an und lerne!"

[243] Non est satis probatum per experimentum (Kap. 2.4.8).

[244] Sie befand sich ursprünglich in der Bibliothek der Pfalzgrafen in Heidelberg und wurde nach der Eroberung der Stadt durch die kaiserlichen Truppen unter Tilly in der ersten Phase des 30-jährigen Krieges 1623 vom bayrischen Herzog Maximilian I als 'Beutekunst' nach Rom zum Dank für die politische Unterstützung durch Papst Gregor XV gebracht. Die 13.000 Drucke und 3.500 Handschriften waren in 196 Kisten verpackt, für die man teilweise das Holz von Bänken aus protestantischen Kirchen verwandte.

2.5 Das Spätmittelalter

Die Karte bringt geographisch wenig neues, enthält viele Fehler, Nachlässigkeiten, mißverstandene und erfundene Namen, Verwechslungen der Himmelsrichtungen usw. Sie weist als erste Karte am unteren Rand einen in jeweils 10 Meilen unterteilten Maßstab von insgesamt 1.800 deutschen Meilen, der mit der Realität allerdings wenig zu tun hat.[245] Insbesondere in Asien (linker oberer Quadrant) zeigen sich die Mängel der geographischen Kenntnisse des Bruders Andreas und Kretschmer (1891: 384) urteilt scharf: „... es ist vielmehr eine gedankenlose Kompilation ohne jede Kritik, welche er sich zu erlauben können glaubte, weil eine Kontrolle hierüber nicht so leicht möglich war."

Auf dieser Karte finden sich an der Westküste Indiens gegenüber einer etwas 'verrutschten' Insel Taprobane zunächst die „montes aurei", die „goldenen Berge", allerdings ohne die dort üblicherweise hausenden Greife. Nur wenig südlich davon (Abb. 21) sind sie wieder, die Myrmeken, von denen es heißt: „hic sunt formice in quantitate canum (Hier gibt es Ameisen von Hundegröße)." Gegenüber der Hereford-Karte (Kap. 2.4.10) werden die Fabeltiere also wieder nach Asien, ihre ursprüngliche Heimat, versetzt, wobei dies aber wohl nicht auf originäre Kenntnisse des Bruders Andreas zurückzuführen sein dürfte, sondern eher auf die Karten- oder Textvorlage, die er benutzt hat.

Abb. 21:   Die Myrmeken auf der Weltkarte des Andreas Walsperger von 1448

---

245) Die Karte hat nach wie vor Jerusalem als Zentrum, im Gegensatz zu älteren Karten liegt am Oberrand der Karte allerdings nicht mehr der Osten, sondern, wie bei den meisten arabischen Weltkarten, der Süden. Das Bezugssystem wurde also gegenüber dem bisherigen Brauch um 90° gegen den Uhrzeigersinn gedreht.

2. Ad fontes — Zu den Quellen

Im Folgejahr verfaßte in Klosterneuburg ein Dominikaner-Bruder namens Fridericus in bayrischem Deutsch eine Übersetzung einer lateinischen Zeichenanweisung mit dem Titel *Incipit nova cosmographia per totum circulum* („Es hebt an eine neue Cosmographie für den gesamten Erdkreis"). Enthalten ist diese Anweisung im *Cod. Lat. Monac. 1458* der Bayrischen Staatsbibliothek (München), einem Tabellenwerk geographischer Koordinaten mit geographischen Namen und Erläuterungen (Durand 1952).[246] Die Karte wurde entgegen den anderen *mappaemundi* mit dem Norden am Oberrand konzipiert.[247] Die Myrmeken erscheinen bei der Beschreibung der verschiedenen Gebirge *fol. 251 r* in Asien mit dem Hinweis: „daz gepirglein der erst puhel leit unter dem gilden perg der Amaissen 32 meil (Das kleine Gebirge des ersten Küstenvorsprungs liegt 32 Meilen unter dem goldenen Berg der Ameisen)." Durand (1952) versetzt sie in ihrer Rekonstruktion der Karte in den Südwesten des indischen Subkontinents östlich einer Hafenstadt namens Sandala, gegenüber der Insel Taprobane (Abb. 22) mit dem Hinweis: „[d]ye Amaisen hueten der guld perg alz dye hunt (Die Ameisen hüten den Goldberg wie Hunde)."

Abb. 22: Die Myrmeken auf der von Durand (1952) rekonstruierten Weltkarte von 1449

---

[246] Das Buch enthält außerdem noch Anweisungen zur Erstellung von einigen weiteren Landkarten und steht daher in derselben Tradition wie die von Dalché (2001) entdeckte Zeichenanleitung vom Ende des 12. Jahrhunderts.

[247] Derartige Zeichenanleitungen müssen auch anfangs des 15. Jahrhunderts recht bekannt gewesen sein, denn in der Handschrift *Egerton 1982* der Reisen des John de Mandeville (Kap. 2.5.3), die zwischen 1410–1420 entstand, heißt es im zusätzlich angefügten Schlußkapitel, wo angeblich das Buch dem Papst zur Prüfung vorgelegt wurde: „daß sie mir ein Buch zeigten, das hundertmal mehr enthielt und wonach die *MAPPA MUNDI* gezeichnet worden war."

2.5.5 Die zweite Hälfte des 15. Jahrhunderts

In diesen Zeitraum fällt ein in England lateinisch geschriebenes und illustriertes Bestiarium eines unbekannten Verfassers, das van den Abeele (2000) der Gruppe IV der Bestiarien nach James (1928) zuordnet. Das in der Universitätsbibliothek von Cambridge aufbewahrte Manuskript *UL Gg.6.5* stellt eine Kombination von Elementen eines 'normalen' Bestiariums mit den Enzyklopädien des 13. Jahrhunderts dar, wobei die moralisierenden Passagen in den Hintergrund treten. Es ist wesentlich umfangreicher als die meisten früheren Bestiarien und ein Großteil der etwa 50 zusätzlich aufgenommenen Tiere stammt nach van den Abeele (2000) aus den *De proprietatibus rerum* des Bartholomaeus Anglicus (Kap. 2.4.8), der auch stellenweise direkt als Quelle genannt wird. Die Myrmeken-Geschichte findet sich im Text auf *fol. 38 r* wortgleich wie das Plinius-Zitat bei Bartholomaeus Anglicus, während das Isidor-Zitat fehlt.

In den Jahren 1457–1459 schuf der im Camuldianerkloster auf der venezianischen Klosterinsel San Michele in Isola vor Venedig wirkende Mönch Fra Mauro zusammen mit seinem Assistenten Andrea Bianco im Auftrag des portugiesischen Königs Alfonso V eine runde Weltkarte auf Pergament mit einem Durchmesser von etwa 1,9 m. Die Karte wurde im April des Jahres 1459 fertiggestellt und nach Portugal verschifft, wo sie zunächst im Kloster Alcabaza aufbewahrt wurde. Ihr Verbleib seit dem Jahre 1528 ist jedoch unbekannt. Fra Mauro begann 1460 im Auftrag des Rates der Stadt Venedig mit einer Kopie der Karte, verstarb jedoch bald darauf, so daß die heute in der Biblioteca Nazionale Marciana in Venedig aufbewahrte Karte von seinem Assistenten Bianco fertig gestellt werden mußte.

Bei dieser überaus liebevoll dekorierten Karte liegt wie bei der Walsberger-Karte der Süden am oberen Rand. Neben geographischen Elementen wie Bergen, Flüssen und mittelalterlichen mauerumkränzten Städten enthält die Karte eine Vielzahl von Details und textlichen Erläuterungen („leggende") von verschiedenen antiken und frühmittelalterlichen Autoren. Im südlichen Asien verzeichnet Fra Mauro drei große Ströme. Der westlichste ist der Indus, dann folgt der nicht näher identifizierbare Mandus und als dritter der Ganges. Östlich des Ganges findet sich in roter Tinte folgende „leggenda" (Abb. 23):

> Einige schreiben, daß es in Indien verschiedene Arten von sowohl menschlichen als auch tierischen Ungeheuern gebe, aber ich halte davon nicht viel, außer von bestimmten Tieren, die dort leben, wie jene Schlangen, die sieben Köpfe haben sollen. Man sagt auch, daß es dort riesige Ameisen geben soll, die — ich schäme mich fast, es zu sagen — wie Hunde zu sein scheinen. Es kann möglich sein, daß es sich um eine Tierart handelt, die den Ameisen ähnlich sieht.
> (Nach der englischen Übersetzung von M. Falchetta, Venedig)

2. Ad fontes — Zu den Quellen

Abb. 23: Die „leggenda" über die Myrmeken auf der Fra Mauro Mappamundi
(Photo M. Falchetta, Venedig)

Fra Mauro ist also sehr skeptisch und lehnt die Existenz der hundegroßen Myrmeken eindeutig ab. Wie einige jüngere Autoren meint er aber, daß es sich um ein ameisenähnliches anderes Tier handeln könnte.

Auch in einem Werk des Humanisten Petrus Candidus Decembrus (1392–1477), der den größten Teil seines Lebens als Sekretär an italienischen Fürstenhöfen verbrachte, befindet sich ein Hinweis auf die Myrmeken. Er veröffentlichte um 1460 einen dem *Physiologus* ähnlichen, dem Marquis Ludovico Gonzaga von Mantua gewidmeten fünfbändigen *Codex animalium (Cod.Vat.Urb.lat. 276)*.[248] Im Buch *IV* treten unter Schlangen und Würmern 35 Insektenarten auf und dabei auf *fol.196 v & r* die 'formica indica', die 'indische Ameise' (Text s. Anhang 21). Petrus kopiert im ersten Teil der Geschichte nahezu wortgleich den Thomas, läßt aber die göttliche Vorsehung weg. Er bezieht sich explizit, aber irrtümlich auf den Solinus, bei dem die Geschichte so nicht zu finden ist. Im zweiten Teil hingegen gibt er in leicht veränderter Form die Version des Plinius wie bei Thomas wieder.

---

[248] Das Werk beruht zum großen Teil auf dem *Liber de natura rerum* des Thomas von Cantimpré (Kap. 2.4.8), 'modernisierte' dessen Ansichten aber in der humanistischen Tradition der Zeit. Dabei verband Decembrus naturwissenschaftliche und zoologische Beobachtungen mit den antiken Ansichten über mythische Tiere.

2.5 Das Spätmittelalter

preter hoiem.

Formica leo

Formicare leo est, qui mirmycoleon dicitur de
gne formicare uez multo maior cum adhuc
puuf est et inualidus pacem simulat atq; concor
diam, cum uero adoleuerit spernit consortia p
stina et iam maioz turba comitatur, deinde +
conualescens audacia delitescit in abditis et pre
donum uice insidiatur formicis Laborantibz ad
communes usus et onera surripit, et formicas
iugulat, et manducat. sic hyeme nullius Laboris
priceps inuadit formicaz horrea et diripit.

Formice indie

Formice in India sunt circa montes aureos maio
res uulpibus, ut solinus affirmat quattuor pe
des hntes et ungues hamatos tante fortitudis
ut hoies discerpant auri cupiditate eos formida
tes. Nam reliquis beluis innocue sunt satis cosciē,
illis nullam auri messe cupiditatem, et ut plinv
testatur bis hiberno tpr condins Indi supuenie
tes aurum surripere furtum conantur qua ex
cura excite, Latebris eos inuadunt cerebra la
cerantes ni subita equoz uelocitate aut camelloz

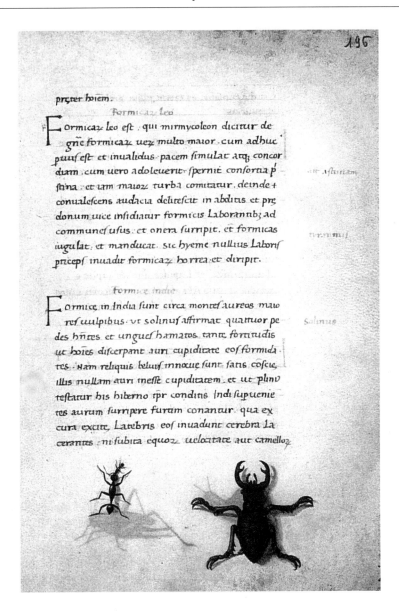

Abb. 24: Die indische Ameise (rechts) nach *fol. 195 v* aus dem *Codex Animalium* des Petrus Decembrus (*Cod.Vat.Urb.Lat 276*)

2. Ad fontes — Zu den Quellen

Das Werk weist unten auf jeder Seite etwa 5–6 cm hohe Ränder auf, die wohl erst im 16. Jahrhundert von unbekannter Hand mit künstlerisch hervorragenden Illustrationen zu den dort behandelten Themen versehen wurden. Auf *fol. 196 v* (Abb. 24) wird unten links eine große Ameise dargestellt, die eine kleine ergreift, was wohl das Verhalten des oben auf der Seite beschriebenen Ameisenlöwen zeigen soll ('den Ameisen ein Löwe'). Rechts daneben ist ein vierbeiniges Insekt zu erkennen, das zwar der Larve eines Ameisenlöwen ähnlich sieht, aber aufgrund der im Text genannten Anzahl der Beine eindeutig die 'indische Ameise' darstellen soll.[249]

Eine weitere 'myrmeken-haltige' kreisförmige Weltkarte befindet sich in einem aus dem Jahre 1470 stammenden Manuskript der *Cosmographia* des Ptolemäus in der Stiftsbibliothek im thüringischen Zeitz *(MS. Hist. Fol. 497)*, auf die Durand (1952) erstmals hinwies. Die Karte mit einem Durchmesser von etwa 22,5 cm war am rechten und linken Rand leicht beschnitten worden, um sie dem Format des Buches anzupassen. Sie lehnt sich sehr stark an die Walsperger-Karte von 1448 an und enthält in Südindien einen Hinweis auf die Myrmeken: „hic formice magne aureos montes custodiunt (Hier bewachen große Ameisen goldene Berge)." Der Zeichner der Karte hatte in diesem speziellen Fall offensichtlich eine andere Textvorlage für seine Arbeit zur Verfügung als Walsperger, der die Hundegröße der Myrmeken vermerkt. Sonst besteht in den Texten der beiden Karten weitgehend Übereinstimmung.

Der 'englische Gutenberg', William Caxton (1422–1491), der sich auch als Übersetzer französischer und lateinischer Texte hervortat, druckte im Jahre 1480 seinen *Mirrour of the world* („Spiegel der Welt"), den er aus dem Werk des Maitre Goussain (Kap. 2.4.8) übersetzte. Es lag ihm in einer 1456 in Brügge gefertigten Handschrift vor, die heute als *MS Roy 19 A IX* in der British Library (London) zu finden ist. Im *Teil II Kap. V* heißt es in der Ausgabe von Prior (1913b) bei den Wundern Indiens wortgetreu entsprechend dem Text des Maitre Goussain: „Dort gibt es Mäuse so groß wie Katzen, die auch schnell laufen können." Der Zusammenhang dieser Mäuse mit den Myrmeken ist bereits mehrfach angesprochen worden.

Im Jahre 1485 veröffentlichte der Frankfurter Stadtarzt Johannes von Kaub seinen *Garten der Gesundheit*, ein umfangreiches Kräuter- und Pflanzenbuch. Als Nachfolgewerk dazu brachte der Mainzer Drucker Jakob von Meydenbach 1491 eine stark erweiterte lateinische Übersetzung des Werkes unter dem Titel *Hortus sanitatis* heraus. Das Werk gliedert sich in fünf Abschnitte, in denen in jeweils fast alphabetischer Reihenfolge Pflanzen und Kräuter, die Landtiere, die Vögel, die Fische sowie Steine und Mineralien behandelt werden. Den Abschluß bildet ein Traktat über den Harn. Im zweiten Abschnitt findet sich in *Kap. 64* unter der Überschrift 'Über größere Ameisen' eine längere Abhandlung über die Myrmeken[250] (Text s. Anhang 22).

---

[249] Die hinter den beiden Illustrationen erkennbaren dunklen Darstellungen sind die von der Rückseite des Blattes durchscheinenden Zeichnungen der Grille und Schnecke.

[250] Als Quellen wurde hier zunächst der Solinus benutzt und dann, wie häufig im *Hortus*, Vinzenz von Beauvais, der seinerseits den Thomas von Cantimpré ausschreibt. Dem Verfasser dürfte

2.5 Das Spätmittelalter

Der Autor erwähnt die Myrmeken hier sowohl aus Indien als auch aus Äthiopien. Schließlich zitiert er aus den *Reisen* des John de Mandeville die beiden Arten der Goldbeschaffung, wobei allerdings die zweite noch blumig erweitert wird: „Wenn die Ameisen sie (die Pferde) alleine sehen, kommen sie springend und scherzend zu der Neuigkeit der Kisten zusammen". Die Entwicklung der Abbildung der krallenbewehrten hundeähnlichen Myrmeken in verschiedenen Ausgaben des Werkes zeigt Abb. 25.[251]

    1491   1517   1521 (Kopie v. 1517)   1536

Abb. 25:   Die Myrmeke aus dem *Hortus sanitatis* des Jacob von Meydenbach (1491) und Varianten

Das Werk wurde 1520 von dem Antwerpener Drucker und Verleger Johannes van Doesbrogh auf Niederländisch ohne Quellenangabe nach der Straßburger Ausgabe von 1517 unter dem Titel *Der Dieren Palleys* („Das Paradies der Tiere") veröffentlicht (Hudson 1954). Die Abfolge der beschriebenen Tiere blieb nahezu unverändert erhalten, so daß die alphabetische Gliederung verloren ging. Der größte Teil der Abbildungen wurde, teilweise mit geringen Änderungen, recht grob kopiert. In demselben Verlag erschien 1521 das von L. Andrews wohl nach der niederländischen Ausgabe ins Englische übertragene *The noble life of man, of bestes, serpentys, fowles and fisshes, yet be moste knowen* („Das edle Leben des Menschen sowie der bekanntesten Vierfüßer, Schlangen, Vögel und Fische"). Die Myrmeken finden sich, wie im *Hortus*, in *Kap. LXIIII*, der Baum hinter der Myrmeke wurde bei der Illustration allerdings weggelassen. Der Text ist gegenüber dem Original leicht verändert, so sind die Myrmeken 'so groß wie Ochsen', sie leben 'bei den Goldgruben' und das von ihnen in die Satteltaschen der Pferde getragene Gold ist besonders rein, denn 'sie reinigen das Gold sehr gut'.

Ein Jahr nach der (Wieder-)Entdeckung Amerikas durch Columbus erschien 1493 das umfangreichste weltliche Druckerzeugnis des 15. Jahrhunderts, das *Liber*

---

wohl die 1473 bei Gutenberg in Mainz gedruckte Ausgabe des *Speculum Naturale* des Vinzenz vorgelegen haben.
[251] Der *Hortus sanitatis* erreichte seinen Durchbruch erst mit der Straßburger Ausgabe von Johann Prüß von 1497.

chronicarum bzw. die *Weltchronik* des Nürnberger Stadtmedicus und Humanisten Hartmann Schedel (1440–1514). Der vollständige Titel der deutschen Ausgabe lautet *Buch der Chroniken und gedechtnus wirdigen geschichten von anbegyn der werlt bis auf diese unßere zeit*. Obwohl dies mit 1809 Holzschnitten aufwändig illustrierte Buch ein hauptsächlich historisches Werk ist, enthält es doch auch verschiedene geographische bzw. ethnographische Kapitel. Auf *fol. 11 r* findet sich in der rechten Spalte folgender Hinweis: „Item in India in der morn rifir [?] sind fast große Tier, in Anzaigung gleich als hunt, größere dann die andern." (Auch in Indien [auf der Ostseite?] gibt es gar große Tiere, die wie Hunde aussehen, aber größer als die anderen [Hunde] sind.) Die Myrmeken werden hier zwar nicht explizit erwähnt, aber der Vergleich mit den Hunden legt den Schluß nahe, daß nur sie hier gemeint sein können. In der lateinischen Ausgabe liest sich die Geschichte etwas anders, es handelt sich offensichtlich nicht um eine direkte Übersetzung des deutschen Textes: „marina in India gignuntur animales indicio sunt canes grandiores ceteris." (In Indien gibt es Meerestiere, die vom Ansehen wie Hunde sind, aber größer als die anderen.) Obwohl man hier fast einen Hinweis auf Seehunde vermuten könnte, dürfte der Ausdruck 'marina' wohl eher auf die entsprechende Stelle im *Fermes-Brief* (Kap. 2.3.3) zurückgehen, wo die Myrmeken mit 'locustae marinae' („Meeresheuschrecken") verglichen werden.

2.5.6 Myrmeken in einer Kirche?

Der 1426–1443 errichtete Kreuzgang des Klosters Monte Oliveto Maggiore vom Orden der Olivetaner in der Toskana wurde zwischen 1497–1508 mit eindrucksvollen Fresken ausgemalt, die das Leben des Heiligen Benedikt darstellen. Die das Alter des Heiligen zeigenden Fresken an der Ost- und Nordwand wurden 1497–1498 von Luca Signorelli (1445/50–1523) geschaffen und die Jugendszenen an der Süd- und Westwand 1505–1508 von dem Maler Giovanni Antonio Bazzi, genannt Sodoma (1479–1549). In den Flächen zwischen den einzelnen Szenen finden sich vielfältige allegorische Füllmotive und an der Südwand wird an einer Stelle nahezu der gesamte 'Kanon' der aus der Indienliteratur des Altertums bekannten Ungeheuer dargestellt.[252] Diese Füllmotive wurden wahrscheinlich nicht von Sodoma oder Signorelli gemalt, sondern eher von einem anderen, namentlich nicht bekannten Künstler, der wohl der Werkstatt Signorellis angehört haben dürfte.

Arbeiten eben dieses Künstlers finden sich auch als Füllmotive in der von Signorelli 1499–1504 mit Fresken vom Ende der Welt und dem jüngsten Gericht ausgemalten San Brizio-Kapelle im Dom zu Orvieto. Eines der Hauptmotive in diesen Füllungen zwischen den Fresken ist ein vierbeiniges, hunde- oder stellenweise katzenähnliches Tier, das vereinzelt auch gefleckt und mit kleinen Flügeln dargestellt wird (Abb. 26). Es weist jedoch stets seltsam geformte Füße auf, die am ehesten denen von Insekten ähnlich sehen. Hier drängt sich ein Vergleich mit der Beschreibung der

---

[252] So findet sich dort ein Kynokephale, ein hundsköpfiges Wesen, oder ein Skiapode, ein Schattenfüßler, der nur ein großes Bein mit einem breiten Fuß besitzt, mit dem er sich bei Bedarf Schatten spenden kann.

2.5 Das Spätmittelalter

Myrmeken in der mit dem *Fermes-Brief* (Kap. 2.3.3) beginnenden Tradition der *Wunder des Ostens* auf, in der es heißt, die Myrmeken hätten Beine wie Heuschrekken oder Meeresheuschrecken. Das gefleckte Fell wird von Nearchos (bei Strabon *XV 1,44*) erwähnt und Flügel finden sich in einer ganzen Reihe von antiken Beschreibungen der Myrmeken. Daß diese gemeint sein können, ergibt sich auch aus der Tatsache, daß die Füllmotive im Dom zu Orvieto von demselben, in der Welt der indischen Fabelwesen bewanderten Künstler gemalt wurden, wie die im Kreuzgang von Monte Oliveto Maggiore.

Abb. 26: Darstellung einer Myrmeke in der San Brizio-Kapelle im Dom von Orvieto

Im Laufe des 15. Jahrhunderts nimmt, abgesehen von den *Reisen des John de Mandeville* die 'Popularität' der Myrmeken jedoch ab. Auch bei dem niederländischen Maler Hieronymus Bosch van Aken (1462-1516) und seiner Schule, die für ihre Darstellung grotesker Monster und Fabelwesen bekannt sind, finden wir keine Myrmeken. Dem Meister waren anscheinend weder die Bestiarien noch Mandevilles *Reisen* bekannt, denn sonst hätte er sich solche Ungeheuer sicher nicht als Motiv entgehen lassen.

2.6 Die Spätzeit
2.6.1 Das 16. Jahrhundert: Ein arabischer Geograph und europäische Seefahrer

Im Jahr 1516 vollendete der arabische Geograph und Historiker Abu 'l-Barakat Muhammad ibn Iyas (1448–1524) eine Kosmographie unter dem Titel *Kitab nazakalazhar fi adjaib al aktar* („Das Buch der Düfte und Wunder der Länder"), in dem er in *Kap. 88* auch Indien beschreibt. Dort findet sich nach der französischen Übersetzung bei Ferrand (1913: 117) eine bemerkenswerte Version der Myrmeken-Geschichte:

> In den Ländern Indiens befindet sich ein Tal, dessen sandiger Boden Goldgruben enthält. In diesem Tal findet man Ameisen, von denen eine jede so groß ist wie ein baktrisches [zweihöckriges] Kamel aus Khorassan. Wenn diese schnell laufen, können selbst die schnellsten Hunde sie nicht einholen. Dies Tal ist sehr heiß und wenn die Sonne hoch am Himmel steht, flüchten die Ameisen in ihre unterirdischen Bauten. Eine Gruppe indischer Männer kommt nun [in das Tal], wenn die Ameisen sich zurückgezogen haben, und nehmen aus der Grube, die sie in dem Tal gefunden haben, soviel Gold als sie nur tragen können. Und dann eilen sie, aus dem Tal zu kommen, aus Angst, daß die Ameisen sie einholen und bis zum letzten verschlingen könnten.

Insbesondere der Hinweis auf den Zeitpunkt des Raubes („wenn die Sonne hoch am Himmel steht") läßt vermuten, daß dem Ibn Iya eine zusammenfassende arabische Übersetzung der *Historien* des Herodot vorgelegen hat, deren Verfasser die Angaben Herodots zur Größe und Schnelligkeit der Myrmeken und die von den Indern benutzten Kamele gründlich durcheinander gewirbelt hatte. Die hier wiedergegebene Version der Myrmeken-Geschichte ist allerdings verhältnismäßig nahe am Original von Herodot.

Im Jahre 1519 veröffentlichte der spanische Seefahrer und Konquistador Martín Fernández de Enciso (1470–1528) seine *Suma de geografia que trata todas partidas del mundo* („Summe der Geographie, die alle Teile der Welt behandelt"). Das Kaiser Karl V gewidmete Werk enthält die erste, weitgehend auf eigenen Beobachtungen beruhende Beschreibung der bis dahin von den Spaniern entdeckten Teile der 'Neuen Welt'.[253] Das Werk besteht aus einem nautischen ersten Teil und einem zweiten, in dem die neu entdeckten Länder Amerikas beschrieben wurden wie auch die restliche, damals schon bekannte Welt.[254] Encisos *Suma* erfreute sich in Europa großer Beliebtheit, wie die große Zahl von Übersetzungen und Bearbeitungen zeigt.

---

[253] Enciso war anscheinend bald nach der Entdeckung Amerikas dorthin gezogen und hatte sich als Anwalt bis 1508 auf der Insel Santo Domingo ein stattliches Vermögen erworben. Er wirkte danach insbesondere bei der Eroberung des Isthmus von Panama mit und kehrte kurz nach 1517 nach Spanien zurück.

[254] Als Spanier erachtet er es bei seinen Beschreibungen übrigens für bemerkenswert, bei einigen Ländern darauf hinzuweisen: „No hay vino (Dort gibt es keinen Wein)".

2.6 Die Spätzeit

Die Myrmeken erscheinen in seinem Buch erstmals bei der Beschreibung der äthiopischen Küste des Roten Meeres *(fol. 130 r)*:

> Hier gibt es viele wilde Tiere; es gibt Löwen, die Ameisen heißen. Nach diesen nennt man in Indien jenseits des Ganges die „aurofodivas" [goldgrabende], und jene die dies lesen, glauben, daß es Ameisen sind, aber es sind Löwen. Und so ist es nicht verwunderlich, daß es „aurofodivas" genannte Ameisen gibt, die Menschen töten, und daß man aus Furcht nicht wagt, dorthin zu gehen, um Gold zu holen. Es sind nämlich Löwen, die in diesem Land Ameisen genannt werden.

Enciso deutet die Myrmeken als Löwen, wohl in Anlehnung an Autoren wie Agatharchides und Strabon, die die 'Ameisen' genannten Löwen Arabiens erwähnen. Bei der Beschreibung Indiens erwähnt Enciso *fol. 148 r & v* die Myrmeken ebenfalls (Text s. Anhang 23), wobei er sich dabei offensichtlich, mit einigen Zusätzen, auf den Bericht des Megasthenes bei Strabon *Ind. 15,1,44* bezieht. Er verlegt sie jedoch in die Gebiete östlich des Ganges und der von Megasthenes beschriebenen Stadt Palibotra in der Nähe des heutigen Patna. Er verweist dann abschließend noch zurück auf die von ihm bereits im Kapitel *Äthiopien* erwähnten Myrmeken.

Der im Spanien- und Amerikahandel reich gewordenen englische Kaufmann Roger Barlow (vor 1490–1554) kam 1531 nach zehnjährigem Aufenthalt in der Fremde nach England zurück, um sich seinem Plan zu widmen, König Heinrich VIII zur Entdeckung und Erschließung einer englisch dominierten Route zu den Gewürzinseln Ostindiens zu bewegen. Er legte seinen Plan jedoch erst 1540 dem König vor und fügte ihm als Erläuterung eine selbstverfaßte geographische Abhandlung bei, die neben eigenen Ergänzungen und Zusätzen im Wesentlichen eine wörtliche Übersetzung der *Suma* Encisos darstellt.[255] Die beiden Verweise Encisos auf die Myrmeken finden sich auch bei Barlow. Die äthiopischen Myrmeken werden *fol. 60 v* nur gekürzt erwähnt, die indischen *fol. 73 v* jedoch nahezu wörtlich wie bei Enciso. Sie werden allerdings als wolfsgroß bezeichnet.

Auch der französische Entdecker, Seefahrer, Kaufmann und Seeräuber Jean Fontenau, genannt Alphonse de Saintogne (1485–1544), der insbesondere im Auftrag des französischen Königs Franz I den Osten des heutigen Kanadas erforschte, bedient sich in seiner nach 48 Jahren Seefahrt kurz vor seinem Tod 1544 fertig gestellten *Cosmographie* der *Suma* des Enciso. Das Manuskript *(MS franc. 676, Bibl. Nat. Paris)* wurde erstmals von Musset (1904) veröffentlicht. Die hier 'aldifodunes' genannten Myrmeken werden *fol. 132 r* fast wörtlich wie bei Enciso aus Äthiopien beschrieben. Es wird daher auf die Wiedergabe des Textes im Anhang verzichtet. Der Autor vergleicht sie in der Größe mit Füchsen, nennt sie aber auch „so schlimm wie Löwen". Aus Indien beschreibt er sie *fol. 148 r–149 v*:

> Und dort gibt es Ameisen, die 'arisodunes' (oder 'arifodunes') genannt werden; diese graben Höhlen in die Erde, in denen sie leben. Und die Erde, die sie auswerfen, besteht zu mehr als einem Viertel aus feinem Gold.

---

255) Das Manuskript verschwand jedoch zusammen mit seinem Plan in den königlichen Archiven und wurde dort erst fast 400 Jahre später entdeckt und von Taylor (1931) veröffentlicht.

Etwas später nennt er die äthiopischen Myrmeken dann auch 'aurisodunes' oder 'orrisodunes'. und berichtet zusätzlich, daß die Erde, welche diese in Indien ausgraben, zu einem Drittel aus feinem Gold besteht.

Etwa fünfzehn Jahre nach dem Tod des Alphonse bei einem Gefecht vor La Rochelle wurde um 1559 ein Büchlein von etwa siebzig Seiten unter dem Titel *Les voyages aventureux du capitaine Ian Alphonce saintongeais* („Die abenteuerlichen Reisen des Jean Alphonse aus der Saintogne") in Poitiers von Jean de Manerf herausgebracht.[256] Die Abfolge der verschiedenen in den *Abenteuerlichen Reisen* beschriebenen Länder unterscheidet sich grundlegend von der in der *Cosmographie* des Alphonse, die ihrerseits sehr eng an ihrem Vorbild, der *Suma* des Enciso, bleibt. Die Myrmeken finden sich hier im Anschluß an eine kurze Beschreibung Chinas und Ostindiens *S. 62* nur in Indien und nicht auch noch in Äthiopien:

> Im Land des großen Temurbech[257] erhebt sich ein Gebirge voller Ameisen, die Alibifors genannt werden und so groß wie Löwen sind. Und in diesem Gebirge gibt es viel Gold, und um dies zu holen, nimmt man ein Pferd, das mit Fleisch beladen ist, welches man den Alibifors zuwirft. Und derweil lädt man die Erde auf, aus der man das Gold gewinnt.

Während die 'aurofodinae' genannten Ameisen in der *Suma* des Enciso[258] als eine Art Löwen bezeichnet werden, sind sie hier nur noch 'löwengroß'. In den *Omnium gentium mores, leges et ritus* („Aller Völker Sitten, Gesetze und Gebräuche") des Johannes Boehme von 1556 tauchen die äthiopischen 'aurofodinae' ebenfalls noch einmal auf, beziehen sich dort korrekterweise allerdings nur auf Goldgruben.

2.6.2 Die *Cosmographie* des Sebastian Münster

Der aus Nieder-Ingelheim am Rhein gebürtige Humanist Sebastian Münster (1489–1552)[259] wurde insbesondere durch seine *Cosmographie* von 1544 berühmt, in der er in bester Enzyklopädistentradition das historische und insbesondere geographische Wissen seiner Zeit zusammentrug, wobei zu der Popularität des Werkes auch beitrug, daß es in Deutsch verfaßt war. Es wurde bald in verschiedene europäische

---

[256] Das anschließend mehrfach an anderen Orten neu verlegte Buch wird vielfach als das Werk eines Plagiators angesehen, der die Cosmographie des Alphonse 'bearbeitet' hat. Im Gegensatz dazu ist Musset (1904) der Ansicht, daß es sich eher um eine posthume Bearbeitung einer Schrift des Alphonse handelt, die aus der Zeit um 1536 stammt.

[257] Der Autor verlegt die Myrmeken-Berge in das Reich des 'Temurbech' bzw. Tamerlan (1336–1405), jenes mittelasiatischen Eroberers, der eines der größten Reiche schuf, die jemals in Mittelasien existierten, und der 1398 in Indien einfiel und Delhi eroberte.

[258] Nachzutragen ist hier, daß gewissermaßen als letztes Zeichen der die westindischen Inseln betreffende Teil der *Suma* des Enciso von einem gewissen John Frampton ins Englische übersetzt wurde und 1578 als schmales Bändchen in London veröffentlicht wurde.

[259] Er war zunächst in den Franziskanerorden eingetreten und hatte orientalische Sprachen und Mathematik studiert. Im Jahre 1524 erhielt er eine Professur für hebräische Sprache in Heidelberg, trat aber im Zuge der Reformation aus dem Orden aus und folgte einem Ruf an die reformierte Universität Basel als Hebräist, wo er 1534/5 eine erste christliche Ausgabe der hebräischen Bibel veröffentlichte.

2.6 Die Spätzeit

Sprachen übersetzt und erlebte auch noch nach Münsters Tod eine Vielzahl von Auflagen.

In einer Baseler Ausgabe von 1578 unter dem Titel *Cosmographey oder Beschreibung aller Länder Herrschaften und fürnembsten Stetten des ganzen Erdbodens sampt ihren Gelegenheiten / Eygenschaften / Religion / Gebreüchen / Geschichten und Handthierungen* finden sich bei der Beschreibung „von den Ländern Asie" *Kap. 39* die Greife, denen die Menschen das Gold rauben, wobei Aelianus als Quelle anzunehmen ist. In *Kap. 70* zitiert er ausgiebig den Alexander-Brief an Aristoteles als geographisches Faktum und schließlich erscheint *Kap. 71* auch die Myrmeken-Geschichte, die im Originaltext lautet:

> man findet auch uber dem Wasser Hupanis[260] Onmeisen/die graben Gold. Und besonders geschieht dies bei den Völkern, die Derde heissen/do findet man Onmeisen so groß wie ein Fuchs/die wülen den grund herfür/gleich wie die Maulwerffen und wann die einwohner kommen/und solchen grund hinwegtragen/eilen ihnen die onmeissen nach und erwürgen sie wo sie nicht bald entrinnen. Der Berg darin die Goldgrüben seindt/begreift drey tausend stadien inn seinem Circk.

Münster zitiert hier eindeutig die Myrmeken-Geschichtte des Megasthenes aus Strabon *Ind. 15,1,44*, den er auch sonst häufig als Quelle benutzt, wäre er doch gerne selbst als „deutscher Strabon" in die Geschichte eingegangen.

In der lateinischen Übersetzung von 1550 liest sich die Geschichte allerdings schon etwas anders. Diese Ausgabe ist stärker als die deutsche in einzelne Kapitel unterteilt und *S. 1082* heißt es unter der Überschrift *Von den Ländern Groß-Asiens*:

> Über indianische Ameisen
> Strabon zitiert Megasthenes, der über die indianischen Ameisen folgendes schreibt: Bei den Darden, einem großen Volk im indischen Gebirge gibt es einen Berg von 3.000 Stadien Umfang und darunter Goldgruben, welche Ameisen bewachen, die nicht kleiner als Füchse sind. Goldhaltige Erde graben sie aus, welche sie am Eingang aufhäufen, wo sie Händler heimlich rauben. Und sie werfen gleich Fleisch den Ameisen zur Ablenkung zum Fraß vor, wenn sie diese etwa bemerken sollten. Manche glauben daß dies Fabelwesen sind und verstehen statt der Ameisen Bergleute wegen der Ähnlichkeit der Arbeit. Denn wie diese aus zusammengetragenen kleine Blättchen und anderen [Dingen] Haufen formen, so bilden die Bergleute Haufen aus ausgegrabenem Material. Aber bei dieser Meinung lasse ich einen jeden, daß er denken mag, daß diese Fabel der Wahrheit entspricht, oder daß es überhaupt nur eine Lüge ist.

Während Münster also noch in seiner ersten Ausgabe den Myrmeken noch verhältnismäßig wohlwollend gegenüber steht, sieht er sie in der späteren lateinischen Übersetzung schon wesentlich kritischer. In beiden Ausgaben findet sich die Abbildung einer solch riesigen Ameise neben einem Baum (Abb. 27).

---

[260] Bei dem 'Wasser Hupanis' handelt es sich nicht um den 'Hypanis', den Kuban im nördlichen Kaukasus-Vorland, sondern eher um den 'Hypasis', den Sutlej, den östlichsten Fluß im Panjab.

1082 **De terris Asiæ maioris**
De formicis Indianis.

Citat Strabo Megasthenem qui de Indianis formicis sic scribit. Apud Dardas, quæ maxima natio est Indorum montanorum, collis est triū millium stadiorum ambitu, & sub aurifodinæ, quas formicæ custodiunt uulpibus non minores, mira celeritate uictum uenatione comparantes. Terram auriferam fodiunt, unaq; ad ostium cumulāt, quam mercatores clam surripiunt, dispositis pariter carnibus ad morandas pabulo formicas, si forte animaduerterint. Alij putant hæc fabulosa esse, intelliguntq; per formicas metallicos ex laboris similitudine. Vt enim hæ ex multis folijs minutis aliisq; in unum congestis construunt acervos, ita metallici cumulos ex materia effossa conficiunt. Sed hoc in opinione cuiusq; relinquo, ut censeat uel ueritatem sic fabula tectam esse, uel omnino commentitium quiddam esse.

Abb. 27: Riesige indische Ameise neben einem Baum (aus der *Cosmographey* des Sebastian Münster 1578; vgl. www.columbia.edu/itc/mealac/pritchett/00generallinks/munster/page1082.jpg)

Der englische Zoologe Edward Wotton (1492–1552) stellt in seinem grundlegenden systematischen Werk *De differentiis animalium libri decem* („Zehn Bücher über die Unterschiede der Tiere") die Myrmeken im *Buch V, Kap. 80* unter Berufung auf die 'Ameisen' genannten Löwen Äthiopiens bzw. Babyloniens (Kap. 2.1.7) als eine besondere Art zu den Löwen. Und in *Buch IX, Kap. 215* berichtet er über die Heuschrecken: „In Indien sollen sie drei Fuß lang sein und mit ihren Schenkel- und Beinknochen sollen die dortigen Bauern als Eggen pflügen" Klingt hier vielleicht noch der verschiedentlich gebrauchte Vergleich der Myrmeken mit Meeresheuschrecken an?

2.6.3 Georgius Agricola und die Myrmeken

Es ist nicht verwunderlich, daß die Myrmeken auch dem Begründer der Montanwissenschaften, dem hochgebildeten Arzt und Humanisten Georg Bauer (1494–1565), im Stil der damaligen Zeit latinisiert Georgius Agricola genannt, bekannt waren. Agricola studierte zunächst klassische Philologie und Medizin, hielt sich unter anderem zwei Jahre in Italien zu Studienzwecken auf und erlangte in Bologna die Doktorwürde. Nach seiner Rückkehr nach Sachsen wurde er 1527 Stadtarzt im erzgebirgischen Bergwerksrevier Joachimsthal, wo er sich zunehmend mit naturwissenschaftlichen und technischen Themen beschäftigte.[261] Sein erstes bergtechnisches Buch, der

---

[261] Als umfassend humanistisch gebildeter Gelehrter an war er auch politisch aktiv und seine Brandrede *Von der Notwendigkeit des Krieges gegen die Türken*, geschrieben im Jahre 1529, als Wien erstmals von einem türkischen Heer belagert wurde, führte sogar dazu, daß sich die eher ihren eignen Interessen als denen des Reiches verbundenen deutschen Fürsten schließlich doch noch bereit fanden, dem Kaiser zu Hilfe zu kommen.

2.6 Die Spätzeit

Bermannus sive de re metallica („Der Bermann oder über das Bergwerk") erschien 1530.[262]

Im Jahre 1531 wurde er als Stadtarzt nach Chemnitz berufen, wo er später mehrfach zum Bürgermeister gewählt wurde. Gleichzeitig widmete er sich weiter seinen literarischen Aktivitäten, die im Jahre 1546 in seinem Hauptwerk *De re metallica* („Über das Bergwerk") gipfelten, das bei Froben in Basel verlegt wurde, dem damals wohl bedeutendsten Verlagshaus des deutschsprachigen Raumes. Es handelt sich dabei um eines der ersten systematischen Werke über die Mineralogie und insbesondere den Bergbau, in dem er das gesamte bergmännische Wissen seiner Zeit zusammenfaßte und das für lange Zeit das Standardwerk zu diesem Thema bleiben sollte. Der berühmte Mineraloge und Geologe A. Werner (1749–1817) hielt ihn „für den Vater aller Bergwerksgelehrten und für den Schöpfer aller mineralogischen Kritik".[263]

Nun aber an die Ameisenstraße zu den Myrmeken: Sie finden sich bei Agricola erstmals in einem ebenfalls 1546 erschienenen Sammelband verschiedener kurzer Schriften an drei Stellen. In *De natura fossilorum* („Vom Wesen der Fossilien") erwähnt er sie nur sehr kurz unter Berufung auf Quellen wie Daimachos, Megasthenes, Aristeias und Herodot: „Die einen berichten, Greife raubten das Gold, bestimmte Ameisen in Indien grüben es aus ..." Diese Bemerkung dürfte auf die entsprechende Stelle bei Strabon zurückgehen (Kap. 2.2.1). In seiner ebenfalls in diesem Band veröffentlichten, mit nur 27 Seiten kürzesten Schrift *De veteribus et novis metallis* („Über alte und neue Bergwerke") beschreibt er unter Nutzung eines außergewöhnlich umfangreichen Quellenapparates eine Vielzahl von Erzvorkommen und die Geschichte verschiedener Bergwerksbezirke der damals bekannten Welt von ihrer Entdeckung bis zu ihrer zeitgenössischen Bedeutung. Die Myrmeken erscheinen hier zunächst im *Buch I*, der Text lautet in der Übersetzung von Fraustadt (1961: 81):

> Aber damit ist kein Ende des Fabulierens; auch die Geschichtenschreiber, die wahrhaftige Künder der Taten hätten sein sollen, haben der Nachwelt von märchenhaften Ameisen in Indien erzählt, die Gold ausgruben. Uns scheinen die Bergleute nach der Ähnlichkeit ihrer Arbeit mit den Ameisen bezeichnet zu sein. Wie nämlich diese aus vielen winzigen Plättchen und anderen Dingen, die sie in eins zusammentragen, Haufen errichten, so bringen die Bergleute Hügel zusammen von dem ausgegrabenen Material. Jedoch das überlasse ich dem Urteil eines jeden, daß er entscheidet, ob er die Wahrheit, so wie wir gesagt haben, von der Fabelerzählung verdeckt, oder es überhaupt etwas erdichtetes ist, wie Arrian geglaubt hat.

---

[262] Im Geleitwort dazu schrieb der große Erasmus von Rotterdam: „Unser Georg hat einen ausgezeichneten Auftakt gegeben, aber wir erwarten auch von diesem Talent alles andere als mittelmäßige Leistungen."

[263] In die Lebenszeit Agricolas fallen auch die religiösen Wirren der Reformation und ihrer Folgezeit, und er kann gewissermaßen als eines der ersten prominenten Opfer des Augsburger Religionsfriedens vom 25. September 1555 bezeichnet werden. Da er, sehr zum Ärger seiner protestantischen Mitbürger, dem katholischen Glauben treu geblieben war, durfte er nach seinem Tode Ende November 1555 auf Geheiß des sächsischen Kurfürsten nicht im protestantischen Chemnitz beigesetzt werden, sondern mußte in das fünfundsechzig Kilometer entfernte katholische Zeitz überführt werden, wo er im Dom begraben liegt.

2. Ad fontes — Zu den Quellen

> Aber nicht ganz und gar scheint mir die märchenhafte Erzählung zu sein, daß die Arimaspen, wie Aristeias aus Prokonnesos geschrieben hat, das Gold rauben, das die Greifen bewachen; doch wiederum scheint Dunkelheit ausgebreitet worden zu sein über ganz klare Dinge. Aber wie weit ist nicht die Leichtgläubigkeit der Griechen gegangen? Es ging in Athen das Gerücht, auf dem Berge Hymettos zeigten sich viele Goldflitter, sie würden jedoch von streitbaren Ameisen bewacht. Deshalb ergreifen die Athener die Waffen gegen sie und laufen den Berg hinauf, doch als sie verlacht zurückkehren, überhäuft einer den andern mit Spott, so daß die Geschichte zum Sprichwort geworden ist.[264]

Zu Beginn von *Buch II* werden die Myrmeken nochmals erwähnt:

> Herodot hat überliefert, Ameisen hätten in Indien Gold aufgewühlt, doch Strabon und Plinius messen der Geschichte keinen Glauben bei, weil sie sie für eine erdichtete und erfundene Erzählung halten. Was ich über diese Ameisen denke, habe ich im ersten Buch entwickelt.

In der Ausgabe seines einzigen zoologischen Werkes, des *de animantibus subterraneis liber* („Buch über die unterirdischen Tiere") von 1556 führt Agricola noch aus:

> Wenn aber die indischen Ameisen Gold graben, so möchte ich meinen, daß diese indischen Ameisen von anderer Art sind als unsere, sie können aber mit dem Namen Ameise bezeichnet werden.

Zusammenfassend kann gesagt werden, daß Agricola als nüchterner Bergmann von den Myrmeken nichts hält, die Greifengeschichte hingegen aber nicht völlig verwerfen mag, denn schließlich erwähnt er doch in *De re metallica* unter den 'Unterirdischen Tieren' als Tatsachen auch die Drachen und verschiedene Berggeister.

Der flämische Arzt, Astronom und Kartograph Rainer van den Steen (1508–1555), genannt auch Gemma Frisius, erwähnt in seinem 1553 mit kaiserlicher Erlaubnis veröffentlichten, lateinisch geschriebenen Werk *De principiis astronomiae, cosmonomiae, cosmographiae, deque usu globi cosmographici* („Grundlagen der Astronomie, Kosmonomie und Kosmographie sowie über den Gebrauch der Weltgloben") die Myrmeken ebenfalls. Sie erscheinen neben anderen Ungeheuern in *Teil III* „Über die Teile der Welt" im *Kap. 26* „Über Indien", wobei das Zitat wahrscheinlich auf Plinius zurückgehen dürfte:

> Die Darden oder Daraden [wohnen] zwischen den Schlingen des Indus, wo angeblich fuchsgroße Ameisen Gold ausgraben sollen.

2.6.4 Eine indische Ameise am Hof Sulimans des Prächtigen

Als Folge der sich abzeichnenden Normalisierung der Verhältnisse auf dem Balkan zwischen dem deutschen Kaiser Ferdinand I (1503–1564) und dem türkischen Sultan Suleiman dem Prächtigen (1494–1566) wurde es für beide Seiten erforderlich, für

---

[264] Hier beweist Agricola seine umfassende Kenntnis der antiken Literatur, denn er erwähnt als erster das von Harpokration beschriebene Myrmeken-Abenteuer der Athener (Kap. 2.1.4).

2.6 Die Spätzeit

Friedensverhandlungen in der Hauptstadt des jeweiligen Gegners durch ständige Gesandtschaften präsent zu sein. Mit den Verhandlungen mit dem Sultan wurde von Ferdinand I im Jahre 1553 der Niederländer Ogier de Busbeq (1522–1592) beauftragt, der uneheliche Sohn eines französischen Adligen aus dem flandrischen Comine.[265] Es gelang Busbeq bei den Friedensverhandlungen an der Hohen Pforte in Istanbul zunächst 1555 einen auf sechs Monate befristeten Waffenstillstand mit dem Sultan zu schließen.[266]

Mit kurzen Unterbrechungen weilte Busbeq bis zum Abschluß eines achtjährigen Friedensvertrages im Jahre 1562 in Istanbul. Seine Erlebnisse und Erfahrungen aus dieser Zeit faßte er in einem umfangreichen Reisebericht zusammen, den er in Form von Briefen aufbaute. Seine *Legationis turcicae epistolae IV* („Vier Briefe von der türkischen Gesandtschaft") erschienen 1581 in Paris und erreichten rasch eine weite Verbreitung in Europa.[267] In seinem vierten Brief, dem vom 16. Dezember 1562 (Forster & Daniell 1881: 375), berichtet er von den Geschenken, die im Jahre 1559 dem Sultan von Schah Tahmasp gemacht worden sei:

> Man sagt, so erinnere ich mich, daß eine indische Ameise überbracht worden sei, so groß wie ein ordentlich großer Hund, ein außergewöhnlich wildes und bissiges Tier.

Hier erscheint also wieder ein reales hundsgroßes Tier mit dem Namen „indische Ameise", das Busbeq allerdings nicht selbst gesehen hat. Diese Ameise soll also ein wildes und bissiges Tier gewesen sein, was an die persischen Berichte aus dem 10. Jahrhundert (Kap. 2.4.1) denken läßt, daß dort eine indische Ameise mit Fleisch gefüttert worden sei.

Die Bedeutung dieses exotischen Geschenkes wird auch dadurch unterstrichen, daß es aufgrund des durch den Sultansohn Bayezid angezettelten Bürgerkrieges zu Verhandlungen zwischen Suleiman und Schah Tahmasp gekommen war. Als Bayezid nach seiner Niederlage in der Schlacht von Konya 1559 nach Persien zu Tahmasp floh, wurde er von diesem gefangengesetzt und schließlich 1561 für ein hohes Lösegeld an Suleiman ausgeliefert, der ihn umgehend hinrichten ließ. Bei derlei delikaten Verhandlungen konnten natürlich nur Geschenke vom allerfeinsten, eben diese „indische Ameise", ausgetauscht werden.[268]

Die Identifikation dieser indischen Ameise ist unklar, es ist jedoch vorstellbar, daß es sich um ein mit diesem Namen belegtes Raubtier handelt, ähnlich den 'Amei-

---

[265] Dieser hatte sich schon in sehr jungen Jahren als Gesandter an verschiedenen europäischen Höfen so bewährt, daß er von Karl V (1500–1558), dem Bruder Ferdinands I, nachträglich legitimiert wurde.

[266] Karl V hatte sich allerdings daneben zeitweilig mit dem persischen Schah Tahmasp (1524–1576), dem zweiten Herrscher aus dem Geschlecht der Safaviden, gegen den Sultan mit dem Ziel der Eröffnung einer zweiten Front im Osten des osmanischen Reiches verbündet.

[267] Busbeq brachte auf der Rückreise in seinem Gepäck als erster Tulpenzwiebeln nach Europa, die sich rasch zu einem Luxusartikel entwickelten und 'Wahnsinnspreise' erzielten. Der Name leitet sich von dem türkischen Wort 'dülbend' für den Turban ab, dem die Zwiebeln durchaus ähnlich sehen.

[268] Auf die von Chavannes (1922) erwähnten seltenen Tiere als Geschenke des persischen Hofes für den chinesischen Kaiser in 7. Jahrhundert war bereits in Kap. 2.3.5 eingegangen worden.

sen' genannten Löwen der antiken Autoren Agatharchides und Artemidoros. Selbst wenn hier kein Zusammenhang mit Gold mehr vorliegt, so ist es doch erstaunlich, daß die namentliche Erinnerung an die gefährlichen 'indischen Ameisen' in Persien nach nahezu zwei Jahrtausenden noch lebendig war.[269]

Ein ungewöhnlicher Verweis auf große Ameisen findet sich bei dem türkischen Admiral Sidi Ali Reis, der von 1552–1556 eine Gesandtschaftsreise von Kairo bis nach Indien durchführte, auf der er in der Wüste im Land Sind, dem heutigen Pakistan, schreckliche Untiere sah, „Ameisen so groß wie Spatzen" (Horne 1917). Bei diesen handelt es sich vermutlich um Großheuschrecken. Ein Zusammenhang mit der dem Sultan Suliman geschenkten 'indischen Ameise' ist aufgrund der Größenunterschiede auszuschließen. Solche spatzengroßen Ameisen hatten schon die arabischen Geographen Idrisi (1100–1165) und Ibn Said (1214–1286) aus dem westlichen Sudan beschrieben.

2.6.5 Die Myrmeken des Plinius im 16. Jahrhundert

Mit zunehmender Verbreitung gedruckter Bücher seit der Mitte des 15. Jahrhunderts war naturgemäß auch ein steigendes Interesse an den klassischen Autoren wie zum Beispiel Plinius zu verzeichnen. Eine erste Übersetzung eines Teils der *NH*, der Bücher 7–11, veröffentlichte Heinrich von Eppendorff 1543 in Straßburg (s. dazu auch Abb. 6; S. 50). Da es sich aber gerade bei Plinius' *NH* um ein außergewöhnlich umfangreiches Werk handelt, ist es nicht verwunderlich, daß sich schon bald Herausgeber fanden, die sein Werk sozusagen 'für die gebildeten Stände' übersetzten, exzerpierten, kürzten und kommentierten. So legte Johann Heyden im Jahr 1565 eine etwa fünfhundertseitige Ausgabe vor, auf deren Titelblatt es heißt: „Jetzt allererst gantz verstendtlich zusammen gezogen/in eine richtige ordnung verfaßt/und dem Gemeinen Manne zu sonderem wolgefallen auß dem Latein verteutscht.[270]

In dem reichlich illustrierten Werk („... auch warer kunstreichen Contrafeitung aller und jegliche angeregten Stück") findet sich *S. 494* zusammengefaßt die Myrmeken-Geschichte aus *NH 11,111* und in der Randbemerkung dazu: „Von der Gestalt der indianischen Eimeisen. Indianische Eimeissen sammeln Gold." Im Text selbst (s. Anhang 24) heißt es dann aber: „Die Eimeissen im Mohrenlande sollen gehörnet sein ..." Die Myrmeken werden hier also ins „Mohrenland" versetzt, d.h. nach Afrika bzw. 'Äthiopien', wie die Alten gesagt hätten, und über dem Kapitel wird eine solche schreckliche „Eimeisse" dargestellt (Abb. 28).[271]

---

[269] Busbeqs Bericht über diese indische Ameise wurde im Jahre 1604 von dem französischen Staatsmann und Geschichtsschreiber Jacques de Thou (1553/55–1617), in der Mode der Zeit latinisiert Thuanus genannt, noch für so wichtig gehalten, daß er sie in seiner mit dem Jahre 1543 beginnenden Geschichtsbeschreibung seiner Zeit *(Historia mei temporis)* nahezu wörtlich zitierte. Offensichtlich vermutete er bei seinen Lesern ein Interesse für dieses Fabeltier.

[270] Bei den einzelnen Kapiteln finden sich dann noch Zusätze „auß H. göttlichen Schrift/und den alten Lehrern der christlichen Kirchen/ sovile sie von der Thier/Fisch/Vögel und Würm Natur melden/oder des Exempels und gleichniß weise einführen."

2.6 Die Spätzeit

Die Eimeissen in Mohrenlande sollen gehörnet sein

Abb. 28: Indische Ameise aus der Plinius-Ausgabe von Heyden (1565)

In etwa dieselbe Zeit, das frühe 16. Jahrhundert, fällt eine Darstellung der Myrmeken in einer nicht näher datierbaren illustrierten Plinius-Ausgabe (Abb. 29): Vier große heuschreckenähnliche Ungeheuer haben bereits einen Goldräuber niedergerissen, während zwei weitere Räuber auf mit Körben behangenen Dromedaren entkommen. Unter den Füßen des vorderen Kameles befindet sich als 'Füllmotiv' ohne Bezug zum Text ein Skorpion, im Hintergrund links eine befestigte Stadt und rechts oben Bienen vor drei Bienenstöcken. Der Künstler hat sich hier nicht von der Beschreibung der Myrmeken bei Plinius leiten lassen, sondern hat sich eher an die Überlieferung der *Wunder des Ostens* gehalten (Kap. 2.3.3 & 2.4.3), in der die Myrmeken mit 'Meeresheuschrecken' verglichen werden.

Abb. 29: Darstellung des Goldraubes in einer Plinius-Ausgabe des 16. Jahrhunderts

---

[271]) Nach Becker (1854) waren die kleinen, von Jobst Amman (1539–1591) und Virgil Solis (1514–1562) geschaffenen Holzschnitte in diesem Buch meist schon in anderen Ausgaben antiker Texte verwendet worden waren.

2.6.6 Das späte 16. Jahrhundert

In seiner *Geschichte der Entomologie* verweist Bodenheimer (1928) auf den im piemontesischen Asti geborenen Simon Majolus (1520–1605), der Bischof im etwa dreißig Kilometer nordöstlich von Salerno gelegenen Volterara war. Er verfaßte die dem damaligen Zeitgeschmack sehr zusagenden, ebenfalls in Dialogform gehaltenen *Dierum canicularum tomi VII* („Sieben Bände der Hundstags-Unterhaltungen"), in denen in vierundzwanzig Diskussionen natürliche und übernatürliche Dinge besprochen wurden.[272] Im *Colloquium V* des ersten Bandes sagt ein Ritter in einem Gespräch mit einem Philosophen und einem Theologen 'Über gefährliche Ameisen':

> Es ist aus dem gesagten klar, daß es anderenorts auch gefährliche Ameisen gibt, nicht nur diese gefährlichen Hüter des Goldes, sondern auch andere. So sind in der neuen Welt in Baja Salvatoris nach den Notizen von Ambrosius Peres[273] unzählige ungeheuer große Ameisen, aus denen Mund große Zangen herausragen zum Abschneiden von Früchten. Vor ihren Bissen vertrocknet alles. Deshalb füttern die Eingeborenen sie sorgfältig, damit sie, gesättigt, die Fruchtfelder verschonen.

Hier tauchen also die Myrmeken wieder auf, diesmal zusammen mit den phantasievoll vergrößerten Blattschneiderameisen Südamerikas.

Wohl in Anlehnung an die auf der siebentägigen Erschaffung der Welt beruhenden Einteilung der Geschichte und der Natur bei Petrus Comestor und Vinzenz von Beauvais (Kap. 2.4.8) verfaßte 1578 der hugenottische Staatsmann, Militär und Dichter Guillaume de Salluste, Sieur de Bartas, seine *Semaine ou la création du monde* („Die Woche oder die Erschaffung der Welt"). Das in Form eines enzyklopädischen Gedichtes geschriebene Werk umfaßt zusammen mit der 1584 erschienenen, aber unvollendeten *Zweiten Woche* etwa 20.000 Verse. Es basiert im wesentlichen auf den ersten beiden Kapiteln der *Genesis*, wurde aber in barocker Art und Weise mit theologischen Spekulationen, Themen der zeitgenössischen Wissenschaft und Pseudo-Wissenschaft sowie moralischen Überlegungen ausgebaut. Das Werk wurde insbesondere wegen seines teilweise sehr schwülstigen Stils und der protestantischen Grundhaltung des Autors stark kritisiert, war jedoch bis in das 17. Jahrhundert hinein in Frankreich überaus beliebt.[274]

In dieser teilweise erweiterten und leicht modifizierten Übersetzung finden sich am *5. Tag der ersten Woche* in der Ausgabe von Snyder (1979: 251) unter den Fischen und Vögeln auch die indischen Greife, die das Gold aus den Erdhöhlen holen und es in ihre Nester tragen, wo sie es gegen die gierigen Menschen verteidigen müssen. Es heißt *I, v. 727-730*:

---

[272] Das Werk fand in übersetzter Form im 17. Jahrhundert insbesondere in Frankreich weite Verbreitung.
[273] Nach Bodenheimer (1928) schrieb Ambrosius Peres seinen Reisebericht im Jahre 1555.
[274] In England fand es durch die von Josuah Sylvester (1563-1618) in den Jahren 1592-1608 verfaßten Übersetzungen geradezu enthusiastische Aufnahme.

> Oh mögest du [tapferer Vogel] immer so kämpfen
> gegen dieses arge Los unserer verführten Seele
> und mögen [mit dir] die dardanischen Ameisen verteidigen
> das Gold, das ihrer treuen Sorge übergeben.

Bei der dardanischen Ameise handelt es sich eindeutig um die Myrmeken aus dem Land der Darden, die zusammen mit den Greifen das Gold gegen die Gier der Menschen verteidigen.

Die Enzyklopädie des Bartholomaeus Anglicus erfuhr in England am Ende des 16. Jahrhunderts noch einmal weite Verbreitung, als der protestantische Geistliche Stephen Batman (1510-1584) eine englische Übersetzung und Bearbeitung des Buches vorlegte. Batman berücksichtigte insbesondere bei den naturwissenschaftlichen und geographischen Themen „die neuen Entdeckungen der vergangenen 60 Jahre" und fügte verschiedene Kommentare ein, die meist als solche gekennzeichnet sind.[275] Die beiden Hinweise des Bruders Bartholomäus finden sich hier nahezu wortgetreu übersetzt. Batman ändert allerdings bei der ersten, den Solinus zitierenden Stelle die Worte „in der Gestalt von Hunden" erläuternd in „von der Größe eines großen Hundes, aber nicht von der Gestalt [shape] eines Hundes".[276]

2.6.7 Die Myrmeken im slawischen Kulturraum

Im 16. Jahrhundert taucht im südslawischen Raum und dabei insbesondere in Bulgarien die Literaturgattung der so genannten *Damaskini* auf, benannt nach dem griechischen Lehrer Damaskin Studit. Es handelt sich dabei um Werke aus der Übergangsphase von der religiösen zur weltlichen Literatur und vom Altslawischen zu den Umgangssprachen der verschiedenen Länder dieses Kulturraumes. Unter diesen Werken findet sich die aus dem 16. Jahrhundert stammende, ursprünglich griechisch geschriebene *Auswahl von Werken der antiken Philosophen über gewisse Besonderheiten der Natur der Tiere* (Belova 1999).[277] Die überlieferten altrussischen Handschriften stammen aus dem 17.-18. Jahrhundert und enthalten etwa neunzig alphabetisch angeordnete Beschreibungen von Säugetieren, Vögeln, Fischen und Reptilien.[278] Nach der Zusammenstellung von Belova heißt es in der aus dem 17. Jahrhundert stammenden Handschrift *Syn. 642* der Moskauer Synodal-Bibliothek des Historischen Staatsmuseums *fol. 138 v* im Kapitel über die Ameise:

> Indien wird von Ameisen bewohnt, die so groß wie Wespen sind.

Dieser Größenvergleich ist höchst ungewöhnlich, denn diese beiden Tierarten tauchen gemeinsam in der chinesischen Elegie des Sung Yu (290-233 v. Chr.) auf (Kap.

---

[275]) Auf dem Titelblatt wird das Buch als „gewinnbringend für alle Stände, nützlich sowohl für den Geist als auch für den Körper" bezeichnet.
[276]) Das Werk wird in England häufig als 'Shakespeare's encyclopedia' bezeichnet (Schäfer 1976) und erfreute sich insbesondere bei den frühen Kommentatoren des Dichters großer Beliebtheit.
[277]) Ob dieses Werk wirklich von Damaskin Studit stammt, oder nur dieser Literaturgattung zugeschrieben wird, muß dabei offen bleiben.
[278]) Das Werk ist dadurch bemerkenswert, daß es sich um das einzige slawische Bestiarium handelt.

2.1.6), wobei allerdings dort die Ameisen als elefantengroß und die Wespen als groß wie Flaschenkürbisse bezeichnet werden. Möglicherweise gelangte diese Überlieferung, bei der dann die Vergleichsobjekte entfielen und nur noch die beiden Tierarten übrig blieben, über Sibirien mit russischen oder griechischen Händlern auf den Balkan.

In der vom Ende des 17. Jahrhunderts stammenden Handschrift *Syn. 338* derselben Bibliothek heißt es *fol. 35 r* bei der Ameise:

> Riesige Ameisen gibt es in Indien. Wenn sie ihre Löcher graben, werfen sie Silbererz an der Erdoberfläche aus. Zur Mittagszeit rasten sie und die Menschen kommen zu ihren Höhlen, um das Silber zu sammeln und auf Kamelen wegzubringen. Wenn die Ameisen aufwachen, verfolgen sie die Menschen und töten die Kamele.

Die Myrmeken-Geschichte aus den Bestiarien ist hier sehr stark komprimiert, aber doch noch deutlich erkennbar. Statt Gold fördern die Myrmeken allerdings Silber, das sich wohl einer höheren Wertschätzung erfreute.

2.7 Frischer Wind?

2.7.1 Die ersten Kritiker

Im Laufe der Zeit werden allerdings die kritischen Stimmen zu den Myrmeken laut. So widmet ihnen der italienische Universalgelehrte Ulisse Aldrovando (1522–1605) in seiner 1602 unter dem Titel *De insectis animalibus libri septem* („Sieben Bücher über die Insekten") erschienenen Systematik der Insekten größeren Raum. Es ist Teil einer ursprünglich auf zehn Bände geplanten Enzyklopädie der Zoologie und stellt das erste Werk dar, das ausschließlich dieser Tiergruppe gewidmet ist.[279]

Aldrovando befaßt sich im *Buch V* über vier Seiten mit den Ameisen und dabei besonders eingehend mit den Myrmeken. Er legt eine umfangreiche Zusammenstellung der antiken Quellen vor, wobei er erstmals wieder Herodot als Originalquelle zitiert (*S. 512–515*). Er vermerkt, allerdings ohne Quellenangabe, bei den Brahmanen, d.h. in Indien, gäbe es 'handspannenlange Ameisen', eine Größenangabe, die an die entsprechenden Angaben im *Alexander-Roman* denken läßt. Er schreibt weiter:

> Nun aber dürfte es wohl kaum Ameisen von solcher Größe geben, die Gold ausgraben und es mit angeborener Gier bewachen. Dies könnte man mir kaum weismachen, wenn nicht ebendies die Entdecker, — denn man berichtet, daß es auch in Brasilien Ameisen von der Größe von Hunden gebe, die Gold bewachen — die

---

[279] Aldrovando hatte zunächst Jura und Philosophie studiert, war im Jahre 1549 von Papst Paul III (1534–1549) einige Monate als angeblicher Ketzer in Bologna und Rom eingekerkert und wurde erst von dessen Nachfolger Julius III (1549–1555) freigelassen. Er widmete sich dann naturwissenschaftlichen Studien und wurde schließlich Professor an der philosophischen und der medizinischen Fakultät der Universität Bologna, wo er 1568 den botanischen Garten gründete und als hochgeachteter Greis im Jahre 1605 an den Folgen eines Schlaganfalles starb.

durch die riesigen Weiten Indiens gezogen sind, auch noch anderes und viel verwunderlicheres über Indien berichteten. Desohngeachtet möchte ich aber nichts davon bestätigen.

Und etwas später heißt es auf derselben Seite:

> Selbst wenn ich auch ihre Größe zugestehe, so will ich um nichts glauben, daß sie aus Gier nach dem Golde dieses verteidigen, wie Plinius schreibt, denn das riecht mir doch sehr nach Fabelgeschichten. So laßt uns nun nach den monströsen Überresten, wie ich sie nenne, mit den Ameisen fortfahren.

Als nüchterner, auf Vollständigkeit bedachter Wissenschaftler sieht sich Aldrovando offensichtlich gezwungen, auf diese Fabeltiere einzugehen, möchte sie aber nicht als Tatsachen anerkennen. Interessant ist aber, daß die Myrmeken nach seinem Bericht von zeitgenössischen Reisenden auch in Amerika 'gesichtet' worden seien.[280]

Auch im 1630 erschienenen *Hierozoicon sive historia animalium Sanctae scripturae* („Hierozoicon oder Geschichte der Tiere in der Heiligen Schrift") des Samuel Bochart (1599-1667) werden die Myrmeken erwähnt.[281] Die Myrmeken finden sich zunächst im *Teil II* in *Buch IV, Kap. XXII* bei der Erläuterung zu *Spr. 30,25* des Alten Testaments, wo der Autor die verschiedenen antiken Quellen erwähnt oder auch zitiert. Er bemerkt abschließend:

> Aber er [d.h. Nearchos] hat sie nicht selbst gesehen, noch haben andere gesagt, daß sie sie gesehen hätten. Wir brauchen dies also solange nicht zu glauben, bis nicht ein Augenzeuge solcher Ameisen sich meldet.

In *Teil II, Buch VI, Kap. IV* in der Erklärung zu *Hiob 4,2* behandelt der Autor den Ameisenlöwen und vermerkt, daß die 'arabische oder babylonische Ameisen' genannte Löwenart nichts mit den Gold ausgrabenden und es bewachenden indischen Ameisen gemein hat, die Herodot und andere erwähnen. Er vermerkt aber nochmals, daß es in Indien eine Ameisenart von der Größe eines Hundes gäbe und zitiert als Beleg dazu sowohl Thuanus als auch dessen Quelle Busbeq (Kap. 2.6.4). Auch hier sagt er, daß

> [...] diese nur nach Hörensagen berichten und daß wir es nicht zu glauben brauchen, solange nicht einer dieses Tier nach eigenem Anschauen genauer beschreibt.

Für Bochart sind die verschiedenen zeitgenössischen Berichte über diese Fabelwesen doch Grund genug, sich kritisch damit zu befassen.[282]

---

[280] Aldrovando verweist außerdem auf das in Kap. 2.5.2 erwähnte geographische Wörterbuch des Boccaccio: „Ameisen von Katzengröße gibt es nach Bocatius bei den Hydrophagen, d.h. den Schlangenfressern, jene Insel bewohnen, auf der der Fluß Gargarus fließt."

[281] Das viel gelesene Werk dieses reformierten Predigers aus dem nordfranzösischen Rouen beruht auf umfangreichen Studien antiker, jüdischer und arabischer Quellen und galt lange Zeit als eines der Standardwerke der christlichen Zoologie.

[282] Nach dem abschließenden Urteil Aldrovandos erscheinen die Myrmeken in späteren Büchern zur Insektenlehre wie dem 1634 posthum veröffentlichten *Insectorum sive minimorum animalium theatrum* („Darstellung der Insekten oder der kleinsten Tiere") des Engländers Thomas Moffet (1553-1604) nicht mehr.

2. Ad fontes — Zu den Quellen

Der ursprünglich aus Tirol stammende spanische Jesuit Eusebius Nieremberg (1595-1658) verfaßte neben umfangreichen Schriften auch ein Kompendium exotischer Naturgeschichte, in dem er sich hauptsächlich der Reiseberichte spanischer Entdecker bediente. In *Kap. 13 Über die Ameise* heißt es nach Bodenheimer (1928: 138):

> Auf den Philippinen werden zwei Ameisen-Arten namens Solum gefunden. Von diesen sind einige 6 Finger [11 cm] lang und daumenbreit, glänzend scharz gefärbt. Ihr Mund ist einen halben Finger breit mit sehr harten schwarzen Kiefern, an denen 3 feste, dünne Zähne kenntlich sind. Sie leben in den Baumkronen. Andere sind etwas größer und den geflügelten Ameisen ähnlich. Diese leben in den Feldern und bauen sich als Schutz gegen die Unbilden des Winters Sandhaufen von unglaublicher Größe, in deren Kammern sie sicher und geschützt leben.

Der Autor beschreibt hier anscheinend einerseits eine ihm unbekannte 'handspannengroße' Insektenart als schreckliche Ameisen und andererseits als Termiten.

Wie beliebt der *Alexander-Roman* auch noch in der Neuzeit war, zeigt eine unter dem Titel *Dies ist die verlorene Geschichte Alexanders des Großen, verloren vor der Geschichte und der Zeit* im Jahre 1699 in Venedig verlegte neugriechische Bearbeitung einer wahrscheinlich aus dem 15. Jahrhundert stammenden spätbyzantinischen Handschrift. Die Myrmeken-Geschichte lautet hier nach der englischen Übersetzung von Spiropoulos & Spiropoulos (1997: 25):

> Alexander war es leid, in Parapolis [Persepolis] zu weilen aber noch nicht genügend gerüstet, um gegen [den indischen König] Poros zu Felde zu ziehen und so beschloß er, an das Ende er ihm bekannten Welt zu ziehen.
>
> Er zog gegen Lydien und fügte es dem makedonischen Reich bei und dann marschierte er an die arabischen Berge. Als er an dieser Bergkette ankam, da traf er seltsame riesige Ameisen, die sein Heer angriffen. Sein Heer zog sich dann zurück, da es den Ameisen nicht gewachsen war. Da diese aber weiterhin seine Mannen angriffen, beschloß er, sie zu töten.
>
> Er ließ große Feuer vor den Höhlen anzünden, aus denen die Ameisen hervorkamen. Feuer und Qualm töteten die Ameisen, als sie durchzubrechen versuchten. Einigen gelang dies auch, aber Alexanders Heer, wie ein Trupp von Schlächtern, hackte ihnen die Beine ab und tötete die, die gestürzt waren. Nach einem langen Tag des Schlachtens der Ameisen, beschloß er, in eine andere Richtung zu ziehen, um weitere Treffen zu vermeiden, denn er hatte viele Männer verloren. Er kehrte daher um und kam an das Ostufer des Toten Meeres.

Hier erscheinen also wieder die Myrmeken, aber, wie in den meisten Versionen des *Alexander-Romans*, ohne Gold.

Die Diskussion über diese Tiere war dann bis in das Zeitalter der Aufklärung hinein beigelegt und Zedler (1733) vermerkt in seinem 64-bändigen, mit 750.000 Stichwörtern umfangreichsten jemals verlegten kompletten deutschen Universallexikon unter dem Stichwort 'Ameisen' in *Bd. 1 (Sp. 1712)* nur noch:

2.7 Frischer Wind?

Von Ameisen ungemeiner Größe, die in Indien zu finden, Gold aus der Erde graben, und wie solches mit äußerster Gefahr ihnen von den Einwohnern entführt werde, schreibt Herodotus und andere nach ihm, so aber unter die alten Fabeln zu rechnen.

Der Enzyklopädist kann diese Geschichte im Zeitalter der Aufklärung aber einfach nicht glauben und bringt sie nur der Vollständigkeit halber.[283]

2.7.2 Das 19. Jahrhundert

Mit dem Ende des 18. Jahrhunderts beginnt eine kritische Auseinandersetzung mit Texten antiker Autoren und somit finden sich vermehrt Versuche, die seltsamen Myrmeken zu erklären oder zu identifizieren. Einen neuen Aspekt zu den indischen Goldameisen findet sich in einer Arbeit über die antike Geographie Indiens bei Wilford (1822: 467). Er schreibt:

> Diese goldproduzierenden Ameisen sind in Indien nicht völlig unbekannt; aber die Ameise in Aussehen und Größe eines hyrkanischen Hundes[284] war nur an der Grenze Indiens und in Persien bekannt. Die goldproduzierenden Ameisen der Hindus sind wirkliche Ameisen und zwar von der Termiten genannten Art. Für diese werden in Indien im Allgemeinen Vögel eingesetzt: Sie werden in den *Gesetzen des Manu* erwähnt, wo sie Hemacaras oder Goldmacher genannt werden. Es heißt, daß sie von beträchtlicher Größe sind, und in den Bergen des nordwestlichen Indiens hausen und daß ihr Kot, wenn er mit einem bestimmten Sand dieses Gebietes vermischt wird, zu Gold wird. Die Gelehrten hier berichteten mir dasselbe, das sie schon Ktesias erzählten, daß diese Vögel nämlich, da sie keine Verwendung für das Gold haben, sich nicht darum kümmern und es natürlich nicht bewachen; aber daß die Leute, deren Ziel es ist, Gold zu suchen, stets in großer Gefahr vor den wilden und ungestümen Tieren waren, die in jenen Gebieten hausen.

Die erwähnten *Gesetze des Manu* wurden vermutlich zwischen dem zweiten vorchristlichen und ersten nachchristlichen Jahrhundert schriftlich fixiert. Der Autor erklärt also zunächst, wie schon Rennel (1788), die Myrmeken als Termiten. Mit dem Hinweis auf die 'hemacaras' bezieht er sich auf *XII v. 61* der *Gesetze*, in dem damit aber 'Goldschmiede' gemeint sind. Allerdings heißt es dazu in dem aus dem 9. nachchristlichen Jahrhundert stammenden Kommentar des Medhatithi dazu nur: „Goldmacher: Vögel", wobei aber der Sinn unklar bleibt. Wilson gibt leider keine jüngeren Quellen zu den von ihm angeführten Vögeln an. Daran anschließend gibt der Autor eine indische Tradition wieder, wonach diese großen Vögel, deren Kot in Gold verwandelt wird, im Nordwesten Indiens auf den Bergen hausen.[285] Immerhin können größere Goldnuggets durchaus eine gewisse Ähnlichkeit mit Tierkot auf weisen.

---

[283] Diderot erwähnt sie in seiner ab 1757 wegen Zensurverbotes teilweise 'im Untergrund' herausgegebenen 17-bändigen französischen Enzyklopädie überhaupt nicht mehr.
[284] Eine besonders große Hunderasse aus dem Gebiet östlich des Kaspischen Meeres.
[285] Hier klingt vielleicht noch die alte Überlieferung von den Gold bewachenden Greifen und Drachen im Himalaja an, von der als erster Ktesias berichtete (Kap. 2.1.4).

Das Motiv der Gold sammelnden Tiere wird jedoch in der Literatur durchaus noch weiter verarbeitet. Ihre gewissermaßen „höchsten literarischen Weihen" erhalten sie in J. W. von Goethes *Faust II*.[286] Im zweiten Akt, in der 'klassischen Walpurgisnacht' am oberen Peneios,[287] rufen Ameisen, nach Regiehinweis 'von der kolossalen Art'

> Ihr sprecht von Gold: wir hatten viel gesammelt,
> In Fels und Höhlen heimlich eingerammelt;
> Das Arimaspenvolk hat's ausgespürt;
> Sie lachen dort, wie weit sie's weggeführt.

Etwas später bemerkt Mephistopheles im Gespräch mit Ameisen, Sphinxen und Greifen

> *auf Ameisen bezüglich*: von solchen ward der größte Schatz gespart

und

> *auf Greife bezüglich:* von diesen treu und ohne Fehl bewahrt.

Hier ist sie also wieder, die seit Arrianus bekannte Arbeitsteilung zwischen Ameisen und Greifen. Und kurz danach ruft dann ein Greif:

> Gold in Blättchen, Gold in Flittern
> Durch die Ritzen seh ich zittern.
> Laßt euch solchen Schatz nicht rauben!
> Imsen, auf! Es auszuklauben.[288]

Im Anschluß an diesen Aufruf des Greifen hebt der Chor der Ameisen an:

> Wie ihn die Riesigen
> emporgeschoben,
> ihr Zappelfüßigen,
> geschwind nach oben!
> Behendest aus und ein!
> In solchen Ritzen
> ist jedes Bröselein
> wert zu besitzen.

---

[286] Dieser gewaltige, erst in der späten Schaffenszeit des Meisters fertiggestellten Spaziergang oder besser Hindernislauf durch die gesamte abendländische Mythologie wurde erst 1833 im Jahre nach dem Tod des Dichterfürsten aus dem Nachlaß veröffentlicht.

[287] Bei dieser Szene wird im Allgemeinen von Germanisten angenommen, daß Goethe sich hier von der Myrmeken-Geschichte Herodots inspirieren ließ, was jedoch trotz des Hinweises auf die Arimaspen wenig wahrscheinlich ist. Zum einen hätte er diese überaus lebendige Geschichte ganz anders verarbeitet, und andererseits kann die Kombination von Ameisen und Greifen nur dergestalt interpretiert werden, daß Goethe sich hier auf die bereits erwähnte Stelle bei Arrianus oder einem seiner Kopisten bezieht, wonach in Arbeitsteilung die Ameisen das Gold gewinnen, die Greifen hingegen es bewachen.

[288] Hier beweist Goethe, der seit 1775 in Weimar als geheimer Legationsrat auch für die Bergwerksverwaltung zuständig war, seine Kenntnis der bergmännischen Terminologie, denn 'ausklauben' ist der Fachausdruck für das Aussortieren von Wertmineralen aus gebrochenem Gestein.

2.7 Frischer Wind?

Das Allermindeste
müßt ihr entdecken
auf das Geschwindeste
in allen Ecken.
Allemsig müßt ihr sein,
ihr Wimmelscharen;
nur mit dem Gold herein!
Den Berg laßt fahren!

Darauf die Greife nochmals im Chor:

Herein! Herein! Nur Gold zu Hauf,
wir legen unsre Klauen drauf;
sind Riegel von der besten Art:
Der größte Schatz ist wohl verwahrt.

Und schließlich ruft noch der Pygmäenälteste:

Ihr Imsen alle,
rührig im Schwalle,
schafft uns Metalle.

Abb. 30: Arimaspen und Myrmeken im Triptychon „*Klassische Walpurgisnacht*" von P. Struck. Acryl auf Hartfaserplatte, 1,50 x 3,60 m, Goethe Museum (Düsseldorf)

Die *Klassische Walpurgisnacht* regte den Maler Paul Struck (geb. 1928) zu einem 1982 im Stil der Phantasy-Malerei fertiggestellten, im Goethe-Museum Düsseldorf hängenden Triptychon an, in dem die Myrmeken an drei Stellen auftauchen. Im rechten oberen Bereich des linken Flügels (Abb. 30) tragen einäugige Menschen, die Arimaspen der griechischen Mythologie, schwere, wohl mit Goldsand gefüllte Säcke aus der Tiefe des Berges an die Erdoberfläche, wo sie von hundsgroßen Ameisen angefallen werden. In Unkenntnis der Situation verbindet der Maler hier statt der Greife die Myrmeken mit den Arimaspen.[289]

In Anbetracht der monumentalen Spieldauer des *Faust II* von über acht Stunden[290] ist es nicht verwunderlich, daß dieses Stück nur sehr selten in Gänze aufgeführt wird. Anläßlich der Weltausstellung EXPO 2000 in Hannover übernahm der bekannte Regisseur Peter Stein die Aufgabe, dieses Theaterstück im Rahmen des die Ausstellung begleitenden Kulturprogramms vollständig in einer fernsehgerechten Version zu inszenieren. Die Greife wurden dabei von zwei entsprechend kostümierten Schauspielern dargestellt. Die Ameisen waren hingegen nicht, wie eigentlich vom Dichter beschrieben, 'von der kolossalen Art', sondern handspannengroße Modelle, die von im Schatten agierenden Schauspielern an eine beleuchtete Magnetwand geheftet und dann mit dem entsprechenden Text per Lautsprecher 'hinterlegt' wurden.

2.7.3 Die Neuzeit

An dieser Stelle ergibt sich im Ablauf der Behandlung des Myrmeken-Motivs in der Literatur eine natürliche Zäsur, denn in ihrer Erwähnung im *Faust II* treten sie zum letzten Mal in der 'klassischen' Version in Verbindung mit Gold auf. Es soll daher nun ein bisher vernachlässigter Bereich der Literatur betrachtet werden, das Volksmärchen. Eine Auswertung der einschlägigen Enzyklopädien und Handbücher zeigt, daß sich die Verbindung zwischen Ameisen und Gold bzw. Schätzen weltweit bis in den Süden Südamerikas hinunter nach Chile in Sagen und Märchen nachweisen läßt und dieser Glaube tief im Volksbewußtsein verankert ist. Dies trifft im übrigen auch für die Greife oder Drachen zu, wobei diese jedoch die Schätze meist nur bewachen — wie Fafnir in der nordischen Sage — und nur selten selbst als Produzenten solcher Reichtümer auftreten. Im mehrbändigen Motivindex von Thompson (1956) werden die Myrmeken im Sinne von Herodot allerdings nicht als eigenständiges Motiv erwähnt, sondern nur beiläufig als *B.756* unter 'Besondere Verhaltensweisen' von Tieren.[291]

---

[289] In der Mitte der Mitteltafel erscheinen Ameisen noch zusammen mit den im *Faust II* ebenfalls erwähnten Pygmäen und etwas weiter links davon nur als wimmelnde Tiere in einer von einem Erdbeben zerstörten Landschaft.

[290] Die Erstaufführung des Stückes fand erst 1854 in Hamburg statt.

[291] Überlieferungsfehler, wie sie in mittelalterlichen Handschriften häufig zu beobachten sind, finden sich übrigens auch in modernen Werken. So verweist Thompson (1956) unter Motiv *B 873.4* auf „riesige Ameisen" bei Neuman (1954), der seinerseits als Quelle für sein Motiv *B 874.3* Gaster (1924) anführt. Bei diesem erscheinen unter dem aus dem jüdischen Midrash Wayosha stammenden *Exemplum 343* allerdings nur normale Ameisen, die das Heer König Salomos bewirten.

2.7 Frischer Wind?

Es fällt allerdings auf, daß Ameisen in der weitaus größten Zahl der Fälle hilfreich und gutmütig sind und nur in sehr wenigen Fällen böse und gefährlich wie die Myrmeken. Dabei sind sie selbst dann meist nicht aktiv handelnde 'dramatis personae', sondern nur Mittel zum Zweck. Nach Dutoit (1912) droht in den buddhistischen *Jatakas*, Erzählungen, die zum Teil noch auf die Zeit vor Buddha (um 500 v. Chr.) zurückgehen, ein König einem Bettelmönch, daß er ihm einen Krug mit roten Ameisen auf den Leib binden lassen werde, damit sie ihn zerfleischen. Peuckert (1962) erwähnt ein hessisches Märchen, in dem ein Landgraf einen Edelknaben, der es gewagt hatte, seinen Blick zur Edelfrau zu erheben, auf einen Ameisenhaufen binden ließ, wo er von den Tieren zerfressen wurde. Auch diese Geschichten befinden sich nicht im Widerspruch zu dem guten Wesen personifizierter Ameisen,[292] denn sie werden hier jeweils nur als anonyme Masse eingesetzt.

Eine überlieferungsgeschichtlich interessante, weil völlig verderbte Erwähnung findet die Myrmeken-Geschichte im *Vollständigen Wörterbuch der Mythologie aller Nationen* von Vollmer (1836: 158), in der die Geschichte unvollständig zusammengefaßt und insbesondere der Sinn der beiden mitgeführten männlichen Kamele mißverstanden wird. Es heißt dort:

> [...] und reißt die beiden anderen [d.h. männlichen] Thiere mit sich fort. So gelangen sie zu den Schätzen, wobei man jedoch nicht einsieht, warum sie nicht lauter Mutterkamele nehmen, als daß sie zwei trägere Thiere von dem einen fortziehen lassen.

Von besonderem Interesse für die Untersuchung des Themas sind gemeinsame Erwähnungen von Ameisen und Gold aus dem indisch-tibetischen Raum. So berichtet Francke (1924) eine Begebenheit aus dem Jahre 1901, als er an einer Missionsschule in Khalatse am oberen Indus-Lauf arbeitete. Auf seine Frage an den damaligen Schulleiter, ob er etwas über goldgrabende Ameisen wisse, sei dieser für kurze Zeit verschwunden und dann mit einer großen Ameise („kleiner als unsere deutsche Roßameise") in den Fingern zurückgekehrt. Er habe erklärt, daß diese Ameise ein Goldgräber sei.

Außerdem erzählte Francke aus der Region ein Ameisen-Märchen, das hier nur zusammengefaßt wiedergegeben werden soll: In einem großen, weiten Land lebte einst ein König, der für die Mitgift seiner Tochter große Mengen Goldes benötigte, das er aber nicht bekommen konnte, obwohl er sogar Silber im Tausch dafür anbot.[293] Ein Ratgeber berichtete ihm, daß es in einem See sehr viel Gold gäbe, das

---

[292] In der Überlieferung der sibirischen Burjaten nehmen die Ameisen nach Laufer (1908) sogar eine Sonderstellung ein, ist doch der König der Ameisen als Herrscher über die Insekten einer der sechs über die Welt der Lebenden herrschenden Könige. Die anderen sind die Könige der Menschen, Vögel, Vierfüßler, Reptilien und Fische.

[293] In dieser Geschichte findet sich ein weiterer interessanter Aspekt, daß nämlich hervorgehoben wird, daß der König sogar Silber im Tausch gegen das benötigte Gold anbietet. Silber hatte hier also wohl einen höheren Wert im Vergleich zu Gold als das sonst übliche Verhältnis von 1 : 10-14, was im Einklang z.B. mit den Berichten Marco Polos aus der südwestchinesischen Provinz Yünnan, aus Burma und dem benachbarten Südost-Tibet steht, wo zu seiner Zeit der Tauschwert statt des erwähnten üblichen Verhältnisses bei bis zu 3 Teilen Gold für 5 Teile Silber lag.

aber nur die Ameisen herausholen könnten. Der Ratgeber fing dann einige Ameisen, unter denen sich auch deren König befand. Nach Todesdrohungen gibt dieser sich dem Menschenkönig notgedrungen zu erkennen und erhält, sozusagen 'von König zu König', den Auftrag, das Gold aus dem See zu holen. Darauf begibt sich der Ameisenkönig mit 2.000 Ameisen an das Ufer des Sees, wo sich die Ameisen als Sicherung Seidenfäden um den Leib binden und dann in das Wasser gehen. Nach jedem Tauchgang bringt jede Ameise ein Tola (etwa 5,8 g) Gold heraus. Nach einem Monat haben sie genug Gold herausgeholt und der Menschenkönig bedankt sich bei den Ameisen mit einem großen Fest.[294]

König (1984) erwähnt eine Vielzahl von alten und heute noch lebendigen Volksbräuchen und Überlieferungen in Indien, bei denen eine Verbindung zwischen Ameisen bzw. Termiten sowie Gold und anderen Schätzen hergestellt wird. Die Erwähnung des Ameisengoldes im *Mahabharata* sowie die entsprechenden tibetischen und mongolischen Geschichten reihen sich nahtlos in dieses Umfeld ein und zeigen gleichzeitig, daß die überaus gefährlichen Myrmeken kaum aus der Volksüberlieferung dieses Kulturkreises entstammen dürften, in dem Ameisen durchweg als durchaus positive Wesen gelten. Dies ist für die spätere Deutung der Geschichte (Kap. 6) ein überaus wichtiger Aspekt, der natürlich auch für die rein äußerlich ameisenähnlichen Termiten gilt. So fand ein siamesischer König nach einem Bericht aus dem 17. Jahrhundert in einem Termitenhaufen einen neunstöckigen Minipalast aus purem Gold (Burnay 1931). Und schließlich gibt es nach Lindegger (1982) noch heute im südöstlichen Tibet ein Sprichwort, wonach „selbst die Ameise Goldtribut entrichtet".

Aber weiter mit unserer Spurensuche entlang der Ameisenstraße! H. G. Wells (1866–1946), einer der frühen Science-Fiction-Schriftsteller, veröffentlichte 1905 in dem in London verlegten *Strand Magazine* [295] sein *Empire of the Ants* („Das Reich der Ameisen"; vgl. Abb. 33, S. 177). Die Kurzgeschichte spielt in Südamerika, wo ein englischer Abenteurer mit einem brasilianischen Flußkanonenboot Berichten von gefährlichen Ameisen im hintersten Amazonasgebiet nachgeht. Auf dem Fluß begegnet ihnen ein Segelboot, auf dem sie zwei teilweise angefressene Leichen sowie eine große Zahl mehrere Zoll messender Ameisen finden. Der zur Erkundung an Bord des Bootes geschickte Soldat wird von einer Ameise gebissen und stirbt noch am gleichen Abend, woraufhin das Boot in Brand gesetzt und versenkt wird. Nachdem man ein von den Ameisen überfallenes Dorf untersucht hat und den Untieren gerade noch entkommen kann, wird die Expedition abgebrochen und das Kanonenboot kehrt zu seinem Heimathafen zurück. Der Engländer gibt anschließend noch seiner Meinung Ausdruck, daß die Ameisen bei der von ihnen in den folgenden Jahren vorgelegten Ausbreitungsgeschwindigkeit spätestens im Jahre 1960 in Europa auftauchen dürften.[296] Ob H. G. Wells den *Alexander-Roman* kannte, ist ungewiß, aber immerhin sind die Ameisen dort auch handspannengroß und nur durch Feuer zu bekämpfen.

---

[294] Die Einschnürung des Ameisenleibes stammt übrigens angeblich von den benutzten Seidenschnüren. Hier erscheinen also die Ameisen als friedliche Goldproduzenten.
[295] In dieser Zeitschrift erschienen auch Arthur Conan Doyles *Geschichten von Sherlock Holmes*.
[296] So weit sind sie noch nicht gekommen. Am 30. 8. 2004 berichtete allerdings der *Münchener*

2.7 Frischer Wind?

Hier sei nun noch ein Vorkommen gefährlich großer Ameisen aus einem neugriechischen Märchen erwähnt, dessen Herkunft allerdings im Dunkeln liegt. Es handelt sich dabei unter den von Kretschmer (1919: 204)) herausgegebenen Märchen um die Nr. 48, vom *Hauptmann Dreizehn*. Dieser Hauptmann war der älteste von dreizehn Söhnen eines Königs, der sie wegen ihrer übergroßen Faulheit außer Landes gejagt hatte. Auf ihrer Wanderung durch die Fremde wählten die Brüder den Ältesten zu ihrem Anführer, dessen Schläue sie mehrere Abenteuer mit einem Drachen bestehen ließ. Als sie schließlich in einem fernen Land als Soldaten dienen, erklären die Brüder dem dortigen König, daß ihr großer Bruder imstande sei, das Pferd des Drachen zu bringen, worauf der König natürlich Hauptmann Dreizehn sofort befiehlt, ihm dies Pferd zu beschaffen. In seiner Not gibt diesem eine Mira, seine gute Fee, folgenden Rat:

> Nimm vierzig Pferde und vierzig Lasten Getreide; denn auf dem Wege, den du gehen mußt, sind Ameisen so groß wie Menschen. Sie werden dich anfallen, um dich zu fressen. Dann mußt du die Getreidesäcke aufreißen, daß die Körner herausfallen, und die Ameisen werden kommen und sie fressen.

Hauptmann Dreizehn verlangt vom König also die vierzig Pferde mit vierzig Lasten Getreide und

> [...] brach also auf und zog ab und kam dorthin, wo die Ameisen waren, und die Ameisen stürzten auf ihn los, um ihn zu fressen. Hauptmann Dreizehn zerriß die Säcke, und das Korn fiel heraus. Da taten ihm die Ameisen nichts, sondern fraßen die Körner. Der Ameisenkönig aber fragte: Wer hat uns diesen Dienst erwiesen? Ein Mensch ist hier vorbeigekommen und hat uns dies zu Gefallen getan. Geht und holt ihn!

Hauptmann Dreizehn kam, und der Ameisenkönig fragt ihn, was er zum Dank haben wolle. Der Held erbittet die Fähigkeit, durch einen Zauberspruch bei Bedarf fliegen zu können, was ihm hilft, nach weiteren Abenteuern den Drachen endgültig zu vernichten.

Hier sind sie also wieder, die gefährlichen großen Myrmeken, diesmal sogar menschengroß, aber ebenfalls ohne Gold, und wie in einigen antiken Überlieferungen werden sie hier durch Futter abgelenkt, allerdings nicht durch Fleisch, sondern ausgestreute Körner. Diese Ameisen sind zunächst in ihrer Anonymität höchst gefährlich, aber durch die Personifizierung in der Form des Ameisenkönigs sind sie sogleich wieder positiv als potentielle Helfer zu sehen, was eine ungewöhnliche Verquickung der gefährlichen Myrmeken mit der normalen Märchensituation der Ameisen darstellt.

Bei Rickard (1930), der sich ebenfalls mit den Myrmeken beschäftigt, findet sich ein Verweis darauf, daß diese Geschichte 'selbst heutzutage' noch Anlaß zu Expeditionen sein kann. Der englische Text lautet übersetzt:

Merkur, daß in den USA in den letzten Jahren in Seniorenheimen bereits mindestens vier Patienten, die wegen geistiger und körperlicher Gebrechen nicht hatten um Hilfe rufen können, an den Folgen von Bissen südamerikanischer Feuerameisen der Art *Solenopsis wagneri* gestorben seien.

In einer jüngeren Geschichte[297] werden die Ameisen für einen trefflichen Zweck wiederbelebt. Ein deutscher Professor hat im tibetischen Hochland eine alte Steininschrift entdeckt, auf der ameisenähnliche Goldwächter dargestellt sind und als Fundort die Yak-Kopf-Berge in Tibet genannt werden. Dies und einige weitere Hinweise genügen dem Professor, die Lokalität genau zu identifizieren. Er schließt sich mit einem wackeren englischen Freund zusammen, und angetrieben von der alten Geschichte machen sie sich auf den Weg. Doch nur der Engländer kommt, halbtot, zurück „mit einer schrecklichen offenen Wunde am linken Bein, wo alle Muskeln wie mit einer riesigen Zange abgerissen waren." Wie schrecklich müssen doch diese goldgrabenden Ameisen gewesen sein. In seinem Fieberwahn gab der Überlebende Hinweise auf sein fürchterliches Erlebnis. Der Schreiber des Berichtes rekonstruiert die Hinweise zu einer zusammenhängenden Beschreibung: „Ich sehe ein kahles leeres Land von riesiger Weite mit rollenden Tonabhängen und grauen gerundeten Hügeln — die Heimat der Winde und das Dach der Welt — die sich im Norden zu einer riesigen Wand von Schnee auftürmen. Im Vordergrund liegt ein Schmelzwasserbach und ein eisiger Wind bläst vom Schnee herab. Kein Laut unterbricht die Stille außer dem heiseren Schrei des tibetischen Schneehuhns auf seinem Flug zum Wasser. Kein anderes Lebewesen rührt sich in der Landschaft und über allem liegt eine grausige Erwartung. Und da, auf ein Mal, sehe ich einen raschen Strom schwarzer gedrungener Formen herankommen, gnadenlos wie der Tod und schrecklich wie ein Albtraum. Es ist eine Armee der Wächter auf einem Raubzug. Und neben dem Strom sehe ich etwas weißes im Sonnenlicht scheinen — ich weiß, daß es das abgenagte Skelett eines Menschen ist.

Und so haben die Myrmeken nach John de Mandevilles *Reisen* nun endlich auch ihren Weg in den modernen Abenteuerroman gefunden.

2.7.4 Neue Medien

Seit den Atombombenabwürfen über Hiroshima und Nagasaki im August 1945 wußte man von den Auswirkungen radioaktiver Strahlung auf Lebewesen. So ist es nicht verwunderlich, daß sich im Gefolge der amerikanischen Atombombenversuche in den 40er und 50er Jahren des vergangenen Jahrhunderts in der Wüste von Nevada und Neumexiko auch Hollywood des Myrmeken-Themas bemächtigte. Riesige Ameisen tauchen erstmals 1954 in dem Film *Them* (deutscher Titel: *Formicula*) auf, einem der ersten Horrorfilme des Atomzeitalters.[298]

Die Geschichte dieses dürftigen Filmchens ist schnell erzählt: In der Wüste von Neu Mexiko werden mörderische übermannsgroße Ameisen (Abb. 31) entdeckt, deren Riesenwachstum ein eilig herbeigerufener Wissenschaftler mit den Auswirkun-

---

[297] Da der Roman ohne Titelangabe erwähnt wurde, gelang es nicht, ihn zu identifizieren.

[298] Es handelte sich um einen der so genannten *B-pictures*, die mit geringen Geldmitteln, geringem Aufwand und weniger bekannten Schauspielern gedreht wurden. Der Buchstabe 'B' bezeichnet die Tatsache, daß damals in den USA bei einer Kinovorführung stets zwei Filme gezeigt wurden, einerseits der Hauptfilm und, sozusagen als Vorspann, das *B-picture*. Einer der großen Helden der 'Vorfilme', wie sie in Deutschland genannt wurden, war übrigens der spätere amerikanische Präsident Ronald Reagan. Der mittlerweile berühmte Film *Casablanca* war übrigens ursprünglich ebenfalls als *B-picture* produziert worden.

2.7 Frischer Wind?

gen von radioaktiver Strahlung nach Atombombenversuchen in der Nähe erklärt. Dem Helden, einem Ortssheriff, gelingt es dann, den größten Teil der Ameisen mit Flammenwerfern zu vernichten. Aber zwei Ameisenschwärme sind schon aus dem Bau entflogen und müssen nun gesucht werden. Einer davon befällt auf rätselhafte Weise ein Schiff im Pazifik, das dann mit Mann, Maus und Ameisen von der Marine versenkt wird, allerdings erst nachdem die Ameisen die gesamte Mannschaft getötet hatten. Der zweite Schwarm verzieht sich zunächst unerkannt in die Kanalisation von Los Angeles, wo er aber schließlich von dem Helden aufgespürt und unter einem großen Aufwand an Militär mit Flammenwerfern vernichtet wird. Die Erwähnung von Feuer erinnert natürlich sofort an die entsprechende Stelle im *Pseudo-Kallisthenes*, in der Alexanders Soldaten die Riesenameisen ebenfalls mit Feuer vernichten (Kap. 2.2.7). Die Killerameisen des Filmes sind noch recht einfach konstruiert, aber zur Erzeugung einer Gänsehaut in einem B-picture reichten sie durchaus.

Abb. 31: *Them* oder *Formicula*, der erste Myrmeken-Film; vgl.: www.bmovies.de/them1.html „Plakatmotive" (usa_22.jpg)

Nachdem sich nun selbst Hollywood des Myrmeken-Themas bemächtigt hatte, wenn auch ohne das Gold, ist es kaum verwunderlich, daß sie ihren Weg auch in das, wenn auch häufig gering geschätzte Literaturmedium des 20. Jahrhunderts, die comic-strips, fanden. Carl Barks, der klassische Zeichner der Geschichten um Donald Duck und seine Sippe, schuf 1958 die Geschichte *Donald Duck and the Titanic Ants*, die im folgenden Jahr auf deutsch unter dem Titel *Donald Duck und die Riesenameisen* erschien. In dieser Geschichte wird das von Onkel Dagobert organisierte

2. Ad fontes — Zu den Quellen

jährliche Picknick des Milliardärsklubs von Entenhausen von schäferhundgroßen Ameisen (Abb. 32) gestört.[299]

Abb. 32: *Die Riesenameisen* (aus *Donald Duck and the Titanic Ants*)

Um die Gemüter der kindlichen Leser nicht zu erschrecken, handelt es sich bei diesen Riesentieren allerdings nicht um fleischfressende Monster, aber es gelingt ihnen doch, das Picknick empfindlich zu stören. Die Tiere sind das Produkt von Versuchen eines Forschers, der mit Hilfe eines so genannten 'Protonengenerators' die Anzahl der Protonen in den Zellen der Tiere erhöht, was zu dem beobachteten Riesenwachstum führt, aber auf Knopfdruck rückgängig gemacht werden kann. Die Idee zur Vergrößerung der Ameisen dürfte mit großer Wahrscheinlichkeit auf den zuvor erwähnten Film *Them* zurückgehen. Allerdings konnte man für Kinder in der damaligen Zeit, als Atomkraft und alles, was damit zusammenhing, ein positives Image besaßen, das Riesenwachstum nicht über strahlungsinduzierte Mutationen in Folge von Kernwaffenversuchen erklären: Also mußte man ein anderes, nicht so negativ besetztes Verfahren einführen, eben den höchst hypothetischen Protonengenerator nebst seiner 'magneto-protonischen' Steuereinheit.

Es findet sich hier zwar bei diesen Ameisen ebenfalls kein Gold, sicherlich sehr zum Leidwesen des Geizhalses Onkel Dagobert, aber das Motiv der riesigen Ameisen[300] paßt sich nahtlos in die Überlieferungsgeschichte der Myrmeken ein.

---

[299] Möglicherweise wurde Barks bei der Größenangabe durch Herodot inspiriert, denn seit dessen Bericht werden die Myrmeken ja allgemein als hundsgroß beschrieben. Dies veranlaßte den Autor zu der scherzhaften Frage, ob etwa Herodot zum Bildungskanon in Entenhausen gehörte (Reimer 2000), wie sich dies für Plinius in *Auf der Suche nach dem heiligen Krokodil* nachweisen läßt.

2.7 Frischer Wind?

Abb. 33: *Empire of the Ants*
(*Das Reich der Ameisen*),
der zweite Myrmeken-Film; vgl.
http://www.scifi-movies.com/
english/classement/e.htm
"Empire of Ants" (affiche2.jpg)

Das Reich der Ameisen von H. G. Wells diente 1977 angeblich als Anregung für einen Film mit demselben Titel (Abb. 33). Im Vorspann dazu heißt es zwar „nach der Geschichte von H. G. Wells", aber außer dem Titel und der gewählten Tierart besteht keinerlei Beziehung zwischen beiden, hier sollte offensichtlich nur der Name des bekannten Autors für Aufmerksamkeit sorgen. Der Ablauf der Handlung ist wie folgt: Vor der amerikanischen Küste werden von einem Schiff aus Giftmüllfässer im Meer versenkt, von denen eines, mit radioaktivem Müll gefüllt, leckgeschlagen an den Strand gespült wird. An der auslaufenden weißen Flüssigkeit lecken Ameisen, wobei es dem Zuschauer zunächst überlassen wird, sich die Folgen auszumalen.

Eine Maklerin,[301] und ihr Partner haben an der Golfküste ein sehr windiges Grundstücksprojekt namens *Dreamland Shores* („Traumstrand") aufgezogen, zu dem sie, gewissermaßen als 'Kaffeefahrt', eine Gruppe von acht Interessenten per Schiff bringen. Bei der Besichtigung der geplanten Anlage werden sie von riesigen schwarzen Ameisen angefallen, wobei der Zuschauer natürlich sofort den Zusammenhang

---

[300] Solche im Verhältnis zur Familie Duck riesige Ameisen erscheinen noch einmal, in der Geschichte *Billions in the Hole* („Geschrumpfte Millionen") von 1961. Der Größenunterschied ist hier allerdings darauf zurückzuführen, daß Donald und Co. sowie auch die Panzerknackerbande, durch ein elektronisches Gerät geschrumpft werden. Eine Verbindung zu unseren Myrmeken besteht hier also nicht.

[301] Die später in der Fernsehserie *Denver* als „das Biest" berühmt gewordene Filmschauspielerin Joan Collins.

zwischen Atommüll und Riesenwachstum erkennt. Die Tiere besitzen eine Schulterhöhe von etwa 1,5 m und sind 2,5–3 m lang. Für die meisten Tieraufnahmen wurden mit einer Vergrößerungsoptik wirkliche Ameisen aufgenommen und in den 'menschlichen' Teil des Filmes hineinkopiert. Nur dort, wo die Ameisen Mitglieder der Gruppe anfallen, wurden Modelle eingesetzt.

Da das Schiff, mit dem die Gruppe angekommen war, zur Abwehr der Ameisen in Brand gesetzt worden war, ist der Fluchtweg über See abgeschnitten und es bleibt nur die Flucht durch den Dschungel übrig. Dabei kommt der Gruppe eine andere riesige, aber rote Ameisenart 'zu Hilfe', die die schwarzen Ameisen in einen Kampf verwickelt. Dies erinnert an die Geschichte aus *1001 Tag*, in der der Kampf zwischen Ameisen und Affen dem Prinzen Dschanschah die Flucht ermöglicht (Kap. 2.2.4). Von der ursprünglich elf Mitglieder umfassenden Gruppe werden, wie bei den 'zehn kleinen Negerlein', immer mehr von den Ameisen getötet und schließlich gelangen fünf Überlebende in eine Zuckerfabrik, wo die Geschichte völlig unsinnig wird. Zunächst fällt noch die 'böse' Grundstücksmaklerin den Ameisen zum Opfer, aber dann wird der ganze Schrecken von dem jugendlichen Helden in einem riesigen Benzinfeuer verbrannt — der *Pseudo-Kallisthenes* läßt grüßen! Auch diese Monster[302] lassen sich also 'nahtlos' an die entsprechenden Stellen im *Alexander-Roman* in seinen verschiedenen Versionen (Kap. 2.2.7) anschließen.

Angeregt vermutlich durch Presseberichte über die Untersuchungen des französischen Reiseschriftstellers Michel Peissel im Karakorum (Kap. 3.3) nahm sich einer der Altmeister des Phantasy-Romans, der Amerikaner Silverberg (1998) der Myrmeken-Geschichte an. Bevor er in seinem kurzen Artikel auf die Verarbeitungen des Themas eingeht, stellt er zunächst Herodots Originalversion der Geschichte dar, wobei es ihm allerdings nach 2500 Jahren gelingt, noch einen neuen Aspekt dazu zu erfinden. Er berichtet, daß sich die Inder zum Schutz vor der Hitze in der Wüste mit Wasser übergießen. Es handelt sich dabei um ein Mißverständnis der Bemerkung Herodots *III 104*, daß sich die Menschen wegen der übergroßen Hitze im Norden Indiens am Vormittag im Wasser aufhalten.

Mit Silverbergs Artikel wurde die Videospiel-Industrie auf das Motiv aufmerksam und so ist es nicht verwunderlich, daß kurz darauf das Computerspiel *Aliens vs. Predator Gold Ants* („Die Außerirdischen gegen Goldraubameisen") auf den Markt kam. Es handelt sich dabei um ein blutrünstiges, als nicht jugendfrei indiziertes Spiel, das die Werbung folgendermaßen anpreist: „Ein gnadenloses Kampf-Adventure! Hier herrscht außerirdischer Terror. Bei den drei einzigartigen Spiel-Perspektiven wird Ihnen das Blut in den Adern gefrieren!"

Zum Ende der Spurensuche hin verlieren die Myrmeken allerdings ihre gefährliche Größe, denn in einem Skript zu einer Lehrveranstaltung des Dozenten O. Gizewski an der Technischen Universität Berlin für das Sommersemester 2001 über *Die*

---

[302] Der Film erschien schließlich auch als Video, zunächst unter dem Titel *Angriff der Nuklearmonster* und dann, unter völliger Verkennung der zoologischen Gegebenheiten, als *Die Killer-Termiten*.

2.7 Frischer Wind?

Vielzahl der Länder, Völker und Sprachen in der Alten Geschichte erhalten sie eine bisher unbekannte Dimension — sie werden als 'hasengroß' beschrieben. In ihrer stärksten Abstraktion erscheinen die Myrmeken schlußendlich in dem spanisch-englischen Gedichtsband *Hormigas del oro* („Goldameisen") von Urios-Aparisi (2000). Trotz des vielversprechenden Titels sucht man in den einzelnen Gedichten aber vergeblich irgendeinen Bezug zu diesen Fabeltieren. Sie erscheinen überhaupt nicht![303]

Und damit sind wir mit unserer Expedition entlang der Ameisenstraße auf den Spuren der Myrmeken durch die Literatur der Welt nach fast 2500 Jahren endlich am Ziel angelangt. Während dieser Wanderung sind wir diesen Fabeltieren in vielen verschiedenen Ausprägungen an über 150 Stellen begegnet. Wenn die Expedition hier und da etwas länger verweilte, so möge der Leser dies entschuldigen — aber es gab einfach zu viel zu berichten. Auf dem Weg konnten verschiedene 'Fußspuren' oder waidmännisch gesprochen 'Trittsiegel' beobachtet werden, die zur Enträtselung der wahren Natur der Myrmeken beitragen könnten. Aber zunächst folgt eine Zusammenstellung der verschiedenen, in der Literatur gefundenen Deutungen.

---

[303] Aber auch die immer wieder erwähnte Hundegröße der Myrmeken und der Hinweis des Isidor, sie seien „von der Erscheinung eines Hundes" scheinen hier und da noch heute präsent zu sein. In einem Artikel im Wissenschaftsteil der Süddeutschen Zeitung vom 13. 1. 2005 werden in China entdeckte, etwa 130 Millionen Jahre alte fleischfressende Säugetiere der Art *Repenomamus giganticus* als „so groß wie ein Hund und auch ähnlicher Statur" beschrieben.

3. Wer war's? Erklärungsversuche

3.1 Die Zeit vor 1800

„Ein Ameis' mit Silinder'ut, ja das gibt es nischt ..." so beginnt Juliette Grecos kürzestes und auch einziges deutschsprachiges Chanson und es endet mit der rhetorischen Frage „Warum?" Die Antwort dazu ist einfach, aber was ist mit „ein Ameis', das Gold grabt ..."? Gab oder gibt es so etwas? In den frühen griechischen und lateinischen Texten wird von den Myrmeken ja meist als einer realen Größe ausgegangen, obwohl schon Autoren wie Strabon und Arrianos ihnen sehr kritisch gegenüberstehen. Aber auch die späteren, insbesondere mittelalterlichen Texte sehen diese Tiere meist als eine Tatsache an. Albertus Magnus erwähnt im 13. Jahrhundert zwar die Geschichte dieser wundersamen Tiere der Vollständigkeit halber, schränkt aber als erster ein: „Sed hoc non satis est probatum per experimentum", d.h. die Sache ist ihm als kritischem Wissenschaftler einfach nicht ausreichend bewiesen.

Martin Fernández de Enciso meint 1519 in seiner *Suma de geographia*, daß es sich bei den Myrmeken eigentlich um Löwen handelt, die nur als Ameisen bezeichnet werden. Georgius Agricola kann sich zur gleichen Zeit mit der Sache nicht anfreunden und Aldrovando gibt 1602 in seinem Buch über die Insekten noch der Ansicht Ausdruck: „Denn es kann sein, daß die Ameisen dort von so unglaublicher Größe sind — und so will ich ihre Größe gelten lassen," den Goldaspekt sieht er aber eindeutig als Phantasieprodukt an. Der schlesische Gelehrte Johann von Johnston (1603–1676) zitiert in seiner bei Merian in Frankfurt 1653 verlegten, aufwendig illustrierten *Historia naturalis* ausführlich die die Ameisen betreffenden Ausführungen des Aldrovando und erwähnt kurz die indischen Myrmeken, wobei er aber schließt: „Wie Strabo glaube ich, daß es ein Märchen ist."

In den Erläuterungen zu einer Ausgabe der *Chorographia* des Pomponius Mela von 1658 bemerkt wenig später Isaac Voss (1618–1689) abschätzig über die 'graeculi':

> Aber jene griechischen Herrschaften scheinen sich davor zu hüten, sich dabei erwischen zu lassen, daß sie es [die Geschichte] einmal für wahr ausgegeben hätten. Wer aber wissen möchte, von welcher Art und Größe die indischen Ameisen sind: Es ist nicht die Aufgabe hier, dieshalb die Inder weiter zu fragen.

3.1 Die Zeit vor 1800

Paulus Colomesius (1638–1692) bezieht sich in *Kap. XIV* seiner *Opera theologici, critici et historici argumenti* („Werke theologischer, kritischer und historischer Argumente") auf diese Bemerkung von Voss, bemängelt jedoch, daß dieser nicht den Bericht des Busbeq (Kap. 2.6.4) berücksichtige, wonach eine 'indische Ameise' am Hof Suleimans des Prächtigen beobachtet worden sei. Auch der 'divinus' („göttliche") Bochart habe das in seinem *Hierozoicon* (Kap. 2.7.1) übersehen. Der Altphilologe Jakob Gronovius (1645–1716) bemerkt in einer Anmerkung zu seiner Ausgabe des Pomponius Mela in der dreizehnbändigen Reihe *Thesaurus antiquitatuni graecorum*:

> Zweifelsohne dürfen wir nicht einfach den Ausdruck 'Ameise' übernehmen, mit dem dies Tierchen bei uns bezeichnet wird, sondern sowohl die Griechen als auch die Inder selbst haben ihnen [den Tieren] wegen der Ähnlichkeit der Körperform diesen Namen gegeben.

Der Schweizer Naturforscher und Mediziner Jakob Scheuchzer (1672–1733) schreibt 1721 zu den Myrmeken in seiner *Jobi physica sacra oder Hiobs Natur-Wissenschaft verglichen mit der heutigen* nach einer kurzen Erwähnung der Quellen Herodot, Plinius und Solinus in *Kap. 3,16*:

> [...] welches alles nicht nach den Buchstaben zu verstehen von denen Ameissen, sondern von einem vierfüßigen Thier, so den Ameissen Namen trägt. Worbei im Vorübergehen zu sehen, wie die Mährlein von den hundsgroßen Indianischen Ameissen in die Welt gestreuet worden, wider den Sinn der alten Scribenten, welche etwas ganz anderes durch μυρμεκες (*sic*) verstanden.

In seiner posthum in Augsburg 1731–1735 erschienenen mehrbändigen *Physica sacra*[1] schreibt er dann bereits wesentlich kritischer:

> Jene fuchs-grossen indischen Ameisen sollen uns dabey nicht im Wege stehen deren Herodotus gedenckt und Megasthenes, welche das Gold herfürscharren und behalten sollen, massens Strabo selbige schon längstens unter die Fabeln geschrieben.

Die weitere Entwicklung läßt sich am besten mit Schiern (1871: 9) zusammenfassen, der das zweite Kapitel seines Vortrages *Über den Ursprung der Sage von den goldgrabenden Ameisen* mit folgendem Satz beginnt: „Man kann nicht sagen, daß mit dem Beginn der kritischen Zeit, in welcher auch Herodot kritische Erklärer fand, die Naivität mit einem Male verschwand." Die nachfolgende Auflistung der verschiedenen Deutungsversuche, gewissermaßen eine weitere Ameisenstraße, mag vielleicht den einen oder anderen Leser langweilen, es soll aber damit gezeigt werden, wie viele Autoren sich in mehr als zweihundert Jahren mit den faszinierenden Myrmeken befaßt haben.

Larcher (1786: 339), der erste französische Übersetzer des Herodot, kann sich von den Ameisen in Herodots Sinne noch nicht ganz trennen: „Diese Tiere wiesen wahrscheinlich eine Ähnlichkeit mit Ameisen auf und haben ihren Namen von die-

---

[1] Im Untertitel: *„in welcher die Physica Sacra oder geheiligte Natur-Wissenschaft derer in Heil. Schrifft vorkommenden natürlichen Sachen deutlich erklärt und bewährt"*

3. Wer war's? Erklärungsversuche

sen." Er bemerkt: „Die meisten Leser werden geneigt sein, diese Ameisen als Fabelwesen zu betrachten," verweist andererseits aber auf den Bericht de Busbeqs, wonach der Sultan Suleiman der Prächtige von Schah Tahmasp im Jahre 1559 eine solche indische Ameise als Geschenk erhalten haben soll. Er läßt also die Möglichkeit offen, daß es sich bei den Goldameisen doch nicht um Fabelwesen handelt und meint: „daß man dereinst wirkliche Tiere entdecken werde, die den Ameisen des Herodot entsprechen."

Rennel (1788) bemerkt, daß Größe und Gefährlichkeit der Myrmeken sicherlich Übertreibungen darstellen, hält es aber für möglich, daß es sich bei den fraglichen gefährlichen Tieren um 'weiße Ameisen', d.h. Termiten, gehandelt habe.[2] Mannert (1797) sieht die Geschichte erstaunlich nüchtern und meint: „Bemerkungen über die Fabel verlangt wohl niemand ..." Er vermutet, daß die Inder

> [...] wohl klug genug [waren], die wahren Quellen ihrer Schätze nicht anzugeben. Das Gold aus der entferntesten Wüste zu holen, mochte dem entfernten Perser keine Lust der Nachahmung einflösen."

3.2 Das 19. Jahrhundert

Eine erste alternative Erklärung zu den Goldameisen findet sich bei Veltheim (1800), der annimmt, daß das Gold von wirklichen Goldgräbern gewonnen wurde, von denen es wegen der von Herodot angegebenen großen Produktion eine beträchtliche Anzahl gegeben haben muß.[3] Um das Gold aus den goldhaltigen Sanden auszuwaschen, habe man sich, wie es zu seiner Zeit auch noch an anderen Orten üblich gewesen sei, gegerbter Felle bedient, in denen sich das feinkörnige hakige Gold beim Auswaschen festsetzte, während der Sand fortgeschwemmt wurde. Dazu sei ein krauses und dichtes Fell wie das von Schafen weniger tauglich als „ein feineres und schlichthaariges Fell, wie jedem klar ist, der Goldwäschen gesehen hat." Das Tier, von dem diese Felle stammten, war nach Veltheims Ansicht der gelbe sibirische Steppenwolf (*Canis corsak Linnéi*), von dem noch zu seiner Zeit zum Beispiel die Kirgisen jährlich bis zu 50.000 Bälge im Tauschhandel an russische Pelzhändler lieferten.

Aber das erklärt nicht die Myrmeken. Hierzu meint Veltheim (1800: 276):

> So wie man mit den Goldwäschen weiterrückte, blieb natürlich der verwaschene und vom Golde gereinigte Sand in unzählbaren einzelnen Haufen liegen, welche denn großen Ameisenhaufen völlig ähnlich waren, und unübersehbare Landflächen einnahmen.

---

[2] Dabei ist zu berücksichtigen, daß Ameisen und Termiten lange Zeit als miteinander verwandt angesehen wurden, und noch heute werden letztere im englischen Sprachgebrauch häufig als 'white ants' bzw. im französischen als 'fourmis blancs' bezeichnet, d.h. als 'weiße Ameisen'.

[3] Er vermutet, daß es sich bei den Arbeitern um „Sklaven, Kriegsgefangene und Staatsverbrecher" sowie um Kinder handelte.

3.2 Das 19. Jahrhundert

Auf die Ähnlichkeit der von den Goldgräbern zurück gelassenen Sandhaufen mit Ameisenhaufen hatte schon im 10. Jahrhundert der persische Kapitän Bozorg Ibn Shahryar hingewiesen. Veltheim (1800: 280) schreibt weiter:

> Den Monarchen und Fürsten, welche jährlich einen so ansehnlichen Tribut von dieser Goldwäsche erhielten, so wie auch denen, welche die unmittelbare Aufsicht über die Arbeiter führten, mußte äußerst daran gelegen sein, daß benachbarte nomadische Völker, Räuberbanden, vorüberziehende Karawanen, überhaupt alle unberufene neugierige, von dieser ganzen Gegend abgehalten würden, kurz, die Gemeinschaft mit anderen gänzlich abgeschnitten sei.

Es habe sicherlich eine strikte Bewachung der Goldfelder gegeben, um dieser aber

> [...] noch mehr Ansehen und allen nur erforderlichen Nachdruck zu geben, benutzte man nicht allein jene dunkle Sage von goldgrabenden und sehr beißigen Thieren, die von selbst schon in Umlauf gekommen war, sondern man ersann überdem noch höchst abentheuerliche und fürchterliche Nachrichten von dieser goldreichen Gegend. Man verbreitete und unterhielt sie mit der größten Vorsicht und Staatsklugheit. Es war um so leichter, diesen fabelhaften Erzählungen einen allgemeinen Glauben zu verschaffen, da überall die Naturgeschichte in diesem Zeitalter noch in ihrer Kindheit war. ... Die aufgeworfenen unzähligen Sandhügel gab man daher für Arbeiten von großen und äußerst gefährlichen Ameisen aus. Die fremden Gesandten und auswärtigen Kaufleute, denen die Naturgeschichte dieses entfernten Landes, besonders in jenem Zeitalter, völlig unbekannt war, konnte man sehr leicht glauben machen, daß die Felle von jenen Fuchsarten die Felle von eben den Ameisen wären, welche die großen Sandhügel aufwürfen.

So viel zu Veltheims Erklärung, der den Ort der Handlung übrigens in die Wüste Gobi verlegt. Sein Aufsatz ist auch deshalb noch interessant, weil an ihm gezeigt werden kann, daß nicht nur in alter Zeit leicht Überlieferungsfehler auftreten können. Denn Wahl (1807), der sich in seiner *Erdbeschreibung von Ostindien* als nächster an eine Erklärung der Goldameisen wagt, schreibt, daß Veltheim den sibirischen Steppenwolf als das den angeblichen Ameisen zugrundeliegende Tier benannt habe, was aber, wie die obigen Zitate zeigen, keineswegs der Fall ist.

Wahl (1807) selbst hält die Ameisen oder 'Myrmeken', wie er sie als Erster nach dem entsprechenden griechischen Wort bezeichnet, „für eine der verschiedenen Varietäten der gestreiften oder gefleckten Hyäne." Er ist der Ansicht, daß diese Tiere nicht nur das Gold in den vor ihren Höhlen ausgeworfenen Erdhaufen lieferten, sondern daß ihre Felle auch noch bei der Aufbereitung des goldhaltigen Sandes benutzt wurden, wie es Veltheim für die Wolfsfelle vermutet. Bei Wahl liest sich das *S. 487* so: „daß die Myrmeken nicht bloß den Goldsand aus der Erde wühlten und zu Tage brachten, sondern auch anderwärts bei den Goldwäschen aus den Flüssen Dienste leisten mußten." Anschließend setzt sich Wahl noch mit dem möglichen Einwand auseinander,

> [...] daß, wenn die Erzählung von den Myrmeken so ganz rein naturhistorisch zu nehmen sei, diese Myrmeken und ihre Sandhaufen in jenen Gegenden heute zu

3. Wer war's? Erklärungsversuche

> Tage noch eben so häufig anzutreffen sein würden. Was den letzteren Punkt belangt, so fehlt es uns noch an genauen Nachrichten, und über dies läßt sich leicht begreifen, daß durch die Folgezeiten, da man in der Berg- und Hüttenkunde immer weitere Fortschritte machte, und die dortigen Goldwäschen regelmäßiger und stärker betrieb, jene Thiere, deren freiwillige Dienste [d.h. das Ausgraben des Sandes] den Arbeitern nach und nach entbehrlich wurden, theils durch die zunehmende Zahl der täglich beschäftigten Goldwäscher zuletzt verscheucht und ansehnlich vermindert, theils durch die ununterbrochene Jagd, die man auf sie machte, um jährlich mit einer zahlreichen Menge ihrer Felle versehen zu sein, verdrängt und aufgerieben werden mußten.

Wahl führt für seine Deutung der Ameisen als Hyänen außerdem sprachliche Indizien an, auf die in Kap. 3.3.4 noch zurückzukommen sein wird.

Als nächster versucht sich Malte-Brun (1819: 380) an einer Deutung. Er erwähnt Goldwäschen im südlichen Kaschmir und bemerkt: „... ausgehend von den Goldminen am Oberlauf des Indus: In den Wäschen folgte man der Spur der Termiten, entfernt ihre Haufen und um das Gold bei der Wäsche zu gewinnen, benutzt man Felle von Füchsen, Hyänen und anderen wilden Tieren." Der Autor vermerkt aber, daß es sich bei den Ameisen auch um einen indischen Volksstamm ähnlichen Namens handeln könnte, wobei die Ameise sozusagen das Totemtier des Stammes gewesen wäre.

Eyriès (1819) bezieht sich bei seiner Deutung auf Moorcroft (1816), der auf einer Forschungsreise zum Manasarovar-See im südwestlichen Tibet entlang des Flusses Sutlej einerseits „bräunlichgefärbte Tiere, doppelt so groß wie eine Ratte, ohne Schwanz aber mit viel längeren Ohren als Ratten" sowie „aus Erdbauten in rotem goldhaltigen Boden ein mittelgroßes hundeähnliches Tier herauskommen sah und an anderer Stelle ein an ein Murmeltier oder einen Springhasen erinnerndes Tier."[4] In derselben Gegend beobachtete Moorcroft außerdem verlassene Goldfelder mit vielen Gruben und Sandhaufen. Ausgehend von diesem Bericht stellte Eyriès als erster die Verbindung zwischen dem Gold, den Myrmeken und Murmeltieren her. Link (1821) schließt sich der Murmeltier-Deutung an.[5]

Der Bericht von Wilford (1822), der in der zeitgenössischen Gelehrtenwelt einen zweifelhaften Ruf besaß, über den in Gold verwandelten Vogelkot als weitere Erklärungsmöglichkeit war in Kap. 2.7.2 erwähnt worden. Der Autor schreibt *S. 467* weiter, daß es sich dabei um Klumpen von Goldstaub handele, die durch ein unbekanntes Material zusammengefügt werden, das dann als verhärteter Kot großer Vögel angesehen wurde:

---

[4] Bei dem Springhasen dürfte es sich um den bis 25 cm langen großohrigen Pfeifhasen (*Ochotona roylei Og.*) handeln, der in Tibet auf Höhen bis zu 6.000 m vorkommt.

[5] Er bemerkt aber zu Veltheims Vermutung, daß die „Staatsklugheit" die Myrmeken-Geschichte zur Abschreckung in die Welt gesetzt habe: „Die sogenannte Staatsklugheit, von der der Graf sich viel verspricht, hat niemals einen Menschen getäuscht, wohl aber pflegt die Liebe zum Wunderbaren eine wegen hoher Bergpässe schon an sich gefährliche Reise durch Übertreibungen noch gefährlicher darzustellen."

Diese werden in Nordwest-Indien gefunden, wo auch Goldstaub auftritt. Sie enthalten viel Gold, so heißt es, und werden nach Gewicht verkauft. Im Sanskrit heißen diese Klumpen Swarna-mácshicas, da sie angeblich das Werk bestimmter mácshicas oder Fliegen seien, die bei uns fliegende Ameisen heißen.

Der Autor beschreibt dann zunächst zwei Arten dieser Termiten. Bei einer dritten Art, deren Individuen weder arbeiten noch kämpfen, bemerkt er weiter:

> [...] wenn man dann aber sagen kann, daß sie Gold machen, so kann dies nur durch ihre eigenen Nachkommen geschehen, die Arbeiter oder Arbeitstermiten, die in Gegenden mit viel Goldstaub etwas von diesem Staub geschluckt haben können und diesen dann von sich gegeben haben, entweder über ihre Exkremente oder daß sie es aus ihrem Mund wieder herausgewürgt haben.[6]

Heeren (1824) vermutet „eine Thierart, die dem Hamster gleich sich in die Erde gräbt", fügt aber hinzu: „Es kann auch sein, daß es bloße Dichtung ist, ... eine Karawanenlegende." Er verlegt den Ort der Handlung ebenfalls in die Wüste Gobi. Auch Ritter (1833) führt die bereits von Moorcroft (1816) beobachteten Murmeltiere oder Springhasen als mögliche Erklärung der Geschichte an.

In seinen umfangreichen Erläuterungen zum *Liber monstrorum* (Kap. 2.3.6) kommt Berger de Xivrey (1836: 265) zu folgendem Schluß:

> Wir betrachten die indischen Ameisen nicht als ein Fabeltier. Gewiß finden sich Irrtümer in der Beschreibung derselben, wahrscheinlich ist das hier gemeinte Tier ein vierfüßiges Säugetier und folglich wesentlich verschieden von einem Insekt, es muß aber in seiner äußeren Gestalt im ganzen Ähnlichkeit mit der Ameise gezeigt haben.

Und er gibt weiter zu bedenken:

> Daß diese Tiere nicht mehr oder nur in geringer Anzahl an unzugänglichen Orten noch leben und bis heute nicht entdeckt wurden, ist nicht unmöglich.[7] Die Gründe, die die Menschen veranlaßten, wenn auch nicht einen Verfolgungskrieg gegen diese Tiere zu führen, so sie doch an ihren Zufluchtsorten zu beunruhigen, indem sie diese als Hinweis dazu benutzten, den Reichtum der Erde in größerem Umfang auszubeuten. Diese Gründe stehen im Zusammenhang mit einer zu heftigen Leidenschaft, mit zu mächtigen Interessen, als daß sie nicht hier, wie auch an manch

---

[6] In diesem Zusammenhang soll auf einen Bericht von Richard (1778, in Lock 1882) aus den Gebirgsgegenden im Norden Indochinas verwiesen werden: „Es gibt dort einige Bezirke, in denen Gold reichlich vorkommen sollte, denn man züchtet dort Enten nur wegen des Gewinns aus dem Gold, das sie aus deren Exkrementen abtrennen." Aber diese ungewöhnliche Art der Goldgewinnung soll hier nicht weiter untersucht werden.

[7] Eine ähnliche Ansicht hatte schon der englische Gelehrte A. Ross (1590–1654) in seinen *Arcana microcosmi* von 1651 über die 'Verwandten' der Myrmeken, die Greife, vertreten: „Wenn einige sagen, daß man heute diese Tiere nicht findet, so antworte ich, dieses mag wahr sein, und doch muß der Greif nicht untergegangen sein: er kann sich an entlegenere sicherere und dem Menschen unzugängliche Orte zurückgezogen haben: denn viele dergleichen Orte gibt es in den großen und sich weit erstreckenden Ländern Skythiens und der Tartarei, oder Chinas, wohin zu gelangen wir Europäer niemals wagen noch hoffen dürfen."

anderen Orten, die ursprünglichen Bewohner dieser Wüsten mit dem Eindringen des Menschen hätten verschwinden lassen.

Wilson (1843) schreibt in seinem Kommentar zum Myrmeken-Zitat im *Mahabharata* (Kap. 2.1.6), daß „… die Hindus anscheinend der Ansicht waren, daß die Ameisen Sand und Erde beiseite räumten und das Erz freilegten." Er verlegt den Ort der Handlung als erster nach West-Tibet in das Gebiet zwischen den sagenhaften Bergen Meru und Mandala, d.h. dem Himalaja im Süden und dem Kuen Lun im Norden und nennt die Geschichte „weder extravagant noch irrational". Die Murmeltierfreunde erheben ihren Stimmen wieder mit Vigne (1844), wohingegen Humboldt (1847) als erster im Zusammenhang mit den Myrmeken das eigentümliche Sortierverhalten der nordamerikanischen Ernteameisen erwähnt, die selektiv bestimmte Mineralien auf ihre Haufen tragen. Er schreibt in seinem *Kosmos* im Zusammenhang mit den Goldlagerstätten Inner-Asiens und den Myrmeken in einer Fußnote:

> Auffallend ist mir gewesen, daß in basaltreichen Gegenden des mexicanischen Hochlandes die Ameisen glänzende Körner von Hyalith [einer Quarzmodifikation] zusammentragen, die ich mir aus Ameisenhaufen sammeln konnte.

Breau (1854) hält es, wie schon vor ihm Rennel (1788), für möglich, daß Termiten am Anfang der Myrmeken-Geschichte standen. Peschel (1854) und Cunningham (1854) führen andererseits wieder die Murmeltiere an, wobei letzterer zusätzlich noch den Springhasen erwähnt. Er berichtet außerdem, daß die Bewohner der Region Balti vereinzelt Goldkörner aus Murmeltierbauten gewinnen. Blakesley (1854) sieht in den Myrmeken das Ohrenschuppentier *(Mantis pentadactyla)*, ein bis 60 cm großes grabendes Tier, das von Nepal bis Südchina vorkommt, während Lassen (1856) sich der Murmeltier-Theorie an schließt. Nach Kruse (1856) ist das goldgrabende Rätseltier „der Schakal, Gold- oder Schnellwolf, der bei Nacht in Schaaren heulend herumläuft, Thiere frißt, Kinder raubt, Leichen ausgräbt, bei Tage aber in Höhlen liegt." Es handelt sich dabei offensichtlich um einen sehr unangenehmen Gesellen. Fröbel (1858) beschreibt bei seiner Forschungsreise durch die Wüstenstaaten der USA ebenfalls die Sammelleidenschaft der dortigen Ernteameisen (s. dazu Kap. 4.4.1) und bemerkt abschließend: „Ich denke, daß diese Bemerkung einen nicht uninteressanten Beitrag zur Discussion über die goldgrabenden Ameisen des Herodot abgeben werde."

Bastian (1868) gibt zu bedenken, daß möglicherweise bereits zu Zeiten Herodots Teile der chinesischen Mauer bestanden haben könnten und führt die goldhütenden Greife auf drachengeschmückte Kriegsbanner der dort stationierten chinesischen Grenzgarnisonen zurück. Er vermutet, daß die Myrmeken „entsprechenden Zeichen in den Fahnen des Alterthums entsprungen sein könnten."

Montgomerie (1869) erwähnte Beobachtungen indischer Kundschafter in Diensten der englischen Kolonialverwaltung in Indien, der sogenannten Pandits.[8] Einer

---

8) Diese durchwanderten 1865–1867 die damals im Westen noch wenig bekannten Gebiete des Himalaja bis weit nach Tibet hinein, stellten insgeheim topographische Messungen an und erstat-

dieser Männer, Nain Singh,[9] hatte bei Thok-Jalung in West-Tibet Goldgräber getroffen, die in Yakfelle gekleidet waren, an denen man die Hörner belassen hatte. Ihre Lager wurden zum Schutz gegen Räuberbanden von doggengroßen, langhaarigen Hunden bewacht, die wegen ihrer Wildheit und Furchtlosigkeit noch heute berühmt sind.

Rawlinson (1869) bringt als erster diese tibetischen Goldgräber mit den Myrmeken in Verbindung und, ausgehend von dem Bericht bei Plinius, wonach im Herakles-Tempel von Erythrae Hörner einer indischen Ameise aufgehängt seien, stellte Schiern (1871) die folgende Gleichung auf: Fell der indischen Ameise mit Hörnern = Yakfell eines tibetischen Goldgräbers. Dagegen spricht allerdings schon folgender scharfsinniger Hinweis von Wahl (1807: 484):

> Die Hörner, deren Plinius gedenkt, müssen etwa von einer einzelnen seltenen Varietät oder Fehlgeburt der Thierart, die nach aller Beschreibung der Alten ungehörnet war, gewesen sein, wie hin und wieder bei anderen ungehörnten Thieren bekannt geworden; ich vermuthe, daß die Lesart im Plinius verdorben ist und entweder *coria* statt *cornua* (gar gemachte Häute) wieder hergestellt werden muß, oder *cornua* wie beim Elephanten in der Bedeutung Zähne gelte.

Nach Devic (1878b) ist der Ursprung der Geschichte 'zweifelsohne' auf die Existenz eines Insekts zurückzuführen, dessen Lebensform der der Ameisen ähnelt, nämlich auf die afrikanische Termitenart *Macrotermes bellicosus*.[10] Die Königin dieser im südlichen Afrika beheimateten Termitenart wird bis zu 13 cm lang, also die Handspannenlänge der Myrmeken im *Alexander-Roman*. Der niederländische Dichter Wilhelm Godschalk van Focquenbroch (1630-1670) beschreibt in seiner *Afrikanischen Thalia* den „Ameisenkönig" dieser Termitenart als „so groß wie ein Rheinkrebs".

Als erster verweist Benecke (1879) unter den Tieren des Himalaja auf „Murmeltiere, die auf dem Rücken pantherartig gefleckt sind", stellt aber die Beziehung zu der entsprechenden Beschreibung des Megasthenes bei Strabon *XVI* 44 nicht her. Der Deutung von Schiern (1871) schließt sich Beck (1884: 211) an und führt weiter aus:

> Tatsächlich erleichtern diese Murmeltiere den Eingeborenen das Goldsuchen, denn sie lockern den goldhaltigen Boden auf, infolgedessen dann in der Regenzeit die herabströmenden Wassermassen die leichte Erde fortschwemmen, während das schwere Gold zurückbleibt. Nach Beendigung der Regenzeit ziehen die Bewohner aus und suchen in den Regenfurchen des umgewühlten Bodens die ausgewaschenen Goldflitterchen.

Auch Issberner (1888) unterstützt die Murmeltierinterpretation, wohingegen Ball (1888) die goldhütenden Greife des Aristeias mit den doggenähnlichen Wachhunden der von Montgomerie (1869) erwähnten tibetischen Goldgräber in Verbindung bringt.

---

teten über ihre Beobachtungen ausführliche Berichte. Ihre Aufzeichnungen hielten sie auf dünnen Papierstreifen fest, die sie in ihren Gebetsmühlen versteckten (Montgomerie 1868).

[9] Er wurde übrigens für seine Pionierleistungen von der britischen Royal Geographic Society mit einer goldenen Uhr ausgezeichnet (Trotter 1877), doch schließlich hatte er seine eigene Uhr auf der ersten Expedition verkaufen müssen, um sich mit Lebensmitteln versorgen zu können.

[10] Allerdings bleibt der Autor die Erklärung schuldig, wie zu Herodots Zeiten die Kunde von dieser riesigen 'Ameise' von Afrika aus an den Oberlauf des Indus gekommen sein könnte.

3.3 Das 20. Jahrhundert

Die englische Reiseschriftstellerin Duncan (1906) beschreibt von verschiedenen Stellen entlang des Indus und seines Nebenflusses Shayok in Ladakh Murmeltierbauten in der Umgebung von Goldwäschereien. Zu den Murmeltieren bemerkt sie, daß „diese noch heute Sand aus ihren Bauen auswerfen, der mit Goldpartikeln vermischt ist." Ihr Gewährsmann will diese selbst gesehen haben und die Eingeborenen suchten angeblich das Gold auf diese Art in der Nähe von Gilgit am Indus.

Laufer (1908) betrachtet den Ausdruck 'Ameisengold' als eine Art Handelsmarke und verlegt den Ort der Handlung in das südliche Altai-Gebirge. Er führt aus, daß die Ähnlichkeit zwischen 'Shiraighol', dem Namen eines mongolischen Stammes, der zwischen dem südlichen Altai und dem Oberlauf des Hwang-ho, des Gelben Flusses, in China lebte, und 'Shirgol', dem mongolischen Namen der Ameise, die Entstehung der Sage von einem goldgrabenden Ameisenvolk verursacht haben dürfte.[11]

Freise (1908) schließt sich ebenfalls der Deutung von Schiern (1871) an, erwähnt jedoch noch Erklärungsversuche „... zum Teil mit Beobachtungen aus dem Tierleben (Sammeln von Goldkörnchen durch Ameisen; Konzentration von Goldsand, wenn Hühnervögel im Sande baden und ähnliches)." Nach Reese (1914), in Anlehnung an Blakesley (1854), „stammen die goldhaltigen Ameisenhaufen von den Schuppentieren, deren Lebensweise der der Ameisen ähnlich ist, auch Hügel bauen wie jene. Diese sind es jedoch nicht, auf die die Inder den Namen Ameise übertrugen, da sie die Tiere (wegen ihrer nächtlichen Lebensweise) nicht zu Gesicht bekamen, sondern sie hielten eine Art Murmeltiere für die Urheber jener Bauten und auf diese übertrugen sie den Namen Ameisen." Francke (1924) berichtet, daß ihm im Jahre 1901 ein lokaler Lehrer an seiner Missionsstation Khalatse in Ladakh auf direkte Anfrage eine große Ameisenart ("etwas kleiner als unsere Roßameise") als goldgrabend gezeigt habe (Kap. 2.7.3). Er hält es also implizit durchaus für möglich, daß es sich bei den Goldameisen des Herodot wirklich um Ameisen handelte und die Geschichte im Laufe der Zeit aus den unterschiedlichsten Gründen in die überlieferte gefährliche Form gebracht wurde.

Auch Horn (1926: 44) schließt sich der Ansicht von Schiern (1871) an, die er folgendermaßen sehr blumig erweitert:

> Die goldgrabenden Ameisen am Himalaja waren wohl sicher Inder aus den Stämmen der Darder, welche ihre Wohnungen zum Teil unterirdisch angelegt hatten; und die Felle, die man als Kuriosa den westwärtsziehenden Karawanen bei ihrer Ausreise aufgeschwatzt hatte, vielleicht, weil sie durchaus Raritäten mit zur Heimat bringen wollten, das waren wohl sicher die der tibetanischen Doggen gewe-

---

[11] Der Goldreichtum des Altai-Gebirges, von wo die Skythen eine großen Teil des von ihnen verarbeiteten Goldes bezogen haben dürften, sei ja wohlbekannt, denn schließlich kannten auch die alten Chinesen dieses Gebirge als 'Kin-shan' (Goldberg). In den Turksprachen bedeutet der heutige Name des Gebirges 'Altai' Gold.

sen, welche ihr Leben eingebüßt hatten bei der Verteidigung der Siedlungen ihrer Herren."[12]

Rickard (1930) bezieht den Ausdruck 'Ameisen' auf die Form der gewonnenen Goldkörner, nimmt aber als Produzenten normale Goldwäscher an. Hennig (1930) vermutet, daß das Gold aus Murmeltierbauten gewonnen und die gefährliche Geschichte nur erfunden wurde, um den Preis des Goldes hochzutreiben. Jennison (1937) schließt sich der Pangolin-Erklärung von Blakesley (1854) an und verlegt den Ort der Handlung in die westliche Taklamakan-Wüste.[13] Tarn (1938) schreibt:

> Der Goldstaub erhielt seinen Namen nach der bekannten Gruppe der Volksmärchen, in denen der Ameisenkönig und seine Leute, um dem Helden zu helfen, für ihn aus einer Masse kleiner Körner etwas aussortieren, was er selbst nicht fertig bringen kann.

Die Myrmeken-Geschichte wurde dann als Warn- und Schreckmärchen aufgebauscht, wobei für ihn der Ort der Handlung die indisch/pakistanische Wüste Thar ist. Bazin-Fouche (1938) vermutet die Goldlagerstätten ebenfalls in den Wüstengebieten entlang des Indus-Unterlaufes und nimmt an, daß die Myrmeken-Geschichte nur zur Erklärung des indischen 'pipillika'- oder Ameisengoldes erfunden wurde.

Herrmann (1939: 15) schlägt sich auf die Seite der Ameisen und führt aus:

> Die Tierchen, die dort den Goldsand aufwühlten, waren kleine Ameisen, nicht größer als die unsrigen. Aber mit diesen harmlosen Tierchen wurden durch die Goldsucher fuchsähnliche Tiere, vielleicht eine Pantherart aufgescheucht, die die Menschen daraufhin wütend verfolgten, so daß sich diese auf schnellfüßigen Tieren davonmachen mußten.

Unter Verweis auf Herodots Myrmeken erwähnt Regenos (1939) einen Zeitungsbericht aus dem US-Staat Nevada von Dezember 1938, wonach ein Bergwerksbetreiber berichtete, daß ihm sechzehn Gruben in Nevada bekannt seien, die durch Erzfunde vor Dachsbauten entdeckt worden seien und daß Prospektoren zuerst an solchen Stellen nach Erzspuren suchten.

Wittkower (1942) führt die Bezeichnung „Ameisengold' ebenfalls auf die Form der gefundenen Goldpartikel zurück, wohingegen McCartney (1954) auf die indische Schriftstellerin Santha Rama Rau verweist, die schreibt, daß bei Sandan in West-China die „Bergarbeiter — winzige verschrumpelte dunkelhäutige Gnome" — von der dortigen Bevölkerung 'Ameisen' oder 'Schwarzgesichter' genannt werden. Es sei schon immer natürlich gewesen, Gruppen von Menschen, die eifrig die Erde durchwühlen, mit Ameisen zu vergleichen. Pearson (1960) vermutet, daß Nearchos als Souvenirs echte Leopardenfelle angeboten worden seien und man sie dann, um größeres Aufsehen zu erregen und einen höheren Preis zu rechtfertigen, mit den Myrmeken in Verbindung gebracht habe.

---

[12] Hier werden nun plötzlich die Darden, die üblicherweise das Gold von den Myrmeken rauben, selbst zu Goldproduzenten erklärt.

[13] Es ist jedoch zu bemerken, daß Schuppentiere in den hier behandelten Gebieten des Karakorum und Westtibets überhaupt nicht vorkommen, sondern nur in den Ebenen und am Fuße der Vorberge des Himalajas in Indien (Prater 1971).

3. Wer war's? Erklärungsversuche

Puskas (1976) hält wie Blakesley (1854) den Pangolin für das gefährliche Tier, führt den Namen 'Ameisengold' aber ebenfalls auf die Form der Goldpartikel zurück. George (1981) verbindet die Myrmeken unvermittelt mit dem Ameisenlöwen aus dem *Physiologus* und führt als weitere Erklärung den Honigdachs *Mellivora capensis* ein, dessen Verbreitungsgebiet von Südafrika bis Indien reicht. Der aus den von diesen Tieren zerstörten Bienenstöcken ausfließende Honig soll angeblich das „aus ihren Erdhöhlen fließende Gold" erklären, hatte die Autorin bereits früher vermutet (George 1969). Sachse (1981) meint, daß den eigentlich harmlosen Murmeltieren Eigenschaften von in dieser Gegend vorkommenden Raubtieren zugeschrieben worden seien, für die dann die Bezeichnung 'Ameise' eingeführt wurde.

Lindegger (1982: 82) weist zunächst darauf hin, daß das von Blakesley (1854) erwähnte Schuppentier wohl eher *Manis crassicaudata* sein müßte, kommt aber schließlich zu derselben Erklärung wie Wittkower (1942) und schreibt:

> Steht vielleicht der treffende Vergleich von ausgewaschenen Goldkörnern, Goldflitterchen und Klümpchen mit rötlichen Ameisen dahinter? Größe, Gestalt und Färbung der beiden Granulate stimmen gut überein; vollends überzeugend aber fällt der Vergleich zwischen einem Haufen glänzender Goldkörner und einem wimmelnden Ameisenhaufen aus.

Die Übersteigerung und Übertreibung der Ameisengeschichte, wie sie dann Herodot berichtet wurde, sei nur eine gezielte Desinformation seitens der wirklichen Goldgräber.[14]

Der französische Reiseschriftsteller Peissel (1984) erwähnt in seinem Buch über die Suche nach den Goldameisen Berichte lokaler Gewährsleute aus dem Stamm der Minaro im indisch-pakistanischen Grenzbereich in Kaschmir, wonach „die alten Leute zur Dansar-Ebene gingen, um Gold von den Murmeltierbauten zu holen." Diese Ebene liegt nördlich des Indus-Knies, an dem der Fluß seine Richtung abrupt von Nordwesten nach Südwesten wendet. Die Tiere werden 'phia ser nake liung' („goldgrabende Murmeltiere") genannt.[15] Dani (1989) verlegt den Ort der Handlung in das wüstenhafte Tal des Indus um Skardu und bemerkt, es werde berichtet, daß es

> etwa in der Nähe der Waffenstillstandslinie zwischen Indien und Pakistan riesige Vorkommen von Ameisenhaufen gäbe, die der Indus durchschneidet. Es ist möglich, daß die Ameisenhügel in übersteigerter Form von den antiken westlichen Autoren gemeint sind. Und hier wurde in der Vergangenheit Gold in großen Mengen produziert.

Beavis (1988) nennt, wie schon vor ihr Tarn (1938), als Ort der Handlung die Wüste Thar. Dube (1996), der sich aus mineralogischer Sicht ausführlich mit dem Thema des Myrmeken-Goldes beschäftigte, hält einerseits eine Produktion aus Ameisenhaufen im Sinne des *Mahabharata* für möglich, schließt aber andererseits parallel dazu

---

[14] Gegen eine solche Erklärung spricht aber, daß die Goldgräber zur Erfindung einer Abschreckungsgeschichte wohl kaum zu einer solchen sehr konstruierten Ableitung gegriffen haben dürften. Schließlich hätte es genug andere abschreckende Untiere wie z.B. die Greife gegeben, die ja früher geographisch nicht allzu weit entfernt vom Ort der Handlung angesiedelt wurden.

[15] Er berichtet außerdem, daß im oberen Astor-Tal in Kaschmir nach Angaben der Einwohner die dort in den Bächen lebenden Otter angeblich oft Gold in ihren Mägen enthalten.

eine Gewinnung aus den von anderen kleinen grabenden Säugetiere aufgeworfenen Erdhaufen nicht aus. Hölldobler & Wilson (1995) vermuten aufgrund des Vorkommens bestimmter Ameisenarten in Afghanistan (Kap. 4.1) wirkliche Ameisen als 'Auslöser' der Geschichte. Dem bereits erwähnten Reiseschriftsteller M. Peissel gelang es schließlich nach fast vierzehn Jahren Kampf mit der pakistanischen Bürokratie im Jahre 1996, die auf etwa 4.500 m Höhe liegende Dansar-Ebene zu besuchen. Nach Presseberichten (Simons 1996) fand er dort vor Murmeltierbauten in ausgeworfenem Sand Goldkörner, womit für ihn das Rätsel der Myrmeken gelöst war.

3.4 Sprachliche Deutungsversuche

Nachdem auf den vorausgegangenen Seiten die verschiedenen Erklärungen und Deutungen aufgezählt wurden, die die Ameisen des Herodot im Laufe der Jahrhunderte erfahren haben, muß auch noch der sprachliche Deutungsansatz erwähnt werden. Bei diesen Überlegungen ist zu berücksichtigen, daß den alten Griechen das Murmeltier zunächst nicht bekannt war. Die früheste schriftliche Erwähnung des Tieres stammt von Timotheus von Gaza, einem Schriftsteller, der zu Zeiten des byzantinischen Kaisers Anastasius (491-516 n. Chr.) lebte und aus den verschiedensten Quellen eine Sammlung von Notizen über Tiere verfaßte, die aber noch tief in Wunderglauben und Kuriositätensucht verwurzelt war. Er beschreibt eine ἀρκτόμυς (Bärenmaus), bei der es sich wahrscheinlich um das Steppenmurmeltier, den Bobak, handeln dürfte. Bei den Römern erwähnte Plinius lange vor Timotheus einen *mus alpinus* (Alpenmaus) und damit das europäische Alpenmurmeltier.

Wie oben bereits ausgeführt, hält Wahl (1807) die Hyäne für das eigentliche goldgrabende Tier. Er vermutet eine Ähnlichkeit zwischen dem persischen Namen für dieses Tier und dem griechischen Wort μύρμηξ für 'Ameise'. Er weist darauf hin, daß die Perser die Hyäne als 'mur mess' (große Ameise) oder 'mur maitch' (Ameisenhund) bezeichneten, und bei beiden Worten sei die Ähnlichkeit mit dem griechischen μύρμηξ recht deutlich. Allerdings ist schon der persische Wortstamm 'mur' für Insekten im allgemeinen und selbst in der Verkleinerungsform 'mur-tshe' für die Ameise dem griechischen Wort sehr ähnlich und wohl auf eine gemeinsame indo-arische Wurzel zurückzuführen.[16]

Wilford (1822) schreibt, die fuchsgroße Ameise „ist der Yuz der Perser, in Sanskrit *Chitirace-Vy i ghra* oder gefleckter Tiger, in Hindi *Chittá*, ein Name, der eine gewisse Ähnlichkeit mit *Cheuntá* oder *Chyonta,* der großen Ameise aufweist." Humboldt (1847) verweist in seinem *Kosmos* auf diese Bemerkung:

> Im Hindustanischen bezeichnen von zwei Wörtern, die verwechselt werden können, das eine, *tschiunta,* eine große schwarze Ameisenart; das andere, *tschita,* ein

---

[16] Wahl führt noch eine Verwechslungsmöglichkeit aus dem Armenischen auf, wonach die Hyäne dort als „mur mess" („Herr der Wüste") oder 'mur maitch' („Wüstenhund") bezeichnet wird. Dieser Weg einer Verwechslung dürfte aber mit großer Wahrscheinlichkeit schon aus geographischen Gründen ausscheiden.

3. Wer war's? Erklärungsversuche

geflecktes Panthertier, den kleinen Jagdleoparden (*Felis jubata Schreb.*). Das letzte Wort ist das Sanskritwort *tschitra,* buntfarbig, gefleckt.
Ritter (1833) schloß sich dieser Deutung an. Nach Puskas (1976) ist der Hindi-Ausdruck 'cinta' ein Synonym für das Sanskrit 'pipilika' und im Zusammenhang mit Gold bedeutet es nach einem Hindi-Wörterbuch „eine Art Gold, bekanntlich von Ameisen produziert".

Auch Duncan (1906) verweist auf eine solche Verwechslungsmöglichkeit, geht allerdings vom tibetischen 'phyi-pa', 'chipa' oder 'chupa' für Murmeltier aus und hält eine Verwechslung dieser Bezeichnung mit dem Hindi-Wort 'chunta' für 'große Ameise' oder mit dem Sanskrit-Wort 'pipilika' für dieses Tier für möglich. Der italienische Asienforscher Tucci (1956) erwähnt eine Verwechslungsmöglichkeit zwischen dem tibetischen 'p 'yi' oder 'p 'yi bi' für Murmeltier und dem Sanskrit-Wort 'pipilika'.[17]

Es ist erstaunlich, wie intensiv versucht wurde, die Myrmeken als Übersetzungsfehler zu interpretieren. Hierbei lassen sich jedoch nur zwei Schnittstellen denken, an denen sich ein solcher Fehler hätte einschleichen können: Zum einen zwischen Herodot und seinen persischen Gewährsleuten und zweitens zwischen diesen und ihren dardischen Informanten aus dem Karakorum. Die Möglichkeit einer weiteren Zwischenstufe soll hier nicht weiter berücksichtigt werden, da die nachstehenden Überlegungen auch für eine solche zusätzliche Schnittstelle gelten würden.

Zunächst also zu der ersten Schnittstelle: Herodots persischer Gewährsmann erzählt ihm die Geschichte auf Griechisch. Bei dem Wort μύρμηξ für Ameise fragt Herodot ungläubig: „Wirklich eine so große Ameise?" Hier gibt es dann zwei Möglichkeiten: Entweder sagt der Perser, daß es sich nicht um eine Ameise handelt, sondern um ein anderes Tier mit einem ähnlich klingenden Namen, dann hätte Herodot dies auch getreulich so wiedergegeben. Oder der Perser sagt guten Glaubens, „jawohl, es ist eine große Ameise", denn schließlich besaß ja der Großkönig einige dieser Tiere in seinem Privatzoo und kein Untertan hätte es wagen können, seinem König ein Märchen aufzutischen. Damit hätte er den erwähnten potentiellen Übersetzungsfehler nach Osten verlagert.

Aber selbst an dieser östlichen Schnittstelle ist ein Übersetzungsfehler auszuschließen. Denn hier hätte sich dieselbe Situation zugetragen wie zwischen Herodot und seinem Gewährsmann, und der Perser hätte seinen Informanten ebenfalls gefragt: „Wirklich eine so große Ameise?" Der Darde hatte dann entweder zum Beispiel wahrheitsgemäß geantwortet: „Nein, keine Ameise, sondern eine riesige Maus (das heißt, ein Murmeltier)." Oder er hätte die Frage bejaht und damit, aufgrund der Tatsache, daß ihm sowohl die Ameise als auch das Murmeltier bekannt gewesen sein

---

17) Diese Deutungen übersehen allerdings, daß der Zeitpunkt einer solchen Verwechslung in das späte 6. vorchristliche Jahrhundert verlegt werden müßte, in eine Zeit also, zu der in dem betreffenden Gebiet am oberen Indus und in West-Tibet noch keinerlei tibetischer Einfluß zu spüren war. Die offizielle tibetische Zeitrechnung beginnt zwar mit dem Jahr 127 v. Chr., aber als politische Macht dehnte sich Tibet in diesen Teil des Hochlandes erst nach 640 n. Chr. aus, als es sich unter seinem bedeutenden König Songtsen Gampo zu einer regionalen Großmacht entwickelte.

3.4 Sprachliche Deutungsversuche

müssen, ganz bewußt falsche Angaben gemacht. Also genau an dieser Schnittstelle muß eine bewußte Desinformation angenommen werden. Herodots Gewährsleute hätten sie dann guten Glaubens weitergeleitet, wonach die Geschichte, wie hier dargestellt, ein überaus dynamisches Eigenleben entwickelte. Und noch ein weiterer Hinweis auf die Desinformation seitens der Himalaja-Bewohner: Auch die Alexander-Historiker nahmen die Ameisen für bare Münze, obwohl ihnen ja deren angebliche Felle gezeigt wurden. Aber bei der Vielzahl an Übersetzern, die Alexander auf seinem Zug sicherlich mitgeführt haben wird, kann ein Übersetzungsfehler hier eindeutig ausgeschlossen werden.

4. Die Tiere

4.1 Vorbemerkung

Nach diesem Zug entlang der Ameisenstraße durch die Jahrhunderte mit über 150 Textstellen zu den Myrmeken, von Herodot bis zu den Videospielen, sowie einigen Abstechern zu ihren 'Verwandten', den Greifen, ergibt sich nun die Frage, was diese Wundertiere wirklich waren oder sind. Waren es Ameisen, oder wenn nicht, was waren sie dann? Wenn es keine Ameisen waren, sondern andere grabende Tiere, warum wurden sie dann 'Ameisen' genannt? Können grabende Tiere überhaupt Gold zu abbauwürdigen Lagerstätten anreichern? Fragen über Fragen!

4.2 Insekten als Goldgräber?

4.2.1 Ameisen

Zunächst zu den Ameisen, denn als solche werden die Myrmeken ja bezeichnet. Die mit den Wespen verwandten Ameisen sind seit der unteren Kreidezeit, das heißt, sicher seit etwa 92 Millionen Jahren, bekannt (Agosti et al. 1997) und repräsentieren nach Hölldobler & Wilson (1995) die erfolgreichste Tiergruppe überhaupt. Mit ihren nahezu 20.000 Arten stellen sie etwa 50 % der gesamten Biomasse der Insektenwelt und sind in fast allen Klimazonen der Erde außer den Gebieten mit ewigem Eis oder in den größten Höhen der Gebirge anzutreffen. Hölldobler & Wilson zitieren eine Bemerkung des englischen Ameisenforschers C. B. Williams, nach der ihr Gesamtgewicht etwa dem der gesamten derzeitig lebenden Menschheit entspricht. Einige Arten der Gattung *Myrmecia* können eine Körperlänge von 25 mm erreichen. Sie graben sich bis zu 6 m in die Erde hinein, Haufen der europäischen Roten Waldameise können bis nahezu 2,5 m hoch werden und die Masse in einem einzigen Haufen kann bis 44 Tonnen betragen. Sie sind lokal als Umlagerer von Sediment von Bedeutung, können sie doch jährlich bis zu etwa 5 kg Material pro Quadratmeter bewegen (Reelfs 1998). Aber könnten sie wirklich Gold transportieren?

Hier soll zuerst das wichtigste Merkmal der Myrmeken beschrieben werden, nämlich ihre Goldproduktion. Herodot sagt zwar nicht, daß sie gezielt Gold an die Oberfläche bringen, aber da sie es hartnäckig verteidigen, wird ihnen eine gewisse

4.2 Insekten als Goldgräber?

Selektivität zugesprochen, was für die Alten als Tatsache vorstellbar war, kannte man doch die Fähigkeit der Ameisen, bestimmte Körnerarten auseinander zu halten. Der in Nordafrika geborene römische Schriftsteller Apuleius (125–170 n. Chr.) beschreibt dies Verhalten in seinen *Metamorphosen 6,10* in dem wohl auf eine hellenistische Vorlage zurückgehenden Märchen von *Amor und Psyche*. Amor, der Sohn von Venus und Mars, hat sich in Psyche, eine schöne Sterbliche, verliebt und diese heimlich geheiratet, was bei seiner Mutter Venus auf schärfste Ablehnung stößt: „Wie? Ich? Großmutter? In der Blüte meiner Jahre?!" Sie quält Psyche und gibt ihr eine Reihe von Aufgaben in der Hoffnung, daß die Schwiegertochter sie nicht erfüllen kann. Die erste dieser Aufgaben bestand darin, einen Haufen aus Weizen-, Gerste- und Hirsekörnern sowie Mohn, Erbsen, Linsen und Bohnen innerhalb einer Nacht auseinander zu sortieren. Eine kleine Ameise, die sich ihrer erbarmt, ruft „die arbeitsamen Kinder der Erde herbei" und die wimmelnden Heerscharen sortieren in kürzester Zeit die Körner und Samen auseinander. Es sei noch erwähnt, daß die Geschichte natürlich ein Happy-End besitzt und Amor und Psyche schließlich von Jupiter persönlich getraut werden.[1]

Daß Ameisen bei der Nahrungsaufnahme selektiv vorgehen, ist eigentlich selbstverständlich.[2] Aber wie steht es mit anderen Materialien? Hier sind die so genannten Ernteameisen, wie z.B. die Gattung *Pogonomyrmex* aus dem Westen der USA von besonderem Interesse, die beim Bau ihrer Hügel eine bemerkenswerte Selektivität zeigen (Wheeler 1910). Schon Alexander von Humboldt hatte in seinem *Kosmos* im Zusammenhang mit den Goldlagerstätten Inner-Asiens und den Myrmeken auf das Sortierverhalten bestimmter Ameisen in Mexiko hingewiesen (Kap. 3.2).

Der deutsche Radikaldemokrat und Abgeordnete der Frankfurter Paulskirchenversammlung Julius Fröbel (1805–1893), der wegen seiner Teilnahme am Wiener Aufstand von 1848 zunächst zum Tode verurteilt, aber dann begnadigt worden war, wanderte 1849 in die USA aus. Dort war er zunächst zeitweilig Direktor einer Seifenfabrik und bereiste anschließend sechs Jahre lang den damals noch 'wilden' Westen des Landes und Teile Mittelamerikas. Von diesen Reisen berichtete er in seinem Tagebuch (Fröbel 1858: 488):

> Ich muß, ehe ich von der Fortsetzung unserer Reise spreche, eine Bemerkung nachholen, welche sich an eine in der Wüste gemachte Beobachtung anknüpft. Auf meinen Reisen durch gewisse Theile der nordamerikanischen Steppen und Wüsten habe ich häufig Ameisenhaufen beobachtet, welche ganz aus kleinen Steinchen einer gewissen Größe und besonderen Mineralspecies bestanden, z.B. aus kleinen Quarzkörnern. Hier, in einem Theil der Colorado-Wüste waren die Haufen dieser mineralogischen Ameisen aus kleinen glänzenden Fragmenten von Feldspathkristallen erbaut, welche von den kleinen Thierchen aus den verschiedenen Bestandtheilen des groben Sandes dieser Gegend ausgewählt worden waren. Während ich mich das letzte Mal zu El Paso befand, kam ein nordamerikanischer Fuhrmann zu mir und befragte mich um den Werth eines kleines Sackes voll Granaten, in dessen

---

[1] Das Motiv findet sich im Märchenschatz einer großen Anzahl von Völkern bis nach Indonesien und in die Mongolei.
[2] Schon eine Amöbe kann Brauchbares von Unbrauchbarem unterscheiden.

4. Die Tiere

Besitz er war. Auf meine Erkundigung über den Fundort erhielt ich die Antwort, daß diese Steinchen — unvollkommene Kristalle rother durchsichtiger Granaten — das Material seien, aus welchem in einer gewissen Gegend von Neumexiko, nämlich im Lande der Navajo-Indianer, die Ameisen ihre Haufen erbauen, und daß er eine Stelle kenne, wo man davon jede Quantität einsammeln könne. Ich denke, daß diese Bemerkung einen nicht uninteressanten Beitrag zur Diskussion über die goldsuchenden Ameisen des Herodot abgeben werde.

Zu Fröbels Zeiten sollen die Navajo-Indianer im Nordwesten Arizonas solche Granate als Gewehrkugeln benutzt haben, da sie einerseits kostenlos verfügbar waren und die geeignete Form aufwiesen und andererseits bei den Indianern der Glaube bestand, daß sie mit ihrer blutroten Farbe tödliche Wunden verursachten (azgem 2003).

McCook (1882) beschrieb aus Ameisenhaufen in Neumexiko „sehr hübsche und wertvolle Mineralien" und bemerkte weiter: „Am Platte River (im Staat Colorado) hat man Goldpartikel zwischen den Steinchen auf der Oberfläche (der Haufen) funkeln sehen." Wie die Ameisen zur Gewinnung von Edelsteinen eingesetzt werden können, schilderte nach Bentley (1983: 133) der amerikanische Prospektor James W. Blundon im Jahre 1896 in der amerikanischen Zeitschrift *The Mineral Collector*[3]:

> Die Ameisen-Bergleute sind wilde, kleine rote Kerle. Ich kaufte einen 50 %-igen Anteil an 60 Kolonien kurz nachdem ich in Winslow/Arizona angekommen war. Eine Kolonie umfaßt eine ungewisse Anzahl von Tieren. Sie schwärmen aus und leben in Gruppen unter schärfsten Regeln. Wenn man eine Kolonie kauft, kann man tausend oder auch eine Milliarde Ameisen bekommen. Es hängt von der Neigung des Ameisenherrschers ab.
>
> Die Ameisen sind geborene Bergleute, aber auch Kämpfer. Sie greifen einen Menschen in kürzester Zeit an und wenn er sich nicht davon macht, schwärmen sie über ihn von Kopf bis Fuß und beißen ihn gewissermaßen zu Tode.
>
> Im Winslow-Gebiet besteht das Land aus besonderen Formationen. Der Boden ist voll von natürlichen Edelsteinen wie Granaten, Opalen, Quarzkristallen, falschen Diamanten, Rubinen und vielen anderen Steinen, die schön aussehen, wenn sie poliert und in Ringen gefaßt werden. Wasser ist hier rar und an eine Gewinnung mit Wassergräben oder Druckwasserabbau ist nicht zu denken.
>
> Nun aber zu den Ameisen: Man braucht einen Wassertransportkarrren und sollte hohe Gummistiefel tragen. Außerdem benötigt man breite Holzschaufeln. Man geht dann schnell zu seiner Kolonie, nimmt die Ameisen auf die Holzschaufel, kippt sie in das Wasserfaß und macht sich auf den Weg zu den Edelsteingruben. Die Ameisen laufen nicht fort, aber man verliert natürlich die eine oder andere vom Wagen. Wenn sie schwärmen, sind sie tödlich, aber ich habe nie erlebt, daß sie ein Pferd anfallen.[4] Sie sind eigentlich nicht neugierig, wenn man sie zur Arbeit bringt.
>
> Wenn wir die Stelle erreicht haben, an der die Ameisen arbeiten sollen, nehmen wir unsere Schaufeln und setzen sie Ameisen ohne Umstände aus. Die Ameisen

---

[3] Er verwechselt in seinem Bericht mehrfach Ameisen und Termiten, es ist aber klar, daß er die Ameisen meint, wie es in der Übersetzung verbessert wurde.

[4] Daß die Ameisen Menschen gefährlich werden können, aber keine Pferde anfallen, war ja schon in der Myrmeken-Geschichte des John de Mandeville zu lesen (Kap. 2.5.3).

4.2 Insekten als Goldgräber?

fangen dann sofort zu arbeiten an. Sie nehmen zuerst den feinen, heißen Wüstensand. Diesen legen sie in der Form eines außergewöhnlich symmetrischen Ringes aus. Dann kommen die groben Körner, die in einem Kreis um den Sand angeordnet werden.

Wenn die Gerölle und der grobe Sand fertig sind, beginnen wir, nach den Edelsteinen Ausschau zu halten. Und plötzlich kommt einer der kardinalroten Ameisen-Bergleute mit etwas in seinen Zangen nach oben. Er wandert über die Sand- und Geröllagen hinweg und beginnt mit einer neuen Schicht am äußeren Rand. Diesem Kerl folgen Tausende von Kollegen oder noch mehr und bei Sonnenuntergang haben sie sich ein neues Heim gebaut und zusätzlich für ihren Besitzer ihre Pflicht getan.

Man kann sich keine monotonere Tätigkeit vorstellen. Man kauft sich Ameisen, bringt sie in die Gegend mit dem verkieselten Holz, kippt sie aus und das war's. Man hört keinen Laut. Tagein und tagaus geht man nun zu dem Haufen und sammelt Glitzersteine, Granate und Rubine ab sowie all die anderen Mineralbildungen, die jener fremdartige Landstrich Arizona hervorbringt. Wenn die Arbeit geschafft ist, hat man bis zu etwa 10 $ 'gemacht', sofern man die Steine in San Francisco oder St. Louis verkaufen kann.

Der *Große Brockhaus* von 1902 vermerkt bei der Beschreibung der Haufen der amerikanischen Ernteameisen, die mit kleinen Steinchen regelrecht gepflastert sind, u.a. noch: „Bisweilen sind diese Ameisenhaufen so reich an Gold, daß es die Indianer lohnend finden, sie auszubeuten." Wheeler & Wheeler (1963) berichten sogar von Gerüchten über kleine Goldnuggets auf Ameisenhaufen. In dieser Sache bemerkte Boyle (1979): „Auch war den alten Prospektoren bekannt, daß Ameisen glänzende Metallstückchen sammeln sowie Mineralien wie Bleiglanz und Gold."

Das eigentümliche Verhalten dieser Ernteameisen wurde eingehend untersucht und nach den Beobachtungen von Autoren wie Headlee & Dean (1908), Scott (1951), Wheeler & Wheeler (1963), Gordon (1984) und McCandless & Nash (1996) läßt sich sagen: Die Ernteameisen panzern ihre Hügel mit einer bis 2,5 cm dicken Schicht aus kleinen Steinchen mit Durchmessern von bis zu 10 mm und 1 g Gewicht. Es könnte sich um eine Art Erosionsschutz gegen Wind und Regen handeln, der allerdings bei Starkregen kaum wirksam sein dürfte. Hölldobler & Wilson (1995) vermuten, daß die Ameisen die Steinchen als Wärmespeicher für ihre Haufen zusammentragen.

Die Ameisen beweisen dabei eine außergewöhnliche Selektivität für bestimmte Materialien, wobei aber bisher keine Erklärung für dieses Verhalten gefunden werden konnte. Beobachtet wurden Anreicherungen von Granaten,[5] Rubinen, Spinellen, Saphiren, Braunkohle, Steinkohle von Bahndämmen, Schneckenschalen, fossilem Holz, Holzkohle, Mörtel und Roststücken. McCandless & Nash (1996) prüften die Selektivität der Ameisen, indem sie 2-6 mm große Glassplitter in einem Umkreis von zehn Metern um einen Ameisenhaufen herum auslegten. Nach wenigen Wochen waren alle Splitter auf den Haufen in der Mitte transportiert worden. Nach Reelfs

---

[5] In Arizona werden die kleinen roten Granate von der Varietät Pyrop übrigens noch heute im Handel allgemein 'Ameisenhaufen-Granate' genannt.

(1998) wurden Transportweiten von bis zu fünfzehn Metern beobachtet. Hölldobler & Wilson (1995) erwähnen, daß amerikanische Paläontologen bei der Suche nach Kleinsäugerfossilien in bestimmten Gebieten der westlichen USA zunächst Ameisenhaufen auf Anreicherungen von Zähnen und Knochensplittern untersuchen, um die Ergiebigkeit eines Gebietes abzuschätzen. Der kanadische Mineraloge Michel Milner (persönl. Mitteilung, 2002) fand Goldkörner in Ameisenhaufen in British-Columbia im Westen Kanadas. Gewissermaßen 'auf frischer Tat' wurde im Nordwesten Arizonas eine Ernteameise (Abb. 34) beobachtet, die „...einen Granaten ergriff und so schnell auf den höchsten Punkt ihres Haufens hinauflief, daß ihre Beine nur verschwommen zu sehen waren" (gemscape 2003).[6]

Abb. 34: Ernteameise beim Transport eines Granaten in Arizona
(Photo N. Shaver, Phoenix)

Während die Sammelleidenschaft der amerikanischen Ernteameisen gut untersucht ist, gibt es über ähnliche Verhaltensweisen von Ameisen auf anderen Kontinenten nur wenige Informationen (Wheeler 1910). Michel Milner (persönl. Mitteilung, 2002) beobachtete Goldkörner in Ameisenhaufen bei Hills End im australischen Bundesstaat Neusüdwales. Len Cram (persönl. Mitteilung, 1998) fand in der gleichen Gegend Opalbruchstücke in Ameisenhaufen, und Geoff Oakes (persönl. Mitteilung, 1998) berichtete, daß in bestimmten Teilen Australiens Ameisenhaufen zu Explorationszwecken nach Körnern von Opal, Saphir, Zirkon, Granat und Chromit durchsucht werden, wobei die Ameisen hier allerdings anscheinend nicht so selektiv vorgehen wie ihre amerikanischen Verwandten. Hingston (1920) beschrieb Ernteameisen der Art *Messor barbarus* aus den Tälern des Karakorum bis auf Höhen von etwa 2.400 Metern, die kleine Steinchen zumindest zum Verschließen der Eingänge ihrer Haufen benutzt. Er beobachtete außerdem, daß die Art *Myrmecocystes setipes* kleine Steinchen zur Befestigung ihre Haufen zusammenträgt. Hölldobler & Wilson (1995) erwähnen das Vorkommen von Ameisen der Gattung *Cataglyphis* auf den Hochebenen Afghanistans und vermuten, daß die Eigenart auch dieser Tiere, kleine Steinchen — und dabei vielleicht vereinzelt Goldkörner — auf ihren Haufen

---

6) Im hellen Vollmondlicht sollen einzelne Ameisenhaufen hier sogar rot glitzern.

anzusammeln, am Anbeginn der Myrmeken-Geschichte gestanden und dann Eingang in das *Mahabharata* gefunden haben könnte.

Aber was berichten die alten Quellen noch an 'ameisischem' Verhalten der Myrmeken? Da ist zunächst ihre Hitzeempfindlichkeit, die sie die heißeste Zeit des Tages — bei Herodot den Vormittag — unter der Erde verbringen läßt, ein Verhalten, das insbesondere bei Ameisen in heißen Klimaten zu beobachten ist. Bei den späteren Myrmeken-Berichten geht es allerdings mit den Zeitangaben sehr durcheinander, wie nachstehende Tabelle 1 zeigt.

Tabelle 1: Arbeitszeiten der Myrmeken

Autor	**Goldgraben**	**Goldraub**
Herodot		Morgens, zu heißester Zeit
Megasthenes	Winter	
Plinius	Winter	Sommer
Dion Chrysostomos		mittags
Aelianus (Greife)		mondlose Nacht
Fermes-Brief	nachts, bis 5. Stunde	tagsüber, nach 5. Stunde
Premonis-Brief	nachts, bis 4. Stunde	tagsüber, nach 4. Stunde
Aethicus		Besuch nachts
Historia in praeliis (Orosius)	nachts, bis 4. Stunde	tagsüber, nach 4. Stunde
1001 Tag	Markieren der Bäume im Sommer	Fällen im Winter
Tsetses		nachts
Priester Johannes	nachts	tagsüber
Kaswini		tagsüber
de Mandeville	nachts?	vormittags bis 12 Uhr

Auch die Schnelligkeit der Ameisen ist bemerkenswert, können sie doch mit einer Geschwindigkeit von bis zu 4 cm binnen einer Sekunde ein Mehrfaches ihrer eigenen Körperlänge zurücklegen. Übertragen auf den Menschen, müßte dieser mit der Geschwindigkeit eines Rennpferdes laufen können. Daß die Myrmeken, wie die Perser Herodot berichteten, die Goldräuber riechen, steht im Einklang mit dem ausgezeichneten Geruchssinn der Ameisen.

Zusammenfassend läßt sich sagen, daß es durchaus möglich, wenn nicht sogar wahrscheinlich ist, daß die asiatische Tradition der Myrmeken wirklich auf Funden von Gold in Ameisenhaufen beruht. Es dürfte sich dabei allerdings um exotische, einmalig reiche Vorkommen gehandelt haben, die wirtschaftlich kaum für längere Zeit von Bedeutung gewesen sein dürften.

4.2.2 Termiten

Wie steht es aber mit jener anderen Insektengruppe, den Termiten, die in Aussehen und Lebensweise den Ameisen so ähnlich sind und verschiedentlich als die den Myrmeken zugrunde liegende Tierart gedeutet wurden? Termiten werden fälschlicherweise häufig als eine Art von Ameisen angesehen, sind aber stammesgeschichtlich eher mit den seit etwa 150 Millionen Jahren nachweisbaren Schaben verwandt und scheinen als erste Insektengruppe eine soziale Lebensweise angenommen zu haben. Mit etwa 2.300 Arten bevölkern sie weite Teile der Tropen und Subtropen, und im Gegensatz zu den meist oberirdisch aktiven Ameisen sind die Termiten eher als 'lichtscheu' zu bezeichnen. Bei ihren Wanderungen an der Erdoberfläche pflegen sie meist kleine Galerietunnel zu bauen, um vor Sonne und Austrocknen geschützt zu sein.[7]

Ihre Baue können um ein Mehrfaches größer sein als die von Ameisen. Diese werden in Afrika bis zu sechs Meter hoch, reichen mehrere Meter in die Tiefe und enthalten oft bis zu hundert Tonnen Material. Zu 'Bauzwecken' lagern sie zum Beispiel in Kenia jährlich bis zu 0,8 Tonnen Sand und Ton pro Hektar um. Sie graben sich außerdem Tunnel hinunter bis zum Grundwasserspiegel, um in ihren trockenen Lebensräumen stets ausreichend Wasser zur Verfügung zu haben.[8] Solche zum Grundwasserspiegel gegrabenen Gänge können häufig bis zu etwa 45 Meter messen. Über noch tiefere Gänge wird nachstehend in diesem Kapitel noch zu berichten sein. Einzelne Baue können bis zu einhundert Jahre bewohnt werden.

Soweit also zu den Grabaktivitäten der Termiten. Um das Jahr 1965 befaßte sich im damaligen Süd-Rhodesien, dem heutigen Zimbabwe, der aus Neuseeland stammende Prospektor Henry West mit der Myrmeken-Geschichte des Herodot. Er ging davon aus, daß man, wenn die Myrmeken bei ihrem Graben Gold an die Oberfläche bringen, in Gebieten, in denen etwaige Goldvorkommen unter überlagernden Schichten verborgen sind, nur den Goldgehalt von Termitenbauten untersuchen müsse, um wenigstens grobe Hinweise auf Erz im Untergrund zu erhalten.

Er beprobte im Silobela Reservat, etwa 80 km westlich von Que Que in Mittel-Zimbabwe in einem Explorationsgebiet systematisch Termitenhaufen, indem er Bodenproben von jeweils 150 g (eine Marmeladendose voll) auf Gold durchwusch und

---

[7] Obwohl sie höhere Ansprüche an ihre Umgebungstemperatur stellen und z.B. im kalten westtibetischen Hochland nicht vorkommen, könnten sie doch ebenfalls als Auslöser der entsprechenden asiatischen Überlieferung im nordindischen Flachland in Betracht gezogen werden.

[8] Dieser Drang zum Wasser ist so stark, daß in der 'Termite Mine' in Zimbabwe in einem Stollen, der unter einem Termitenbau durchging und dessen Verbindung zum Grundwasser unterbrochen hatte, die Termiten damit begannen, von der Decke des Stollens her etwa 0,5 cm dicke, frei hängende Röhren anzulegen, um den Anschluß zu ursprünglichen Wasserversorgungspunkten wieder herzustellen.

4.2 Insekten als Goldgräber?

die Anzahl der gefundenen Goldkörner bestimmte.[9] Nachdem er eine deutliche Anomalie mit Anreicherungen von bis zu 350 Goldkörnern je Probe (das entspricht einem Goldgehalt von etwa 15 g pro Tonne) aufgefunden hatte, setzte er Erkundungsbohrungen an, die in etwa 27 Metern Tiefe unter den sandigen Überlagerungsschichten im anstehenden Gestein abbauwürdige Goldadern antrafen. Das Vorkommen wurde dann technisch erschlossen, und im Jahre 1968 ging dort die 'Termite Mine' in Betrieb (Harrison 1981).[10]

Diese systematische Beprobung von Termitenhaufen ist mittlerweile in entsprechenden Gebieten Afrikas ein bewährtes Verfahren,[11] um über große, von Sand bedeckte Gebiete einen raschen Überblick über die geologischen Verhältnisse im Untergrund zu gewinnen und erzhöffige Zonen für Detailuntersuchungen abzugrenzen. In Westafrika es wird mindestens seit dem 14. Jahrhundert betrieben (Kap. 2.5.2). Heute wird es nahezu flächendeckend angewandt und Bergwerksgesellschaften haben in einzelnen Explorationsgebieten bis zu 6.000 Haufen beprobt (orezone.com 2003). Ihre Häufigkeit beträgt stellenweise bis zu 100 Haufen pro Hektar, von denen aber meist nur noch 10–15 % bewohnt sind (Bernier et al. 1999).

Abb. 35: Goldkörner aus einer 10 kg-Probe eines Termitenhaufens aus Mali/ Westafrika (Photo: W. M. Milner, Toronto/Kanada). Die vier großen Körner links sind > 1 mm, die kleinen rechts oben > 0,03 mm (Durchmesser der Platte 13 mm)

Myles et al. (1999) untersuchten Termitenhaufen in Mali im Detail und fanden in den dabei gewonnenen Proben von jeweils 20 kg bis zu 1.000 Goldkörner, deren größte Durchmesser von bis zu 3,5 mm[12] aufwiesen (Abb. 35). Der Großteil solcher Goldkörner ist allerdings kleiner als 0,25 mm. Im westafrikanischen Mali sind die Haufen lokal so goldreich, daß sie

---

[9]) Das Verfahren wurde gleichzeitig vom Geologischen Dienst des Landes bewertet, aber von diesem Anfang 1966 als nicht erfolgversprechend abgelehnt.

[10]) Sie lieferte allein bis zum Jahre 1990 insgesamt etwa 300 kg Gold und war danach bis 1999 mit Unterbrechungen in Betrieb. Seither liefert sie etwa 40 kg Gold jährlich, so daß die gesamte bisherige Goldproduktion dieser mit Hilfe der Termiten gefundenen Grube bei etwa 500 kg liegen dürfte.

[11]) Gleason & Poulin (1989) beschreiben entsprechende Untersuchungen nach Gold aus Niger, Prasad et al. (1987) aus Indien und Myles et al. (1999) aus Mali und der Zentralafrikanischen Republik. Orey (1975) konnte die Brauchbarkeit dieser Methode auch für Kupferlagerstätten in Mocambique nachweisen.

[12]) Solche Körner sind zu groß, um von Termiten bewegt zu werden und entstammen entweder geochemischen Umlagerungs- und Wachstumsprozessen innerhalb der Haufen oder wurden von Kleinsäugern transportiert, die stellenweise in solchen Haufen als 'Untermieter' wohnen.

4. Die Tiere

von Eingeborenenfrauen auf Gold durchgewaschen werden (Abb. 36). Die Ausbeute soll bei den primitiven Waschverfahren mit Kürbisschalen immerhin noch bis zu 1 g täglich betragen. Tran (1992) überliefert eine in diesem Zusammenhang interessante Legende aus dem Sahelstaat Niger. Dort sollen die Menschen einst einen Termitenhaufen gefunden haben, der nachts wie ein Stern funkelte. Sie erkannten dann, daß die Termiten die darin enthaltenen Goldkörnchen aus der Erde nach oben gebracht hatten und folgten seither den Termitenhaufen auf ihrer Suche nach dem Gold.[13] Und damit stellt sich eine Verbindung mit dem Myrmeken-Gold ein.

Abb. 36: Frauen beim Goldwaschen aus Termitenhaufen in der Zentralafrikanischen Republik (Photo J. Tilsley, Toronto/Kanada)

Aber die Brauchbarkeit von Termitenhaufen zu Explorationszwecken geht noch weiter, denn ihr Baumaterial kann nicht nur chemisch auf bestimmte Spurenelemente untersucht werden, sondern es lassen sich auch Indikatormineralien, zum Beispiel für Diamantmuttergesteine, die so genannten Kimberlite, finden. Ausgehend von den Erfolgen der Termitenmethode bei der Goldsuche im damaligen Süd-Rhodesien folgerten Geologen des südafrikanischen Diamantenkonzern de Beers, daß man in unter mächtigen Sandschichten begrabenen Gebieten der Kalahari-Wüste im Inneren des südlichen Afrikas auch dort, wo nur verhältnismäßig wenig Termiten aktiv sind, im Oberflächensediment das Material älterer erodierter Haufen antreffen und damit eine

---

[13] Der rhodesische Prospektor West gab in einem Zeitungsartikel der Überzeugung Ausdruck, daß die Eingeborenen der Region im frühen Mittelalter möglicherweise Goldanreicherungen in Termitenhaufen gewonnen und dann diese Beobachtung systematisch zur Suche nach Lagerstätten benutzt haben könnten (Anonymus 1971).

4.2 Insekten als Goldgräber?

wenn auch zunächst noch etwas unscharfe Ahnung von der Geologie der im Untergrund anstehenden Gesteine erhalten müsse.

Ihr 'Meisterstück' lieferte die Methode bei der großräumigen Exploration nach Diamantlagerstätten in den folgenden Jahren westlich der Hauptstadt Gaberones im Südosten Botswanas (Lock 1985). Hier wurden zunächst entlang in regelmäßigen Abständen angelegter Traversen in Abständen von 10–25 Metern Bodenproben entnommen und auf entsprechende Indikatormineralien durchsucht. Es handelt sich dabei um so genannten Picro-Ilmenit, Chromdiopsid und den bereits bei den amerikanischen Ernteameisen erwähnten Pyrop. Im Jahre 1972 zeichneten sich einige mehrere Quadratkilometer große Anomalien ab, die dann mit geophysikalischen Verfahren und durch Bohrungen näher untersucht wurden. Dabei wurden mehrere unter zum Teil mächtigen Deckschichten verborgene Schlote, so genannte Pipes, des Diamantmuttergesteines Kimberlit entdeckt. Aus dem erfolgversprechendsten davon, der Jwaneng Pipe, die aus drei zusammenhängenden Pipes mit je 500–700 Metern Durchmesser besteht, wurde anschließend eine der größten Diamantminen der Welt entwickelt.[14] Nachzutragen bleibt hier noch, daß die Termiten, die emsigen Explorationshelfer, in diesem Falle die Indikatormineralien beim Bau ihrer 'Schächte' zum Wasserspiegel aus Tiefen von bis zu 70 Metern heraufgebracht hatten.

Dieser Exkurs in die Insektenwelt belegt eindrucksvoll, daß es sich bei der asiatischen Tradition der Myrmeken-Geschichte nicht unbedingt um ein Märchen handeln muß. Es ist durchaus möglich, daß es in den Bergen Nordindiens oder auch eventuell in der Mongolei in goldreichen Gebieten in früheren Zeiten Ameisenhaufen oder in tiefer liegenden Gebieten weiter im Süden auch Termitenhaufen gegeben hat, aus denen Gold in nennenswerten Menge leicht zu gewinnen war.

4.3 Säugetiere als Goldgräber?

Bei den verschiedenen bisherigen Erklärungsversuchen der goldgrabenden Myrmeken waren insbesondere Murmeltiere als die eigentlichen 'Gräber' erwähnt worden, wobei es sich stets mehr um theoretische Deutungen handelte. Erst die englische Reisende Duncan (1906) berichtete von Goldfunden an Murmeltierhaufen entlang des Indus in Ladakh. Der französische Reiseschriftsteller Michel Peissel hatte sich dieser Frage ebenfalls angenommen und im Jahre 1996 vor Murmeltierbauten auf der auf 3.500–4.000 m Höhe liegenden Zanskar-Ebene in Ladakh in der Nähe der indisch-pakistanischen Waffenstillstandlinie Gold gefunden (Simons 1996). Handelt es sich dabei um Einzelbeobachtungen oder gibt es ähnliche Berichte über 'bergbauliche' Aktivitäten von Murmeltieren auch aus anderen Gegenden?

Es gibt sie! Der englische Naturforscher Thomas Pennant (1726–1798) bemerkte im zweiten Band seiner *Geschichte der Vierfüßler* von 1781 über die Murmeltiere,

---

[14] Diese Jwaneng Mine lieferte als reichste Mine der Welt z.B. im Jahre 2000 immerhin 11,5 Millionen Karat Diamanten mit einem Wert von 1,3 Milliarden US-$.

4. Die Tiere

"daß diese in den erzreichen Teilen des Urals häufig die Bergleute zu Kupferadern durch die Bruchstücke führen, die vor den Eingängen ihrer Löcher liegen, wo sie während des Grabens herausgeworfen werden." In den *Herrn Iwan Lepechin der Arzneygelahrtheit Doctors und Professors bey der Wissenschaften zu St. Petersburg Tagebuch der Reise durch die verschiedenen Provinzen des Russischen Reiches im Jahr 1771* heißt es in der Übersetzung von Christian Hase von 1783 auf den Seiten 101-102 für den 7. Juli 1770 aus der Gegend von Troitzk am Uj, etwa 130 km nordwestlich des heutigen Magnitogorsk an der Ostseite des Urals:

> Sieben Werste [7,4 km] von der issetischen Straße, war linker Hand der Berg Barskuk Tau (Dachs Berg), welcher sich 100 Faden [213 m] in die Länge streckt und zwanzig Fäden [43 m] quer über breit ist. Er führt den Namen mit der That, denn es gab wirklich auf sechs Dachslöcher darinne, dieses Thier ist so gut wie die Murmelthiere und Zieselmäuse in den Steppengegenden unter die Bergleute zu zählen. Weil der Dachs seine Wohnung unter der Erde hat: so wirft er, wenn er sich eingräbt, alles zu Tage aus, was der Berg in sich hat, und verschaft so, ohne dass man weiternachzusuchen braucht, Kenntniß von den enthaltenen Bergarten.
> Der Barskuk Tau kann einen Zeugen davon abgeben. Hier waren in den aufgeworfenen Hügeln Stücken Eisenerz, und darunter auch sogenannter Eisenglanz [Pyrit] zu sehen, welcher mit seinem schimmernden Ansehn unsern bergbaulustigen Baschkiren mächtige Hoffnung eingeflößet hatte, die denn auch in derselben uns hergeschleppt hatten, dass wir den Dächsen unsern Besuch abstatten mussten.

Der Berliner Naturforscher Peter Simon Pallas (1741–1811), der Sibirien im Auftrag des Zaren in der zweiten Hälfte des 18. Jahrhunderts bereiste, beobachtete am Oberlauf der Samara westlich von Orenburg zwischen Ural und der Wolga viele Murmeltierkolonien und vermerkt, daß dort die Kasaken und Baschkiren Erzspuren entdeckten, stellt jedoch keinen Bezug zwischen diesen beiden Beobachtungen her. Tomaschek (1888) zitiert Lepechin sehr frei[15]:

> Der Boibak [d.h. das Steppenmurmeltier] gräbt sich tiefe Höhlen und wirft mit dem gelben Sand Erzanzeigen aus, welche die Erzsucher veranlassen weiter zu schürfen und bis zum Erz vorzudringen.

Nach Prof. Xuanxue Mo (Peking) wurden auch an einem nicht näher bezeichneten Ort in Nordtibet in dem vor einem Murmeltierbau ausgeworfenen Bodenmaterial Goldkörner gefunden (persönl. Mitteilung 2002).

Der zaristische Beamte Ferdinand Ossendowski (1876–1944), der auf seiner Flucht vor den Bolschewiki 1920/21 während des russischen Bürgerkrieges vom südwestsibirischen Kransnojarsk nach Peking die nordwestliche Mongolei durchquerte, beobachtete dort sich über mehrere Quadratkilometer erstreckende Murmeltierkolonien und schrieb in seinem Reisebericht (Ossendowski 1923: 238):

> Die Murmeltiere sind treffliche Erzsucher und graben ständig tiefe Gruben, wobei sie alle Steine an der Oberfläche auswerfen. An vielen Stellen sah ich Haufen, die die Murmeltiere aus Kupfererz gebaut hatten und weiter im Norden einige mit wolfram- und vanadiumhaltigen Mineralien.

---

[15] Er ersetzt den Dachs durch das Murmeltier.

Es ist also durchaus möglich, daß Gold im fünften vorchristlichen Jahrhundert vor Murmeltierbauten in verschiedenen Gegenden Zentralasiens gefunden wurde, in denen reiche Goldlagerstätten in Oberflächensedimenten wie zum Beispiel Sanden vorkamen. Die dort angetroffenen Mengen könnten dann um ein Vielfaches größer gewesen sein als bei Ameisen- und Termitenbauten.

Aber nicht nur Murmeltiere, sondern auch andere grabende Tiere können für die Aufsuchung von Lagerstätten von Bedeutung sein. Rickard (1930) berichtete, daß die alten Prospektoren im Westen der USA schon immer die Haufen von Erdhörnchen, Präriehunden und anderen in Höhlen wohnenden Tieren auf Anzeichen von Erzen durchsucht hatten, und führt einige Beispiele dazu an.[16] Auch an anderen Stellen in Nevada waren vor Dachsbauten Erzbruchstücke gefunden worden, die Hinweise für abbauwürdige Lagerstätten lieferten (Regenos 1939). Es kann übrigens nicht ausgeschlossen werden, daß auch die eine oder andere Erzlagerstätte in Europa in alten Zeiten aufgrund von Hinweisen in dem Bodenmaterial gefunden wurde, das grabende Tiere vor ihren Bauten ausgeworfen hatten.

Aber auch heutzutage können grabende Tiere in Mitteleuropa 'Schätze' an die Oberfläche bringen. So wurde mir von Peter Siersleben (persönl. Mitteilung, 2002) berichtet, daß bei dem Ort Oberroth im Westerwald auf einem um 1935 angelegten Sportplatz im Jahre 1997 auf einem Maulwurfshügel eine stark korrodierte Münze aus der damaligen Zeit gefunden worden sei. Heutzutage ist ein solcher Fund leicht zu erklären, aber in früheren Zeiten hätte sich dafür sicherlich nur eine überaus märchenhafte Erklärung ergeben.

4.4 Wer waren die felltragenden Myrmeken wirklich?

Aber nun noch zu den Murmeltiere selbst. Nach der Beschreibung ihrer Felle durch Nearchos, sie seien wie die von Panthern, d.h. gefleckt, läßt sich die Art verhältnismäßig eindeutig als das langschwänzige oder Kaschmir-Murmeltier *(Marmota caudata Geoff.)* oder seine mehr orange bis rötlich gefärbte Unterart *M. caudata aurea* identifizieren (Abb. 37). Roberts (1977: 228) beschreibt es wie folgt:

> Dieses Murmeltier ist hübsch gezeichnet, mit langem, aber groben Fell auf der gesamten Körperoberseite. Das Fell ist kräftig goldorange mit einer Beimischung von schwarzen Haaren auf dem Rücken und dem Kopf. [...] Der Schwanz dieser Art ist vergleichsweise lang und kann über 30 cm messen.

Die Körperlänge wird mit bis zu 55 cm ohne Schwanz angegeben und das Gewicht mit etwa 6 kg. Das Fell weist außerdem charakteristische dunkle Ringe auf, womit wir eindeutig die Herkunft der von Nearchos erwähnten pantherähnlichen Myrme-

---

[16] So wurde die Lepanto Mine in Nevada durch Goldgehalte von bis zu 15 g/t in einem Erdhörnchenhaufen entdeckt. Auch die berühmte Goldlagerstätte der Comstock Lode in Kalifornien wurde 1859 nach der Entdeckung von Goldspuren in Erdhörnchenhaufen gefunden, wohingegen bei der Weepah Mine in Nevada 1925 ein Dachsbau die ersten Hinweise geliefert hatte.

kenfelle identifizieren können — es handelt sich um solche von *M. caudata* oder *M. caudata aurea*! Dazu paßt auch die Größenangabe Herodots, daß die Myrmeken größer als Füchse seien.[17]

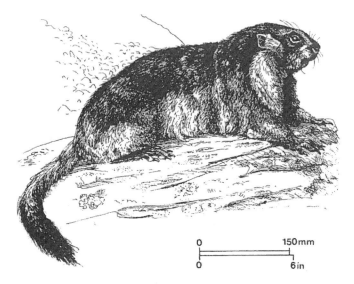

Abb. 37: Das langschwänzige Murmeltier (*Marmota caudata*) aus Roberts (1977)

Diese Murmeltierart lebt auf alpinen Busch- und Wiesenflächen meist zwischen 3.200–5.000 Metern Höhe und unterschreitet nirgends die Baumgrenze. In den ariden Hochgebieten Ladakhs und West-Tibets kommt sie allerdings nicht vor. Diese Murmeltiere halten meist von Anfang/Mitte Oktober bis Anfang/Mitte Mai Winterschlaf, sind somit nur etwa 4–4½ Monate im Jahr aktiv und verziehen sich während dieser Zeit nur nachts in ihre Bauten.[18] Obwohl das Fell von *M. caudata* heute nur wenig geschätzt wird, ist es doch vorstellbar, daß die Händler, die Alexanders Soldaten mit Souvenirs aus dem Gebirge versorgten, bevorzugt Jagd auf diese leichter zugängliche Art machten. Hodgson (1841) berichtete von einem schwunghaften Handel mit Murmeltierfellen von Tibet nach Nepal und Visser-Hooft (1935) schreibt, daß

---

[17] Diese Murmeltierart könnte bereits von dem mehrfach erwähnten chinesischen Wandermönch Hiuen Tsiang im Jahre 646 n. Chr. beobachtet worden sein, der aus der Region Ratten beschreibt, die „so groß wie Igel seien, mit gold- und silberfarbenen Haaren" (Beal 1926). Auch Benecke (1879) hatte bereits auf diese gefleckten Murmeltiere im Himalaja hingewiesen, allerdings ohne Bezug auf die entsprechende Bemerkung des Nearchos.

[18] Somit bezieht sich der Hinweis Herodots, daß die Myrmeken während der heißesten Tageszeit unter der Erde sind, nicht auf Murmeltiere, sondern geht eher auf die Ameisen der asiatischen Tradition zurück, die sich bei großer Hitze in ihre Haufen zurückziehen.

4.4 Wer waren die felltragenden Myrmeken wirklich?

Murmeltierfelle noch im ersten Drittel des 20. Jahrhunderts in großer Anzahl von Dardistan nach Tibet und Indien verkauft wurden.

In den ariden Gebieten Ladakhs nördlich des Indus und in Tibet kommt in Höhen bis 5.700 Metern statt *M. caudata* das Himalaja-Murmeltier *(Marmota himalayana)* vor, das lokal auch 'Schneeschwein' genannt wird.[19] Diese Art ist etwa gleich groß wie *M. caudata,* besitzt jedoch nur einen bis etwa 15 cm langen Schwanz. Sein Fell ist sandfarben mit unregelmäßig verteilten längeren Haaren mit schwarzen Spitzen. Obwohl auch diese Felle verhältnismäßig grob sind, wurde auch *M. himalayana*[20] in der Vergangenheit intensiv bejagt und Sterndale (1982) berichtet über einen umfangreichen Handel mit diesen Fellen nach Nepal und China in früheren Zeiten.

Bei den als Murmeltieren gedeuteten Myrmeken der 'persischen Tradition' handelt es sich also zum einen um die Art *Marmota caudata,* das Kaschmir-Murmeltier oder die Unterart *M. caudata aurea,* deren Felle als Souvenirs verkauft wurden, sowie um *Marmota himalayana,* das Himalaja-Murmeltier, dessen Grabaktivitäten auf den Hochebenen West-Tibet zur Entdeckung reicher Goldfelder geführt haben könnten.

In diesem Kapitel trafen also nun die Ameisenstraße und ein 'Murmeltierwechsel' aufeinander, die beide sehr gut parallel zueinander verlaufen konnten. Es sollte hier gezeigt werden, daß sowohl der Kern der 'asiatischen Tradition', die goldfördernden Ameisen oder Termiten, als auch der der 'persischen Tradition', die 'Ameisen' genannten Murmeltiere, ein hohes Maß an Wahrscheinlichkeit aufweisen. Dies bringt allerdings die Lösung der Frage, warum beide Tierarten mit demselben Namen belegt wurden, keinen Schritt näher. Bevor diese Frage im letzten Kapitel des Buches beantwortet wird, muß zunächst noch die Lage der Goldfelder und Art und Menge des dort gefundenen Goldes erörtert werden.

---

[19] Die weite Verbreitung der Murmeltiere in West-Tibet zeigen nach Thomas (1935) die dort häufig vorkommenden Flurnamen 'phyi-glins' (Murmeltierplatz).
[20] Beide Murmeltierarten gehören mittlerweile jedoch zu den durch das Washingtoner Artenabkommen CITES geschützten Tierarten.

5. Geographie, Geologie und Technik

Nachdem in den vorausgegangenen Kapiteln verschiedene historische und zoologische Aspekte der Myrmeken-Geschichte auf ihren Wahrheitsgehalt bzw. Hintergrund 'abgeklopft' worden waren, bleibt noch das Gold selbst. Man könnte nun zwar davon ausgehen, daß es sich bei der Geschichte 'nur' um ein Märchen handelt und die Sache damit auf sich beruhen lassen. Aber andererseits könnte in der Geschichte auch, wie so oft bei Märchen, doch ein 'goldenes Körnchen Wahrheit' stecken — wie klein es auch sein möge. Bei der von Herodot angegebenen Menge von 360 Talenten, das wären etwa 9,3 Tonnen, Gold als jährlichem Tribut ist dies beileibe keine unerhebliche Frage, die sich wiederum in fünf große Komplexe unterteilen läßt:

— Wo waren die reichen Goldfelder?
— Wie wurden die Goldfelder entdeckt?
— Um welche Art von Gold handelte es sich?
— Wie wurde das Gold gewonnen?
— Wieviel Gold erhielt der Großkönig aus Indien?

Diesen Fragen soll im folgenden im Detail nachgegangen werden.

5.1 Wo waren die reichen Goldfelder?

Nach der 'persischen Tradition' lag das sagenhafte Land der Myrmeken irgendwo im Osten oder Nordosten des Reiches, nach dem *Mahabharata* im bergigen Nordwesten Indiens, während die tibetischen und chinesischen Quellen es in West-Tibet und Ladakh ansiedeln. Die Lokalisierung dieses alten 'Eldorados', aus dem die Daradae oder Darden das Gold für den persischen Großkönig beschafften, hat in den vergangenen zwei Jahrhunderten Phantasie und Scharfsinn der Forscher beflügelt, wobei sich in neuerer Zeit insbesondere der italienische Asienforscher Tucci (1955) und, aufbauend auf seinen Arbeiten, auch Lindegger (1982) damit beschäftigt haben.

Also zunächst zum Altertum: Nach Strabon *Ind. 15,1,57* sagt Megasthenes, „daß indische Flüsse Gold bringen, von dem als Steuer ein Teil an den König[1] abzu-

---

[1] Dieser König ist der in Kap. 2.1.5 erwähnte Sandrokottos.

5.1 Wo waren die reichen Goldfelder?

führen ist". Es ist jedoch festzustellen, daß die in den Tälern von Gilgit, Ladakh und zum Teil Kaschmir ansässigen Darden nach den antiken Quellen selbst kein Gold waschen, obwohl der Indus und seine Nebenflüsse hier durchaus goldführend sind,[2] was vor Megasthenes schon im *Rigveda* bekannt war, jenem wohl ältesten in Sanskrit geschriebenem Literaturdenkmal Indiens, das um 1.000 v. Chr. seine wesentliche Formulierung erfuhr. Es spricht vom „Sindhu (Indus) und seinem goldenen Weg". Diese Goldführung der aus dem Himalaja und Karakorum kommenden Flüsse wird noch heute wirtschaftlich in sehr geringem Umfang durch Goldwäscher genutzt, die jährliche Gesamtproduktion dürfte aber deutlich unter 50 kg liegen. Als einfachste Methode erwähnt Veltheim (1800) einen Bericht eines gewissen Ali Akbery von 1784 aus Kaschmir, nach dem langhaarige Felle in Bäche gelegt und mit Steinen beschwert wurden. Nach zwei bis drei Tagen wurden sie herausgeholt und nach dem Trocknen ausgeschüttelt, um die Goldkörner, die sich in den Haaren des Felles verfangen hatten, zu gewinnen.[3]

Als Einschränkung für eine größere Produktion kam in historischer Zeit hier noch dazu, daß nach Ritter (1833) die lokalen Herrscher ihren Untertanen das Goldwaschen verboten, da sie befürchteten, daß die Landwirtschaft darunter durch Arbeitskräftemangel leiden könnte. Nach Montogomerie (1868) bestand ein solches Tabu in Tibet nicht nur für Gold, sondern auch für Silber, und Moorcroft & Trebeck (1841) berichteten, daß in Kaschmir das Goldwaschen für die buddhistische Bevölkerung aus diesem Grunde ebenfalls verboten war.[4]

Auch klimatische Gegebenheiten schränken die Ausbeute ein. Nach Durand (1899) und Visser-Hooft (1935) wurde Gold nur im Herbst bei fallendem Wasserspiegel gewaschen. Snoy (1975) berichtet, daß nur von März bis Mai und von September bis November Gold gewaschen werde und Chaudhary (1997) nennt dafür als Grund, daß das Wasser im Sommer zu trübe und im Winter zu kalt sei. Im Gegensatz dazu nennt Haughton (1913) das Niedrigwasser im Winter als beste Jahreszeit für die Goldgewinnung in dieser Gegend. Da nicht anzunehmen ist, daß sich die Goldführung der Gewässer seit Herodots Zeiten merklich verändert hat, kann davon ausgegangen werden, daß aufgrund der geringen Ausbeute die von Herodot erwähnten großen Goldmengen auf keinen Fall aus den Tälern des Karakorum stammen können.[5] Des Weiteren ist aufgrund der Erosionskraft des Indus und seiner Zuflüsse in diesen Tälern ohnehin nicht mit umfangreichen Vorkommen älterer goldhaltiger Sande und Schotter zu rechnen. Die jahreszeitlich unterschiedliche Intensität der Goldwäsche zeigt allerdings Parallelen zu den unterschiedlichen Zeiten, an denen die

---

[2] Nach Durand (1899) bezeichnen die Bewohner der Region Nagar am Indus ihre Landschaft als 'Land des Goldes und der Aprikosen'.

[3] Noch 100 Jahre später erwähnt Ball (1881) diese Methode aus Kaschmir. Gold zu waschen wird heute von den Einwohnern der Region jedoch als niedere Tätigkeit angesehen und den so genannten Maruts oder Soniwals überlassen (Snoy 1975; Chaudhary 1997).

[4] Nach Ball (1888) warb man mohammedanische Goldwäscher aus dem weiter westlich gelegenen Balti für diese Arbeit an.

[5] Schließlich ist zu berücksichtigen, daß das Myrmeken-Gold nach Herodot ohnehin etwas Anderes war als das aus Flüssen gewaschene oder das 'gegrabene', d.h. aus Bergwerken gewonnene.

5. Geographie, Geologie und Technik

Myrmeken in antiken Quellen aktiv sind. Die Flüsse des Karakorum können somit als Quellen des Goldes ausgeschlossen werden.

Die von Herodot erwähnte Sandwüste wurde verschiedentlich auch im Tal des Indus und seiner Nebenflüsse lokalisiert. Diese Region liegt im Regenschatten der Bergketten des Himalajas und ist daher stellenweise kaum feuchter als die Sahara. So wird das Tal des Indus um Zanskar und Khaplu streckenweise von einer weiten sandigen Schwemmebene eingenommen und Sandstürme sind hier nicht selten (Peissel 1984). Pabel & Pabel (1986) beobachteten im sonst fruchtbaren Tal des Indus nahe Khaplu: „... auf weite Strecken verwandelte sich die Landschaft wieder in Wüste, sie erinnerte uns an die Taklamakan." Diese relativ schmalen Wüstenstreifen dürften ebenfalls kaum als Ort der Handlung der Myrmeken-Geschichte in Frage kommen.

Die verschiedentlich als die Bergebene des Megasthenes angesehene Deosai-Ebene nördlich des Nanga Parbat kommt als Ort der Handlung auch nicht in Frage, da sie einerseits noch innerhalb des Siedlungsgebietes der Darden liegt und andererseits, obwohl eine Hochebene, nicht wüstenhaft, sondern ein teilweise oberflächlich versumpftes Hochmoor ist. Die von Peissel (1984) genannte Dansar-Ebene oberhalb des Indus-Tales nördlich der Waffenstillstandslinie zwischen Pakistan und Indien ist ebenfalls auszuschließen, liegt doch auch sie noch im Gebiet der Darden. Sie ist außerdem gegenüber dem von Megasthenes für die 'Bergebene' mit etwa 470 Kilometern angegebenen Umfang eindeutig zu klein, selbst wenn bei der antiken Angabe eine gewisse Übertreibung nicht auszuschließen ist.

Das Gold, das nahezu alle das tibetische Hochland entwässernde Flüsse mit sich führen, legte allerdings schon früh die Vermutung nahe, daß es 'da oben' irgendwo viel Gold geben müsse. Der Goldreichtum dieses von den alten Indern 'Suvarnabhu' („Goldland") genannten Gebietes war weithin bekannt. Lindegger (1982) ist der Ansicht, daß dies Goldland möglicherweise mit dem Gebiet des sagenhaften Nomadenreiches Zan-zun identisch ist. Die Herrscherinnen dieses matriarchalisch regierten Gebietes, die in den indisch-buddhistischen Quellen als 'Suvarnagortha' („Goldgeschlecht") bezeichnet wurden, waren bereits bei den Quellen zu der 'ohrlosen Katze' (Kap. 2.3.2) erwähnt worden. Die Bezeichnung 'Goldgeschlecht' wird in diesem Zusammenhang so prägnant gebraucht, daß es wenig wahrscheinlich ist, daß es sich bei deren Gold nur um die magere Ausbeute der Goldwäscher am Indus und seinen Nebenflüssen gehandelt hat.

Nach Auswertung der tibetischen, indisch-buddhistischen und chinesischen Quellen kommt Lindegger (1982) zu dem Schluß, daß das Land der Myrmeken durch den Kuen-Lun im Norden, durch das Karakorum im Westen und den Himalaja im Süden begrenzt werde und somit in den unwirtlichen Hochebenen West-Tibets auf Höhen von bis zu 6.000 Metern zu suchen sei.[6] Er verzeichnet in einer Karte des Gebietes über zwei Dutzend Goldlagerstätten. Damit verlegt er es in eine Gegend, in der schon Wilson (1841) die Goldfelder vermutete.

---

[6] Noch zu Anfang des 20. Jahrhunderts war übrigens der tibetische Ort Gartok am Südrand des Gebietes ein bedeutendes Zentrum für den Goldhandel.

5.1 Wo waren die reichen Goldfelder?

Im Sanskrit-Epos *Ramayana* werden aus dem Norden Indiens, dem Land der Dardo, beim heiligen Berg Kailash silberne Berge mit Gipfeln aus Gold beschrieben.[7] Aber bereits im *Mahabharata II 28,1040* werden aus der Umgebung des Kailash Goldfelder ('hatakadesa') erwähnt, von denen die Stämme der Khasa, Kulinda und Tangana Gold zum indischen König brachten. Ein erster faktischer Bericht über das tibetische Gold findet sich in der persischen Geographie des *Hudud-al-Alam* („Die Regionen der Welt") aus dem Jahre 982 n. Chr., in der tibetische Goldgruben beschrieben werden (Minorsky 1937). Den Goldreichtum des Gebietes erwähnte auch der flämische Franziskanermönch Wilhelm von Rubruk (1215–1270), der 1253–1255 auf seiner im Auftrag des französischen Königs Ludwig IX (1214–1270) und des Papstes Innozenz IV (1243–1254) durchgeführten Gesandtschaftsreise zum Großkhan der Mongolen die Gegend durchquerte. In *Kap. XXVIII* schreibt er: „Jene haben viel Gold in ihrem Land und jeder, der Gold braucht, gräbt danach, bis er es gefunden hat, und nimmt sich dann nur so viel wie er braucht. Den Rest legt er in die Erde zurück. Er glaubt nämlich, daß ihm der Gott, wenn er den Rest in seinem Schatzhaus oder in der Tenne aufbewahrt, das was sonst noch in der Erde ist, wegnehmen werde." Das aus dem Indus-Tal bekannte Gold-Tabu erscheint ebenfalls im *Hudud-al-Alam*. Marco Polo vermerkt wenig später: „Es gibt dort viele Stellen mit Seen und Flüssen, in denen man Goldkörner in großer Menge findet".

Der Moghulkaiser Humayun, der Sohn des großen Babur, unternahm im Jahr 1532 einen Feldzug gegen Tibet, angeblich einen Heiligen Krieg, der aber wohl eher dem Gold dieser Gebiete galt. Mirza Haidar, sein Vetter, beschrieb diese Kampagne 1547 im *Tarikh-al-Rashidi*, in dem er berichtet, daß es in den meisten von den 'champ' („Nordmänner") genannten Nomaden bewohnten Gebieten Gold gebe (Elias & Ross 1898). Ein Teil des Stammes der 'Dulpa'[8] grabe im Jahr nur vierzig Tage unterirdisch nach Gold, wobei ein Arbeiter dort täglich etwa zwanzig Siebe auswaschen könne und der Ertrag aus einem Sieb manchmal 500 g Gold betrage.[9] Der genannte Ertrag erschien dem Autor zu hoch und er bemerkte: „Obwohl dies unglaublich erscheinen mag, habe ich dies überall in Tibet gehört und habe es deshalb aufgeschrieben."

Montgomerie (1869) erwähnte den Bericht eines Kundschafters, der bei Thok-Jalung auf einer Höhe von etwa 4.900 m ein Goldgräberlager mit etwa 600 kleinen Zelten antraf. Im Winter seien dort bis zu 3.000 Goldgräber am Werk, denn gearbeitet wurde hier nur zu dieser Zeit, da die goldführenden Schichten dann durchgefroren und entsprechend standsicher für die Schurfgräben waren. Im Sommer sank die Zahl der Zelte hingegen auf etwa 300 ab. In den Schichten sollen Nuggets von bis zu zwei Pfund, d.h. einem Kilo Gewicht, gefunden worden sein,[10] was auf beträchtliche Mobilisierung von Gold in Lösungen im Boden schließen läßt. Der Kundschafter be-

---

7) Bei diesem Bild erkennt man unschwer die im Abendrot golden erscheinenden Gipfel der schneebedeckten, d.h. silbernen Himalajaketten.
8) Nach Tomaschek (1901) leitet sich der Stammesname Dulpa vom tibetischen 'r'dul' für Goldstaub ab.
9) Wieviel Sand ein Sieb faßt, wird nicht angegeben, aber es dürfte etwa 10 kg gewogen haben.
10) Solche bis faustgroße Goldnuggets werden noch heute in China als Hundskopfgold bezeichnet.

5. Geographie, Geologie und Technik

richtete außerdem, daß die Goldgräber ihre Ausbeute an im Lager ansässige Händler verkauften, es also nicht selbst einschmolzen, was an die entsprechende Bemerkung des Megasthenes (Kap. 2.1.5) erinnert. Gegen die allgegenwärtigen Räuber, und dabei insbesondere die Darden aus Ladakh, schützten die Goldgräber sich durch Meuten großer Hunde. Dieser Bericht hatte Schiern (1871) veranlaßt, in diesen Goldwäschern und ihren Hunden den Kern der Myrmeken-Geschichte zu sehen (Kap. 3.2).

Freise (1908) schreibt:

> Tibet ist von jeher wegen seines Goldreichtums berühmt gewesen, der namentlich für die südlich und westlich von ihm gelegenen Gebiete Indiens eine Quelle des Überflusses und ein Ziel steter Raub- und Eroberungszüge geworden ist.

Und noch Harrer (1954) berichtet:

> Wenn man in der Umgebung von Lhasa in den Bächen unter Wasser schwimmt, sieht man den Goldstaub im Sonnenlicht flimmern — ein unwahrscheinliches Bild.

Die tibetische Goldproduktion muß in früheren Zeiten sehr umfangreich gewesen sein, beschreibt doch Montgomerie (1869), daß der damals bei der Lagerstätte Thok-Jalung bereits ausgebeutete Bereich eine Breite von 10–200 m, eine Tiefe von 7,5 m und eine Länge von etwa 1,7 km aufwies. Es muß sich also um eine bedeutende Lagerstätte gehandelt haben, was durch eine kurze Überschlagsrechnung untermauert werden soll: Bei der obigen Länge und Tiefe des abgegrabenen Bereiche und einer mittleren Breite von 100 m ergibt sich ein Volumen von nahezu 1,3 Millionen m^3 bzw. etwa 2,2 Millionen Tonnen! Wird ein Goldgehalt von etwa 3 g/t angesetzt, so hatte der damals bereits ausgebeutete Bereich insgesamt etwa 6,6 Tonnen Gold enthalten![11] Nach Jacob (1831) betrug zu Beginn des 19. Jahrhunderts die Goldproduktion Tibets etwa 310 kg jährlich. Quiring (1948) gibt für das fragliche Gebiet in den ersten Jahren des 20. Jahrhunderts nur noch eine Jahresproduktion von etwa 50 kg Gold an.[12]

Nach den verschiedenen geographischen Gesichtspunkten kann also angenommen werden, daß die Heimat der Myrmeken-Geschichte in den Weiten West-Tibets zu lokalisieren ist.

---

[11] Dabei handelte es sich nur um das damals aktive größte Vorkommen, mindestens sieben weitere Felder waren nach Angaben des Kundschafters zu diesem Zeitpunkt bereits aufgegeben worden.

[12] In den letzten Jahren war eine beträchtliche Zunahme der Produktion insbesondere im Nordosten des Landes zu verzeichnen und im Jahr 1995 fand im Nagqu-Gebiet, etwa 200 km nördlich von Lhasa, auf einer Höhe von 4.700 m ein Goldrausch mit etwa 10.000 Goldsuchern statt. Der Abbau findet zum größten Teil nur im Sommer statt. Die Produktion aus Primär- und Seifenlagerstätten in Tibet dürfte mittlerweile deutlich über 1 t jährlich betragen.

5.2 Wie wurden die Goldfelder entdeckt?

An dieser Stelle soll auch die Frage erörtert werden, auf welche Art diese Goldlagerstätten möglicherweise überhaupt erst entdeckt worden waren. Wahrscheinlich wurden sie von Goldsuchern gefunden, die sich, ausgehend von den Goldfeldern am Nordhang des Kuen-Lun oder auch von Südwesten her über die Pässe des Karakorum, allmählich auf die tibetische Hochfläche hinaufwagten. Hinweise von Wanderungen insbesondere aus dem Norden über die Karakorum-Pässe bis hinunter in das Indus-Tiefland finden sich in den Felsgravuren entlang des Karakorum-Highway, wo Jettmar (1984) eine Vielzahl von Darstellungen im frühen zentralasiatischen Tierstil beobachten konnte.

Montgomerie (1869) hatte ja Goldnuggets erwähnt und es ist somit durchaus vorstellbar, daß die Goldfelder West-Tibets zufällig entdeckt wurden, als ein durch die Gegend ziehender Nomade oder Goldsucher größere Ansammlungen gröberer Goldkörner in einem alten Gewässerlauf fand. So beschreibt zum Beispiel Freise (1908), daß der durch Samarkand (Usbekistan) fließende Sarafschan besonders goldreich sei[13] und „die Anwohner erzielen oft reine Körner in der Größe von Taubeneiern, wenn sie nach Regengüssen ihre Waschbetriebe einrichten." Der portugiesische Mönch Francisco de Alvarez, der 1519–1521 eine Gesandtschaftsreise vom indischen Goa aus zum 'Priesterkönig Johannes' nach Äthiopien unternahm, erzählt aus dem Norden dieses Landes, „so oft große Platzregen kommen, so läufft jedermann, jung und alt, Männer und Weiber, zu feld und suchen das Gold, so durch den Regen und Wassergüsse außgewaschen und entblößet worden." Der Afrikaforscher Mungo Park berichtete von seiner Reise durch Westafrika 1799, daß in Mali Gold durch Regengüsse von den Hügeln gewaschen wird und daß die Frauen, wenn die Ernte im Dezember eingebracht ist und die Bäche gefallen sind, zur Goldwäsche gehen. Burton & Cameron (1883)[14] zitieren den Bericht des Engländers Arthur Swanzy, der 1816 vor dem englischen Parlament bezeugte, daß Gold in Ghana so reichlich sei, daß „man es mit bloßem Auge auf den Straßen nach Regen blinken sehen könne." Nach Hassell (1986) wird diese einfache Art der Goldsuche in einigen australischen Goldrevieren auch heute noch nach starken Regenfällen durchgeführt.[15]

Es ist aber eher vorstellbar, daß die alten Goldsucher in den wüstenhaften Hochflächen Nuggets an der Erdoberfläche fanden, die aus dem sandigen Boden durch die dort beständig wehenden starken Winde freigeblasen worden waren, denn Montgo-

---

[13] Vom Altoum-tagh oder 'Goldhügel' bei Buchara (Usbekistan) heißt es ebenda, daß von ihm „auch heute noch nach Regengüssen viel Edelmetall in die Rinnsale heruntergespült wird".

[14] Der englische Forscher und Entdecker R. Burton galt übrigens als höchst exzentrisch, ließ er sich doch auf einem Londoner Friedhof in einem naturgetreuen Nachbau seines Expeditionszeltes in Marmor zusammen mit seiner Frau begraben.

[15] Dies Auswaschen durch Regengüsse kann auch Edelsteine freilegen, wie Marco Polo am Ende des 13. Jahrhunderts aus dem indischen Königreich Mutfili, dem heutigen nordindischen Bundesstaat Andrah Pradesh, berichtet: „In diesem Königreich finden sich gar herrliche Diamanten und dies geht so vor sich: Im Winter fallen starke Regengüsse auf die hohen Berge hernieder und breite Bäche stürzen als tosende Wildwasser zu Tal. Sobald die Wasser abgeflossen sind, gehen die Menschen hin und lesen Diamanten in Hülle und Fülle auf."

5. Geographie, Geologie und Technik

merie (1869) bemerkt, daß „der Wind überall in Tibet meist sehr stark über die Hochebenen bläst." Solche durch äolische Separation oder Wirkung von Winden verursachten Anreicherungen von Mineralien kommen vereinzelt in Trockengebieten vor. So schreibt Theophrastus von Eresos (370–287 v. Chr.),[16] der griechische Philosoph und Naturforscher in seinem *Buch über die Steine* zu Smaragd und Jaspis *VII 35*:

> Diese in Einlegearbeiten benutzten Steine kommen aus der baktrischen Wüste; sie werden von Leuten gesucht, die dorthin ziehen zu Zeiten der Etesien-Winde [Nordwinde], welche den Sand fortblasen und die Edelsteine bloßlegen.

Es handelt sich bei den hier genannten Smaragden wohl eher um Türkise, die nördlich von Nischapur in Nordost-Persien gefunden werden. Die Lokalisierung der Vorkommen im alten Baktrien, das im Wesentlichen dem heutigen Turkmenistan entspricht, dürfte somit nicht zutreffen.[17]

Aber auch bei Diamanten ist ein solches Freiblasen durch starke Winde bekannt. Ende des Jahres 1908 wurden im Gebiet der Pomona-Bucht im Süden des damaligen Deutsch-Südwestafrika, des heutigen Namibia, phantastische Anreicherungen von Diamanten auf so genannten Ausblasungs- oder Deflationsflächen entdeckt,[18] über denen im Laufe von Zehntausenden von Jahren die starken Fallwinde aus dem Inland alle leichteren und kleineren Partikel wie Quarz- und Feldspatkörner ausgeblasen hatten, so daß nur noch eine dünne Lage aus kleinen Geröllen, Schwermineralien und eben diesen Diamanten in wahrhaft märchenhaften Konzentrationen übriggeblieben waren.[19]

Im trockenen, teilweise wüstenhaften Westen Australiens haben die starken Winde, die über Zehntausende von Jahren über die Goldfelder fegten, stellenweise das spezifisch schwerere Gold über den Ausbissen von goldführenden Erzadern an der Erdoberfläche angereichert (Rickard 1899: 497):

> Gold findet sich auf der Erdoberfläche und die erste oberflächliche Gewinnung bringt außergewöhnliche Ergebnisse. Die Suche nach den auf der Oberfläche verstreuten Goldpartikeln wird 'specking' genannt. In den ersten Tagen wurden Hunderte von Unzen von den Männern aufgesammelt, die als erste vor Ort waren. [...]

---

[16] Ein Schüler des Aristoteles und sein Nachfolger auf dem peripatetischen Lehrstuhl in Athen.

[17] Plinius erwähnt diese Vorkommen *NH 37,64*.

[18] Im so genannten Ida- und im Märchen-Tal begann die Gewinnung der Diamanten erst im August 1912. Dabei krochen anfangs etwa 25–30 eingeborene Arbeiter bäuchlings über den Boden und sammelten die bis zu 22 Karat großen Diamanten in Marmeladenbüchsen auf. In den drei Monaten bis November 1912 wurden mit dieser einmaligen, einfachen Methode insgesamt 124 413 Karat Diamanten mit einem Wert von 5 Millionen Reichsmark gewonnen, was heute etwa 20–25 Millionen € entsprechen dürfte. Glücklicherweise gibt es Photographien dieses Verfahrens, das sonst sicherlich zu den Lügengeschichten 'à la Ktesias' gerechnet worden wäre.

[19] Im wüstenhaften Norden des westafrikanischen Mali wird diese Ausblasung der Bodenoberfläche durch starke, stets aus derselben Richtung blasende Winde für die Exploration nach Diamanten genutzt (Rombouts 1998). Hierzu werden Proben von Oberflächensedimenten einer Standardfläche von 20 m² genommen, die Fraktion 0,3–0,5 mm abgesiebt und dann durch Windsichtung, wie bei der Trennung von Spreu und Weizen, für weitere Untersuchungen vorkonzentriert.

'Specking' ist immer noch eine anerkannte Tätigkeit an Sonntagen [Sonntagsarbeit war verboten], selbst in etablierten Bergbauzentren. Ich habe bis zu 100 Männer gesehen, die mit Händen in den Hosentaschen und einem auf den Boden gehefteten Blick umherliefen, als schämten sie sich über irgendetwas. Da wurde vielleicht ein Nugget von fünf Unzen Gewicht gefunden und ein jeder rannte zu der Stelle. Vielleicht wurde auch überhaupt nichts gefunden, oder es gab ausreichend Gold, um Mengen von 'Trockenbläsern' an diese Stelle zu holen.

Schon Carnegie (1898) erwähnte diese Art der Goldsuche, fügte jedoch hinzu, daß teilweise australische Eingeborene mithelfen mußten.[20]

5.3 Um welche Art Gold handelt es sich?

Herodot verweist darauf, daß das Gold der Myrmeken anders sei als das aus den Flüssen gewaschene oder aus den Goldadern der Berge gewonnene, sagt er doch *III 106* über Indien: „Es gibt dort auch unermeßlich viel Gold, das teils gegraben, teils von den Flüssen mitgeführt, teils, wie ich beschrieben habe, geraubt wird." Es muß außerdem außergewöhnlich rein gewesen sein, denn obwohl es nach Megasthenes nur geringfügigen Röstens zur Anreicherung bedurfte, verkauften die Goldsucher es unaufbereitet an Händler, da ihnen die nötigen metallurgischen Kenntnisse fehlten.

Dieser Verkauf der unaufbereiteten Konzentrate mag zum einen dadurch begründet sein, daß die 'Goldräuber' wirklich nicht über die erforderlichen metallurgische Kenntnisse verfügten. Andererseits ist aber zu bedenken, daß in den fraglichen kahlen Bergwüsten kein Brennholz zu finden ist, aus dem man die zur Erzeugung höherer Temperaturen benötigte Holzkohle hätte herstellen können. Man hätte also entweder aus weiter Entfernung herbeigebrachtes Holz oder nur Rinderdung als Brennstoff zum Schmelzen einsetzen können. Das eine wäre sicherlich zu teuer gewesen und das andere hätte keine ausreichenden Temperaturen ermöglicht. Dazu kommt noch, daß auf der großen Höhe, auf der die Goldfelder liegen, der Sauerstoffgehalt der Luft deutlich geringer ist als in den Ebenen und daß dadurch auch die erreichbaren Temperaturen für eine Raffination oder Reinigung des Goldes kaum ausreichen dürften.[21]

Prinzipiell gibt es zwei Arten von Gold, die selbst schon den Sumerern, jenem rätselhaften, nach Mesopotamien eingewanderten Volk des frühen 3. Jahrtausends vor Christi Geburt bekannt waren: Da ist zunächst das Berggold, das in Gängen der Berge vorkommt, mit großen Mühen gewonnen und wegen seines meist höheren Silbergehaltes noch gereinigt werden muß. Und dann ist da das Gold, das aus Sanden

---

20) Rafal Swiecki (persönl. Mitteilung, 2002) erwähnt goldhaltige Sanddünen u.a. aus der Gegend des Silver Peak im US-Bundesstaat Nevada, wo Versuche, dieses Gold zu gewinnen, um 1900 erfolglos waren. Auch in Baja California und Südaustralien wurden vereinzelt solche kleinen exotischen Vorkommen entdeckt.

21) Marco Polo hatte dafür eine sehr einfache Erklärung, als er bei seiner Reise nach China vom Pamir-Plateau berichtete: „Durch diese eisige Kälte brennt hier das Feuer nicht so hell und auch nicht heiß wie an anderen Orten der Welt, und das Essen wird weniger schnell gar."

5. Geographie, Geologie und Technik

und Kiesen der Flüsse mit einfachen Mitteln herausgewaschen werden kann und wegen seines meist geringen Silbergehaltes nur wenig oder überhaupt nicht gereinigt werden muß. Wegen seiner einfachen Gewinnung wird das Staubgold übrigens technologiegeschichtlich älter sein als das Berggold, das den alten Goldsuchern erst aufgefallen sein dürfte, als sie die goldhaltigen Sande und Kiese flußaufwärts verfolgten und in den Bergen auf die goldhaltigen Erzgänge stießen.[22]

In den Berichten über das Myrmekengold wird stets vermerkt, daß die Tiere es aus sandigen Böden an die Oberfläche bringen. Es kommt somit nicht aus primären Lagerstätten wie Gold oder Schwefelmineralien enthaltenden Erzgängen im Gestein, sondern aus sekundären Anreicherungen, den so genannten Seifenlagerstätten.[23] Derartige Lagerstätten entstehen entweder an Ort und Stelle als so genannte eluviale Seifen, wenn zum Beispiel eine primäre Goldlagerstätte verwittert und die leichteren Verwitterungsprodukte durch Regen oder fließendes Wasser selektiv abgeführt werden. Das chemisch widerstandsfähigere und spezifisch schwerere Gold wird dann im Rückstand angereichert, wie in Westaustralien oder Nordmexiko (Sheldon 1911). Wird auch das Gold fortgespült, so kann es entlang von Bächen oder Flüssen an geeigneten Stellen bei Änderung der Strömungsverhältnisse wegen seines hohen spezifischen Gewichts durch Absetzen zu so genannten alluvialen Seifen angereichert werden.[24]

Beim Transport wird das relativ weiche Gold, das in den eluvialen Lagerstätten noch seine unregelmäßige Kornform aus den primären Vorkommen behält, zunehmend ausgewalzt und zerkleinert. Seifengold weist meist Korngrößen von 0,003–0,2 mm auf, jedoch finden sich lokal auch größere Körner. Unter bestimmten Bedingungen können die Verwitterungslösungen sogar Gold in Lösung bringen, das jedoch dann recht schnell wieder ausgefällt wird.[25] Dabei kann es zu beträchtlichen Anreicherungen in Form der so genannten 'Nuggets' wie dem fast 71 kg schweren 'Welcome Stranger' („Willkommener Fremdling") kommen, der 1869 im australischen Bundesstaat Victoria gefunden worden war.

---

[22] Der Entdeckung des feinkörnigen Seifengoldes wird jedoch andererseits stets das Auffinden größerer Goldkörner an der Erdoberfläche oder in Bächen vorausgegangen sein.

[23] Der mittelhochdeutsche Ausdruck 'Seife' bezeichnet die Ablagerung von Mineralien auf der Erdoberfläche, das 'Seifen' selbst ist die Gewinnung dieser Bodenschätze durch Auswaschen.

[24] Diese sekundären Anreicherungen von Gold in Gewässern können zu Lagerstätten von beträchtlichen Ausmaßen führen, wie z.B. den Seifen, die 1848 zum kalifornischen Goldrausch führten, oder den kurz danach entdeckten Seifen im Otago Distrikt auf der Südinsel Neuseelands. Selbst die größte Goldlagerstätte der Welt, der Witwatersrand in Südafrika, aus der nahezu 40 % allen bisher weltweit geförderten Goldes stammt, besteht aus goldhaltigen ehemaligen Schotterhorizonten und ist somit eine Seife, allerdings eine über 2,8 Milliarden Jahre alte. Bisher wurden weltweit insgesamt schätzungsweise 120.000 t Gold gefördert — entsprechend einem Würfel mit etwa 18,5 m Kantenlänge — und davon nur 2 %, d.h. 2.400 t, vor der Entdeckung Amerikas.

[25] Selbst in Fließgewässern ist Gold mobil, wovon mit Gold überzogene Schrotkugeln und Reißverschlußglieder in Bächen des östlichen Sauerlandes zeugen (Homann 1985) oder auch vergoldete Messingstücke in thüringischen Bächen (Schade 2001). Diese 'Vergoldung' war stets unterhalb von Stellen zu beobachten, wo die Bäche über bestimmte, Gold in Spuren enthaltende Gesteinsschichten flossen. Kardash (1999) erwähnt vergoldete Eisennägel aus alten Gruben der sibirischen Goldfelder am Amur.

Wird solches Gold dann durch Waschen gewonnen, so dürfte es seine unregelmäßige Kornform weitestgehend bewahren und damit ein geringeres Schüttgewicht aufweisen. Auf diesen Aspekt könnte auch hinweisen, daß nach Megasthenes die Goldräuber das Gold nicht aufbereiten, d.h. schmelzen konnten. Derart feinkörniges Gold mit sehr unregelmäßiger Kornform und nur wenigen Berührungspunkten zwischen den einzelnen Körnern ist aus physikalischen Gründen aufgrund des schlechten Wärmeüberganges an den Kornkontakten relativ schwer schmelzbar. Diese Tatsache, zusammen mit den erwähnten Brennstoff- und Temperaturproblemen, könnte die Goldräuber veranlaßt haben, das Rohgold der Einfachheit halber an reisende Händler zu verkaufen.

Aufgrund der Tatsache, daß das üblicherweise in primärem Gold mit meist über 15 % enthaltene Silber durch die Verwitterungslösungen allmählich herausgelöst wird, ist Seifengold meist silberarm bis nahezu silberfrei und es läßt sich bei Nuggets häufig eine Abnahme des Silbergehaltes von innen nach außen nachweisen. Schon Megasthenes erwähnt den hohen Reinheitsgrad des Myrmeken-Goldes, der typisch für solch sekundäres Gold aus Seifenlagerstätten ist.

5.4 Wie wurde das Gold gewonnen?

Das gebräuchlichste Verfahren zur Gewinnung von Gold im Altertum und bis weit in die Neuzeit war das Auswaschen der Goldpartikel aus Sanden oder zerkleinertem Erz. Auf den wüstenhaften Hochebenen West-Tibets hätte Wassermangel ein Problem für eine größere Goldproduktion sein können, wobei aber vorstellbar ist, daß die klimatische Situation dort zu Herodots Zeiten etwas feuchter war als heute und damit nicht ganz so unwirtlich. So kamen Yan et al. (2001) nach Pollenuntersuchungen in Seesedimenten Nordost-Tibets zu dem Schluß, daß es auf den Hochebenen Tibets seit dem Ende der Eiszeit vor etwa 12 000 Jahren insgesamt deutlich trockener geworden ist.

Aber auch ohne ausreichend Wasser kann Gold aus Schottern und Sanden gewonnen werden. Die erste schriftliche Erwähnung eines solchen Verfahrens, der Nutzung von Wind zur Abtrennung des spezifisch schwereren Goldes (spez. Gew. 17–19 g/cm^3) von den leichteren Sand- und Tonpartikeln (spez. Gew. 2,3–2,7 g/cm^3) in Trockengebieten, findet sich in den Akten der spanischen Kolonialverwaltung der nördlichen mexikanischen Provinzen aus der Gegend um Tuscon im heutigen US-Bundesstaat Arizona (McCarty 1976: 20). Am 23. Juli 1772 schrieb der Superintendent der örtlichen Goldgruben an die zuständige Finanzbehörde:

> Wo kein Wasser ist, müssen wir Boden und Sand in die Luft werfen. Der Wind trägt das lose Material fort, allerdings auch das feinere Gold, und nur die schwereren Teilchen fallen auf den Boden. [...] In den meisten Fällen müssen wir das Material in die Luft werfen und hoffen, daß der Großteil des Goldes in unsere hölzernen Tragen fällt.

In einem Schreiben an den mexikanischen Vizekönig vom 23. Januar 1774 heißt es:

5. Geographie, Geologie und Technik

[...] die einzige machbare Gewinnungsmethode ist, das taube Material vom Gold dadurch zu trennen, daß wir es in den Wind hochwerfen oder mit einfachen Blasebälgen darauf blasen, wobei aber sehr viel feines Gold verloren geht.

Bei diesem Verfahren, das meist nur zu einer Vorkonzentration der Goldkörner führt, scheint es sich um eine autochthone technische Entwicklung zu handeln, da es in Europa selbst nicht bekannt war, wo ja ausreichend Wasser für 'konventionelle' Goldwäschen vorhanden ist. Es mag zuerst von den alten Ägyptern auf ihren nubischen Goldfeldern eingesetzt worden zu sein. Offensichtlich wurde es in Amerika weiterentwickelt, denn nach Lock (1882) exportierte man bereits im gleichen Jahr für die Goldfelder im Staat Neusüdwales eine entsprechende Maschine von Kalifornien nach Australien und hat sie dort mit großem Erfolg eingesetzt.[26]

Von dort beschrieben Carnegie (1891) und Rickard (1899) die verschiedenen Abwandlungen des Verfahrens im Detail. Bei der einfachsten Methode nimmt ein so genannter 'Trockenbläser', wie in Amerika, zwei flache Pfannen und läßt das Material aus der einen, die er in der Hand hält, in die am Boden liegende laufen. Das leichtere Material wird dabei vom Wind ausgeblasen und nur das schwerere fällt in die Pfanne am Boden. Der Prozeß wird drei- bis viermal wiederholt und damit kein feines Gold verloren geht, wird ein Stück Leinwand auf der dem Wind abgewandten Seite der Pfanne auf dem Boden ausgebreitet. Zum Schluß bläst der Trockenbläser mit dem Mund die verbleibenden leichteren Teile vorsichtig aus der in Bewegung gehaltenen Pfanne, bis sich das Gold am Rande der verbleibenden Schwermineralien zeigt und abgesammelt werden kann. Rickard bildet verschiedene solcher mechanisierter Blasvorrichtungen ab, deren 'modernste' mit einem durch ein Schwungrad angetriebenen Blasebalg versehen war (Abb. 38). Die Tatsache, daß es mehrere verschiedene Arten solcher Geräte gab, beweist, daß dies Verfahren sehr häufig angewandt wurde.[27]

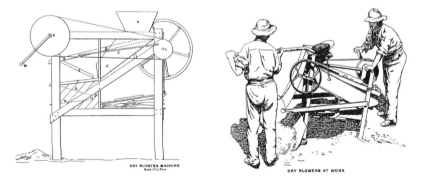

Abb. 38:   „dry blowers" aus West-Australien um 1895 (aus Rickard 1899)

---

[26] Im Teetulpa Goldfeld in Südaustralien wurden solche Geräte erstmals 1891 eingesetzt und später zum Stückpreis von 10 £ 10 Shilling nach Westaustralien vertrieben (Hassell 1981).

[27] Eine motorisierte Version wurde im Jahre 1922 eingeführt, als ein australischer Goldgräber den Blasebalg an den Motor eines Pkw vom Typ Ford T anschloß (Hassell 1981).

5.4 Wie wurde das Gold gewonnen?

Huntington (1909: 197) beobachtete diese Windsichtung ebenfalls in den Bergen östlich Khotans am Nordrand des Kuen-lun:

> Der Schotter wird auf kegelförmige, 2 Fuß hohe Haufen aufgeschüttet. [...] Mit ihren nackten Händen, die vernarbt und verletzt durch viele Schnitte, Schrammen und Blasen sind, bewegen ein Mann und eine Frau den Haufen vorwärts, indem sie eine Handvoll nach der anderen oben drauf werfen. Dabei wurde der feinere Sand weggeblasen, während die gröberen Teile an den Fuß des Kegels rollen, wo sie leicht weggebürstet werden können.... Schließlich häuft der Goldgräber dies in eine hölzerne Pfanne, hält diese hoch über seinen Kopf und schüttet den Inhalt auf ein am Boden liegendes Tuch, wobei er der Wind einen Teil des übriggebliebenen Sandes und der Steinchen wegblasen läßt. Mitten bei dieser Arbeit hielt der junge Mann inne und begann zu pfeifen. 'Warum pfeifst Du?' fragte ich. 'Für Wind.' war die ernste Antwort. Wenn der Wind seine Arbeit getan hat, breitet der Wäscher die übrig gebliebene grobsandige Masse dann über dem Tuch aus und bläst sie mit kräftigen Stößen aus seiner Lunge aus, wobei er am Rand anfängt und sich nach innen vorarbeitet.

Hedin (1909) beschreibt die Windsichtung von goldhaltigen Sanden aus der Gegend von Gomo-Selung auf der tibetischen Hochebene (etwa 34° nördl. Breite, 85° östl. Länge) mit folgenden Worten: „Jeden Sommer[28] kommt man, um den goldhaltigen Sand aufzugraben, ihn in die Luft zu werfen und die Goldkörner auf einem ausgebreiteten Tuch aufzufangen. Ist der Erfolg reichlich gewesen, so verdoppelt sich im nächsten Sommer die Anzahl der Goldgräber." Derlei Sandhaufen neben Gruben fand er so häufig, daß davon ausgegangen werden kann, daß es sich um ein weit verbreitetes Verfahren handelte. Der russische Asienforscher M. V. Pevtsov (nach Boulnois 1983) erwähnt von seiner Expedition durch Tibet 1889-90 diese so genannte äolische Separation, d.h. Windsichtung, ebenfalls vom Nordrand des Kuen-Lun, während Quiring (1948) ohne weitere Details auf Windsichtung bei Kopa in Ostturkestan auf einer Höhe von 2.500 m verweist. Das Verfahren war also in Inner-Asien weit verbreitet und aus dem *Tarikh-al-Rashidi* von 1547 läßt sich ableiten, daß es hier ebenfalls sehr alt ist, denn es heißt dort: „... wo immer sie die Erde aufgraben und auf ein Tuch streuen, finden sie Gold."

Ferdinand Ossendowski (Kap. 4.3) erfuhr auf seiner Flucht durch die nordwestliche Mongolei nach Peking in der Gegend westlich von Karakorum, der alten Hauptstadt Dschingis Khans, von seinem mongolischen Begleiter (Ossendowski 1923: 254):

> Als wir ein kleines Flüßchen mit sandigen Ufern durchquerten, berichtete mir mein mongolischer Führer, wie die Mongolen trotz der Verbote der Lamas hierher im Sommer zur Goldgewinnung kamen. Die Gewinnung aus den Seifen war sehr primitiv, aber die Ergebnisse unterstrichen den hohen Gehalt dieser Sande. Der Mongole legt sich flach auf den Boden, bürstet mit einer Feder den Sand beiseite und bläst beständig in die so gebildete Mulde. Hin und wieder befeuchtet er seinen Finger und nimmt damit ein kleines Goldkörnchen oder ein Nugget auf und legt

---

[28] Der Hinweis, daß nur im Sommer Gold gewonnen wird, erinnert an den Bericht Herodots, daß das Gold der Myrmeken durch die Inder nur zur heißesten Tageszeit geraubt wird.

5. Geographie, Geologie und Technik

dies in einen kleinen unter seinem Kinn hängenden Beutel. Mit dieser primitiven Goldwäsche gewinnt er etwa eine Viertelunze (7–8 g) oder den Wert von 5 $ des gelben Metalls pro Tag.

Was in den Diamantseifen von Namibia die starken Fallwinde aus dem Inneren des Kontinents über viele Jahrtausende erreichten, wurde hier mit menschlicher Lungenkraft geschafft.

Das Trockenblasverfahren war in den wüstenhaften Staaten im Südwesten der USA in im nordwestlichen Mexiko lange in Gebrauch (Sheldon 1911) und insbesondere in Neu-Mexiko wurden bis in die ersten Jahrzehnte des 20. Jahrhunderts damit große Mengen Gold gewonnen.[29] Die dabei gewonnenen Konzentrate[30] müssen jedoch noch von den begleitenden Schwermineralien befreit werden. Zu diesem Zweck streut der Goldgräber das Material vorsichtig auf einer ebenen Fläche dünn aus und bläst von einer Seite, um die verbliebenen leichteren Körner vom Gold zu trennen. Dabei besteht allerdings die Gefahr, daß ein Teil des sehr feinkörnigen Goldes verloren geht. Taggart (1945) nennt das Verfahren daher „langsam, aufwendig und sehr unzuverlässig".

Das Verfahren wurde nach Presseberichten 1995–1998 im westafrikanischen Burkina-Faso von der Coronation International Mining Corp. bei der Untersuchung des Essakan-Goldvorkommens erfolgreich eingesetzt.[31] In Westaustralien werden noch heute große mechanisierte Anlagen nach diesem Verfahren zur Aufbereitung großer Probemengen mit Hilfe von Radladern insbesondere bei der Exploration nach Diamanten benutzt. In anderen australischen Bundesstaaten wird es sogar noch heute regelmäßig zur Goldgewinnung eingesetzt, wobei aber zunächst nur Vorkonzentrate in Trockengebieten hergestellt werden, die dann an anderen Orten konventionell mit Wasser ausgewaschen werden.[32]

Diese etwas längeren Ausführungen waren nötig, um zu zeigen, daß das Verfahren der Aufbereitung goldhaltiger Sande mit Hilfe des Windes einerseits sehr effektiv und andererseits sehr alt ist. Es ergibt sich bei dieser äolischen[33] Goldgewinnung auch eine interessante technologische Konvergenz zwischen den alten 'konventionellen' Verfahren in verschiedenen Trockengebieten der Erde oder in West-Tibet und den 'modernen' in Westaustralien. Es dürfte auch den Goldgräbern in Tibet zu Herodots Zeiten bekannt gewesen sein, wobei möglicherweise der Auslöser zu dieser technologischen Entwicklung in der Trennung von Spreu und Weizen bei der Getrei-

---

[29] Noch während der Weltwirtschaftskrise 1929–1933 wurde es hier von einer großen Anzahl von Goldgräbern eingesetzt (Mulkey 2000) und soll vereinzelt auch noch heute genutzt werden.

[30] Eine Firma in den USA vertreibt ein einfaches transportables Gerät dieser Art für etwa 1.100 US $, bei dem ein gasgetriebenes Gebläse für den nötigen Wind sorgt.

[31] In einem Bericht der Bergbaufirma Orezone über das Goldexplorationsgebiet Ouaire Kerboulé im Norden des westafrikanischen Staates Burkina Faso (orezone.com 2003) wird von Windsichtung durch Eingeborene auf einer Fläche von etwa 1 km² berichtet. Obwohl die Ausbeute nur gering ist, wird dieses Verfahren insbesondere während der immer häufiger auftretenden Dürreperioden in vielen ariden Gebieten Afrikas als Einkunftsquelle benutzt.

[32] Solche von Radladern beschickten Anlagen können bis zu 80 m³ stündlich durchsetzen und sind selbst bei Goldgehalten von nur 0,25 g/t noch wirtschaftlich.

[33] D.h. durch Wind oder künstlich herbeigeführte Luftströmungen.

dereinigung gewesen sein könnte. Wenn also für West-Tibet im 5. vorchristlichen Jahrhundert eine bedeutende Goldproduktion angenommen wird, so wäre diese zumindest technologisch unschwer darzustellen gewesen.[34]

Das aus Namibia beschriebene ungewöhnliche Gewinnungsverfahren, bei dem auf dem Bauch kriechende Arbeiter Diamanten aus dem Wüstensand aufsammelten, war übrigens bei der südaustralischen Goldlagerstätte Teetulpa im Jahre 1884 ebenfalls zu beobachten. Hier fanden sich relativ große Goldkörner in geröllführenden tonigen Bachsedimenten und nach einem Bericht aus dem *Adelaide Observer* vom Oktober 1884 (Hassell 1981) ergab sich dort „... ein Bild, das man nicht so leicht vergessen wird. Dutzende von Männern lagen flach auf ihren Bäuchen und puhlten das Edelmetall (mit Messern oder anderen geeigneten Instrumenten) aus dem Geröll und dem Gestein.[35] "

5.5 Wieviel Gold erhielt der Großkönig aus Indien?

5.5.1 Förderraten von Seifengoldrevieren

Nach Herodot waren es immerhin umgerechnet etwa 9,3 Tonnen jährlich! Zunächst gibt es hier einen sehr einfachen Einwand gegen diese Zahl: Es ist wenig wahrscheinlich, daß die Satrapie Indien als wüstenhaftes und nur sehr untergeordnet agrarisches Gebiet eine solche Menge überhaupt aufbringen konnte. Man könnte dies nun als eine Art k.o.-Kriterium für die Goldlieferung betrachten. Allerdings nennt Plinius *NH 33,4* für das Spanien der frühen römischen Kaiserzeit eine Jahresproduktion von 6,55 Tonnen Gold. Diese Menge gibt jedoch für die vorliegende Betrachtung wenig her, da es sich dabei zum einen meist um Gold aus den reichen oberen, verwitterten Teilen primärer Lagerstätten handelt, und andererseits wurde der Abbau in einem für damalige Verhältnisse so großtechnischen Maßstab nach allen Regeln der Ingenieurkunst betrieben, daß ein Vergleich mit der Produktion zu Herodots Zeiten im unwirtlichen West-Tibet nicht angebracht ist. Es soll aber hier doch zunächst untersucht werden, ob eine derartig große Goldproduktion aus der Antike überhaupt überliefert ist oder damals technisch darstellbar war. Dazu werden in der nachfolgenden Tabelle 2 die Jahresproduktionen verschiedener alter Seifengoldbezirke der Erde zusammengestellt.

---

[34] Der Vollständigkeit halber sei hier aus Innerasien noch ein höchst ungewöhnliches Verfahren erwähnt, Gold auch aus für Menschen nahezu unzugänglichen Gebieten zu beschaffen. Calvert (1873) berichtet aus Khotan, daß die Hirten dort die Hufe ihrer Schafe und Ziegen, bevor sie diese morgens auf die Weide treiben, mit Gummi oder einer anderen klebrigen Masse bestreichen. Wenn die Tiere dann abends von den steilen, für Menschen kaum zugänglichen Weidegründen zurückkehren, waschen ihnen die Hirten das an den Hufen festgeklebte Material vorsichtig ab und gewinnen aus dem Sand und Ton geringe Mengen Gold durch normale Aufbereitung.

[35] Auch schon der Entdecker dieses reichen Goldreviers hatte im Jahre 1866 auf diese Art sein erstes Gold gewonnen (Hassell 1986).

5. Geographie, Geologie und Technik

Tabelle 2: Jährliche Goldproduktion einzelner Seifengoldbezirke
(Seitenzahlen nach Quiring 1948, sonst wie angegeben)

Region	Zeitraum	Produktion	Quelle
Nubien	15. Jhdt. v. Chr.	230–290 kg	Störck & Gundlach (1975)
Spanien	200–194 v. Chr.	400–800 kg	Livius, 34,46
Schlesien	12.-13. Jhdt.	200 kg	S. 156
Ghana	nach 1150	400 kg	S. 190
Westindien	1520	1,75 t	S. 205
Kolumbien	um 1520	690 kg	S. 209
Westafrika	um 1700	190 kg	S. 180
östl. USA	1804-1850	490 kg	S. 225
Beresovsk/Ural	1823	1.600 kg	Kroupnik (1994)
Asturien	1850	350 kg	S. 141
West-Tibet	19. Jhdt.	50 kg	S. 240
Turkestan	1875	280 kg	S. 63
Ostturkestan	1894	230 kg	S. 99
Khotan	vor 1914	790 kg	S. 63
Khotan	1905	40 kg	Huntington (1909)
Makedonien	vor 1914	120 kg	S. 105
Ecuador	1995	6,4-7,1 t	Suttill (1996)

Die Tabelle zeigt, daß bis zum ersten sibirischen Goldrausch im Jahre 1823 nur in einem einzigen Seifengoldbezirk, nämlich in Westindien des frühen 16. Jahrhunderts, jährlich mehr als 1 Tonne Gold gefördert wurde.[36] Die ägyptische Produktion aus Nubien dürfte nur zum Teil aus reinen Seifenlagerstätten stammen, wurde aber in der Tabelle aufgenommen, um die Größe antiker Produktionen zu illustrieren. Auch die jährliche Seifengoldproduktion im heutigen Ecuador ist nicht vergleichbar, da hier die Infrastrukturbedingungen deutlich besser sind.[37] Bei dem größten Goldrausch des vergangenen Jahrhunderts, der zwischen 1980–1984 an der Serra Pelada

---

[36] Herodot gibt VI 46 für die primären Goldlagerstätten der nordägäischen Insel Thasos um das Jahr 490 v. Chr. eine jährliche Produktion von 150 Talenten, entspr. etwa 3,9 t an. Dieser Wert wurde nicht in der Tabelle aufgenommen, da auch er suspekt ist. Außerdem handelte es sich dabei um primäre Goldlagerstätten. Selbst bei einem außergewöhnlich hohen Goldgehalt von 30 g/t im Primärerz hätten dort jährlich mindestens 130.000 t Erz aufbereitet werden müssen, was kaum vorstellbar ist. Dazu aber später mehr.

[37] Hier arbeiten etwa 40.000 Goldgräber mit einem Troß von fast 800.000 weiteren Personen, der von Familienangehörigen bis zu Prostituierten reicht. Auch diese Situation ist für West-Tibet nicht vorstellbar.

5.5 Wieviel Gold erhielt der Großkönig aus Indien?

im brasilianischen Regenwald zu beobachten war, wurden jährlich etwa 14 t Gold gewonnen (Lehmann & Cabral 2002), wozu zeitweilig bis zu etwa 80.000 Goldsucher vor Ort waren.

5.5.2 Förderraten einzelner Goldwäscher

Auch über die Waschleistung einzelner Goldgräber läßt sich die Wahrscheinlichkeit der von Herodot angegebenen 360 Talente überprüfen. Dazu wurden in der nachstehenden Tabelle 3 entsprechende Literaturangaben zusammengetragen. Danach ergibt sich eine Spanne von 20–300 g pro Person jährlich, mit einem Mittelwert von etwa 125 g. Allerdings war bei der Berechnung dieser Durchschnittswerte aus den jeweiligen Quellen nicht ersichtlich, ob die genannten Personenzahlen nur die aktiven Goldwäscher betrafen oder die Gesamtzahl aller in dem entsprechenden Gebiet Tätigen.

Tabelle 3: Jährliche Leistung einzelner Goldwäscher
(Seitenzahlen nach Quiring 1948, sonst wie angegeben)

Region	Zeitraum	Menge	Quelle
Schlesien	12.–13. Jhdt.	25–65 g	S. 157
Santo Domingo	1502	27–54 g	S. 204
Kolumbien	um 1520	200–300 g	S. 211
Schweiz	1700–1740	100 g	Hofmann (1991)
Mali	um 1795	104–138 g	Park (1805)
Beresovsk/Ural	1823	140 g	Kroupnik (1994)*
Oberrhein	1846	24 g	S. 147
Westafrika	19. Jhdt.	50–150 g	Garrard (1980)
Brasilien	1875	250 g	S. 218
Khotan	um 1910	260 g	S. 63
Khotan	1905	20 g	Huntington (1909)**
Chile	1933	230 g	S. 222***
franz. Westafrika	1937	35 g	S. 184****
Ladakh	um 1970	75–150 g	Snoy (1975)
Brasilien	1980–1984	250–300 g	Lehmann & Cabral (2000)
Ecuador	1995	75 g	Suttill (1996)
Westafrika	1998	160–180 g	Myles et al. (1999)
Mittel 125 g (Spanne 20–300g)			

Anzahl Arbeiter: *=11.500, **= 2.000; ***= 13.600; ****= 85.000

5. Geographie, Geologie und Technik

Allerdings sind die in der Tabelle angegebenen Werte für einzelne Goldgräber nicht ohne weiteres von dem einen Gebiet auf ein anderes zu übertragen. Sie hängen nicht nur vom Goldgehalt des aufzubereitenden Materials ab, sondern auch von dessen Korngröße und seinem Verfestigungsgrad. Quiring (1948) gibt für die Goldwäscher am Oberrhein eine maximale Leistung von 4 m^3 in neun Stunden an, wohingegen Hofmann (1991) nach eigenen Versuchen in Sanden und Schottern in den Schweizer Alpen nur eine Leistung von etwa 0,5 m^3 täglich für realistisch hält. Bei feinkörnigem Boden in Westafrika wird sogar nur eine Leistung von etwa 0,2 m^3 täglich erreicht (Garrard 1980). Für West-Tibet läßt sich nach dem *Tarikh-i-rashidi* von 1547 aus einer Tagesleistung von 20 Körben mit vermutlich etwa je 10–15 kg ein Volumen von etwa 0,13–0,2 m^3 pro Person ableiten. Selbst die westaustralischen Trockenbläser schafften mit ihren Blasmaschinen zu zweit nur etwa 5 t Material (entspr. etwa 3 m^3) in sieben Stunden, d.h. pro Person 1,5 m^3 täglich (Carnegie 1891). Nach Hassell (1981) konnte eine Leistung von 1,8–2,7 t täglich als gut angesehen werden, was etwa 1–1,5 m^3 entsprach.[38]

Nimmt man für das in Frage kommende Gebiet von West-Tibet im Altertum nun eine jährliche Ausbeute eines einzelnen Goldwäschers von 100 g Gold an, so wären für die von Herodot genannten 9,3 Tonnen insgesamt nahezu 100.000 Personen erforderlich gewesen, zu denen noch ein Troß aus Händlern, Handlangern usw. von mindestens derselben Größe hätte gezählt werden müssen. Es wäre also mit mindestens etwa 200.000 Personen zu rechnen, was für das unwirtliche West-Tibet nicht vorstellbar ist. Selbst im indischen Teil Ladakhs leben heute nur etwa 150.000 Einwohner auf etwa 0,5 % der Landesfläche entlang der Flüsse in einem Gebiet, das es mit Niederschlägen von nur etwa 120 mm/Jahr durchaus mit der Sahara an Trockenheit aufnehmen kann.

Schließlich ist es auch von Bedeutung, wie lange die 'Waschsaison' überhaupt dauert. Nach dem *Tarikh-i-rashidi* wurde auf den Hochebenen Tibets nur an 40 Tagen im Jahr Gold gewaschen. Hamilton (in Boulnois 1983) erwähnt, daß in den Goldvorkommen am Manasarovar See im Gebiet des heiligen Berges Kailash im Himalaja in den Jahren 1802/03 nur im Sommer gearbeitet wurde. Montgomerie (1869) berichtet zwar, daß die Goldgräber in Thok-Jalung nur im Winter arbeiten, was aber wohl nur die eigentlichen Grabarbeiten im gefrorenen Boden betreffen dürfte. Die Aufbereitung selbst dürfte nur im Sommer möglich sein, da das goldhaltige Material dann nicht durchgefroren ist. Für West- und Zentral-Tibet gibt Hedin (1909) an, daß die Goldsucher nur während des Sommers für 3–4 Monate in das Gebiet kamen.

Wenn also für die Goldfelder Tibets eine Arbeitszeit von insgesamt höchstens vier Monaten, entsprechend etwa 120 Tagen jährlich, angenommen wird und eine Aufbereitungsleistung von 0,5 m^3 täglich, so ergibt sich ein Durchsatz von 60 m^3

---

[38] Die tägliche Goldausbeute ist bei einfachen Goldwäschen mit meist nur etwa 0,2–1 g so gering, daß zu ihrer Aufbewahrung häufig angeschnittene und mit Baumwolle wieder verschlossene Federkiele benutzt wurden. Quiring (1948) erwähnt diesen Brauch aus dem alten Mexiko, P. S. Pallas beobachtete ihn 1771 in Westsibirien, der Afrikaforscher Mungo Park im gleichen Jahr in Westafrika und Futterer (1895) im nördlichen Sudan.

oder etwa 100 Tonnen, die ein Goldwäscher jährlich aufbereiten kann. Bei einem Goldgehalt von 1 g/t bekäme er jährlich dann etwa 100 g Gold zusammen, also nahezu den oben abgeleiteten Mittelwert von 125 g. Derlei geringe Goldgehalte scheinen in der Vergangenheit durchaus aufbereitet worden zu sein (Quiring 1948), aber bei den wirtschaftlich aufbereitbaren Mindestgehalten muß berücksichtigt werden, ob die Arbeit von Sklaven oder Gefangenen verrichtet wurde oder von 'freien Unternehmern', d.h. auf eigene Rechnung arbeitenden Goldsuchern. In letzterem Falle müssen wir die Mindestgehalte wahrscheinlich etwas höher ansetzen.

Nimmt man nun also einen erhöhten Gehalt von 3 g/t an, so errechnet sich eine jährliche Ausbeute von etwa 300 g pro Person, aber die für die von Herodot genannten 9,3 Tonnen Gold erforderliche Anzahl von Goldwäschern läge auch ohne den erforderlichen Troß immer noch bei etwa 30.000 Personen und wäre unrealistisch groß. Also kann auch aufgrund dieser Überlegung die jährliche Goldlieferung der Satrapie Indien nicht 360 Gewichtstalente betragen haben, selbst wenn zusätzlich angenommen wird, daß in dieser Zahl auch aus Flüssen gewaschenes und primäres Gold enthalten ist, denn schließlich sagt Herodot ja nur, daß 'der größte Teil' des indischen Goldes geraubt wird.

5.5.3 Monetarische Überlegungen

Auch die Entwicklung des Wertverhältnisses zwischen Gold und Silber im Altertum zeigt, daß die von Herodot angegebene Goldmenge nicht stimmen kann: Wie er selbst sagt, lag damals das Wertverhältnis zwischen Silber und Gold bei 13 : 1, und auch davor und danach schwankte es meist nur zwischen 11–14 : 1. Wenn nun aber eine auch zu damaligen Zeiten so gewaltige Menge Gold jährlich auf den Markt gekommen wäre, wäre sein Tauschwert, entsprechend dem Gesetz von Angebot und Nachfrage, das damals genau wie heute wirksam war, sicherlich deutlich gefallen, wofür es aber keinerlei zeitgenössische Belege gibt.

Anders war die Situation z.B. als unter Philipp II, dem Vater Alexanders des Großen, nach der Eröffnung der Goldminen von Pangeos um 348 v. Chr. der Goldwert von 12 : 1 zeitweilig auf 10 : 1 fiel (MacDowall 1984), oder als die Goldbeute Alexanders des Großen aus Persien auf den griechischen Markt drängte und der Goldwert von 11,5 : 1 um 338 v. Chr. auf 10 : 1 im Jahre 326 v. Chr. fiel (Quiring 1948). Erst unter den Ptolemäern, Alexanders Nachfolgern, stieg er allmählich wieder auf 13 : 1. Ähnliches geschah in Rom um 100 v. Chr., als die reichen Goldfelder von Aquilea im Gebiet des Isonzo in den Südalpen entdeckt wurden und der Goldwert nach Strabon *IV 208* kurzfristig um nahezu ein Drittel sank, oder als Caesar im Jahre 46 v. Chr. mit reicher Goldbeute aus Gallien nach Rom kam und der Goldwert von 11,9 : 1 auf 8,9 : 1 fiel (Soetbeer 1879).[39] Auch nach dieser monetarischen Überlegung können die 360 Talente Gold als Gewichtsangabe nicht stimmen.

---

[39] Als Sultan Mausa Musa von Mali im Jahre 1324 auf seiner Pilgerfahrt nach Mekka in Kairo Station machte, wurde er nach der 1337 geschriebenen Chronik des arabischen Historikers al Omari von 500 Sklaven begleitet, die jeder einen Goldstab von 2,35 kg Gewicht trugen. Der

5. Geographie, Geologie und Technik

Schließlich spricht auch noch eine letzte Überlegung gegen die von Herodot angegebene Menge. Dazu muß der monetarische Aspekt der Tributliste Herodots betrachtet werden. Bei der angegebenen Menge an Talenten Silber wird meist von einem physisch vorhandenen Gewicht ausgegangen. Die von Herodot berichtete Summe von 9.880 Talenten Silber als jährlicher Steuerleistung de persischen Reiches entspräche einem Gesamtgewicht von fast 260 Tonnen. Daß aber in einem zum größten Teil noch agrarisch geprägten und auf Tauschhandel beruhenden Wirtschaftsraum wie dem persischen Reich jährlich eine so große Menge Währungsmetall thesauriert, d.h. aus dem Wirtschaftskreislauf entzogen worden sein sollte, ist kaum wahrscheinlich, selbst wenn man annimmt, daß ein Teil davon von der Reichsverwaltung wieder in den Wirtschaftskreislauf zurückgeführt wurde.

Dabei ist zu berücksichtigen, daß das persische Reich monetarisch gewissermaßen zweigeteilt war, denn im westlichen Anatolien, d.h. in Lydien und den griechischen Siedlungen an der West- und Nordwestküste, wurde der Handel seit der Einführung der Münzprägung unter König Krösus in der Mitte des 6. vorchristlichen Jahrhunderts fast ausschließlich nur noch auf der Basis von Silber- und teilweise auch Goldmünzen abgewickelt. Im Rest des Reiches lief der Handel noch auf reiner Tauschbasis oder es wurde mit abgewogenem ungemünzten Silber, so genanntem Hacksilber, bezahlt. Bei letzterem handelte es sich zum Teil sogar um zerschnittene Silbergefäße oder abgenutzte griechische Münzen. Die Verwendung ungemünzten Silbers in Persien beschreibt Herodot *III 96*:

> Die Aufbewahrung dieser Schätze erfolgt in der Weise, daß der König das Metall einschmelzen und in Tongefäße gießen läßt. Ist ein Gefäß voll, so wird der Ton ringsum entfernt, und man schneidet, so oft man Geld braucht, ein entsprechend großes Stück von der Metallmasse ab.[40]

Zur Zahlungsweise der Tribute merkt Högmann (1992: 282) an:

> Es ist vielmehr mit Sicherheit anzunehmen, daß die Bewohner Ioniens, Lydiens und des Gebietes der Meerengen (vor allem die Städte Kyzikos und Lampsakos) ihre Steuern in gemünztem Silber beglichen haben, während Phönizien, Ägypten und Babylonien sowie Medien und Armenien noch mit ungemünzten Silber bezahlt haben.[41] Allen Provinzen gemeinsam ist aber gewesen, daß sie ihre Steuern auch durch Naturallieferungen abgeleistet haben und vielleicht auch ableisten mußten.[42]

Sultan brachte sein Gold in Kairo so freigiebig unter die Leute, daß der Wert des dortigen Dinars für etwa 12 Jahre verfiel (Davidson 1967).

[40] Dieses Verfahren stellt in vielen alten Kulturkreisen eine Vorform des Geldverkehrs dar und der Name der russischen Währung 'Rubel', läßt sich z.B. etymologisch ebenfalls darauf zurückführen. Das Wort enthält den slawischen Wortstamm 'rubl' für 'abschneiden' und charakterisiert eben dieses Verfahren. Auch das lateinische Wort 'aestimare' für 'bewerten, schätzen', leitet sich nach dem lateinischen etymologischen Wörterbuch von Walde (1938) aus diesen Wurzeln ab. Der 'ais-tomos' war der, der von dem 'aes', dem Erzbarren, soviel abschnitt ('tomos'), wie dem Wert des fraglichen Gutes entsprach.

[41] Nach Högmann gab es am persischen Hof bei der Staatskasse einen Beamten, der angeliefertes ungemünztes und ungereinigtes Silber auf seinen Reinheitsgehalt prüfen mußte.

[42] So berichtet Herodot *I 192*, daß die Satrapie Babylon für vier Monate im Jahr den König und sein Heer mit allem Erforderlichen versorgen, aber nach *III 92* zusätzlich noch 1.000 Talente Silber abliefern mußte.

5.5 Wieviel Gold erhielt der Großkönig aus Indien?

[...] Da die Steuern in so vielfältigen Formen abgeliefert wurden, gab es an den Staatskassen eigene Beamte, die für bestimmte Naturallieferungen den entsprechenden Silberwert errechnen mußten.

Man kann also davon ausgehen, daß die von Herodot angegebenen Zahlen aus einer buchhalterisch aufbereiteten Bilanz der Einnahmen des Reiches stammen und nicht als eine physisch vorhandene Silbermenge angesehen werden können.

Auch eine letzte Überlegung untermauert diese Interpretation. Für den Zeitraum 1970–1996 ergibt sich aus einer internationalen Bergbaustatistik eine weltweite Durchschnittsproduktion von 12.000 Tonnen Silber pro Jahr, von der aber nur etwa 20%, d.h. 2.400 Tonnen, aus primären Silberlagerstätten stammt,[43] Die aus Herodots Angaben abgeleitete Silbermenge von etwa 260 Tonnen hätte damit etwa 10% der modernen jährlichen Primärproduktion entsprochen, was kaum vorstellbar ist. Selbst die reichen Silbergruben des attischen Laureion lieferten in ihren Glanzzeiten im 5. vorchristlichen Jahrhundert kaum mehr als 20 Tonnen jährlich und in hellenistischen Zeiten nur etwa 14 Tonnen (Conophagos 1980).[44] Und in den USA betrug die jährliche Silberproduktion vor 1870 jährlich nie mehr als die genannten 260 Tonnen (St. Clair 1976). Über die Silberquellen des persischen Reiches ist zwar nur wenig bekannt, aber wahrscheinlich waren die meisten reichen Vorkommen damals schon weitgehend ausgebeutet und nur noch vereinzelte Gruben im Kaukasus und in Baktrien aktiv. Der größte Teil des im Umlauf befindlichen Silbers dürfte daher, wie schon Diodor *V 35,3* berichtet, spätestens seit dem 8. vorchristlichen Jahrhundert aus den phönizischen Bergwerken in Südspanien gekommen sein.

Warum also sollte die persische Steuerverwaltung im Angesicht der Tatsache, daß die Silberquellen des Reiches so ungleichmäßig verteilt waren, unbedingt auf einer Ableistung der Steuern in Silber bestehen?[45] Ein beträchtlicher Teil der wirtschaftlichen Aktivitäten des Reiches hätte dann nur darin bestanden, Silber aus den wenigen großen Lagerstätten reichsweit zu handeln, damit auch die entferntesten Satrapien ihre Steuern in Silber zahlen konnten. Und warum sollte die Reichsverwaltung, die zur Aufrechterhaltung ihrer Funktion große Mengen Lebensmittel, Baumaterialien usw. benötigte, in einem noch weitgehend auf Tauschhandel basierenden Wirtschaftssystem die Steuern zunächst in Silber verlangen, um dann damit die erforderlichen Materialien zu erwerben? Da wäre es doch einfacher gewesen, die in Silberwert festgesetzte Steuersumme in Form von Naturalien zu einem ebenfalls festgelegten Wertverhältnis zum Silber einzuziehen.

Auch Mundell (2002) vermerkt in seiner Untersuchung zur Entstehung des Münzwesens, daß das Talent in der Antike im Zusammenhang mit etwas so wertvollem wie Gold niemals eine Gewichtseinheit bedeutete. Es kann sich also bei Hero-

---

[43] Der Rest fällt als Nebenprodukt bei der Verhüttung anderer Erze wie denen von Blei und Kupfer an.
[44] Für die märchenhaft reichen Silbergruben des Cerro de Potosi in Bolivien ergibt sich nach Soetbeer (1879) in den ersten 100 Jahren ihrer Produktion im 16. Jahrhundert nur eine Durchschnittsproduktion von etwa 75 Tonnen jährlich.
[45] Oder warum sollte Ägypten, ein Goldförderland, seine Steuern in Silber bezahlen?

5. Geographie, Geologie und Technik

dots Zahlen nur um den Silberwert der in Naturalien und teilweise wohl auch direkt in Silber geleisteten Grund- und Ertragssteuern handeln. Dies dürfte auch für den indischen Goldtribut gelten und damit sind auch diese 360 Talente Gold nur als 'Gold im Wert von 360 Talenten Silber' und nicht als eine Gewichtsangabe zu verstehen. Herodot rechnet dann irrtümlich die Wertangabe, die er für eine Gewichtsangabe hält, nochmals mit dem Faktor 13 : 1 in den entsprechenden Silberwert um.

Nähme man also an, daß Herodot als indischer Tribut eigentlich 'Gold für (d.h. im Wert von) 360 Talente(n) Silber' genannt worden war, würde sich bei einem Wertverhältnis von 13 : 1 der jährliche Goldtribut auf etwa 715 kg reduzieren. Dafür wären nur noch höchstens etwa 7.000 Goldgräber erforderlich, deren Überleben in den kargen Bergwüsten West-Tibets durchaus vorstellbar ist. Durch eine solche Umrechnung würde sich auch die von Herodot erwähnte, sehr fragliche Goldproduktion der Insel Thasos von 3,9 Tonnen (Kap. 5.5.1) auf etwa 300 kg reduzieren und damit in einen realistischen Bereich kommen. Ob allerdings dieser korrigierte indische Tribut eine jährlich erbrachte Leistung repräsentiert, oder nur die Produktion des Jahres, für das Herodot die Bilanz in den Reichsakten einsehen konnte, muß dabei offen bleiben. In diesem Zusammenhang ist es von Interesse, daß Aelianus vermerkt, daß die Räuber — in seinem Falle allerdings rauben sie das Gold von den Greifen — nur alle zwei bis drei Jahre ausziehen. Danach handelt es sich also wohl nicht um regelmäßige Goldbezüge.

Zusammenfassend läßt sich also feststellen, daß die Goldlieferungen der Satrapie Indien an den Großkönig nur etwa 700 kg betragen haben können und aus Staubgold bestanden, das aus Seifenlagerstätten des westtibetischen Hochlandes gewonnen worden war. Ob die Darden es wirklich raubten oder in 'normalem' Tauschhandel von den eigentlichen Produzenten erwarben, muß hier offen bleiben. Gegenüber dem Großkönig war allerdings die Geschichte des Raubes natürlich wesentlich eindrucksvoller und der Wert des Goldes konnte entsprechend 'gesteigert' werden, denn schließlich war es ein lebensgefährliches Unterfangen, bei dem ja jedesmal mehrere Kamele 'geopfert' werden mußten.

6. Was war wirklich los? Ein Lösungsversuch

Daß die Lösung des Myrmekenrätsels schwierig werden würde, hatte schon Veltheim (1800) in seinem Aufsatz *Von den goldgrabenden Ameisen und Greiffen der Alten, eine Vermuthung* festgestellt, als er ausführte,

> [...] daß meine Erklärung nur ein Versuch sei. Denn ich bin weit entfernt, alle einzelnen Angaben schon für ausgemachte Thatsachen auszugeben. [...] Dagegen überlasse ich gern einem jeden, nach Gutdünken, entweder meine Erklärung zu berichtigen, oder ihr noch etwas zuzusetzen, oder sie mehr einzuschränken, oder — überall garnichts davon zu glauben.

Dem ist hier nichts hinzuzufügen.

In Kap. 3 war gezeigt worden, daß der Großteil der Deutungsversuche goldgrabende Murmeltiere an den Anfang der Geschichte setzt und alles Weitere nur für märchenhafte Übertreibung hält, möglicherweise in der Form eines Warn- und Schreckmärchens. Wirkliche Ameisen werden fast nur hinsichtlich der Kornform des Goldes in Betracht gezogen. Allerdings konnte in Kap. 4 gezeigt werden, daß grabende Tiere, und sogar Ameisen, Gold in der Tat zu abbauwürdigen Konzentrationen anreichern können. Der Kern der Geschichte ist somit klar und könnte man das Rätsel der Myrmeken damit nicht als gelöst ansehen?

Im Prinzip ja, aber das wäre doch zu einfach! Denn schließlich gibt es ja, was bisher bei der Menge philologischen und unphilologischen Staubes, der sich im Verlauf der Jahrhunderte über die Angelegenheit gelegt hat, übersehen wurde, drei verschiedene Variationen eines einzigen Themas. Dieses zentrale Thema lautet: *In Inner-Asien gibt es irgendwo sagenhaft reiche Goldlagerstätten, die von Untieren bewacht werden.* Da sind zunächst die Arimaspen und die Greife des Aristeias aus dem 7. vorchristlichen Jahrhundert. Bald danach erscheinen die Inder und die Myrmeken des Herodot und kurz darauf die auf goldenen Bergen sitzenden Greife des Ktesias. Im Folgenden werden diese drei Variationen des Themas in ihrem Zusammenhang erörtert, wobei aber natürlich besonderes Augenmerk auf die Myrmeken gerichtet werden soll.

6. Was war wirklich los? — Ein Lösungsversuch

Zuerst sollen hier Aristeias und seine auf das späte 7. vorchristliche Jahrhundert zurückgehende Geschichte des goldraubenden Stammes der Arimaspen und der Greife erörtert werden, in der der Raub des Goldes stets nur als Faktum genannt und nicht weiter ausgemalt wird. So ist es nun an der Zeit, auf einen bisher nicht beachteten, aber für die Deutung der Geschichte doch höchst bedeutsamen Aspekt hinzuweisen. Es ist dies die Tatsache, daß meist nur gesagt wird, daß die Greifen das Gold bewachen, aber kein Wort darüber verloren wird, woher es überhaupt kommt. Man könnte ja zum Beispiel erwarten, daß es etwa von anderen Fabelwesen oder auch Zwergen aus der Erde geschürft wird. Aber weit gefehlt — es liegt nach Pomponius Mela *II 1* offensichtlich einfach an der Erdoberfläche herum, und die Greife bewachen es (Kap. 2.2.1).

Ist es da nicht vorstellbar, daß der unausgesprochene Aspekt, daß es nämlich irgendwo in den Weiten Asiens 'herumliegendes' Gold in großen Mengen gibt, die eigentliche Wurzel der Geschichte darstellt? Was, wenn ein nomadisches Reitervolk wie die Skythen plötzlich in einem nicht oder nur spärlich besiedelten Raum wie dem Altai-Gebirge oder dem südlichen Kirgistan auf an der Erdoberfläche herumliegendes Gold stieße und sich dann sehr bald mit Goldschätzen von bis dahin außerhalb Ägyptens unbekannten Ausmaßes schmückte? Hätte dies nicht sofort Glücksritter jeglicher Couleur auf den Plan rufen müssen, die nur darauf warteten, sich ihren Teil des Goldkuchens zu holen? Das wäre doch nur allzu menschlich! Wo solche Mengen Goldes plötzlich auf den Markt kamen, mußten die Produzenten aber sehr daran interessiert sein, seine Herkunft zu verheimlichen, insbesondere wenn man es ohne große Mühen aufsammeln konnte. So berichtete Marco Polo am Ende des 13. Jahrhunderts von seinem Besuch in Burma über die dort anscheinend aus Südost-Tibet anreisenden Goldhändler:

> Keiner weiß jedoch, wo diejenigen wohnen, die das Gold zum Markte tragen. Aus Angst vor übelwollenden Menschen verbergen sie sich an unzugänglichsten Orten. [...] Und sie richten es immer so ein, daß sie nicht nach Hause begleitet werden, damit auch niemand erfährt, wo sie wohnen.

Es galt ja nicht nur, die Herkunft des Goldes geheim zu halten, sondern auch den Goldpreis nicht verfallen zu lassen.

Allmählich muß aber doch Kunde von dem sagenhaften Reichtum der asiatischen Goldfelder entlang der alten Handelswege am Nordrand der Gebirge zu den griechischen Kolonien am Schwarzen Meer gedrungen sein. Und da saßen hellwache Händler, die sich eine solche Gelegenheit nicht hätten entgehen lassen. Was taten also die Goldproduzenten, bei denen es sich vermutlich die durch ihren Goldreichtum berühmten Skythen gehandelt haben dürfte? Sie 'mobilisierten' zur Aufrechterhaltung ihres Monopols als Abwehr und Abschreckung die tief im Bewußtsein der damaligen Zeit und damit auch der Griechen verwurzelten Greife, deren Gefährlichkeit jeden Goldsucher beeindrucken mußte. Durch ein solches, so genanntes Warn- und Schreckmärchen war für die Skythen somit gewissermaßen die Flanke nach Westen gegen die Griechen 'abgesichert'. Aelianus berichtet *NA 4,27*, daß nach Ktesias die Geschichte mit dem den Greifen geraubten Gold aus Baktrien stammt, d.h. dem

Gebiet des heutigen Turkestans, und bringt damit Greifen und Myrmeken *NA 3,4* in enge geographische Nachbarschaft (Kap. 2.2.5).

Daß Goldgruben von allerlei Geistern und furchterregenden Ungeheuern bewacht werden, läßt sich weltweit noch bis in jüngere Zeiten nachweisen. Agricola erwähnt in seinem *Bermannus* von 1530 (Kap. 2.6.3) „... einige so garstige [Berggeister], daß die Bergleute sich von ihnen eilig wie von der Pest in nächster Nähe abwenden und Reißaus nehmen." Burton & Cameron (1883) berichteten, daß nach der Überzeugung des Stammes der Akan in Ghana dort Wesen wie zum Beispiel ein riesiger Pavian oder goldene Hunde das Gold bewachen und Garrard (1980) zitiert einen Bericht von 1822, wonach dort zusätzlich noch goldene Schlangen, Wölfe und Leoparden 'Wachdienste' tun. Nach König (1984) bewachen im indischen Volksglauben Schlangen Gold in Ameisen- und Termitenhaufen. Und noch bei den kalifornischen Goldwäschern um 1850 trieb ein Goldgeist mit gelben Haaren und grünen Augen sein Unwesen (Boulnois 1983).

Das Prinzip der Warn- und Schreckmärchen findet sich bei Herodot übrigens außerdem *III 106*, wo er von den arabischen Weihrauchbäumen berichtet, „die von geflügelten Schlangen bewacht werden, die klein und buntfarbig sind." Und *III 109* heißt es, daß in Arabien die Kasia-Bäume[1] von fledermausähnlichen geflügelten Tieren bewacht würden. Es handelt sich in beiden Fällen offensichtlich um Großheuschrecken, die nach *III 107* „feindliche Züge nach Ägypten unternehmen", und damit eindeutig um die Heuschreckenplagen, die schon im Alten Testament erwähnt wurden.

Rein chronologisch wäre es jetzt an der Zeit, die Hintergründe der Myrmeken-Geschichte näher zu untersuchen. Da dies aber ein umfangreicheres Unterfangen sein wird, soll zunächst noch die zentralasiatische Tradition der Drachen auf den goldenen Bergen diskutiert werden, die Ktesias als erster erwähnt, wobei er sie aber durch die den Griechen eher bekannten Greife ersetzt (Kap. 2.1.4). Nach Photius *(Bibl. 46 b)* beschreibt er sie in seinen *Indika* mit liebevoller Genauigkeit:

> Im indischen Land gibt es auch Gold, das aber nicht in Flüssen gefunden und gewaschen wird, wie im Paktolos, sondern auf vielen hohen Bergen, auf denen Greife wohnen, vierfüßige Vögel, so groß wie Wölfe, mit Läufen und Krallen wie Löwen. Das Gefieder auf dem restlichen Leib ist schwarz, das auf der Brust hingegen rot. Wegen dieser ist das auf den Bergen reichlich vorhandene Gold nur schwer zu beschaffen.

Aelianus setzt aus dieser Quelle *NA 4,27* noch einige weitere Details dazu, bringt aber dann in dichterischer Freiheit abweichend die Greife mit den Details des Raubes aus der Myrmeken-Geschichte zusammen.

---

1) Bei diesen Pflanzen handelt es sich um den in Arabien und Äthiopien wachsenden Kasia-Lorbeer (*Cinnamomum iners*), einen Busch, dessen geschmacklich dem Zimt vergleichbare Rinde im Altertum als preiswerterer Ersatz für den teuren echten Zimt (*Cinnamomum ceylanicum*) verwandt wurde. Theophrastus berichtet *HP 9,5,2* von Schlangen, die Zimtbäume bewachen und Isidor beschreibt dies *etym. 17,8,8* für Pfefferbäume.

6. Was war wirklich los? — Ein Lösungsversuch

Da sitzen sie also nun, die Greife oder, in den entsprechenden zentralasiatischen Überlieferungen, die Drachen und bewachen das Gold, über dessen Herkunft nichts weiter gesagt wird. Unter den goldenen Bergen können aber mit großer Wahrscheinlichkeit reiche Goldvorkommen auf hohen Bergen vermutet werden, von denen die dort aktiven Goldgräber etwaige vom Gerücht um den dortigen Goldreichtum angelockte Konkurrenten abhalten wollten. Hier liegt also Warn- und Schreckmärchen Nr. 2 vor, das hier gewissermaßen die Südflanke der zentralasiatischen Goldfelder nach Indien hin absichern sollte.

Bevor nun die Myrmeken selbst erörtert werden, stellt sich noch die Frage, ob es etwa nach Osten gegen die Chinesen auch einen solchen Abschreckungsmechanismus gegeben hat. Da ist ja schließlich im 3. vorchristlichen Jahrhundert aus dem Reiche Chu im *Li-siao* der Bericht von den elefantengroßen Ameisen und den Wespen, die so groß wie Flaschenkürbisse waren. Sie könnten, mit Vorbehalt, möglicherweise auch als Teil eines Warn- und Schreckmärchens angesehen werden, wobei hier aber der Bezug auf das Gold anscheinend verloren gegangen ist. Allerdings drangen die Chinesen erst verhältnismäßig spät, um etwa 1700 n. Chr. in den fraglichen Teil Zentralasiens vor, so daß sie von den dortigen Goldgräbern im 4. und 3. vorchristlichen Jahrhundert wohl kaum als potentielle Konkurrenten angesehen wurden. Im übrigen zeigten die frühen chinesischen Herrscher meist ohnehin nur wenig Interesse an Gold (Boulnois 1983) und noch im ersten Drittel des 20. Jahrhunderts zog es die Chinesen nur selten in das 'Land der Wolken', wo die Luft angeblich giftig war (Krejci-Graf 1961). Für eine abschließende Beurteilung der 'Sicherung' der Ostflanke der Goldfelder fehlen also noch ausreichende Informationen.

Bei den jetzt zu erwähnenden Myrmeken gibt es allerdings zwei einander etwas widersprechende Traditionen: Zum einen ist da die persische mit den schrecklichen Myrmeken und dann die asiatische mit den harmlosen Ameisen. Beiden gemeinsam ist die Bezeichnung der Tierart 'Ameise', wenn auch in unterschiedlicher Ausprägung. Dies kann kaum Zufall sein, sondern deutet auf eine gemeinsame Wurzel hin. Aber wo entlang der Ameisenstraße oder des Murmeltierwechsels könnte diese gemeinsame Wurzel liegen?

Man kann zunächst davon ausgehen, daß die ersten Goldgräber auf dem tibetischen Hochland an Murmeltierhaufen Gold fanden und dieses Tier wegen seiner unterirdischen Lebensweise und den vielen aufgeworfenen Erdhaufen einfach als eine Art Ameise ansahen, die aber keinerlei Schrecken verbreitete. Solches Ameisengold taucht dann im *Mahabharata* als etwas ganz normales auf, wahrscheinlich weil man hier Gold, wenn auch vielleicht nur in kleinen Mengen, aus Ameisen- oder Termitenhaufen kannte. Und im übrigen gelten Ameisen hier in der Volksüberlieferung fast ausnahmslos als freundlich und hilfsbereit, so daß man ihnen keine Gefährlichkeit zutraute.

Eine solche Verbindung zwischen Gold und den normalen Ameisen kann auch für die mongolisch-tibetische Geschichte des goldgrabenden Ameisenkönigs angenommen werden, bei dem es sich um eine wirkliche Ameise handelt, repräsentiert dieser doch in der Weltordnung das Insektenreich. Bei der von Laufer (1908) über-

6. Was war wirklich los? — Ein Lösungsversuch

lieferten, tibetischen Erwähnung des Ameisengoldes aus dem 8. nachchristlichen Jahrhundert könnte es sich um einen Nachhall dieser Tradition handeln. Die goldgrabende Ameise, die Francke (1924) von einem Lehrer in Ladakh gezeigt wurde, könnte von goldführenden Ameisenhaufen aus Goldseifengebieten im Indus-Tal stammen, wohingegen die letzte Erwähnung von goldgrabenden Ameisen in der Region, das von Lindegger (1982) zitierte tibetische Sprichwort, wonach auch die Ameise Goldtribut entrichten muß, wohl einfach nur sagen soll, daß selbst der kleinste der Steuerlast nicht entgehen kann. Oder ist es vielleicht doch ein sehr schwacher Nachhall der Myrmeken-Geschichte?

Es ist nun zunächst erforderlich, in das späte 6. vorchristliche Jahrhundert zurückgehen. Zu dieser Zeit dürften Goldgräber wohl hauptsächlich von den weiter nördlich liegenden Goldfeldern am Nordhang den Kuen-Lun auf der Suche nach neuen Feldern auf die tibetischen Hochebenen vorgedrungen sein, wo sie dann sagenhaft reiche Goldfelder in trockengefallenen Wasserläufen oder auf den wüstenhaften Hochebenen entdeckt haben dürften, möglicherweise an oder in der Nähe von Murmeltierkolonien.

Und da ergibt sich nun wieder dieselbe Situation wie bei den Arimaspen und den Greifen. Es taucht plötzlich, um 500 v. Chr., wieder ein goldreiches Volk auf — Herodot beschreibt sie, ohne Namen zu nennen, als die 'kriegerischsten der Inder', während bereits Megasthenes sie als 'Derdai' bezeichnet, die Plinius später die 'goldreichsten' nennt — und schon erscheint ein weiteres Warn- und Schreckmärchen im Zusammenhang mit Gold. Das Schema kommt uns bekannt vor: Gold liegt dort in den Bergen 'einfach so' herum und man muß es eigentlich nur holen, wenn da nicht diese schrecklichen Myrmeken wären. Allerdings wird die Herkunft des Goldes hier im Gegensatz zur Arimaspensage, in der die Greife es ja nur bewachen, eindeutig beschrieben: Es ist im Wüstensand enthalten, den die Ameisen beim Graben ihre Baue auswerfen, und es kommt dabei mehr per Zufall ans Tageslicht.

Man hätte sich hier ja nun wieder zur Abschreckung der Greife bedienen können — warum also der Übergang zu Ameisen? Gegen Indien im Süden hätten letztere im Rahmen der asiatischen Tradition kaum abschreckend wirken können. Hier muß man sich also fragen, gegen wen die Geschichte abschreckend wirken sollte — eindeutig gegen die Perser, an deren Reiches Nordostflanke diese sagenhaft goldreiche Bergwüste ja lag. Greife hätten hier vielleicht nicht so abschreckend gewirkt, denn diese waren den Persern ja durchaus bekannt, allerdings als Sonnentiere, gegen die nur der Großkönig persönlich als Beschützer des Reiches kämpfte. Da wäre es sicherlich sehr unpassend gewesen, wenn sich gemeine Goldräuber in der Art der Arimaspen mit diesen Fabelwesen angelegt hätten, selbst wenn das Gold schließlich doch beim Großkönig gelandet wäre.

Wie konnte man diese 'Zuständigkeitsklippe' umfahren? Zum einen war den dardischen Goldgräbern wohl bekannt, daß auch in Ameisenhaufen Gold vorkommt, und andererseits war ihnen das Murmeltier sicherlich geläufig und vielleicht hatte man es schon mit der Goldproduktion in Verbindung gebracht. Warum vergrößerte man die Murmeltiere nun nicht auf ein schreckliches Format und verlegte man sich stattdessen auf eigentlich eher harmlose Tiere wie die Ameisen? Hier könnte eine etymologische Betrachtung von Frau Prof. Heidemarie Koch (Marburg) weiterhelfen: Neupersisch heißt die Ameise 'mur' bzw. in der Verkleinerungsform 'mur-ce', im jüngeren Awesta, das eng mit dem Altpersischen verwandt ist, tritt sie als 'maurvay' auf. Interessant ist in diesem Zusammenhang, daß die Ameise als 'daivisches', d.h. von den bösen Geistern geschaffenes Tier gilt. Im jüngeren Awesta werden daivische Geschöpfe im Allgemeinen als 'muraka' bezeichnet, was möglicherweise auf 'mura' („blöd", „stumpfsinnig") zurückgeht. Offensichtlich wurden hier also die von bösen Geistern geschaffenen Ameisen von den Schöpfern der 'persischen' Tradition der Myrmeken-Geschichte für wesentlich abschreckender angesehen als die Greife, wobei man die Größe der Murmeltiere — „größer als Füchse, aber kleiner als Hunde" — beibehielt.

Und drittens war ja allgemein bekannt, daß Ameisen in großen Mengen durchaus unangenehm werden können, wie jeder, der sich einmal aus Versehen in einen Ameisenhaufen gesetzt hat, bezeugen kann. So wird berichtet, daß afrikanische Treiberameisen bei ihren Raubzügen auch über angebundene Haustiere herfallen und sogar zurückgelassene Säuglinge sollen schon von ihnen skelettiert worden sein. Unter den Bantus des südlichen Afrikas war es bei den großen Stammeskriegen des frühen 19. Jahrhunderts ein gern geübter Brauch, Feinde — auch aus den eigenen Reihen — neben Ameisenhaufen an Pflöcken im Boden festzubinden, sie manchmal noch mit Honig zu bestreichen, und sie dann ihrem Schicksal zu überlassen.[2]

Die Skelettierleistung von Ameisen wurde lange Zeit von Kleintierforschern genutzt, indem sie zu skelettierende Kadaver z.B. von Mäusen in durchlöcherten Schachteln in Ameisenhaufen vergruben, um nach einigen Wochen sauber präparierte Skelette herauszuholen. Auf einem mehrfach größeren Maßstab mußte dies die amerikanische Primatenforscherin Knott (1998) im indonesischen Dschungel erfahren, die den Kadaver eines verendeten Orang-Utans zum Schutz gegen Freßfeinde in einem Netz hoch über dem Urwaldboden für eine spätere Präparation aufgehängt hatte. Das Skelett war nach etwa zwei Wochen fast komplett von Baumameisen präpariert worden.[3]

Der mehrfach erwähnte englische Forschungsreisende Moorcroft (1816) hatte auf seinem Weg zum Manasarovar-See im Südwest-Tibet mehrfach größere Ansammlungen von Tierskeletten beobachtet. Derlei Skelettthaufen müssen auch schon zu Herodots Zeiten hier vorgekommen sein, machte man doch damals, wie Aelianus *NA 16,11* im Detail beschreibt, Jagd auf die noch reichlich vorkommenden Yakherden, um die Schwanzenden dieser zottigen Tiere zu erlangen, aus denen sehr geschätzte Fliegenwedel hergestellt wurden. Daß nach Herodot die Goldräuber zwei Drittel ihrer mitgeführten Kamele zurücklassen mußten, erhöhte im übrigen nicht nur

---

[2] Auch von den Tuareg der Sahara wird dies berichtet.
[3] Nach einem Zeitungsbericht im *Wiesbadener Kurier* vom Oktober 1999 wollte sich ein Mörder im bayrischen Eichstätt diese Fähigkeit der Ameisen zu Nutze machen, indem er die Leiche an einen Ameisenhaufen legte und mit Reisig zudeckte. Die Leiche wurde aber vor der kompletten Skelettierung von Wanderern entdeckt. Nach kriminologischen Erkenntnissen ist in Mitteleuropa die Skelettierung eines menschlichen Leichnams innerhalb von 3-4 Monaten möglich.

die Gefährlichkeit der Beschaffung, sondern rechtfertigte sicherlich noch einen 'Preisaufschlag'.

Außerdem erinnerten die Haufen von Aufbereitungsrückständen auf den goldhaltigen Hochebenen, wie schon Bozorg ibn-Shahryar im 10. Jahrhundert (Kap. 2.4.1) und nach ihm Veltheim (1800) bemerkten, doch sehr an Ameisenhaufen. Dieser Anblick sowie zusätzlich all die schrecklichen Eigenschaften der Ameisen, der sprachliche Aspekt und die Skeletthaufen müssen einen der dardischen Goldräuber oder -gräber auf die Idee gebracht haben, anstatt von riesenhaft vergrößerten Murmeltieren, die im Flachland ohnehin nicht bekannt waren, schreckliche blitzschnelle Ameisen als Kern dieses Warn- und Schreckmärchens einzusetzen, nicht wissend, wie weit sich diese Fabeltiere auf der Erde noch literarisch verbreiten würden.

Mit diesem gegen die damalige Großmacht Persien gerichteten Warn- und Schreckmärchen war nun auch die letzte 'gefährdete Flanke' der Goldfelder gesichert, die nach Südwesten über die Karakorum-Pässe. Es schließt sich damit gewissermaßen der Kreis um die reichen Goldlagerstätten Inner-Asiens im Altai, am Nordrand des Kuen-Lun und in West-Tibet, die für die dortigen Goldgräber von Greifen, Myrmeken und Drachen als verschiedenen Versionen des gleichen Warn- und Schreckmotivs vor der Konkurrenz geschützt werden sollten. Und insbesondere die Myrmeken, von denen dieses Buch ja handelt, haben sich aus diesem Trio noch bis in die jüngste Zeit als 'Gruselmotiv' lebendig gehalten.

Wenn aber, um die Worte Homers aus der Ilias *(6,448)* zu benutzen, „ἔσσεται ἦμαρ ..." (... einst wird kommen der Tag ...), da solche Myrmeken doch noch aus ihren Höhlen steigen, so ist ihr wissenschaftlicher Name heute schon klar: *Auromyrmex gigantea Her.*, das heißt riesenhafte Goldameise Herodots. Und möglicherweise handelt es sich dabei um eine Verwandte jener versteinerten geflügelten Riesenameise *Formicium giganteum n. sp.* aus den etwa 49 Millionen Jahre alten Sedimenten eines fossilen Kratersees von Messel bei Darmstadt (Lutz 1986), die immerhin eine Flügelspannweite von nahezu 15 cm und eine Körperlänge von etwa 7 cm aufweist (Abb. 39).

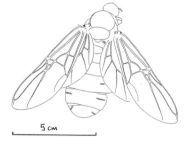

Abb. 39: Riesenameise
Formicium giganteum n.sp.
aus den eozänen Schichten
(54 Millionen Jahre) von Messel
bei Darmstadt (ergänzt nach Abb.
3 & 5 in Lutz 1986)

Und wer von den geneigten Lesern, der der Geschichte bis hierher gefolgt ist, würde da nicht sofort an die 'handspannengroßen Ameisen' aus dem *Pseudo-Kallisthenes* erinnert? Aber das ist eine andere Geschichte!

Anhang

1. Herodot: *Historien* Buch 3 237
2. *Epistola Premonis Regis ad Traianum Imperatorem* 238
3. *Epistola Perimenis Regis ad Hadrianum Imperatorem* 238
4. Rasis: *Über die nützlichen und schädlichen Eigenschaften von sechzig Tieren* 238
5. Handschrift *Cotton Tiberius* B.V. 239
6. Handschrift *Cotton Tiberius* B.V. 239
7. Der Brief des Presbyters Johannes 240
8. Philippe de Thaon 240
9. Guillaume le Clerc: *Bestiaire divin* 241
10. Handschrift *Royal 2 C XII* 243
11. Gervasius von Tilbury: *Otia Imperialia* 243
12. Vinzenz von Beauvais: *Speculum Naturale* 244
13. Brunetto Latini: *Li livres dou trésors* 244
14. Jacob von Maerlant: *Der Naturen Bloeme* (Buch 7) 245
15. Der altfranzösische *Prosa-Alexander-Roman* 246
16. *John de Mandeville* 246
17. *John de Mandeville* 247
18. *John de Mandeville* 247
19. *John de Mandeville* 248
20. Al-Bakoui: *Darstellung dessen, was auf der Erde am bemerkenswertesten ist, und der Wunder des allmächtigsten Königs* 248
21. Petrus Decembrus Candidus: *Codex animalium* 248
22. Jakob Meydenbach: *Hortus sanitatis* 249
23. Martin Fernández de Enciso: *Suma de geographia* 249
24. Plinius: *Naturalis Historiae* liber XI 111 250
    Karte Asien 251

1. Herodot: *Historien* Buch 3
Übersetzung von A. Horneffer in Haussig (1955: 225)

102. Dagegen wohnen andere Stämme nicht weit von der Landschaft Paktike und deren Hauptstadt Kaspatyros, nördlich von den andern Indern. Sie nähern sich in ihrer Lebensweise den Baktriern. Sie sind die kriegerischsten indischen Stämme, und sie sind es auch, die zur Gewinnung des Goldes ausziehen. In ihrer Gegend ist nämlich eine Sandwüste und in dieser Sandwüste leben große Ameisen, kleiner als Hunde aber größer als Füchse. Einige solcher Ameisen, die dort gefangen wurden, kann man beim König von Persien sehen. Diese Ameisen werfen beim Bau ihrer unterirdischen Wohnungen den Sand auf, wie es auch die Ameisen in Hellas tun, denen sie auch im Aussehen sehr ähnlich sind. Der aufgeworfene Sand aber ist goldhaltig, und zur Gewinnung dieses Sandes ziehen die Inder in die Wüste. Drei Kamele werden zusammengebunden, zu beiden Seiten ein Kamelhengst wie ein Saumpferd, in der Mitte eine Kamelstute. Auf dieser reiten sie, und zwar nehmen sie gern Stuten, die kürzlich erst geworfen haben, so daß man sie ihren Füllen entreißen muß. Ihre Kamele sind nicht weniger schnell als Pferde und können überdies weit größere Lasten tragen.

103. Beschreiben will ich das Kamel nicht, da man es in Hellas kennt; nur das will ich anführen, was man von dem Kamel nicht weiß. Es hat nämlich an den Hinterbeinen vier Schenkel und vier Knie, und die Rute ist zwischen den Schenkeln rückwärts nach dem Schwanz hin gekehrt.

104. So ausgerüstet ziehen die Inder nach dem Gold aus, wobei sie es so einrichten, daß sie während der heißesten Tageszeit eintreffen und das Gold rauben. Vor der Hitze nämlich verkriechen sich die Ameisen in der Erde. Die heißeste Tageszeit ist für diese Völker aber der Morgen, nicht wie für die anderen Völker der Mittag. Nur bis gegen Mittag, wo bei uns der Markt aufhört, steht fort die Sonne hoch. Und zwar brennt sie dann weit mehr als in Hellas zur Mittagszeit. Man erzählt, die Leute hielten sich so lange im Wasser auf. Mittags brennt die Sonne bei den Indern wie bei den anderen Völkern. Nachmittags kühlt es sich ab, wie es bei uns des Morgens ist, und dann wird es immer kälter, bis es bei Sonnenuntergang sehr kalt ist.

105. Kommen die Inder nun an den Platz, so füllen sie die mitgebrachten Säcke möglichst schnell mit Sand und machen sich wieder davon. Die Ameisen nämlich riechen sie, wie die Perser sagen, und verfolgen sie sofort. Sie sollen schneller sein als jedes andere Tier. Wenn die Inder nicht, während die Ameisen sich sammeln, einen Vorsprung gewännen, würde keiner von ihnen lebendig davonkommen. Die männlichen Kamele, die nicht so schnell laufen könnten wie die weiblichen, binde man während der Verfolgung los und überlasse sie den Ameisen, erst das eine, dann das andere. Die Stuten aber, im Gedanken an die Füllen daheim, blieben unermüdlich. Auf diese Weise wird, wie die Perser sagen, der größte Teil des indischen Goldes gewonnen. Ein kleinerer Teil wird gegraben.

2. *Epistola Premonis Regis ad Traianum Imperatorem*
Brief des Königs Premonis an Kaiser Trajan
übersetzt nach dem lateinischen Text in James (1929: 38)

12. Es gibt dort hundeähnliche Ameisen mit sechs Beinen. Und wie Meeresheuschrecken sind sie von schwarzer Farbe. Und die Ameisen graben dort das Gold und tragen es bis zur vierten Stunde des Tages heraus und danach verschwinden sie unter der Erde. Aber wagemutige Menschen holen sich von diesen das Gold: Sie führen mit sich [...] Kamelhengste und die Fohlen von den Stuten lassen sie jenseits des Flusses Gallalis angebunden zurück und auf die Stuten laden sie das Gold: jene eilen zu ihren Fohlen dorthin zurück, wo diese mit den Hengsten blieben. Wenn die Ameisen sie verfolgen, ergreifen sie die Hengste und fressen sie, und während sie damit beschäftigt sind, gelangen die Stuten mit den Männer über den Fluß — so schnell, daß man meint, sie flögen.

3. *Epistola Perimenis Regis ad Hadrianum Imperatorem*
Brief des Königs Perimenis an Kaiser Hadrian
übersetzt nach dem altfranzösischen Text in Hilka (1923: 101)

XVI,2: Und auf dieser Insel werden Ameisen von Hundsgröße geboren, die von schwarzer Farbe sind und Gold graben und es an die Oberfläche bringen bis zur fünften Stunde des Tages. Und die Menschen, die es danach verlangt, das Gold zu holen, stellen es so an: Sie nehmen Kamelhengste sowie -stuten, die Fohlen haben und lassen die Jungen wohl angebunden auf dem Boden diesseits des Flusses, der Gargalus heißt. Und sie schicken die Stuten auf die andere Seite des Flusses, auf der das Gold ist, und beladen sie mit dem Gold. Und aus Sehnsucht nach ihren Fohlen überschreiten sie den Fluß, um jenen [den Menschen] das Gold zu bringen. Und die Kamelhengste bleiben bei den Menschen. Und die Ameisen stürzen sich auf die Kamele und verschlingen sie, und während die Ameisen damit beschäftigt sind, reiten die Menschen mit den Kamelstuten, die das Gold tragen und diese sind so schnell, daß man meinen könnte, sie fliegen.

4. Rasis: *Über die nützlichen und schädlichen Eigenschaften von sechzig Tieren*
Übersetzt nach der lateinischen Übersetzung des Hieronymus Manfredi, 1508

Über Ameisen — Vortrag XXXIIII

In Indien gibt es am Äquator ein Land, in dessen Sand Gold ist und wo es hundeähnliche Ameisen gibt, die schneller sind als jegliche Kreatur Gottes. Ihr einziges Ziel ist es, jenen goldhaltigen Sand aus ihren Höhlen herauszuholen. Die Sonne ist dort von allergrößter Hitze vom Morgen bis zum Mittag, so daß wegen der großen Hitze keine [Ameise] draußen bleibt und vor der Hitze in die Tiefen der Erde flüchtet, wo die Kraft der Sonne abnimmt. Die Inder kommen mit Kamelen, wenn die Ameisen hinabgestiegen sind und laden den Sand. Sie kommen herbei mit jeweils drei Kamelen, zwei Hengsten und zwischen diesen einer Stute, die im Land der Inder ein Junges hat und sich nach diesem Jungen sehnt. Sie laden [also] das Gold und reiten mit den Kamelen und kommen eiligst in ihr Land, auf daß ihnen die Ameisen nicht folgen. Und einer hat mir erzählt, er habe in Bagdad eine Ameise auf dem Avianus gesehen, die jeden Tag ein Pfund Bagdader Fleisch gefressen habe, zu der Zeit als Almuzadir König war.

5. Handschrift *Cotton Tiberius* B.V.

Übersetzt nach der Transkription des altangelsächsischen Textes von Swanton (1993: 229)

Capi ist der Name eines Flusses an diesem Ort, der Gorgoneus genannt wird, das ist „Sohn der Walküre". Hier werden hundsgroße Ameisen geboren. Sie haben Füße wie Heuschrecken. Sie sind von roter und schwarzer Farbe. Diese Ameisen graben das Gold auf die Erde von vor der Nacht bis zur fünften Stunde des Tages. Die Männer, die tapfer genug sind, das Gold zu holen, nehmen mit sich Kamele: Stuten mit ihren Fohlen und Hengste. Die Fohlen binden sie an, bevor sie über den Fluß gehen. Sie laden das Gold auf die Stuten und steigen selbst mit auf und die Hengste lassen sie zurück. Dann finden die Ameisen diese und während die Ameisen um die Hengste herum beschäftigt sind, überqueren die Männer mit den Stuten und dem Gold den Fluß. Sie [die Ameisen] sind so schnell, daß man meinen möchte, sie fliegen.

6. Handschrift *Cotton Tiberius* B.V.

Übersetzt nach dem lateinischen Text aus Cockayne (1863: 63)

X: Capi ist ein Fluß an diesem Ort, der Gorgoneus genannt wird und dort werden Ameisen von Hundegestalt geboren, mit Füßen wie Heuschrecken, von roter und schwarzer Farbe, die Gold ausgraben. Und was zu nächtens unter der Erde ausgraben, das tragen sie heraus zur fünften Stunde des Tages. Die tapferen Menschen aber holen es sich. Sie schaffen es beiseite mit männlichen Kamelen und weiblichen, die Junge haben. Die Jungen aber lassen sie jenseits des Flusses Gargulus angebunden und legen das Gold auf die Muttertiere. Die aber eilen aus Sehnsucht nach ihren Jungen zurück, die männlichen aber bleiben dort. Und die Ameisen verfolgen und ergreifen die Kamelhengste und verschlingen sie. Da sie aber mit jenen beschäftigt sind, entkommen die Kamelstuten mit den Menschen über den Fluß. Sie [die Ameisen] sind aber so schnell, daß man meinen möchte, sie fliegen.

7. Der Brief des Presbyters Johannes

Übersetzt nach dem lateinischen Text der Bearbeitung III der Hildesheimer Fassung (14. Jahrhundert), aus Wagner (2000: 245)

Kap. 14 e   Über große Ameisen

In der vorgenannten Provinz gibt es auch eine von einem großen Fluß umflossene Insel, auf der strahlendstes Gold im Überfluß vorhanden ist und auf der stiergroße Ameisen geboren werden und leben, die sechs Beine besitzen und Schalen wie Meeresheuschrecken. Sie haben Zähne wie Hunde, von denen sie einige außerhalb des Maules tragen wie die Wildschweine, mit denen sie Menschen und auch anderes Getier ergreifen und sogleich verschlingen und fressen. Das ist nicht verwunderlich, denn sie sind in ihrem Lauf so schnell, daß die Menschen fürchten, sie könnten fliegen. Und in jener Provinz leben die Menschen in Türmen und befestigten starken Städten. Denn jene Ameisen graben vom Sonnenuntergang bis zur dritten Stunde des folgenden Tages unablässig Gold aus den Höhlen auf die Erde. Von der dritten Stunde des Tages aber bis zum Sonnenuntergang sind sie aber unter der Erde und fressen; danach gehen sie wieder ans Goldgraben. Und so machen sie es immer und unablässig einen jeden Tag und jede Nacht. Die Menschen aber kommen nach der dritten Stunde aus ihren Befestigungen und sammeln jeden Tag das Gold, das sie auf Elefanten, Flußpferde, Kamele, Cameteturi und andere große und sehr starke Tiere laden und in mein Schatzhaus bringen. Die Menschen dieses Ortes arbeiten und säen nächtens und kommen und gehen, um alles was sie benötigen, zu beschaffen. Aber keiner von ihnen traut sich tagsüber, wenn die Ameisen über der Erde sind, wegen deren Stärke und Wildheit zu zeigen.

8. Philippe de Thaon

Übersetzt nach dem altfranzösischen Text der Ausgaben von Wright (1841: 92) und Walberg (1900: 39)

[Davor Rubrik:]

Und es gibt in Äthiopien Ameisen von besonderem Verhalten in der Art von Hunden

Und weiter, Isidor
Sagt noch über eine andere Ameise:

1055   In Äthiopien gibt es sie,
die so groß wie Hunde sind.
Einen Fluß gibt es dort,
dessen [Sand]körner alle aus Gold sind.
Das sie mit ihren Füßen zusammentragen

1060   Und gegen die Leute verteidigen.
Keiner traut sich näher heran,
es zu nehmen oder zu berühren,

denn wen die Ameisen beißen,
der stirbt sogleich.
1065 Niemand traut sich näher zu kommen,
so wild sind die Ameisen.
Wenn jemand von diesem Gold etwas wollte,
um einen Schatz anzulegen
durch eine List, die sie anwenden,
1070 bekommen sie eine große Menge Goldes:
Stuten lassen sie hungern,
die junge Füllen haben,
und nach dem dritten Tag
ein kleines Körbchen
1075 auf den Rücken der Stuten
binden sie fest
und treiben sie über den Fluß,
um das Gold zu holen.
Sie ziehen zu einer Wiese,
1080 wo es eine große Menge Gras gibt.
Dort sind die Ameisen
und laufen hin und her.
Sie machen ihre Zellen im Korb
Und beladen die Stuten.
1085 Wenn diese nun satt sind,
beladen und gefüllt,
daß sie heim wollen,
so ziehen sie sich zurück;
zu den Füllen wollen sie laufen,
1090 die dann wiehern,
wo die Männer sie festgebunden
und am Fluß angemacht haben.
Und genau so bekommen die Leute das Gold.
[danach weiter über den Ameisenlöwen]

9. Guillaume le Clerc: *Bestiaire divin*

Übersetzt nach dem altfranzösischen Text der Ausgabe von Reinsch (1888: 266)

961 Ameisen von einer anderen Art
Gibt es in Äthiopien auf den Bergen,
sie sind gänzlich von Hundegestalt
und auch von solcher Größe.
Sie sind aber hier von fremdem Wesen:

Denn da die Erde staubförmig ist,
graben sie und zerren feines Gold heraus,
so viel, daß kein Ende davon.
Und wer dies Gold wollte stehlen,
970 wird es bedauern und sehr verwünschen,
denn gleich laufen sie ihm nach
und wenn sie ihn erreichen, verschlingen sie ihn.
Wenn die Menschen, die in der Nähe wohnen,
weil jene ungestüm und heimtückisch sind,
eine große Menge Goldes nehmen wollen,
verwenden sie folgende List:
Sie nehmen Stuten, die Füllen haben,
die noch sehr jung sind und säugen.
Drei Tage lassen sie die ohne Futter,
980 und am vierten Tage satteln sie diese.
Und auf ihnen befestigen sie Kästen,
die leuchten wie aus feinstem Gold.
Zwischen ihnen und dem Land der Ameisen
Fließt ein gar schneller Fluß.
Wenn sie mit den Stuten zu dem Fluß kommen,
halten sie die Fohlen dort zurück
und jagen die Stuten hinüber.
Die haben Hunger in Herz und Zahn [?].
Auf der anderen Seite ist frisches grünes Gras,
990 dicht und wohl gewachsen.
Dort laufen die Stuten umher.
Und die Ameisen, sogleich,
sehen die Truhen erscheinen
und meinen, sie haben einen guten Platz,
um ihr Gold zu verstauen und zu verstecken,
– wozu sie ihre Art auffordert –
füllen und beladen sie die Kästen
mit gutem Golde reich und teuer.
Hier laufen sie den ganzen Tag,
1 000 bis es auf die Nacht geht,
daß die Stuten geweidet haben
und die Bäuche voll und rund.
Wenn ihre Fohlen dann wiehern,
eilen sie, zurückzukommen
und dann queren sie den Fluß.
Und sie [die Leute] nehmen das Gold zu Hauf und
Welche Reichtümer darinnen sind sogleich,
und die Ameisen sind traurig."

Anhang

10. Handschrift *Royal 2 C XII*
Übersetzt nach dem lateinischen Text aus Mann (1888: 45)

XI. Über die dritte Art: Es heißt, auch in Äthiopien gäbe es hundeähnliche Ameisen. Diese graben mit ihren Beinen goldenen Sand aus, den sie bewachen, damit ihn keiner entwende. Und wer ihn entwendet, den verfolgen sie bis auf den Tod.

Die sich aber von diesem Gold etwas holen wollen, nehmen Pferdestuten mit jungen Füllen und lassen diese drei Tage hungern. Dann lassen sie die Füllen am Ufer des Wassers, das zwischen ihnen und den Ameisen fließt zurück und treiben die Stuten über jenes Wasser, nachdem sie ihnen Packsättel auf den Rücken geschnallt haben. Wenn diese jenseits des Flusses frisches Gras sehen, dann laufen sie über die Felder auf der anderen Seite des Flusses. Wenn aber die Ameisen die Behälter und Packsättel auf deren Rücken sehen, tragen sie goldenen Sand hinein, denn sie wollen ihn dort verstecken. Wenn der Tag zur Neige geht und nachdem die Pferde gesättigt sind und mit Gold beladen, hören sie ihre Füllen hungrig wiehern und laufen dann zu ihnen mit viel Gold [beladen].

11. Gervasius von Tilbury: *Otia Imperialia*
Übersetzt nach dem lateinischen Text in James (1929: 43)

LXXII. Es gibt auf dieser Insel einen Fluß Gargarus, jenseits dessen es myrmidonische Ameisen in der Größe von Katzen gibt, mit sechs Beinen und Stacheln in der Mitte wie Meeresheuschrecken. Zähne haben sie wie Hunde, sind von schwarzer Farbe und bewachen das Gold, das sie von unter der Erde ans Licht tragen. Alle Menschen und Tiere, die sich ihnen nähern, die fressen sie bis auf die Knochen. Sie sind überaus schnell, so daß man meinen könnte, sie fliegen eher statt daß sie laufen. Sie graben von Sonnenaufgang bis zur fünften Stunde Gold und tragen es ans Licht. Dies wird von findigen Leuten schlau weggenommen. Sie nehmen nämlich viele männliche Kamele und Stuten mit ihren Füllen, und wenn sie an den zu überschreitenden Fluß kommen, binden sie die Fohlen auf der Wiese am Ufer an. Nachdem sie nun den Fluß mit den Kamelen beiderlei Geschlechts überschritten haben, laden sie das Gold auf die Stuten, die beladen und aus Sehnsucht nach ihren Füllen schnellen Laufes [den Fluß] überschreiten.

Wenn die Menschen merken, daß sie von Scharen von Ameisen verfolgt werden, lassen sie die männlichen Kamele am Fluß zurück, damit sie gefressen werden und queren den Fluß schnellen Laufes. Die Ameisen aber werden durch die gegriffene Beute und das Verschlingen der zur Täuschung aufgegebenen Kamelhengste verlangsamt, und von besagtem Fluß gehindert, tun sie, was sie können, damit sie die Kamelhengste, die sie finden, verschlingen. Und so geschieht es, daß jenes Gold sowie geläutertes Gold zu uns gelangt.

12. Vinzenz von Beauvais: *Speculum Naturale*
Übersetzt nach dem lateinischen Text in einem Druck von 1473
(Hessische Landesbibliothek, Wiesbaden)

Buch **XX**, Kap. **CXXXIIII** Über größere Ameisen

Solinus: Ameisen (wie gesagt wird) soll es in Äthiopien von Hundegröße geben, die goldenen Sand mit ihren löwenähnlichen Pfoten ausgraben, und bewachen, damit es keiner wegnehme.

Plinius Buch XI: In der Gegend der nördlichen Inder, die Darden genannt werden, graben Ameisen aus Erdhöhlen Gold, die von Katzenfarbe und der Größe ägyptischer Wölfe. Dies von ihnen zur Winterszeit gegrabene Gold holen die Inder. Vor der Sommerhitze verbergen sich die Ameisen wegen der heißen Luft in den Höhlen. Aus diesen fliegen sie durch den Geruch angereizt heraus. Wenn sie [die Inder] nicht rasch mit ihren überaus schnellen Kamelen fliehen, zerreißen sie [die Ameisen] sie. Sie sind von solcher Schnelligkeit und Wildheit aus Liebe zum Gold.

Physiologus: Die von den äthiopischen Ameisen das Gold rauben wollen, nehmen Pferde mit ihren Füllen und lassen sie drei Tage hungern. Dann lassen sie die Füllen am Ufer des Flusses zurück, der zwischen ihnen und den Ameisen fließt. Und die Pferde treiben sie über das Wasser mit Kästen auf dem Rücken. Wenn diese dort frisches Gras jenseits des Flusses sehen, weiden sie auf den Wiesen jenseits des Flusses. Wenn aber die Ameisen die Sättel und Kisten auf ihrem Rücken sehen, tragen sie in diese goldene Sande, um sie dort zu verbergen. Wenn aber der Tag sich neigt und die Pferde gesättigt und mit Gold beladen sind, und ihre Füllen vor Hunger wiehern hören, kommen sie zu diesen mit viel Gold zurück.

Aus dem Buch über die Natur der Dinge: In Indien gibt es an goldenen Bergen Ameisen, die größer als Hunde sind und stark und überaus wild. Sie haben vier Füße und an den Füßen krumme Krallen. Sie sind von solcher Stärke, daß sie Menschen verschlingen, die dorthin kommen. Tiere aber verletzen sie nicht gern. Sie sind aber ziemlich bedacht darauf, daß ihnen jenes Gold, das sie selbst bewachen, keiner gegen ihren Willen wegnähme. Daher sind zur Strafe für Unbesonnenheit und Habgier diese Untiere hierher gesetzt.

13. Brunetto Latini: *Li livres dou trésors*
Übersetzt nach dem altfranzösischen Text der Ausgabe von Chabaille
(1863: 124)

Buch **I**, Teil **V**, Kap. **190**:
Über die Ameise

Und man sagt, in Äthiopien gäbe es auf einer Insel Ameisen so groß wie Hunde, die mit ihren Füßen Gold aus dem Sand graben und ihn so wild bewachen, daß ihn keiner wegnehmen kann, ohne zu Tode zu kommen. Aber die Bewohner der Gegend schicken auf die Insel zur Weide Stuten, die Fohlen haben, beladen mit guten Kästen. Und wenn die Ameisen die Kästen sehen, tun sie alles Gold hinein, denn sie meinen es sei dies ein sicherer Platz. Und wenn der Abend kommt, daß die Stuten gesättigt sind und wohl beladen, und ihr Fohlen am anderen Ufer erkennt, das wiehert und schreit, dann stürzt sie sich ins Wasser und kommt gelaufen beladen mit allem Gold in den Kästen.

14. Jacob von Maerlant: *Der Naturen Bloeme* (Buch 7)

Übersetzt nach dem mittelniederländischen Text der Ausgabe Verwijs (1878:119)

In Indien findet man Ameisen
von gar wundersamer Art,
die größer als Füchse sind,.
allein, sie sind sehr grausam,
mit Klauen groß, scharf und lang.
So stark sind sie, und wild.
Sehen sie einen Menschen, reißen sie ihn in Stücke.
Man findet sie sonst nirgends mehr,
besagt die reine Wahrheit,
als dort, wo die goldenen Berge sind.
Vieh und anderen Tieren
schaden sie in keiner Weise.
Denn sie wissen sehr wohl,
Daß diese das Gold nicht fressen,
das sie in den Bergen hüten.
Aber auf die Menschen werden sie wütend,
weil die das Gold haben wollen.
Dorthin hat sie Gottes Gewalt gesetzt,
um damit vergelten zu lassen
die Habgier der Menschen.
Als Wahrheit berichten uns dies
Adelinus und Isidor.
Plinius schreibt auch von diesen,
daß sie im Winter wollen
in der Erde bleiben wegen der großen Kälte.
Dann stehlen ihnen die Inder das Gold,
aber die Ameisen riechen das genau
und stürzen heraus, wenn sie diese bemerken,
dann müßen sie ihren Diebstahl mit dem Leben bezahlen,
denn kein Pferd könnte ihnen entkommen.

15. Der altfranzösische *Prosa-Alexander-Roman*

Übersetzt nach dem altfranzösischen Text der Stockholmer Handschrift in Hilka (1920: 235)

Und als sie dort lagerten, kamen aus der Erde hundsgroße Ameisen hervor, die sechs Beine hatten und krumme [Krallen wie Heuschrecken] wie die aus dem Meer. Aber sie waren von schwarzer Farbe und hatten größere Zähne. Und als sie aus der Erde kamen, töteten sie eine große Zahl der Tiere des Heeres, aber den Menschen fügten sie kein Leid zu. Diese Ameisen nun hatten den Brauch, daß sie die ganze Nacht bis zur fünften Stunde unter der Erde sind und Gold graben. Und dann tragen sie es herauf und bleiben über der Erde bis zum Sonnenaufgang und sie laufen so schnell, daß man meinen möchte, sie fliegen.

16. *John de Mandeville*

Übersetzt nach dem englischen Text der Ausgabe von Seymour (1967: 219)

Kapitel **XXXIII** Von den Hügeln aus Gold, die Ameisen hüten

[...] Auf dieser Insel Taprobane gibt es auch große Berge mit Gold, das Ameisen sorgfältig bewachen, und sie finden dort reines Gold und verwerfen das unreine. Und diese Ameisen sind so groß wie Hunde und so kann kein Mensch diesen Bergen nahe kommen, denn die Ameisen würden ihn anfallen und verschlingen, damit niemand von dem Gold etwas bekommt, wenn er nicht mit großer List vorgeht. Wenn nun große Hitze herrscht, so rasten die Ameisen in der Erde von Tagesanbruch bis mittags und dann kommen die Menschen des Landes mit Kamelen, Dromedaren, Pferden und anderen Tieren und gehen dorthin und beladen sie mit allergrößter Eile. Danach fliehen sie, so schnell die Tiere vermögen oder die Ameisen kommen aus der Erde heraus.

Und zu anderen Zeiten, wenn es nicht so heiß ist und die Ameisen nicht unter der Erde sind, dann holen sie das Gold auf folgende Weise: Sie nehmen Stuten, die männliche oder weibliche Fohlen haben, und laden auf die Stuten breite Behälter, die sie dafür gemacht haben, und diese sind oben offen und hängen zur Erde herab. Dann treiben sie die Stuten auf die Weide in jenen Bergen und behalten die Fohlen bei sich zu Hause. Wenn die Ameisen diese Behälter sehen, so springen sie hinein. Und es ist ihre Art, daß sie nichts bei sich leer lassen, sondern es, womit auch immer, auffüllen. Und so füllen sie die Behälter mit Gold. Und wenn die Menschen meinen, daß die Behälter voll sind, führen sie die Fohlen heraus und lassen sie nach ihren Müttern wiehern. Die Stuten kehren dann mit ihrer Goldladung zu ihren Fohlen zurück und die Menschen entladen sie und bekommen so das Gold. Denn die Ameisen dulden, daß Tiere kommen und zwischen ihnen weiden, aber auf keinen Fall einen Menschen.

17. *John de Mandeville*

Nach der von Morrall (1956: 171) herausgegebenen Handschrift der
Velser-Übersetzung (um 1395)

Hier erzählt er von einer Insel, auf der viel Gold ist, das die Ameisen hüten
Und da sind zwei andere Inseln, die heißen Horrible und Agnite. Das ganze Land der zwei Inseln besteht aus Bergwerken und ist voll Gold und Silber. [...]
 Und auf der Insel sind zwei goldene Berge, und die hüten Ameisen, auf daß keiner dorthin gelange. Und die Ameisen sind so groß wie Hunde, so daß sich kein Mensch hingetraut, denn die Ameisen würden ihn ums Leben bringen. Wenn die Hitze gar zu groß ist, fliehen die Ameisen unter die Erde, von der halben Terz bis nach None. Die Leute in dem Land haben Feldpferde und Kühe mit Jungen. So haben sie Schlitten mit Körben drauf, die binden sie auf die Schlitten und stellen Pferde und Kühe davor und jagen sie in die Berge, wenn dort gute Weide ist. So ziehen sie zu den Ameisen. Es ist der Ameisen Art, daß sie alles in ein Loch tragen, was sie finden. Wenn sie die Körbe auf den Schlitten finden, so tragen sie das Gold und was sie finden da hinein. Und wenn die Leute denken, daß diese beladen sind, so bringen sie die Kälber und die Fohlen von den Pferden hervor, so daß sie sogleich die Mütter sehen. So sie diese sehen, beginnen sie zu wiehern. Und wenn die Pferde dies hören, kommen sie alle herbei. So nehmen sie [die Menschen] das Gold, das sie in den Körben finden. Und nur so können sie das Gold bekommen, und nicht anders. Denn die Ameisen lassen wohl Tiere herankommen, aber keine Menschen.

18. *John de Mandeville*

Nach dem Erstdruck der Velser-Übersetzung (1480)
aus Bremer & Ridder (1991: 176)

Da gibt es eine Insel mit viel Gold und Edelsteinen, die Ameisen hüten, welche Ungeheuer sind. [...]
 Auf derselben Insel gibt es zwei Berge aus Perlen und Gold, zu denen sich niemand hintraut wegen der Ameisen, die so groß wie Hunde sind und auf den Bergen ein und aus laufen. Und wenn die Leute Gold haben wollen, so nehmen sie ein Feldpferd, das ein junges Füllen hat, und treiben es auf die Weide bei den Bergen. Und sie binden zwei Körbe mit viel gebrochenem Brot auf das Pferd. Dann kommen die Ameisen und springen in die Körbe nach dem Brot. Und die, welche ein Bröckchen Gold oder Perlen im Mund hat, läßt es in den Korb fallen und nimmt ein Bröckchen Brot anstatt. Das tun sie so lange, bis das Pferd beladen ist. Sie (die Leute) nehmen dann das Fohlen und lassen es wiehern. Dann kommt das Pferd gelaufen und sie bekommen das Gold, denn die Ameisen tun dem Vieh nichts. Und die Leute schenken das Gold ihrem König herzlich gern, denn sie schätzen es nicht. Denn sie haben weder goldene noch silberne Münzen.

19. John de Mandeville
Nach dem Erstdruck der Diermeringen-Übersetzung (1480)
aus Bremer & Ridder (1991: 253)

Das X. Kapitel im II. Buch [...]

Dort sind goldenen Berge, die von großen Ameisen behütet werden, die da so groß wie hierzulande Hunde sind und das Gold so streng bewachen, daß kein Mensch dahin zu kommen vermag, es sei denn mit Listen. Und die Ameisen haben die Eigenart, daß sie, wenn ein Mensch zu ihnen kommt, diesen so sehr hassen, daß sie zusammenlaufen, toben und das *(sic!)* Mensch erwürgen. Aber die Leute haben eine List erdacht, um an das Gold zu kommen. So nehmen sie ein Pferd, das ein Füllen hat, und in der heißen Jahreszeit legen sie dem Pferd zwei Weidenkörbe auf und ziehen mit dem Pferd und dem Füllen an das Wasser, das vor den Goldbergen fließt und treiben dann das Pferd auf die Weide. Sie selbst bleiben mit dem Füllen diesseits des Wassers und verbergen sich, damit die Ameisen ihrer nicht gewahr werden. Und so kommen denn die Ameisen und kriechen auf das Pferd und in den Körben auf und ab, wie es Ameisen so tun, und also tun sie viel Gold hinein und das hängt in den Körben. Und wenn die Leute sehen, daß keine Ameisen mehr aus den Körben kriechen, so tun sie den Füllen etwas zu leide, damit es wiehert. Und wenn die Mutter ihr Füllen wiehern hört, kommt sie durch das Wasser herbeigelaufen und bringt die Körbe voll Gold.

20. Al-Bakoui: *Darstellung dessen, was auf der Erde am bemerkenswertesten ist, und der Wunder des allmächtigsten Königs*
Übersetzt nach der französischen Übersetzung von Guignes (1789: 420)

Im äußersten Indien ist die Erde mit Gold vermischt, und es gibt dort eine sehr große Ameisenart, die gefährlicher ist als Hunde. Es ist dort sehr heiß und wenn die Sonne am Himmel steht, ziehen sich die Ameisen in ihre Löcher unter der Erde zurück. Dann kommen die Inder mit Lasttieren und laden den Goldsand eilig auf, aus Furcht, daß sie von den Ameisen verschlungen würden, wenn diese aus ihren Löchern herauskämen.

21. Petrus Decembrus Candidus: *Codex animalium*
Übersetzt nach der Handschrift *Cod. Vat. Urb. Lat 276, fol. 196 v & r*

Indische Ameise:

In Indien gibt es Ameisen bei den goldenen Bergen, die so groß wie Hunde sind, so bestätigt Solinus, und vier Beine mit krummen Krallen besitzen. Sie sind so stark, daß sie Menschen zerfleischen, die aus Goldgier jene fürchten. Denn für andere Tiere sind sie unschädlich und es ist hinreichend bekannt, daß sie selbst keine Goldgier kennen. Und wie Plinius bezeugt, wenn sie im Winter verborgen sind, kommen die Inder herbei und versuchen, wie Diebe das Gold zu rauben. Sie [die Ameisen] werden aus Sorge aufgescheucht aus ihren Höhlen und bedrängen jene [die Inder] und würden ihre Häupter verschlingen, wenn sich jene nicht sogleich mit schnellen Pferden und Kamelen davonmachen würden. Was also von Plinius bezeugt, wollen wir nun verlassen.

22. Jakob Meydenbach: *Hortus sanitatis*
Übersetzt nach dem lateinischen Text der Mainzer Erstausgabe von 1491

Soli[nus:] In Äthiopien, so sagt man, gibt es Ameisen in der Form des größten Hundes, die goldenen Sand mit ihren löwenähnlichen Pfoten ausgraben. Aus dem Buch über die Natur der Dinge [des Thomas von Cantimpré]: In Indien sind bei den goldenen Bergen Ameisen, die größer als Füchse sind und stark und überaus wild. Vier Beine haben sie und krumme Krallen an den Füßen. Sie sind wahrlich von solcher Stärke, daß sie Menschen, die sie sehen, zerfleischen. Tieren fügen sie aber so leicht kein Leid zu. Sie sind aber ziemlich darauf bedacht, daß ihnen jenes Gold, das sie selbst bewachen, keiner ungebeten wegnehme. Daher sind zur Strafe für Unbedachtsamkeit und Habgier jene Untiere hierher gesetzt. Über die Ameisen schreibt Johannes von Montevilla [John de Mandeville]: In jenen indischen Bergen gibt es Ameisen von der Größe unserer Katzen, die mit großem Eifer Goldbröckchen ausgraben, reinigen und zusammentragen. Diese tragen sie in die Höhlen und tragen sie zwischen den Höhlen hin und her. Und bei der Aufbewahrung des Goldes sind sie so eifrig und scharf, daß kein Mensch es wagt, einfach davon zu stehlen, außer wenn sie wegen der Hitze pausieren und sich verbergen. Denn nicht ohne Gefahr rauben einige [das Gold] mit Kamelen und stehlen es.

Listig legen sie auf Pferde, die unlängst Junge hatten, hölzerne Tragen und neue leere Kisten. An den Seiten offen, reichen sie bis auf den Boden. Jenes hungrige Pferd treiben sie daher zu den Bergen, daß es sich an den Kräutern labe. Wenn die Ameisen es alleine sehen, kommen sie springend und scherzend zu der Neuigkeit der Kisten zusammen, und wie es ihre Art ist, daß sie alles Leere in ihrer Umgebung füllen wollen, tragen sie sicherlich viel Gold in vorgenannte Tragen. Wenn die Menschen aus der Ferne diesen Zeitpunkt bemerken, bringen sie das Fohlen der Stute hervor, damit dieses die Mutter sieht, deren Anblick es schon lange entbehren mußte. Und auf das Wiehern des Fohlens hin kommt die Stute beladen mit Gold zurück. Mit einer solchen List wird das Gold den Ameisen entwendet.

23. Martin Fernández de Enciso: *Suma de geographia*
Übersetzt nach dem spanischen Text der Ausgabe von 1519

Östlich von Paliborto leben die Derden, ein zahlreiches Volk von großen Menschen. Und im Land jener Derden gibt es einen Berg mit mehr als 100 Meilen Umfang, auf dem es im Überfluß viel Gold gibt. Und dort gibt es die als goldgrabende bezeichneten Ameisen, die im Winter Höhlen bauen, in denen sie wohnen. Und die Erde, die sie ausgraben, legen sie vor die Eingänge zu ihren Höhlen, so wie es die Ameisen tun. Und die Erde, die sie ausgraben, enthält viel sehr feines Gold und die Ameisen verteidigen es so daß die Menschen nicht herbeikommen, um von dieser Erde zu nehmen und auch nicht an anderer Stelle des Berges graben, um Gold zu suchen. Wenn die Menschen aber dorthin kommen, töten diese [die Ameisen] sie. Daher kommen die Menschen nicht zum Gold auf jenem Berg, sondern gehen an die Flüsse, die von jenem Berg herunter kommen.

Sie gehen aber auch auf den Berg, auf dem die Höhlen sind, und nehmen Fleisch mit, das sie den Ameisen vorwerfen. Und wenn diese dann fressen, beladen sie Tiere mit jener Erde, die sie an den Eingängen zu diesen Höhlen ausgraben. Und wenn davon etwas in das Schmelzfeuer geworfen wird, kommt viel Gold heraus.

Jene Ameisen, glaubt man, sind eine Art von Löwen, größer als Füchse, wie Schäferhunde, die in diesem Land Ameisen heißen und sie sind es, die die Menschen töten. Diese goldgrabenden Ameisen gibt es in Äthiopien nahe des Äquators.

24. Plinius: *Naturalis Historiae* liber XI 111
Aus der Zusammenfassung von Heyden (1565: 494)

Die Eimeissen in Mohrenland sollen gehörnet sein/Tragen das Gold auß den Bergen des Erdtreichs/vergleichen sich sonst mit unseren Katzen und sind fast so groß/als die Wölffe in Egypten.

Was sie von Golde im Winter eintragen/das stälen inen die Mohren im Sommer abe/alle dieweil unnd sich die Eimeissen in die löcher des geschmacks halber verkriechen.

So bald sies aber beginnen zu schmecken/dass man inen das Gold abhendig machen will/fliegen sie herauß/und fellen auch die/so ihnen auff Chamelen vermeinen zu entrinnen/so schnell sind sie/unnd so wild macht sie die liebe/welche sie zum Golde tragen.

Anhang

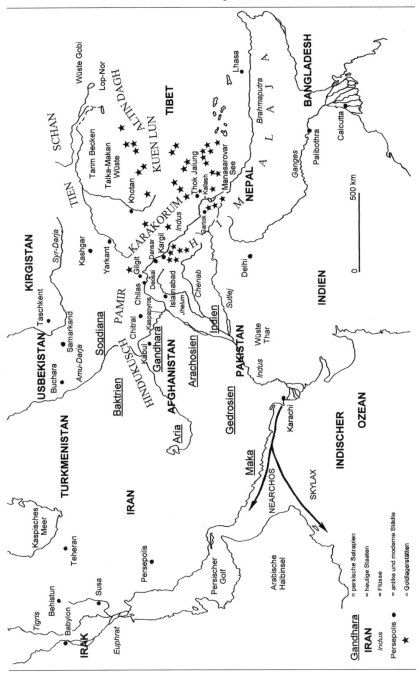

Danksagungen

Neben meiner Frau Barbara haben mir die nachstehend aufgeführten Damen und Herren bei der Beschaffung von Informationen, Literatur und Abbildungen geholfen, wofür ihnen an dieser Stelle herzlich gedankt sei:

L. Artois (Frankfurt), D. Bandini (Heidelberg), P. Barber (London), O. Belova (Moskau), A. Berteloot (Münster), H. Beyerle (Frankfurt), D. Blumstein (Los Angeles), A. Bösel (Hofheim), W. P. Buchholz (Harare/Zimbabwe), C. Calaminus, (Hamburg), L. Cram (Lightning Ridge/Australien), C. Ehrig-Eggert (Frankfurt a. Main), P. Falchetta (Venedig), J. Foote (Exeter/England), E. Guhe (Mainz), K. Hammerbeck (Danville/USA), W. Heckel (Calgary/Kanada), B. Hess (Wiesbaden), C. Heynen (Köln); O. von Hinüber (Freiburg), R. Klemm (München), U. Knefelkamp (Frankfurt a. d. Oder), H. Koch (Marburg), R. Kröll (Wiesbaden), H. Lambert (Wiesbaden), H. Langer (Hannover), D. Lowe (Stanford/USA), P. Marquis (Harare/ Zimbabwe), M. Milner (Toronto/Kanada), E. Minyonok (Moskau), D. Mossman (Sackville/Kanada), C. Oakes (Sydney/Australien), M. Pizey (Hokitaki/ Neuseeland), G. Platthaus (Frankfurt), Y. Rapoport (Oxford/England), J. Ringrose (Cambridge/England), B. Roth (Genf), P. Ruthwalz (Berlin), U. Rumpf (Alzenau), R. Ryle (Reading/England), L. Sandler (New York), N. Shaver (Phoenix/USA), P. Siersleben, (Wiesbaden), G. Sokolov (Petrozavodsk/Russland), J. Tilsley (Toronto/ Kanada), H. Tudeshki (Clausthal-Zellerfeld), B. Turner (Newcastle/England), H.-J. Uther (Göttingen), Xuanxue Mo (Peking).

Mein Dank gilt insbesondere den Mitarbeitern der Hessischen Landesbibliothek (Wiesbaden) und denen folgender Bibliotheken: Bayrische Staatsbibliothek (München), Biblioteca Apostolica (Vatikan-Stadt), Bibliotheque Nationale (Paris), Bodleian Library (Oxford), British Library (London), Herzog-August-Bibliothek (Wolfenbüttel), New York Public Library (New York), Österreichische Staatsbibliothek (Wien), Universitätsbibliothek Cambridge.

Für Ihre kritische Durchsicht des Manuskriptes danke ich den Herren A. Locher (Rottenburg) und H. Eisenlohr (Ettingen). Die ermutigenden Kommentare von Herrn K. D. Dutz von den Nodus Publikationen trugen wesentlich zur Erweiterung und damit zur Verbesserung des Manuskriptes bei.

Mein besonderer Dank gilt schließlich den Erfindern, Entwicklern und allen 'Lieferanten' des Internets, ohne das es nicht möglich gewesen wäre, viele der in diesem Buch erwähnten Zitate und Fakten überhaupt oder in so kurzer Zeit aufzuspüren.

Literaturverzeichnis

Dem Literaturverzeichnis sei vorangestellt ein Zitat des großen arabischen Geographen Abu Raihan Mohammad Ibn Ahmad al-Beruni (973–1048):

> Ich habe getan, was jedermann bei seiner Arbeit tun sollte: die Leistungen der Vorgänger mit Dankbarkeit entgegennehmen und ihre Fehler ohne Scheu verbessern. So wird der eigene Beitrag bei den Nachfolgern und späteren Generationen fortdauern.

Agosti, Donat / Grimaldi, David / Carpentier, James M.
1997 "Oldest Known Ant Fossils Discovered". *Nature*. 391: 447.

Alföldi, Istvan
1933 "Rostowzew, Skythien und der Bosporus". *Gnomon*. 9: 561-572

Altheim, Franz
1954 *Gesicht vom Abend und Morgen*. Frankfurt: Klostermann.

Aly, Wolf
1921 *Volksmärchen, Sage und Novelle bei Herodot und seinen Zeitgenossen. Eine Untersuchung über die volkstümlichen Elemente der altgriechischen Prosaerzählung*. Göttingen: Vandenhoeck & Ruprecht.

Anonymi
1971 "Anthill Sampling". *Coal, Gold and Base Minerals of Southern Rhodesia*. 1971,2: 47.
2003 *http://dobc.univp.it/scrineum/wight/romalex3.htm*

Ausfeld, Adolf
1907 *Der griechische Alexanderroman*. Leipzig.

Azgem
2003 *http://www.azgem.com/garnet.html*.

Ball, Victor
1888 "On the Identification of the Animals and Plants of India which Were Known to Early Greek Authors". *Proceedings of the Royal Irish Academy*. 2nd Ser. 2: 302-335.

Barber, Peter
1989 "Old Encounters New: The Aslake World Map". *Geographie au moyen-age et à la Renaissance*. Éd. par Monique Pelletier. Paris, 69-83. (Mémoires de la section de Géographie. 15.).

Barber, Peter / Brown, Michelle
1992 "The Aslake World Map". *Imago Mundi*. 44: 24-44.

Barber, Richard H.
1993   *Bestiary, Being an English Version of the Bodleian Library, Oxford MS Bodley 764, with all the original miniatures reproduced in facsimile*. Woodbridge.

Barbier de Meynard, Charles
1865   *Macoudi – les prairies d'or*. T. IV. Paris.

Bastian, Adolf
1868   *Das Beständige in den Menschenrassen und die Spielweite ihrer Verständlickeit – Prolegomena zu einer Ethnologie der Kulturvölker*. Berlin.

Bazin-Fouché, Eugène
1938   "Comptes rendu". *Journal Asiatique*. 230: 501-528.

Beal, Samuel
1926   *Si-yu-ki: Buddhist Records of the Western World*. London: Asian Press.

Beavis, Ian C.
1988   *Insects and other Invertebrates in Classical Antiquity*. Exeter.

Beck, Ludwig
1884   *Geschichte des Eisens in technischer und kulturgeschichtlicher Beziehung*. Bd. I. Braunschweig.

Becker, Conrad
1854   *Jobst Amman – Zeichner und Formschneider, Kupferätzer und Stecher*. Leipzig.

Belova, Olga W.
1999   *Slavjanskij bestiarij*. Moskva. [in Russ.].

Benecke, Berthold Adolph
1879   "Die weiteren naturhistorischen Bemerkungen zu Herodots Geschichte". *Wissenschaftliche Monatsblätter* (Königsberg). 7: 122-124

Bennett, Josephine W.
1954   *The Rediscovery of Sir John de Mandeville*. New York.

Bentley, Ron
1983   "The Historical Record". *The Mineral Record*. 3/4: 135-137.

Berger de Xivrey, Jean
1836   *Traditions tératologiques*. Paris.

Bergaigne, Abel
1874   "Über den Ursprung der Sage von den goldgrabenden Ameisen". *Revue critique d'histoire et de littérature*. 7: 33-37. [Rezension].

Bernier, Martin A. / Milner, Michael W. / Myles, Thomas G.
1999   "Mineralogical and Geochemical Analysis of Cathedral Termitaria Applied to Lode Gold Mineralisation in the Roandji Alluvial Gold Field, Bandas Greenstone Belt, Central African Republic". *19. International Geochemical Exploration Symposium, Vancouver, Abstr. Vol.* Vancouver, 35-39.

Berteloot, Amand
1999   *Jakob van Maerlant – Der naturen bloeme*. München. (Codices Illuminati Medii Aevi. 56.).

Beyschlag, Franz / Krusch, [Johann] Paul / Vogt, Heinrich
1921   *Die Lagerstätten der nutzbaren Mineralien und Gesteine*. Bd. II. *Erzlagerstätten*. Stuttgart.

Blakesley, Joseph W.
 1854 *Herodotus.* Vol. III. London.

Bodenheimer, Friedrich S.
 1928 *Geschichte der Entomologie.* Bd. I. Berlin.

Boese, Helmut
 1973 *Thomas Cantimpratensis — Liber de natura rerum.* Berlin.

Bolte, Johannes
 1913 *Das Volksbuch vom Finkenritter.* Zwickau.

Bolton, Joseph D.
 1962 *Aristeias of Proconnesos.* Oxford.

Borger, Rykle
 1956 *Die Inschriften Asarhaddons, Königs von Assyrien.* Wien. (Archiv für Orientforschung. Beiheft. 9.).

Borst, Arno
 1994 *Das Buch der Naturgeschichte — Plinius und seine Leser im Zeitalter des Pergaments.* Heidelberg.

Boulnois, Lucette
 1983 *Poudre d'or et monnaies d'argent au Tibet.* Paris: CNRS.

Boyle, Robert W.
 1979 *The Geochemistry of Gold and its Deposits.* Ottawa. (Canadian Geological Survey. Bulletin. 280.).

Braund, David
 1991 "Hadrian and Pharasmanes". *Klio.* 73,1: 208-219.

Bremer, Ernst / Ridder, Klaus [Hrsg.]
 1991 *Jean de Mandevilles Reisen.* Hildesheim. (Deutsche Volksbücher in Faksimiledrucken. Reihe A. 21.).

Brodersen, Kai
 1994 *Pomponius Mela - Kreuzfahrt durch die alte Welt.* Darmstadt.

Brosius, Dieter
 1991 "Die Ebstorfer Weltkarte 1830-1943". *Ein Weltbild vor Columbus — Die Ebstorfer Weltkarte.* Hrsg. v. H. Kupfer. Weinheim, 23-40.

Brown, Theodore S.
 1955 "The Reliability of Megasthenes". *American Journal of Philology.* 76: 18-33.

Burnay, Jean
 1931 "L'or des fourmis au Siam". *Bulletin d'École Francaise d'Extrême Orient.* 31: 212-213.

Burton, Richard Francis / Cameron, Verney Lovett
 1883 *To the Gold Coast for Gold.* Vol. II. London.

Calvert, John
 1873 *Vazeeri Rupi, the Silver Country of the Vazeers.* London.

Carmody, Francis
 1938 "De bestiis et aliis rebus and the Latin Physiologus". *Speculum.* 13: 153-159.

Carnegie, Daniel W.
 1898 *Spinifex and Sand.* Sidney.

Chabaille, Pierre
1863 *Li livres dou trésor par Brunetto Latini*. Paris.

Chaudhary, M. A.
1997 "Maruts: Gold-washers of the Indus". *Perspectives on History and Change in the Karakorum, Hindukush and Himalaya*. Ed. by J. Stellrecht, M. Wissinger. Köln, 430-462.

Chavannes, Edouard
1922 *Documents sur les Tou-Kiue (Turcs) occidentaux*. Paris.

Cockayne, Thomas O.
1863 *Narratiunculae Anglice conscriptae*. London.

Conophagos, Constantin E.
1980 *Le Laurion antique*. Athen.

Cook, John
1962 *The Greeks in Ionia and the East*. London.

Cunningham, Sir Alexander
1854 *Ladak, Physical, Statistical and Historical, with Notices of the Surrounding Countries*. London.

Dahlmann, Friedrich Christoph
1823 *Herodot. Aus seinem Buch sein Leben*. Altona.

Dalché, Patrick G.
2001 "Décrire le monde et situer les lieux au XIe siècle". *Melanges de l'Ecole Francaise. Rome, Moyen Age*. 113: 364-409.

Dani, Ahmad H.
1989 *History of the Northern Areas of Pakistan*. Islamabad.

Davidson, Basil
1967 *Afrikanische Königreiche*. Amsterdam.

Davis, Henry
2000 "The Hereford Mappamundi".
   http://www.henry-davis.com/MAPS/EMwebpages/226mono.html

De Breau, Armand de Q.
1854 *Souvenirs d'un naturaliste*. T. II. Paris.

De Jong, James W.
1973 "The Discovery of India by the Greeks". *Asiatische Studien*. 27: 115-142.

Deus, Janine
1998 *Der «Experimentator» — eine anonyme Naturenzyklopädie des frühen 13. Jahrhunderts*. Inauguraldiss. Univ. Hamburg.

Devic, Louis M.
1878a *Adja'ib al-Hind*. Paris.
1878b "Les fourmis gigantesques". *Journal de la Jeunesse*. 2 : 155-157.
1883 *Livre des merveilles de l'Inde*. Leiden.

Devic, Marc / Starkley, Chauncey C.
2000 *Sedjaret Malayou. Malayan Series*. Cambridge/Ontario.

Druce, George C.
1923 "An Account of the Myrmecoleon or Ant-lion". *The Antiquarians' Journal*. 3: 347-364.

Literaturverzeichnis

Dube, R.
1996 "An Analysis of Ants' Gold in Ancient India". *Bulletin of the Metals Museums*. 25: 1-13.

Duncan, Jane
1906 *A Summer Ride through Western Tibet*. London.

Durand, Algernon
1899 *The Making of a Frontier*. London.

Durand, Dana B.
1952 *The Vienna-Klosterneuburg Map Corpus of the Fifteenth Century*. Leiden.

Dutoit, Juliu
1912 *Yatakam*. Bd. 4. Leipzig.

Eisenlohr, Helmut / Pinsker, Bernhard / Schubert, Helmut
1991 *Kehrseiten – Politische Ereignisse im Spiegel römischer Münzen*. Wiesbaden.

Elias, Ney / Ross, Edward D.
1898 *A History of the Moghuls of Central Asia Being the Tarikh-i-Rashidi of Mirza Muhammad Haidar, Dughlat*. London.

Eyriès, Jean B.
1819 "Discussion de Moorcroft's voyage au Lac Manasarovar". *Nouvelles Annales des Voyages*. 1: 305-318.

Faral, Edmond
1914 "Une source latine de l'histoire d'Alexandre: La lettre sur les merveilles de l'Inde". *Romania* (Paris). 43: 199-215; 353-370.
1953 "Le queue de poisson des sirènes". *Romania* (Paris). 74: 433-506.

Fehling, Detlev
1971 *Die Quellenangaben bei Herodot. Studien zur Erzählkunst Herodots*. Berlin: de Gruyter.

Ferrand, Gabriel
1913 *Relations de voyages et textes geographiques arabes, persanes et turks relatifs a l'extrême-orient du VIIIe au XVIIIe siècles*. Paris.

Flinders Petrie, William M. / Quibell, J. E.
1896 *Naqada and Ballas 1895*. London.

Forster, Charles / Daniell, Francis
1881 *The Life and Letters of Oghier Ghisline de Busbeq*. Vol. 1 & 2. London.

Foster, Benjamin
1977 *The Anglo-norman Alexander — le roman de toute chevalerie — by Thomas of Kent*. Vol. 2. London.

Francke, Hermann
1924 "Two Ant Stories from the Territory of the Ancient Kingdom of Western Tibet". *Asia Major*. 1924,1: 67-75.

Fraustadt, Georg
1961 *Georgius Agricola: Vermischte Schriften I*. Berlin.

Freise, Friedrich
1908 "Berg- und hüttenmännische Unternehmungen in Asien und Ägypten während des Alterthums". *Zeitschrift für Berg-, Hütten- und Salinenwesen im preussischen Staate*. 56: 347-416.

Fröbel, [Carl Ferdinand] Julius (*pseud*. Carl Julius)
1858 *Aus Amerika – Erfahrungen, Reisen und Studien*. Leipzig.

Futterer, Karl Joseph Xaver
1895 *Afrika und seine Bedeutung für die Goldproduktion in Vergangenheit, Gegenwart und Zukunft*. Berlin.

Garrard, Timothy
1980 *Akan Weights and the Gold Trade*. London.

Gaster, Moses
1924 *The Exempla of the Rabbis*. Leipzig, London.

Gemscape
2003 *http://www.gemscape.com/html/garnetAnthill.htm* 20.2.2003

George, Wilma
1969 *Animals and Maps*. London.
1981 "The Bestiary: a Handbook of the Local Fauna". *Archives of Natural History*. 10,2: 187-203.

Gildemeister, Johannes Gustav
1838 *Scriptorum araborum de rebus indicis, loci et opuscula inedita*. Bonn.

Gleason, C. F. / Poulin, R.
1989 "Gold Exploration in Niger Using Soils and Termitaria". *Journal of Geochemical Exploration*. 31: 253-283.

Gordon, Deborah M.
1984 "The Harvester Ant (Pogonomyrmex badius) Midden: Refuse or Boundary?". *Ecological Entomology*. 9: 403-412.

Görres, [Johann] Joseph von
1807 *Die teutschen Volksbücher*. Heidelberg.

Graff, Eberhard Gottlieb
1827 "Denkmäler deutscher Sprache und Literatur". *Diutiska*. 2: 194-198.

Grant, Michael
1985 *Die römischen Kaiser*. Bergisch-Gladbach.

Greve, Felix P.
1963 *Erzählungen aus Tausendundein Tag*. Bd. 1. Frankfurt.

Guignes, M.
1789 "Exposition de ce qu'il y à de plus remarquable sur la terre et des merveilles du Roi Toutpuissant, par Abdorraschid, fils de Saleh, fils de Nouri, surnommé Yakouti". *Notices et extraits des Manuscrits de la Bibliothèque du Roi*. 2: 386-545.

Hameleers, Mark
1987 "De Aslake- en de Duchy of Cornwall-wereldkaarten. Twe recent teruggevonden fragmenten an middeleeuwse wereldkaarten". *Caert-Thresoor*. 6: 54-60.

Harrer, Heinrich
1952 *Sieben Jahre in Tibet*. Berlin: Ullstein.

Harrison, Neill
1981 *Explanation of the Geological Map of the Vungu and Gewlo River Valleys. Gwelo, Que Que and Bubi Districts*. Harare. (Zimbabwe Geological Survey. Short Report. 48.).

Haslam, Graham
1987 "The Duchy of Cornwall Map Fragment". *Géographie du monde au Moyen-âge et à la*

Renaissance. Éd. par Monique Pelletier. Paris, 33-44. (Mémoires de la section de Géographie. 15.).

Hassel, Alan
1981 "Dry Blowing Past and Present". *Gem & Treasure Hunter Magazine.* 6: 26-29.
1986 "Gold fever! Aussie style". *Australian Gold, Gem & Treasure.* 1,4: 37-41.

Haussig, Hans Wilhelm
1955 *Herodot – Historien.* Stuttgart: Kohlhammer.

Headlee, Thomas / Dean, George
1908 "The Mound-building Prairie Ant". *Kansas State Agricultural College, Agricultural Experimental Station*, Bull., 154.

Hedin, Sven Anders
1909 *Transhimalaja.* Bd. 1. Leipzig: Brockhaus.

Heeren, Adolf Hermann Ludwig
1824 *Ideen über die Politik, den Verkehr und den Handel der vornehmsten Völker der alten Welt.* Bd. 1. Göttingen.

Heissig, Walther
1964 *Die Mongolen. Ein Volk sucht seine Geschichte.* München: Econ.
1986 *Mongolische Märchen.* Köln.

Hennig, Richard
1930 "Herodots goldhütende Greifen und goldgrabende Ameisen". *Rheinisches Museum.* 79: 326-332.

Herrmann, Albert
1916 "Issedoi". *RE.* 9: 2235-2246.
1939 *Das Land der Seide und Tibet im Lichte der Antike.* Leipzig.

Hilka, Alfons
1915 "Die anglonormannische Versversion des Briefes des Presbyters Johannes". *Zeitschrift für französische Sprache und Literatur.* 43: 82-112.
1920 *Der altfranzösische Prosa-Alexanderroman nach der Berliner Bilderhandschrift.* Halle.
1923 "Ein neuer (altfranzösischer) Text des Briefes über die Wunder Asiens". *Zeitschrift für französische Sprache und Literatur.* 46: 98-103.

Hilka, Alfons / Mangoun, F. B.
1934 "A List of Manuscripts Containing Texts of the *Historia de praeliis Alexandri Magni*, Recension I^1, I^2, I^3". *Speculum.* 9: 84-86.

Hingston, Richard W.
1920 *A Naturalist in Himalaya.* London.

Hodgson, B. H.
1841 "Notice of the Marmot of the Himalayas and of Tibet". *Journal of the Asiatic Society of Bengal.* 10: 777-778.

Högmann, Paul
1992 *Das alte Vorderasien und die Achämeniden.* Wiesbaden: Reichert. (Tübinger Atlas des vorderen Orients. TAVO. Reihe Beihefte. 98.).

Hölldobler, Bert / Wilson, Edward
1995 *Ameisen.* Basel.

Hofmann, Franz
1991 "Gold, its Deposits and Extraction". *Helvetian Gold Exhibition Catalogue.* Ed. by A. Furger, F. Müller. Eidolon, 35-39.

Homann, Werner
1985 "Die sedimentären Goldvorkommen im variszischen Gebirge: Teil 1 — Zur Verbreitung und Herkunft des Seifengoldes im Nordteil des Ostrheinischen Schiefergebirges". *Dortmunder Beiträge zur Landeskunde.* 23: 42-92.

Horn, Walther
1926 "Über die Geschichte der ältesten Entomologie". *Verhandlungen des III. Internationalen Entomologen-Kongresses, Zürich.* 2: 38-52.

Horne, Charles F.
1917 *The Sacred Books and Early Literature of the East.* Vol. VI. *Medieval Arabia.* New York.

Hudson, Noel
1954 *An Early English Version of* Hortus Sanitatis. London.

Humboldt, Alexander von
1847 *Kosmos.* Bd. 2. Augsburg.

Huntington, Ellsworth
1907 *The Pulse of Asia.* Boston.

Iskander, Albert Z.
1981 "A Doctor's Book on Zoology. Al-Marwazi's *Taba J' al Hayawan* (Nature of animals) Re-assessed". *Oriens.* 27/28: 266-313.

Issberner, Reinhold
1887 *Inter Scylacem caryandensem et Herodotum quae sit ratio.* Berlin.

Jacob, Willam
1831 *An Historical Enquiry into Production and Consumption of Precious Metals.* London.

James, Montague R.
1928 *The Bestiary, Being a Reproduction in Full of the MS ii.4.26 in the University Library, Cambridge.* Oxford.
1929 *Marvels of the East.* Oxford.

Jennison, George
1937 *Animals for Show and Pleasure in Ancient Rome.* Manchester.

Jettmar, Karl
1983a "Westerners beyond the Great Himalayan Range". *India and the World.* Ed. by J. Deppert. Neu Delhi, 159-175.
1983b "Indus-Kohistan: Entwurf einer historischen Ethnographie". *Anthropos.* 78: 501-518.
1984 "Tierstil am Indus". *Martin Luther Universität Halle-Wittenberg. Wissenschaftliche Beiträge.* 25: 73-93

Jettmar, Karl / Jones, Schuyler / Klimburg, Max [Hrsgg.]
1975 *Die Religionen des Hindukusch.* Stuttgart: Kohlhammer. (Die Religionen der Menschheit. 4,1.).

Johns, Jeremy / Savage-Smith, Emilie
2003 "The Book of Curiosities: A Newly Discovered Series of Islamic Maps". *Imago Mundi.* 55: 7-24.

Kardash, Victor T.
1999 *The New Polygenic Gold Flour Placers*. Abstract volume. 10. EUG Congress Strasbourg. 103.

Karsai, Györgi
1978 "Die Geschichte von den goldgrabenden Ameisen". *Annales Universitatis Scientiarum Budapestinensis. Sectio Classica*. 4: 61-72.

Karttunen, Karl
1989 *India in Early Greek Literature*. Helsinki. (Studia Orientalia. 65.).
1997 *India and the Hellenistic World*. Helsinki. (Studia Orientalia. 83.).

Keller, Otto von
1909 *Die antike Tierwelt. I — Säugetiere*. Leipzig.

Keller, Werner
1972 *Da aber staunte Herodot*. Zürich: Droemer Knaur.

Kevan, Keith
1992 "Soil Zoology, then and now — mostly then". *Quaestiones Entomologicae*. 21: 371-472.

Kipf, Siegfried
1999 "Herodot als Schulautor". Köln. (Studien und Dokumente zur deutschen Bildungsgeschichte. 73.).

Kliege, Herma
1991 *Weltbild und Darstellungspraxis hochmittelalterlicher Weltkarten*. Münster: Nodus Publikationen.

Knappe, Fritz
1906 *Das angelsächsische Prosastück „Die Wunder des Ostens"*. Greifswald.

Knefelkamp, Ulrich
1990 *Europa auf der Suche nach dem Erzpriester Johannes*. Bamberg.

Knock, A.
1979 "Liber monstrorum de diversis generibus". *Medium aevum*. 48,2: 259-262.

Knott, Cheryl
1998 "Orangoutans in the Wild". *National Geographic*. 194,2: 30-57.

König, Ditte
1984 *Das Tor zur Unterwelt. Mythologie und Kult des Termitenhügels in der schriftlichen und mündlichen Tradition Indiens*. Wiesbaden: Steiner. (Beiträge zur Südasienforschung. 97.).

Kropp, Manfred
2003 http://www.oidmg.org/frames/publications/PriesterJohannes.htm. 11.8.2003

Krejci-Graf, Karl
1961 "Giant Rats and the Road to Lhasa". *Sherlock Holmes Journal*. 10: 3-6.

Kretschmer, Konrad
1891 "Eine neue mittelalterliche Weltkarte der vatikanischen Bibliothek". *Zeitschrift zur Geschichte der Erdkunde* (Berlin). 26: 371-406.

Kretschmer, Paul
1919 *Neugriechische Märchen*. Jena.

Kroupnik, Victor
1994 *The Russian Gold*. Moskau.

Kruse, Theodor
1856   *Indiens alte Geschichte*. Leipzig.

Lapidge, Michael
1982   "Beowulf, Aldhelm, Liber Monstrorum and Wessex". *Studi medievali*. 3.ser. 23: 151-192.

Larcher, Petrus M.
1786   *Histoire d'Hérodote*. Traduit du grec. T. III. Paris.

Lassen, Christian
1856   *Indische Alterthumskunde*. Bd. 2. Leipzig.

Laufer, Berthold
1908   "Die Sage von den goldgrabenden Ameisen". *T'oung Pao*. Ser. II. 9: 429-452.

Lecouteux, Claude
1979   *De rebus in oriente mirabilibus*. Meisenheim. (Beiträge zur klassischen Philologie. 103.).
1984   *Kleine Texte zur Alexandersage*. Göttingen. (Göttinger Arbeiten zur Germanistik. 388.).

Legge, James
1886   *A Record of Buddhistic Kingdoms Being an Account by the Chinese Monk Fa-Hsien of his Travels in India and Ceylon (A.D. 399-414) in Search of the Buddhist Books of Discipline*. Oxford.

Lehmann, Bernd / Cabral, Alejandre
2002   "What Makes a Gold Rush? Late News from the Serra Pelada Gold-Palladium-Platinum Deposit in Brazil". *Erzmetall*. 55: 571-572.

Lendering, Joan
2004   http://www.livius.org/he-hg/herodotus/herodotus02.html

Leitner, Gottlieb W.
1893   *Legends, Songs, and Customs of Dardistan*. London.

Letts, Malcolm
1949   *Sir John Mandeville: The Man and his Book*. London: Batchworth.

Liebrecht, Felix
1856   *Des Gervasius von Tilbury Otia Imperialia*. Hannover.

Lindegger, Peter
1979   *Griechische und römische Quellen zum peripheren Tibet. Teil I: Frühe Zeugnisse bis Herodot*. Rikon. (Opuscula Tibetana. 10.).
1982   *Griechische und römische Quellen zum peripheren Tibet. Teil II: Überlieferungen von Herodot bis zu den Alexanderhistorikern*. Rikon. (Opuscula Tibetana. 14.).

Link, Heinrich Friedrich
1821   *Die Urwelt und das Alterthum*. Bd. 1. Berlin.

Littmann, Enno
1953   *Die Erzählungen aus Tausendundein Nächten*. Bd. 3. Frankfurt: Insel.

Lock, Alfred
1882   *Gold: Its Occurrence and Extraction*. New York.

Lock, Neil P.
1985   "Kimberlite Exploration in the Kalahari Region of Botswana with Emphasis on the Jwaneng Kimberlite Province". *Prospecting in Areas of Desert Terrain*. [Ed. by the] Institute of Mining and Metallurgy. [o.O.], 183-190.

Literaturverzeichnis

Löwe, Hartmut
1951 *Ein literarischer Widersacher des Bonifatius — Virgil von Salzburg und die* Cosmographie *des Aethicus Ister*. Mainz. (Akademie der Wissenschaften und Literatur Mainz, Abhandlungen der Geistes- und Sozialwissenschaftlichen Klasse. 1951,11.).

Lorimer, David L.
1929 "The Supernatural in the Popular Belief of the Gilgit Region". *Journal of the Royal Asiatic Society*. 83: 507-536

Ludolf, Hiob
1691 *Ad suam historiam aethiopicam antehac editam commentaria*. Frankfurt.

Lutz, Herbert
1986 "Eine neue Unterfamilie der Formicidae (Insecta: Hymenoptera) aus dem mittel-eozänen Ölschiefer der Grube Messel bei Darmstadt". *Senckenbergiana lethaea*. 67: 177-218.

MacDowall, David W.
1984 "Der Einfluß Alexanders des Großen auf das Münzwesen Afghanistans und Nordwest-Indiens". *Aus dem Osten des Alexanderreichs. Völker und Kulturen zwischen Orient und Okzident. Festschrift zum 65. Geburtstag von Klaus Fischer*. Hrsg. v. Jacob Ozols, Volker Thewalt. Köln: DuMont, 66-73.

Malte-Brun, Martin
1819 "Mémoire sur l'Inde sepentrionale d'Hérodote et de Ctesias comparée au Petit-Tibet des modernes". *Nouvelles Annales de Voyages*. 2: 307-383.

Mann, Max F.
1884 "Der Physiologus des Philipp von Thaün und seine Quellen". *Anglia*. 7: 420-468.
1888 *Der* Bestiaire Divin *des Guillaume le Clerc*. Berlin. (Französische Studien. 6,2.).

Mannert, Konrad
1797 *Geographie der Griechen und Römer V: Indien und die persische Monarchie bis zum Euphrat*. Nürnberg.

Martin, Victor
1959 "Un recueil de diatribes cyniques". *Museum helveticum*. 16: 77-115.

Markham, Clements
1912 *Book of the Knowledge of All Kingdoms, Lands & Lordships That Are in the World*. London.

Massé, Henri
1973 *Ibn al-Faqih al-Hamadani — Abrégé du Livre es pays*. Damasque.

McCandless, Thomas E. / Nash, William P.
1996 "Detrital Mantle Indicator Minerals in Southwestern Wyoming USA: Evaluation of Mantle Environment, Igneous Host, and Diamond Exploration Significance. *Exploration and Mining Geology*. 5,1: 33-44.

McCartney, Eugene S.
1954 The Gold-Digging Ants. *Classical Journal*. 49: 234.

McCarty, Kieran
1976 *Desert Documentary*. Tucson.

McCook, Henry C.
1882 *Honey Ants of the Garden of the Gods and the Occident Ants of the American Plains*. Philadelphia.

McCulloch, Florence
　1962　　*Medieval Latin and French Bestiaries.* Chapel Hill. (University of North Carolina Studies in Romanic Languages and Literature. 33.).

McDowell, Patricia A.
　1991　　*The Voyage of Mael Duin.* Dublin.

Merkelbach, Reinhold
　1954　　*Die Quellen des griechischen Alexanderromanes.* München: Beck.

Michelant, Henri
　[1846]　*Li romans d'Alixandre par Lambert li Tors et Alexandre de Bernay.* Stuttgart.

Migne, Jacques Paul
　1845　　*Patrologiae cursus completus. Seriae latinae.* Vol. 177. Paris: Migne.

Miller, Konrad
　1896　　*Mappaemundi. Die ältesten Weltkarten. V: Die Ebstorfkarte.* Stuttgart.

Minorsky, Victor
　1937　　*Hudud al-Alam: The Regions of the World.* London.
　1942　　*Sharaf al-Zaman Tahis: Marvazi on China, the Turks and India.* London.

Mock, John
　2002　　"Dards, Dardistan and Dardic: An Ethnographic, Geographic and Linguistic Conundrum". http://www.monitor.net/jmko/karakorum/dard/htm.

Montgomerie, T. G.
　1868　　"Report of a Route Survey Made by Pundit *, from Nepal to Lhasa and thence through the Upper Valley of the Brahmaputra to its Source". *Journal of the Royal Geographical Society.* 38: 129-219.
　1869　　"Report on the Trans-Himalayan Explorations during 1867". *Journal of the Royal Geographical Society.* 39: 46-187.

Moorcroft, William
　1816　　"A Journey to Lake Manasarovar in Un-dés, a Province of Little Tibet". *Asiatick Researches.* 12: 375-534.

Moorcroft, William / Trebeck, George
　1841　　*Travels in the Himalayan Province of Hindustan and Punjab.* London.

Morrall, Eric J.
　1956　　*Sir John Mandevilles Reisebeschreibung.* Berlin. (Deutsche Texte des Mittelalters. 64.).

Müller, Carl Otfried
　1848　　*Fragmenta historiarum graecorum.* Paris.
　1882　　*Geographi graeci minores.* Vol. 1. Paris.

Mulkey, James
　2000　　"A River Runs through It". *Treasure Cache Magazine.* 12: 42-44.

Mundell, Robert
　2002　　*The Birth of Coinage.* New York. (Columbia University Discussion Paper. 0102-08.).

Musset, George
　1904　　*La cosmographie avec l'espère et régime du soleil et du nord.* Paris.

Myles, Thomas G. / Milner, Michael W. / Tilsley, Jim
　1999　　"The Use of Termites in Prospecting for Gold". *19. International Geochemical Exploration Symposium, Vancouver, Abstract Volume.* Vancouver, 125-131.

Naber, Samuel Adrianus
1864   *Photii patriarchae lexicon*. Vol. 1. Leiden.

Nesselrath, Heinz G.
1995   "Herodot und die Enden der Erde". *Museum helveticum*. 52,1: 20-44.

Neuman, Dov
1954   *Motif-index of Talmudic-midrashic literature*. Bloomington.

Oppert, Gustav Salomon
1863   *Der Presbyter Johannes in Sage und Geschichte*. Berlin.

Orezone.com
2003   http://www.orezone.com/kerboule.html.

Orey, F. L. C.
1975   "Contribution to Termite Mounds to Locating Hidden Copper Deposits". *Transactions of the Institue of Mining and Metallurgy*. 84: B150-B151.

Oskamp, Hans P.
1975   *The Voyage of Máel Dúin*. Groningen.

Ossendowski, Ferdinand
1923   *Beasts, Men and Gods*. Boston.

Pabel, Romy / Pabel, Hilmar
1986   *Auf Marco Polos Spuren*. München.

Park, Mungo
1799   *Reisen im Inneren von Africa auf Veranlassung der afrikanischen Gesellschaft in den Jahren 1795-1797*. Berlin.

Parpola, Asko / Parpola, Simo
1975   "On the Relationship of the Sumerian Toponym *Meluhha* and Sanskrit *Mleccha*". *Studia orientalia Fennica*. 46: 205-238.

Pearson, Lionel
1960   *The Lost Histories of Alexander the Great*. London. (Philological Monographies London. 20.).

Peissel, Michel
1984   *The Ants' Gold*. London.

Peschel, Oskar Ferdinand
1854   "Der Ursprung und die Verbreitung einiger geographischer Mythen im Mittelalter". *Deutsche Vierteljahres-Zeitschrift*. 1854,2: 225-292.

Peuckert, Will Erich
1962   *Handwörterbuch der Sage*. Hrsg. v. Will Erich Peuckert. Bd. 1. 2. Lfg.: Alb-Ameisentötung. Göttingen: Vandenhoeck & Ruprecht.

Pfister, Friedrich Eduard
1946   "Studien zum Alexanderroman". *Würzburger Jahrbuch zur Altertumswissenschaft*. 1: 29-66.

Polignac, François de
1999   "From the Mediterranean to Universality? The Myth of Alexander — Yesterday and Today. *Mediterranean Historical Review*. 14,1: 1-17.

Literaturverzeichnis

Poppe, Nikolaus
1957 "Eine mongolische Fassung der Alexandersage". *Zeitschrift der deutschen morgenländischen Gesellschaft.* 107: 105-129.

Prasad, E. A. V.
1987 "Geobotany and Biogeochemistry in Mineral Exploration in the Tropics". *Journal of Geochemical Exploration.* 29: 427-428.

Prater, Stanley H.
1971 *The Book of Indian Animals.* 2nd ed. Bombay.

Prinz, Otto
1993 *Die Kosmographie des Aethicus.* Berlin, New York: de Gruyter. (Monumenta Germanica Historica. 14.).

Prior, Oliver H.
1913a *L'image du monde de Maitre Goussain.* Lausanne.
1913b *Caxton's Mirrour of the World.* Ed. by O. H. Prior. London.

Pritchett, W. K.
1982 "Some Recent Critiques of the Veracity of Herodotus". *Studies in Ancient Greek Topography.* 4: 234-285.

Puskas, Ildiko
1976 "On the Ethnographic Topos in the Classical Literature (The Gold-digging Ants)". *Annales Universitatis Scientiarum Budapestinensis. Sectio Classica.* 4: 73-87.

Quiring, Heinrich
1948 *Geschichte des Goldes.* Stuttgart.

Rawlinson, H.
1869 [Leserbrief in:] *Pall Mall Gazette,* 16.3.1869.

Redfield, J.
1985 "Herodotus the Tourist". *Classical Philology.* 80: 97-110.

Reelfs, Christian
1998 *Untersuchungen zur Bioturbation auf ausgewählten Flächen in Aragón (Spanien).* Unveröffentl. Diplomarbeit, Universität Frankfurt/Main.

Reimer, Thomas O.
2000 "Riesenameisen nach Jahrhunderten wiederentdeckt". *Der Donaldist.* 113: 4-5.

Reinsch, Robert
1888 *Le bestiaire — Das Tierbuch des normannischen Dichters Guillaume le Clerc.* Wiesbaden.

Renegos, George W.
1939 "A Note on Herodotus III, 102". *Classical Journal.* 34: 425-426.

Rennel, James
1788 *Memoir of a Map of Hindoostan; or, the Moguls' Empire.* London.

Rickard, Thomas A.
1899 "The Alluvial Deposits of Western Australia". *Transactions of the American Insitute of Mining Engieneering.* 28: 490-537.
1930 *The Story of the Gold-Digging Ants. University of California Chronicle.* 1930,1: 3-20.

Ridder, Klaus
1991 *Jean de Mandevilles „Reisen".* München.

Ritter, Carl
1833   *Die Erdkunde von Asien.* T. 3, Bd. 2. Berlin.

Roberts, Thomas J.
1977   *The Mammals of Pakistan.* London.

Rombouts, Louis
1998   "Mauritania: A Diamond Exploration Target". *http://www.rexmining.com/rdmc/Company/Reports/Speeches/AMA_Speech_LR.htm* (21.2.2003)

Ross, David J.
1988   *Alexander historiatus.* Frankfurt. (Athenäum Monographien zur Altertumswissenschaft. 186.).

Sachse, Ioanna
1981   *Megasthenes o Indiach.* Wrocław. (Acta Universitatis Wratislawensis. 8-587.).

Sandler, Lucy F.,
1996   *Omne bonum — A Fourteenth-century Encyclopedia of Universal Knowledge.* Vol. 2. London: Oxford University Press.

Schade, Markus
2001   *Gold in Thüringen.* Weimar.

Schäfer, Jürgen
1976   *Batman uppon Bartholome his book „de proprietate rerum".* Hildesheim: Olms.

Schiern, Frederick
1871   *Über den Ursprung der Sage von den goldgrabenden Ameisen.* Kopenhagen, Leipzig.

Schmidt, Erich Friedrich
1953   *Persepolis I: Structures, Reliefs, Inscriptions.* Chicago.

Schmidt, H. P.
1980   "The Senmurv. Of Birds and Dogs and Bats". *Persica.* 9: 1-85.

Schwanbeck, Eugen
1845   *De Megasthene rerum indicarum scriptore.* Bonn.

Scott, Harold W.
1951   "The Geological Work of the Mound-building Ants in Western United States". *Journal of Geology.* 59: 173-175.

Seymour, Michael C.
1967   *Mandeville's Travels.* Oxford: University Press.

Sheldon, Arthur L.
1911   "West Mexican Mining Camps". *Minerals and Scientific Press.* 1911,4: 459-461.

Silverberg, Robert
1998   "The Gold-Digging Ants of the Lost Plateau". *Asimov's Science Fiction.* 22,9 (No. 273): 4-7.

Simons, Marlise
1996   The Gold-Digging 'Ants'". *The New York Times.* 25.11.1996, B-12

Sisam, Kenneth
1953   *Studies in the History of Old English Literature.* Oxford.

Smithers, George V.
1961   *Kyng Alisaunder.* Text. London.

Snoy, Peter
1975 *Bagrot – eine dardischen Talschaft im Karakorum*. Graz: Akademische Druck- u. Verlagsanstalt.

Snyder, Susan
1979 *The Divine Weeks and the Works of Guillaume de Salluste, Sieur du Bartas*. Translated by Josuah Sylvester. *Vol. 1*. Oxford.

Soetbeer, [Georg] Adolph
1879 "Edelmetallproduktion und Wertheverhältnis zwischen Gold und Silber seit der Entdekkung Amerikas bis zur Gegenwart". *Petermanns Mitteilungen. Ergänzungsband*. 13: 1-142.

Sollbach, Gerhard E.
1989 *Das Tierbuch des Konrad von Megenberg*. Düsseldorf.

Sommerbrodt, Ernst
1891 *Die Ebstorfer Weltkarte. Im Auftrag des Historischen Vereins für Niedersachsen, hierbei ein Atlas von 24 Tafeln in Lichtdruck*. Hannover.

Spiropoulos, Angelo / Spiropoulos, Patricia
2001 "The Mysterious Lost Story of Alexander the Great".
  http://ww.geocities.com/losalexspirop/index.htm

St. Clair, Hilary
1977 *Mineral industry in early America*. US Bureau of Mines, Washington.

Stein, Otto
1931 "Megasthenes". *RE*. 15: 230-326.

Stemmler, Theo [Hrsg.]
1960 John de Mandeville. *Die Reisen des Ritters John de Mandeville durch das Gelobte Land, Indien und China*. Stuttgart.

Sterndale, Robert
1982 *Natural History of the Mammalia of India and Ceylon*. Neu-Delhi.

Störck, Lothar / Gundlach, R.
1975 "Gold". *Lexikon der Ägyptologie. II*. Hrsg. v. Wolfgang Helck, Eberhard Otto. Wiesbaden: Harrassowitz, 725-751.

Stoneman, Richard
1994 "Romantic Ethnography: Central Asia and India in the Alexander Romance". *Ancient World*. 25: 93-107.

Streckenbach, Gerhard
1990 Walter von Chatillon: *Alexandreis – Das Lied von Alexander*. Heidelberg.

Suttill, Keith
1996 *Ecuador – Potential Moving to Reality. Engineering & Mining Journal*. 1996,4: 31-37.

Swanton, Michael [Ed.]
1993 *Anglo-Saxon Prose*. London: Rowman. (Rowmans & Littlefield University Library.).

Taggart, Arthur
1945 *Handbook of Mineral Dressing*. New York.

Tarn, William W.
1938 *The Greeks in Bactria and India*. Cambridge.

Taylor, Edward G.
1931 *A Brief Sume of Geography by Roger Barlow, 1540-1541*. London. (Hakluyt Society. 2nd Series. 69.).

Tendlau, Abraham
1842   *Das Buch der Sagen und Legenden jüdischer Vorzeit.* Stuttgart.

Thewalt, Volker
1984   "Pferdedarstellungen in Felszeichnungen am oberen Indus". *Aus dem Osten des Alexanderreiches. Völker und Kulturen zwischen Orient und Okzident. Festschrift zum 65. Geburtstag von Klaus Fischer.* Hrsg. v. Jacob Ozols, Volker Thewalt. Köln: DuMont, 204-218.

Thomas, E.
1874   "Ancient Indian Weights". *Marsden's Numismatica Orientalia.* 1: 1-74.

Thomas, Frederick W.
1935   *Tibetan Literary Texts and Documents Concerning Chinese Turkestan.* Part. 1. London. (Oriental Translation Fund. N.S.. 32.).

Thompson, Stith
1956   *Motif-index of Folk Literature.* Vol. 1. Helsinki.

Toischer, Wendelin
1888   Alexander *von Ulrich von Eschenbach.* Tübingen.

Tomaschek, Wilhelm
1901   "Dardai". *RE.* 4: 2153-2154.

Tran, Roch
1996   "Die Goldsucher von Liptako".
          http://www.filmeeinewelt.ch/deutsch/pageswork/50868a.htm

Trotter, H.
1877   "Account of the Pundit's Journey in Greater Tibet from Leh in Ladakh to Lhasa and of his Return to India via Assam". *Journal of the Royal Geographical Society.* 47: 86-136.

Troxell, Hyla A.
1998   "Ants and Angels: Some Late Alexander Staters from Amphipolis". *Coins of Macedonia and Rome: Essays.* Ed. by A. Burnett, U. Wartenberg, R. Wischonke. London, 67-70.

Tucci, Giuseppe
1956   *Preliminary Report on Two Scientific Expeditions in Nepal.* Roma. (Serie Orientale Roma. 10.).

Urios-Aparisi, Eduardo
2000   *Las hormigas de oro – Ants of Gold.* Chicago.

Van den Abeele, Baudouin
2000   "Un bestiaire à la croisée des genres: Le manuscrit Cambridge UL Gg.6.5 (quatrième "famille") du Bestiaire Latin)". *Reinardus.* 13: 215-236.

Veltheim, August Ferdinand Graf von
1800   "Von den goldgrabenden Ameisen und den Greifen der Alten, eine Vermuthung". *Sammlung einiger Aufsätze.* T. III. Helmstedt, 266-291.

Vercoutter, John
1959   The Gold of Kush. *Kusch.* 7: 120-153.

Verwijs, Eelco
1878   *Jacob van Maerlant's naturen bloeme.* Groningen.

Vigne, Godfrey Thomas
1844   *Travels in Kashmir. Ladakh, Iskardo, the Countries Adjoining the Mountain Course of the Indus, and the Himalaya North of Punjab.* Vol. II. London.

Vilamayo, Agusti A.
1999 "Els «Cants arimaspeus» d'Aristeas de Proconnès: la caiguda dels Zhou occidentals". *Faventia*. 21,2: 45-55.

Visser-Hooft, Jenny
1935 "Ethnographie". *Wissenschaftliche Ergebnisse niederländischer Expeditionen in den Karakorum und die angrenzenden Gebiete*. Bd. I. Hrsg. v. P. C. Visser, J. Visser-Hooft. Leipzig, 121-155.

Vollmer, Wilhelm
1836 *Vollständiges Wörterbuch der Mythologie aller Nationen*. Bd. I. Stuttgart.

Wagner, Bettina
2000 *Die "Epistola presbiteri Johannis", lateinisch und deutsch*. Tübingen.

Wahl, Samuel F.
1807 *Erdbeschreibung von Ostindien*. T. II. Hamburg.

Walberg, Emanuel
1900 *Le bestiaire de Philippe de Thaün*. Lund.

Walde, Alois
1938 *Lateinisches etymologisches Wörterbuch*. Hrsg. v. J. B. Hofmann. Heidelberg: Winter.

Walser, Gerold
1966 *Die Völkerschaften auf den Reliefs von Persepolis*. Berlin. (Teheraner Forschungen. 2.).

Warner, George
1912 *Queen Mary's Psalter: Miniatures and Drawings by an English Artist of the 14th Century Reproduced from Royal Ms. 2B VII in the British Museum*. London.

Webster, Thomas B.
1928 "A Rediscovered Caeretan hydra". *Journal of Hellenistic Studies*. 48: 196-205.

Weißbach, Franz Heinrich
1919 "Kamel". *RE*. 10: 1824-1832.

Wendel, Carl [Hrsg.]
1914 *Scholiam in Theocritum vetera*. Leipzig: Teubner.

Westrem, Stanley D.
2001 *The Hereford Map. Terrarum orbis I*. Tournhout.

Wheeler, George C. / Wheeler, Joan
1963 *The Ants of North Dakota*. Bismarck.

Wheeler, William M.
1910 *Ants*. New York (*Columbia Biological Series*. 9.).

Wilford, Francis
1822 "On the Ancient Geography of India". *Asiatick Research*. 14: 373-471.

Wilke, Jürgen
2001 *Die Ebstorfer Weltkarte*. 2 Bände. Bielefeld (Veröffentlichungen des Instituts für Historische Landesforschung der Universität Göttingen. 39.).

Wilson, Horace Hayman
1843 "Notes on the Sabhá Parva of the Mahabharata, Illustrative of Some Ancient Usages and Articles of Traffic of the Hindus". *Journal of the Royal Asiatic Society of Great Britain & Ireland*. 7: 137-144.

Wirth, Gerhard / Hinüber, Oskar von [Hrsgg.]
1985 *Arrian. Der Alexanderzug / Indische Geschichte*. Übers. v. Gerhard Wirth, Oskar von Hinüber. München: Artemis.

Wiseman, Timothy P.
1992   *Talking to Virgil – A Miscellany*. Exeter.

Wittkower, Rudolf
1942   "Marvels of the East. A Study in the History of Monsters". *Journal of the Warburg and Courtauld Institutes*. 5: 151-197.

Wolf, Armin
1991   "Ikonologie der Ebstorfer Weltkarte und politische Situation des Jahres 1239". *Ein Weltbild vor Columbus – Die Ebstorfer Weltkarte*. Hrsg. v. H. Kugler. Weinheim, 54-116.

Woodward, David
1987   "Medieval mappaemundi". *The History of Cartography*. Vol. I. Ed. by J. B. Harley, D. Woodward. Chicago, 286-370.

Wright, Thomas
1841   *Popular Treatise on Science*. London.

Wüstenfeld, Ferdinand
1848   *Zakarija Ben Muhammad Ben Mahmud el-Cazwini's Kosmographie*. 2. Teil: *Die Denkmäler der Länder*. Göttingen.

Yan, G. / Wang, F. B. / Shi, G. R. / Li, S. F.
2001   "Palynological and Stable Isotopic Study of Paleoenvironmental Changes on the Northeastern Tibetan Plateau in the last 30.000 Years". *Paleogeography, Paleoclimatology, Paleoecology*. 153: 147-159.

Yule, Sir Henry
1863   *Mirabilia descripta. The Wonders of the East by Friar Jordanus*. London. (Hakluyt Society. 2nd Series. 31.).

Zarncke, Friedrich Carl Theodor
1879   "Der Priester Johannes, erste Abteilung, enthaltend Kapitel I, II und III". *Abhandlungen der philologisch-historischen Klasse der königlich-sächsischen Gesellschaft der Wissenschaften*. 7: 827-943.

Zedler, Johann Heinrich
1733-54 *Großes vollständiges Universal-Lexicon Aller Wissenschafften und Künste, Welche bishero durch menschlichen Verstand und Witz erfunden und verbessert wurden*. 64 Bände. Halle, Leipzig.

Index nominum

A

Abeele, Baudouin van den
  145

Adelinus (Adelmus; Aldhelmus; *Abbot of Malmesbury*; ?639/40-709)
  80-81, 113, 166

Aelianus (Claudius Aelianus 'Meliglossos'; *griech. Autor*; ?170-?235)
  30, 45-46, 57-59, 62, 65, 76, 155, 199, 228, 230-231, 234

Aethicus Ister (*fl* 768-821)
  81-83, 85, 124, 137, 199

Agatharchides von Knidos (*Historiker & Geograph*; ?208-132/31)
  45, 48, 153, 160

Agosti, Donat
  194

Agricola, Georgius (Bauer, Georg; *Arzt & Mineraloge*; 1494-1565)
  156-158, 231

Agrippa (M. Vipsanius Agrippa; *röm. Feldherr*; 64/3-12)
  48

Akbery, Ali (*fl* 1784)
  209

Alberich von Pisancon (von Besançon; *fl* 1120 AD)
  123

Albericus (*Zisterziensermönch*; *fl* 1165 AD)
  103-104

Albertus Magnus (Albert von Lauingen, Graf von Bollstädt; 'Doctor universalis'; 1193-1280)
  113-114, 116, 142, 180

Aldhelmus (*Abbot of Malmesbury*; ?639/40-709)
  → Adelinus

Aldrovando, Ulisse (*ital. Zoologe*; 1522-1605)
  87, 164-165, 180

Alexander de Bernay (*fl* 1177-1180)
  124

Alexander der Große
  → Alexander III

Alexander Helios (*Bruder der Kleopatra Selene*; *fl* s. I vC)
  46

Alexander III ('der Große'; 356-323)
  20, 30, 35-38, 43, 51, 54-55, 65-70, 72, 74, 80-81, 85, 89-91, 94-95, 123-124, 126, 129, 135, 166, 172, 225

Alexander III (Bandinelli, Orlando; *Papst*; 1159-1181)
  104

Alexander IV (*Sohn des Alexander III*; 323-310/09)
  37

Alexander VI (Lanzol-Borja, Roderigo; 1431/34-1503; *Papst* 1492-1503)
  66

Alföldi, Andreas (*Althistoriker*; 1895-1981)
  60-61

Alfonso V (Il Magnanimo; *Rey de Aragon*; 1396-1458; *port. König* 1416-1458)
  145

Ali Reis, Sidi (*türk. Admiral*; *fl* 1552-1556)
  160

Alkuin of York (Alcuin; Ealhwine; Flaccus Albinus; 732-804)
  54, 83

Index nominum

Alphonse de Saitogne
→ Fonteneau, Jean

Altheim, Franz (*Historiker*; 1898-1976)
62

Aly, Wolf (*fl* 1921)
40

Amenophis III (Amenohotep; *Pharao*; 1402-1364/75)
21

Amitrochades
→ Amitroghata

Amitroghata (Amitrochades; *ind. König*; *fl* s. III vC)
40

Amman, Jost (1539-1591)
161

Ammianus Marcellinus (?330-*post* 395)
64

Anastasius I (Flavius Anastasius; 431-518; *oström. Kaiser* 491-518)
80, 191

Andrews, Lawrence (*fl* 1521)
149

Antigonos I Monophthalmos (*Diadoche*; 382-301)
36-37

Antiochos I. Soter (*seleukid. König*; 293-261)
40

Antoninus Pius (Titus Aurelius Fulvus Boionius Arrius Antoninius; 86-161; *als* Titus Aelius Caesar Antoninius Augustus Pius *röm. Kaiser* 138-161)
40

Apollinaire, Guillaume (Kostrowski, Wilhelm Apollinaris de; *Dichter*; 1880-1918)
101

Apollonides von Kos (*Arzt*; *fl* s. V vC)
33

Apollonius von Perge (*Mathematiker*; 262-190)
117

Apollonius von Tyana (*Wanderprediger*; 3-97 AD)
52, 62, 81

Apuleius aus Madaura (*röm. Schriftsteller*; 125-170)
195

Arcadius (?377-408; *röm. Kaiser* 383/394-408)
71

Aristarchos von Samothrake (*Philologe*; 216-144)
14

Aristeias von Prokonnesos (*Epiker*; *fl* s. VII*ex* vC)
60, 157-158, 229-230

Aristeides (Publius Aelius Aristeides; 117-180)
57

Aristophanes (*Komödiendichter*; ?450-*post* 385)
13, 19, 126

Aristoteles von Stageira (*Philosoph*; 384-322)
13, 16, 31, 33, 35, 48, 57, 65, 67-68, 72, 74, 80-81, 88, 91, 94, 99-100, 112, 115, 124, 155, 214

Arrianos (Lucius Flavius Arrianus; *Historiker*; ?86-160)
36-38, 40, 53-55, 72, 61, 68, 72-73, 180

Artabanos (*parth. König*; *fl* 454 vC)
12

Artaxerxes I Makrocheir (*pers. Großkönig*; 465-424)
12, 35

Artaxerxes II Mnemon (*pers. Großkönig*; 404-359)
33

Artaxerxes III 'Ochos (*pers. Großkönig*; 359-337)
33

Artemidoros von Ephesus (*Geograph*; *fl* 100 vC)
45, 48, 160

Asarhaddon (*neuassyr. König* 680-669)
68

Aslake, Walter (*fl* s. XIV/XV)
129

Athenagoras (*Arzt*; *fl* s. IV vC)
33

Augustus (Gaius Octavius; 63 vC-14 AD; *als* Gaius Caesar Augustus *röm. Kaiser* 27 vC-14 AD)
14, 32, 46, 48

Aulus Gellius (Aulo Gelio; 123-?165)
34

Index nominum

Aurelian (Lucius Domitius Aurelianus; ?214-275; *röm. Kaiser* 270-275)
63

Ausfeld, Adolf (*fl* 1907)
68, 89

Avienus (Avianius; Rufus Festus Avienus; *fl* s. IV½-*ex*)
53

B

Babur (Babur, Sahir ed-din Muhammed; *Moghulkaiser*; 1493-1530)
39, 211

Bakoui (Anderraschid Ben Salah Ben Nouri; *fl* 806 d.H., 1403 AD)
141, 248

Balbus de Janua, Joannes (Balbi, Giovanni; †1289/96)
→ Johannes de Janua

Ball, Victor (*fl* 1881-88)
187, 209

Barber, Peter
130

Barber, Richard H.
129

Barbier de Meynard, Charles (*fl* 1865)
88

Barks, Carl (*Zeichner*; 1901-2000)
175-176

Barlow, Roger (*ante* 1490-1554)
153

Bartholomaeus Anglicus (Bartholomaeus Glanvillus; *fl* 1180-1245)
111-113, 129, 145, 163

Bastian, Adolf (1826-1905)
186

Batman, Stephen (1510-1584)
163

Bayezid (*Sohn v. Suleiman*; *fl* 1559-1561)
159

Bazin-Fouché, Eugène (*fl* 1938)
189

Bazzi, Giovanni A. (*gen.* Sodoma; 1479-1549)
150

Beal, Samuel (*fl* 1926)
69, 78, 206

Beavis, Ian C.
190

Beck, Ludwig (1841-1918)
187

Becker, Conrad (*fl* 1854)
161

Belova, Olga W.
104, 163

Benecke, Berthold Adolph (1843-1886)
187, 206

Bennett, Josephine W. (*fl* 1954)
133

Bentley, Ron
196

Bergaigne, Abel (1838-1888)
43

Berger de Xivrey, Jean (*fl* 1836)
68, 80-81, 89, 185

Bernier, Martin A.
201

Bertha von Sulzbach (*byzant. Kaiserin* Irene; *fl* 1142)
102

Berteloot, Amand
116

Beruni (Abu Raihan Mohammad Ibn Ahmad al-Beruni; 973-1048)
97

Bianco, Andrea (*fl* 1457-1459)
145

Blakesley, Joseph W. (*fl* 1854)
186, 188-190

Blundon, J. W. (*Prospektor*; *fl* 1896)
196

Boccaccio, Giovanni ('Il Certaldese'; 1313-1375)
130, 165

Bochart, Samuel (1599-1667)
165, 181

Bodenheimer, Friedrich S. (*fl* 1928)
113, 162, 166

Boehme, Johannes (*fl* 1556)
154

Boese, Helmut
113

Bolte, Johannes (1858-1937)
133

Index nominum

Bolton, Joseph D.
41-42, 58

Bonifatius (Wynfreth; 672-754)
19, 82

Borger, Rykle (*fl* 1956)
68

Borst, Arno (*Historiker*)
83

Bosch van Aken, Hieronymus (*Maler*; 1462-1516)
151

Boulnois, Lucette
219, 224, 231-232

Boyle, Robert W.
197

Bozorg Ibn Shahryar (*Kapitän*; *fl* 340 d.H., 950 AD)
86-88, 118, 183, 235

Braund, David
75

Breau, Armand de
→ De Breau, Armand Q.

Bremer, Ernst
247-248

Brendan (484-578)
85

Brodersen, Kai
48

Brosius, Dieter
122

Brown, Michelle
129

Brown, Theodore S. (*fl* 1955)
40

Buddha (Gotama Siddhattha; *nepal. Fürstensohn*; 560-480 vC)
74, 78, 171

Buddhaghosa (*Übersetzer*; *fl* s. V AD)
74

Bürger, Gottfried August (*Schriftsteller*; 1748-1794)
57

Burnay, Jean (*fl* 1931-39)
172

Burton, Richard Francis (*engl. Reisender & Forscher*; 1821-1890)
213, 231

Busbeq, Ogier-Ghislain de (*fläm. Diplomat*; 1522-1592)
159-160, 165, 181-182

C

Cabral, Alejandre
223

Caesar (Gaius Julius Caesar; 100-44)
32, 85-86, 225

Calvert, John (*fl* 1873)
221

Cameron, Verney Lovett (1844-1894)
213, 231

Caracalla (Lucius Septimius Bassianus; 186-217; *als* Caesar Marcus Aurelius Antoninus Augustus *röm. Kaiser* 211-217)
66

Cardanus, Hieronymus (Cardano, Girolamo; *Philosoph & Mathematiker*; 1501-1576)
87

Carmody, Francis (*fl* 1938)
101

Carnegie, Daniel W. (*fl* 1898-91)
215, 218, 224

Cassius Dio
→ Dion Cocceianus

Caxton, William (*Buchdrucker*; 1422-1491)
148

Chabaille, Pierre (*fl* 1863)
244

Chandragupta (*ind. König*; *reg.* 321-297)
→ Sandrokottos

Chaudhary, M. A.
209

Chavannes, Edouard (*fl* 1922)
79, 159

Claudius (Tiberius Claudius Drusus Nero Germanicus; 10 vC-54 AD; *röm. Kaiser* 41-54 AD)
48

Clemens Alexandrinus (Titus Flavius Clemens; ?140/50-?216/17)
61, 72-73, 100

Cockayne, Thomas O. (*fl* 1863)
239

Collins, Joan (*Schauspielerin*)
177

Colomesius, Petrus (1638-1692)
181

Columbus (Colón, Cristóbal; 1451-1506)
→ Kolumbus, Christoph

Conophagos, Constantin E.
227

Constantius II (Flavius Julius Constantius; 317-361; *röm. Kaiser* 340-345)
68, 70

Cook, John
60

Cotton, Sir Robert (*engl. Bibliophiler*; 1571-1631)
91

Cram, Len
198

Cunningham, Sir Alexander (1814-1893)
186

Curtius Rufus (Quintus Curtius Rufus; *röm. Historiker*; *fl* s. I vC)
137

D

Dahlmann, Friedrich Christoph (*Herodotforscher*; 1785-1860)
13

Daimachos (*griech. Botschafter*; *fl post* 293 vC)
38, 40, 42, 157

Dalché, Patrick G.
119-120, 144

Dandamis (*brahman. Weiser*; *fl* s. IV vC)
54, 67

Dani, Ahmad H.
190

Daniell, Francis (*fl* 1881)
159

Dante Alighieri (Durante da Alighero di Bellincione d'Alighero; 1265-1321)
115-116, 130

Dareios I (Darius; 522-485; *pers. Großkönig* 550-486)
19-20, 22, 33, 79

Dareios III (Darius; ?380-330; *pers. Großkönig* 336-330)
20, 35

Dati, Giuliano (*ital. Dichter*, *fl* 1492-96)
104

Davidson, Basil
226

Davis, Henry
120

De Breau, Armand de Q. (*fl* 1854)
186

De Jong, James W.
43

De la Croix, Pétis (1653-1713)
96, 141

Dean, George A. (*fl* 1908)
197

Decembrus, Petrus Candidus (Decembrio, Pier Candido; 1399-1477)
146-147

Demetrios Triclinios (1280-1340)
126

Demokedes aus Kroton (*griech. Arzt & Philosoph*; *fl* 522-500)
33

Deus, Janine
113

Devic, Louis M. (*fl* 1878-83)
86, 88

Devic, Marc
118

Diderot, Denis (*franz. Enzyklopädist*; 1713-1784)
111, 167

Diermeringen
→ Otto von Diermeringen

Diodor aus Agyrion (Diodorus Siculus; *griech. Historiker*; *fl* s. I vC)
33, 45, 227

Diogenes von Sinope (*Tragödiendichter*; ?400-?323)
35

Diogenian von Herakleia (*griech. Geograph*; *fl* s. II AD)
73

Index nominum

Dion (Lucius Claudius Cassius Dion Cocceianus; 155/64-235)
52, 66

Dion Cocceianus ('Chrysostomos'; *Rhetoriker*; 46-*post* 110)
14, 40, 52-53, 199

Dionysios Periegetes (*Geograph*; fl s. II AD)
53

Dionysius von Halikarnassos (*Rhetoriker*; fl 30-7)
14

Doesbrogh, Johannes van (*Drucker*; fl 1520)
149

Domitian (Titus Flavius Domitianus Augustus; 51-96; *röm. Kaiser* 81-96)
52, 62

Doyle, Sir Arthur Conan (*engl. Schriftsteller*; 1859-1930)
172

Drake, Sir Francis (*engl. Freibeuter*; ?1545-1596)
17

Dschingis Khan (Tschingis Chan; Temudschin; *mongol. Herrscher*; ?1155/67-1227)
219

Dschuwaini (al-Dschuwaini; *pers. Historiker*; fl s. XIII AD)
117

Dube, R.
43

Duncan, Jane (*Reiseschriftstellerin*; fl 1906)
188, 192, 203

Durand, Algernon (fl 1899)
28, 209

Durand, Dana B. (fl 1952)
144, 148

Dutoit, Juliu (fl 1912)
171

E

Eco, Umberto
104

Eisenlohr, Helmut
18

Elias, Ney (fl 1898)
39, 211

Enciso, Martín Fernández de (*span. Seefahrer*; 1470-1528)
180, 249

Epiktet aus Hierapolis (*Stoiker*; 50-125)
54

Eppendorf, Heinrich von
→ Heinrich von Eppendorf

Erasmus Roterodamus, Desiderius (*humanist. Philologe*; ?1466/7-1536)
157

Eratosthenes von Kyrene (*Bibliothekar*; 295/80-?200)
40, 48

Eubulos (*athen. Komödiendichter*; ?380-335)
34-35

Eudamos (*maked. Krieger*; fl s. III vC)
37

Eusebius
→ Hieronymus (Eusebius Hieronymus Sophronius)

Eyriès, Jean B. (fl 1819)
184

F

Faral, Edmond (1882-1958)
76, 80

Faxi-an (Fa-hsien; *chin. Pilgermönch*; fl 399 AD)
73

Fehling, Detlev
15

Ferdinand I (1503-1564; *dt. Kaiser* 1558-1564)
158-159

Ferrand, Gabriel (fl 1913)
89, 152

Flavius Claudius Julianus ('Apostata'; *röm. Kaiser* 361-363)
71

Flavius Philostratus (?175-?244/49)
57, 62

Flinders Petrie, William M. (fl 1896)
27

Fonteneau, Jean (*gen*. Alphonse de Saitogne; 1485-1544)
153-154

Forster, Charles (*fl* 1881)
159

Foster, Benjamin
54, 124

Fra Mauro (*venez. Mönch & Karthograph*; *fl* 1457-1460)
145-146

Frampton, John (*fl* 1578)
154

Francisco de Alvarez (*port. Mönch*; *fl* 1519-1521)
213

Francke, August Hermann (1870-1930)
171, 188, 233

Franz I (François Ier de Orléans-Angoulême, *roi de France*; 1494-1547)
153

Fraustadt, Georg
157

Freise, Friedrich (*fl* 1908)
188, 212-213

Fridericus (*Mönch*; *fl* 1449)
144

Friedrich I Barbarossa (1123-1190; *dt. Kaiser* 1152-1190)
103

Friedrich II (*der Staufer*; 1194-1250; *dt. Kaiser* 1220-1250)
111

Fröbel, [Carl Ferdinand] Julius (*pseud.* Carl Julius; 1805-1893)
186, 195-196

Froben, Johannes (*Drucker*; 1460-1527)
157

Futterer, Karl Joseph Xaver (1866-1906)
224

G

Galienus (Gallienus; Publius Licinius Egnatius Gallienus; ?213-268; *röm. Kaiser* 253-268)
64

Galland, Jean Antoine (1646-1715)
95

Garrard, Timothy
223-224, 231

Gaster, Moses (1856-1939)
170

Gelasius (*Papst*; 492-496)
100

George, Wilma
190

Georgios Hamartolos (*fl* 842-847)
85

Gervasius (*Ebstorfer Probst*; 1163-1240)
122

Gervasius von Tilbury (*fl* s. XII/XIII)
111, 122, 130, 243

Giamboni, Bono (*ante* 1240-1282)
116

Gildemeister, Johannes Gustav (1812-1890)
117

Gizewski, O.
178

Gleason, C. F.
201

Goethe, Johann Wolfgang von (1749-1832)
21, 135, 168

Gonzaga, Ludovico (*Markgraf von Mantua*; 1412-1478)
146

Gordon, Deborah M.
197

Görres, [Johann] Joseph von (1776-1848)
140

Goussain, Maître Gauthier
→ Walt(h)er von Metz

Graff, Eberhard Gottlieb (1780-1841)
76

Grant, Michael
18

Greco, Juliette (*chansonnière*)
180

Gregor I ('der Große'; ?540-604; *Papst* 590-604)
100

Gregor XV (Ludovisi, Alessandro; 1554-1623; *Papst* 1621-1623)
142

Greve, Felix P.
97

Gronovius, Jakob (*Altphilologe*; 1645-1716)
181

Guignes, M. (*fl* 1789)
141, 248

Guillaume de Salluste, sieur de Bartas (*fl* 1578-1584)
162

Guillaume le Clerc (*fl* 1210)
107-110, 127, 241

Gundlach, R.
222

Gutenberg, Johann (Gensfleisch zur Laden, Helle; *Drucker*; 1394/1406-1468)
117, 149

H

Hadrian (Publius Aelius Sergia Hadrianus; 76-138; als Traianus Hadrianus Augustus *röm. Kaiser* 117-138)
30, 53-54, 57, 73-76, 238

Hamadani (Ibn al-Faqih al-Hamadani; *arab. Geograph*; *fl* s. X AD)
54, 95

Hameleers, Mark
120

Hamfeldt, Dr. (*Lehrer*; *fl* 1954)
10, 22

Harpokration (Valerius Harpokration; *griech. Philologe*; *fl* 14-37 AD)
34, 158

Harrer, Heinrich (*Journalist & Bergsteiger*; *fl* 1952-54)
212

Harrison, Neill
201

Hase, Christian (*Übersetzer*; *fl* 1783)
204

Haslam, Graham
120

Hassell, Alan
213, 218, 221, 224

Haussig, Hans Wilhelm (1916-1994)
181, 237

Headlee, Thomas J. (*fl* 1908)
197

Hedin, Sven Anders (*schwed. Naturforscher*; 1865-1952)
28, 219, 224

Heeren, Adolf Hermann Ludwig (1760-1842)
185

Heinrich der Löwe (1129-1195; *Herzog von Sachsen* 1142-1180; *Herzog von Bayern* 1156-1180)
111

Heinrich der Seefahrer (Henrique; *port. Prinz*; 1394-1460)
131

Heinrich I (Henry 'Beauclerk'; 1068-1135; *engl. König* 1100-1135)
106

Heinrich II (973-1024; *dt. Kaiser* 1014-1024)
89

Heinrich VIII (Henry; 1491-1547; *engl. König* 1509-1547)
127, 153

Heinrich von Eppendorf (*fl* 1543)
49-50, 160

Heissig, Walther
30, 74

Hekataios von Milet (*griech. Historiker*; ?550-490)
19-20

Heliodorus von Emesa (*griech. Schriftsteller*; *fl* s. III¾ AD)
63, 67

Hennig, Richard (1874-1951)
189

Herakleides Lembos (*fl* s. III/II vC)
45

Herodot aus Halikarnassos (*griech. Historiker*; ?490-420)
9-18, 19-22, 28, 30-33, 35-36, 39-40, 44-45, 48-49, 52-53, 58, 60, 69, 75, 79, 88, 96, 102-103, 115, 117-118, 122, 135, 152, 157-158, 164-165, 167-168, 170, 176, 178, 181-182, 186-194, 196, 199-200, 206, 208-210, 215, 217, 219-229, 231, 233-235, 237

Herrmann, Albert (*fl* 1916-39)
189

Hesychos (Hesychios; *griech. Lexikograph*; *fl* s. V/VI AD)
73

Heyden, Johann (*fl* 1565)
160-161, 250

Hieronymus (Eusebius Hieronymus Sophronius; 345/48-420)
72, 77, 81-83, 91, 120, 141

Hieronymus Manfredi (*fl* 1508)
238

Hilka, Alfons (1877-1939)
76, 89-90, 105, 124-125, 238, 246

Hingston, Richard W. (*fl* 1920)
198

Hinüber, Oskar von
73

Hiuen Tsiang (Hsüng-tsang; *chin. Mönch*; *fl* 630-646)
69, 77-78, 206

Hodgson, B. H. (*fl* 1841)
36, 206

Hofmann, Franz
223-224

Högmann, Paul
226

Hölldobler, Bert
191, 194, 197-198

Homer (*fl* s. VIII*ex* vC)
42, 102, 235

Honorius Augustodunensis (*fl* s. XII*in*)
42, 102

Honorius II (*Papst* 1144-1145)
103

Horn, Walther (1871-1939)
188

Horne, Charles F. (*fl* 1917)
160

Horneffer, August (*fl* 1955)
237

Hostia (*Hetäre*; *fl* s. I vC)
47

Hrabanus Magnentius Maurus (780-856)
83

Hsüng-tsang (*chin. Mönch*; *fl* 630-646)
→ Hiuen Tsiang

Huai (*ostchin. König*; *fl* s. IV/III vC)
41

Hudson, Noel (*fl* 1954)
149

Hugo von Folieto (*Augustinermönch*; †1172)
101-102

Hugo von St. Victor (*Augustinermönch*; 1096/97-1141)
101, 106

Humayun (*1508; *Mogulkaiser* 1530-1556)
39, 211

Humboldt, [Friedrich Heinrich] Alexander Freiherr von (*Naturforscher*; 1769-1845)
186, 191, 195

Huntington, Ellsworth (*fl* 1907)
219, 222

Huy (*Vizekönig von Nubien*; ?1350 vC)
25-26

I

Ibn Helal, Ahmed (*Emir von Oman*; *fl* 306/7 d.H., 919 AD)
86

Ibn Iyas (Abu 'l-Batakat Muhammad ibn Iyas; *arab. Geograph*; 1448-1524)
152

Ibn Said (*arab. Geograph*; 1214-1286)
160

Idrisi (Edrisi; *arab. Geograph*; 1100-1165)
15, 96, 160

Inas (*König v. Westsachsen*; *fl* s. VII AD)
80

Innozenz IV (Fieschi, Sinibaldo; *Papst*; 1234-1254)
211

Isidor von Sevilla (Isidor Hispalensis; *Bischof von Sevilla*; ?560-636)
65, 77, 80, 83-84, 101-102, 107, 111-114, 116, 120, 129, 135, 142, 145, 179, 231

Iskander, Albert Z.
99

Issberner, Reinhold (*fl* 1887)
187

Iuba I (*numid. König*; *fl* s. I vC)
46

Index nominum

Iuba II (*numid. König*; *fl* s. I vC)
46-47, 58

J

Jacob, William (*fl* 1831)
212

Jakob van Maerlant (*fläm. Dichter*; 1220/40-1300)
116, 129

James le Palmer (*Zisterziensermönch*; 1320-1375)
129

James, Montague Rhodes (*Medievalist*; 1862-1936)
74-76, 80, 91, 145, 238, 243

Jean de Bourgogne (Jean à la Barbe; *fl* s. XIV)
133

Je-lü ta-schi (*turkm. Herrscher*; *fl* 1141)
103

Jennison, George (*fl* 1937)
189

Jettmar, Karl
20, 28, 78, 213

Johann III (*kampan. Herzog*; *fl* s. X)
89

Johannes de Janua (Balbus de Janua; Balbi, Giovanni; †1289/96)
116, 129

Johannes II Komnenos (*byzant. Kaiser*; *fl* s. XII AD)
102

John de Mandeville (*fiktiver Autor*; *fl* 1322-1372)
132-139, 144, 149, 151, 174, 196, 199, 246-249

Johns, Jeremy
99

Johnston, Johann von (1603-1676)
180

Jordanus (*Dominikaner*; *fl* 1330)
130

Julia Domna (*Gattin des Septimius*; †217 AD)
57, 62-63

Julius III (Del Monte, Giovanni Maria; 1487-1555; *Papst* 1549-1555)
164

K

K'ri-sron-lde-btsam (*tibet. König*; *fl* s. VIII AD)
79

Kallias (*athen. Diplomat*; *fl* 449 vC)
12

Kallimachos aus Kyrene (*griech. Philologe*; ?310-?240)
44, 47-48, 57, 126

Kallisthenes (*griech. Historiker*; ?370-327)
65

Kardash, Victor T.
216

Karl I ('der Große', Charlemagne; ?742-814; *fränk. König* 768-814; *Kaiser* 800-814)
54

Karl V von Habsburg (1500-1558; *dt. Kaiser* 1519-1558; *als* Karl I *span. König* 1516-1556)
152, 159

Karl V ('der Weise'; 1337-1380; *franz. König* 1364-1380)
140

Karsai, Györgi
40

Karttunen, Karl
21, 26, 63

Kasim, Firdausi 'l (939-1020)
94

Kassander (*Diadoche*; ?350-297)
37

Kaswini (Zakariyya ibn Muhamad ibn Mahmud Abu Yahya; 1203-1283)
117-118, 141, 199

Katharina II ('die Große'; Sophie Auguste von Anhalt-Zerbst; 1729-1796; *russ. Zarin* 1762-1796)
39

Katharina von Aragon (1485-1536)
127

Kaub, Johannes von (*frankf. Stadtarzt*; *fl* 1485)
148

Keller, Otto von (1838-1927)
21, 50

Keller, Werner (*pseud.* Norman Alken; 1909-1980)
28-29, 32

Index nominum

Kevan, Keith
122

Kipf, Siegfried
12

Kleopatra Selene (*Tochter der Kleopatra VII*; *fl. s.* I vC*ex*)
46

Kliege, Herma
120

Knappe, Fritz (*fl* 1906)
91

Knefelkamp, Ulrich
103

Knock, A.
81

Knott, Cheryl (*Primatenforscher*)
234

Koch, Heidemarie (*Althistoriker*)
234, 252

Kolumbus, Christoph (Colón, Cristóbal; 1451-1506)
135, 149

König, Ditte
172, 231

Konrad III der Staufer (1093-1152; *dt. König* 1138-1152)
102

Konrad von Megenberg (de Ponte Puellarum; 1309-1374)
114

Konstantin I ('der Große'; Gaius Flavius Valerius Constantinus; 272/73-337; *röm. Kaiser* 306-337)
69-71, 85

Konstantinus VII Porphyrogennetos (905-959; *byzant. Kaiser* 913-959)
89

Körtig, Gustav (1845-1913)
107

Krates aus Theben (*Dichter & Philosoph*; ?365-285)
35

Krejci-Graf, Karl (*Geologe & Geochemiker*; 1898-1992)
232

Kretschmer, Konrad (1864-1945)
142-143

Kretschmer, Paul (1866-1956)
173

Kropp, Manfred
103

Krösus (Kroisos; *lyd. König*; ?560-547)
30

Kroupnik, Victor
222-223

Kruse, Theodor (*fl* 1856)
186

Ktesias von Knidos (*Arzt & Historiker*; *fl* 415-397)
20, 31-34, 56, 58-59, 61, 65, 72-73, 167, 229-231

Kyros I (der Ältere; *pers. König*; †529 vC)
19

Kyros II (der Jüngere; *pers. Herrscher*; 423-401 vC)
33

L

Lamprecht (der Pfaffe; *moselfränk. Geistlicher*; *fl* 1120-1130)
123

Lapidge, Michael
80-81

Larcher, Petrus M. (*franz. Übersetzer*; *fl* 1786)
181

Lassen, Christian (1800-1876)
32, 186

Latini, Brunetto (1210-1294)
101, 115-166, 244

Laufer, Berthold (1874-1934)
171, 188

Leander (*Bischof von Sevilla*; *fl* s. VII AD)
77

Lecouteux, Claude
104

Legge, James (*fl* 1886)
73

Lehmann, Bernd
223

Leitner, Gottlieb W. (*fl* 1893)
28

Index nominum

Lendering, Joan
14

Leo (*Presbyter*; fl s. X AD)
70, 89

Leonardo da Vinci (1452-1519)
100

Lepechin, Ivan (*russ. Asienforscher*; 1737-1802)
204

Le Sage, Alain René (*franz. Schriftsteller*; 1668-1747)
96

Libanios aus Antiochia (*Rhetor*; 314-393)
71

Liebrecht, Felix (fl 1856)
111

Lindegger, Peter
17, 19, 50, 53, 59-61, 172, 190, 208, 210, 233

Link, Heinrich Friedrich (1767-1851)
184

Littmann, Enno (1875-1958)
95

Livius (Titus Livius; *röm. Historiker*; 64/59 vC-17 AD)
222

Lock, Alfred (fl 1882)
185, 218

Lock, Neil P.
203

Lorimer, David L. (fl 1929)
78

Lothar III von Süpplingenburg (Herzog v. Sachsen; ?1075-1137; *dt. Kaiser* 1133-1137)
102

Löwe, Hartmut (fl 1951)
81-82, 85

Lucanus (Marcus Annaeus Lucanus; Lukan; *röm. Epiker*; 39-65)
85-86

Ludolf, Hiob (Job; *Orientalist*; 1624-1704)
103

Ludwig IX der Heilige (1214-1270; *franz. König* 1226-1270)
132, 211

Lukianos aus Samosata (*Sophist*; ?120-?190)
31, 55-57, 73, 85, 99

Lutz, Herbert
235

Lygdamis von Naxos (fl 454 vC)
12

Lysimachos (*Diadoche*; ?360-281)
37

M

MacDowall, David W.
225

Maecenas (Gaius Cilnius Maecenas; *röm.-etrusk. Adliger*; ?70-8)
47

Majolus, Simon (*Bischof v. Volterara*; 1520-1605)
162

Maksidi (Mutakhar bin Tahir al-Maksidi; fl 966 AD)
89

Malte-Brun, Conrad (*eigentl.* Brun, Malte-Conrad; 1775-1826)
43, 184

Mandeville, John de
→ John de Mandeville

Manerf, Jean de (fl 1559)
154

Mann, Max F. (fl 1884-88)
107, 243

Mannert, Konrad (fl 1797)
182

Manuel I Komnenos (*byzant. Kaiser*; 1120-1180)
102-103

Marco Polo (*venez. Reisender*; 1254-1324)
30, 132, 135, 171, 211, 213, 215, 230

Marcus Antonius (*röm. Feldherr*; 82-30)
46

Markham, Clements (fl 1912)
131

Martin, Victor (fl 1959)
54

Marvazi (Sharaf al-Zaman Tahir Marvazi; 1045-1125)
99

Index nominum

Mary I Tudor (1516-1558; *engl. Königin* 1553-1558)
127

Masoudi (*arab. Geograph*; 893-956)
88

Massé, Henri
54, 95

Mausa Musa (*Sultan von Mali*; fl 1324)
225

Maximilian I (1573--1651; *Herzog v. Bayern* 1597-1651)
142

May, Karl (*Schriftsteller*; 1842-1912)
132-133

McCandless, Thomas E.
197

McCartney, Eugene S. (fl 1954)
189

McCook, Henry C. (fl 1882)
196

McCulloch, Florence
107

McDowell, Patricia A.
85

Medhatithi (fl s. IX AD)
167

Megasthenes (*ion. Geograph*; ?360-*post* 285 vC)
21, 37-40, 42-43, 48, 50-51, 53, 55, 77, 98, 153, 155, 157, 181, 187, 199, 208-210, 212, 215, 217, 233

Melek-madaron (*Sultan*; Nasser Mohamed Ben Qalawoon; fl s. XIII/XIV)
133

Mercator (Kremer, Gerhard; *Kartograph*; 1512-1594)
135

Merkelbach, Reinhold (fl 1954)
66-67

Meydenbach, Jakob von (*Drucker*; fl 1491)
148-149, 249

Michael III (*byzant. Kaiser*; 842-867)
85

Migne, Jacques Paul (*Editor & Verleger der Patrologiae*; 1800-1875)
101

Miller, Konrad (1844-1933)
119, 121-122

Milner, Michael W. (*Mineraloge*)
198, 201

Minorsky, Victor (fl 1937-42)
99, 211

Mirza Haidar (*Moghul*; fl 1547 AD)
39, 211

Mock, John
39

Moffet, Thomas (1553-1604)
165

Montgomerie, T. G. (fl 1868-96)
28, 39, 58, 186-187, 211-213, 224

Moorcroft, William (fl 1816-41)
184-185, 209, 234

Morrall, Eric J. (fl 1956)
137, 247

Mulkey, James
220

Müller, Carl Otfried (1797-1840)
17

Münchhausen, Karl Friedrich Hieronymus Freiherr von (1720-1797)
31, 57

Mundell, Robert
227

Münster, Sebastian (*Geograph & Hebraist*; 1489-1552)
154-156

Musset, George (fl 1904)
153-154

Musta'sim (al-Musta'sim; *abasid. Kalif* 1240-1258)
117

Myles, Thomas G.
201, 223

N

Naber, Samuel Adrianus (1828-1913)
31

Nain Singh (fl s. XIX)
187

Nash, William P.
197

Index nominum

Nasser Mohamed Ben Qalawoon (*Sultan*; *reg.* 1309-1340)
133

Nearchos (*alexandr. Feldherr*; ?360-?314/12)
21, 35-36, 40, 48, 51, 55, 137, 151, 165, 189

Necho II (Nekaw; *Pharao*; 609-593)
15

Nectanebo (*Pharao*; 359-342)
66

Nero (Lucius Domitius Ahenobarbus; 37-68; als Nero Claudius Caesar Augustus Germanicus *röm. Kaiser* 54-68)
49, 62, 85-86

Nerva (Marcus Cocceius Nerva Augustus; 30-98; *röm. Kaiser* 96-98)
52, 62

Nesselrath, Heinz G.
15

Neuman, Dov (*fl* 1954)
170

Nyder, Johannes (?1380-1438)
141-142

O

Oakes, G.
198

Octavia (*Ehefrau des Augustus*)
46

Oderico Pordenone (*Mönch*; *fl* 1322-1330)
133

Omari (al-Omari; *arab. Historiker*)
225

Onesikritos aus Astypalaia (*kynischer Philosoph & Historiker*; *fl* 325 vC)
36, 135, 137

Oppert, Gustav Salomon (1836-1908)
103

Orey, F. L. C.
201

Orosius aus Braga (Paulus Orosius; *christl. Geschichtsschreiber*; *fl* s. IV/V AD)
90, 124-126

Ortelius, Abraham (*Kartograph*; 1527-1589)
135

Oskamp, Hans P.
84

Ossendowski, Ferdinand (*zarist. Beamter*; 1876-1944)
204, 219

Otto IV (1182-1218; *dt. Kaiser* 1209-1215)
111, 122

Otto von Diermeringen (*Übersetzer*; *fl* 1368; †1398)
140, 248

Otto von Freising (Ottho Frisingensis; *Bischof*; 1111/14-1158)
103

Ottokar II Přemysl (Otakar; ?1230-1278; *böhm. König* 1253-1278)
125

Ovid (Publius Ovidius Naso; *röm. Dichter*; 43 vC-17 AD)
47

P

Pabel, Hilmar
210

Pabel, Romy
210

Palladius (Palladios von Helenopolis; *griech. Theologe*; 363/64-431)
72

Pallas, Peter Simon (*Naturforscher*; 1741-1811)
39, 204, 224

Panyasis (*fl* 460 vC)
12

Park, Mungo (*Afrikaforscher*; 1771-1806)
213, 223-224

Parmenides aus Elea (*Philosoph*; 515/10-445)
117

Parpola, Asko
26

Parpola, Simo
26

Paul III (Farnese, Alessandro; 1468-1549; *Papst* 1534-1549)
164

Pauly, August Friedrich (*Altertumsforscher*; 1796-1845)
18

Index nominum

Pausanias Periegeta (*Reiseschriftsteller*; 115-180)
55

Pearson, Lionel
189

Peissel, Michel (*Reiseschriftsteller*)
178, 190-191, 203, 210

Peithon (*maked. Krieger*; fl s. III vC)
37

Pennant, Thomas (*engl. Naturforscher*; 1726-1798)
203

Peres, Ambrosius (fl 1555)
162

Perikles (*athen. Staatsmann*; 495/90-429)
13

Peschel, Oskar Ferdinand (1826-1875)
186, 199

Petrarca, Francesco (Petracco, Giovanni; 1304-1374)
130

Petrus Comestor (†1178)
105-106, 111, 114, 124, 162

Petrus Decembrus
→ Decembrus, Petrus Candidus

Pevtsov, Mikhail V. (*russ. Asienforscher*; 1843-1902)
219

Pfister, Friedrich Eduard (1883-1967)
67, 69, 89

Pharasmanes II (*röm. Klientelkönig*; fl s. II AD)
75

Philipp(e) de Thaon (Thuanus; fl 1121)
106-107, 240

Philipp II (Philippos; *König v. Makedonien*; 382-336)
225

Philipp von Schwaben (?1178-1208; *dt. König* 1198-1208)
111

Philippus Arabs (Marcus Iulius Philippus Augustus; ?204-249; *byzant. Kaiser* 244-249)
62

Photius (*Patriarch v. Konstantinopel*; 810/20-893)
30-32, 34, 45, 231

Pippin (Pépin III 'der Kurze'; 714-768; *fränk. König* 751-768)
81

Platon (*griech. Philosoph*; 428/27-349/8)
34, 88

Plinius (Gaius Plinius Secundus; *röm. Schriftsteller*; d.Ä.; 23/24-79)
33, 48-53, 58-59, 64, 76, 100-101, 111-114, 116-117, 120, 129, 135-137, 145-146, 158, 160-161, 165, 176, 181, 187, 191, 214, 221, 233, 244, 250

Plinius (Gaius Plinius Caecilius Secundus; *röm. Schriftsteller*; d.J. 61/62-112/13)
52

Plutarch von Chaeronea (*griech. Autor*; 45/46-120)
15

Polemos (Julius Valerius Polemos; fl 315 AD)
68

Polignac, François de
66

Pompeius (Gnaeus Pompeius Magnus; *röm. Feldherr*; 106-48)
86

Pomponius Mela (*röm. Schriftsteller*; fl s. I AD)
48-49, 64-65, 137, 180-181, 230

Poppe, Nikolaus (1897-1991)
70

Poros (*ind. König im Pandschab*; fl 326-317)
20, 124

Poulin, R.
201

Prasad, E. A. V.
201

Prater, Stanley H.
189

Premenis (*König*; fl s. II AD)
76

Premonis (*König*; fl s. I/II AD)
76

Prinz, Otto
82

Prior, Oliver H. (fl 1913)
112, 148

Pritchett, W. K.
15, 17

Index nominum

Prüß, Johann (*fl* 1497)
149

Ptolemaios (Klaudios Ptolemaios; *griech. Geograph*; ?90/100-?160/168)
88, 116, 148

Ptolemaios I Soter (*Diadoche*; ?366-283)
37

Ptolemaios II Philadelphos (285-246)
44

Ptolemaios III Euergetes (246-220)
44

Ptolemäus von Alexandria (Claudius Ptolemaeus)
→ Ptolemaios (Klaudios Ptolemaios)

Puskas, Ildiko
190, 192

Pythagoras von Kroton (aus Samos; *griech. Philosoph & Mathematiker*; ?570-?496)
13

Q

Qü Yüan (340-278)
41

Quibell, J. E. (*fl* 1896)
27

Quiring, Heinrich (*fl* 1948)
26, 212, 219, 222-225

R

Rasis (Abu Bakr Muhammad ben Zacharijia El-Rasis; 864-930 AD)
86-88, 238

Rau, Sama Santha (*ind. Schriftstellerin*; *fl* s. XX)
189

Rawlinson, Sir Henry Creswicke (*Orientalist*; 1810-1895)
187

Reagan, Ronald Wilson (*Präsident der U.S.A.*; 1911-2003)
174

Redfield, J.
17

Reelfs, C.
194, 197

Reese, W. (*fl* 1914)
188

Reimer, Thomas O.
176

Reinsch, Robert (*fl* 1888)
241

Renegos, George W. (*fl* 1939)
189, 205

Rennel, James (*fl* 1788)
167, 182, 186

Richard (*fl* 1778)
185

Richard de Bello (de Haldingham; *fl* 1285-1295)
120

Rickard, Thomas A. (*fl* 1930)
173, 189, 205

Ridder, Klaus
133, 140, 247-248

Ritter, Carl (1779-1859)
39, 185, 192, 209

Roberts, Thomas J.
205-206

Romanus I (*byzant. Kaiser*; 919-944)
89

Ross, Alexander (Rosse; 1590-1654)
185

Ross, David J.
66, 70

Ross, Edward D. (*fl* 1898)
211

Roxane (*baktr. Fürstentocher, Ehefrau Alexanders III*; *fl* 327-310/9)
37, 66

Rusticus (*Mönch*; *fl* s. IV/V AD)
72, 77, 83, 91

S

Sachs, Hans (*Spruchdichter*; 1494-1576)
125

Sachse, Ioanna
190

Sandler, Lucy F.
129

Sandrokottos (Chandragupta; *ind. König; reg.* 321-297)
37, 40, 208

Sandschar (*Seldschukenkhan; fl* 1141)
103

Sanherib (*assyr. König* 705-681)
69

Savage-Smith, Emilie
99

Schade, Markus
216

Schäfer, Jürgen
163

Schapur I (Sapor I; *Sassanidenherrscher; reg.* 241-272)
64

Schedel, Hartmann (*Humanist*; 1440-1514)
150

Scheuchzer, Jakob (*Naturforscher*; 1672-1733)
181

Schiern, Frederik (*fl* 1871)
43, 181, 187-188, 212

Schmidt, Erich Friedrich (1897-1964)
23

Schmidt, H. P.
23

Schwanbeck, Eugen (*fl* 1845)
53

Scott, Harold W. (*fl* 1951)
197

Scott, Sir Walter (*schott. Dichter*; 1771-1832)
30

Seleukos I Nikator (*Diadoche*; 358-281)
37-38, 40

Seneca (Lucius Annaeus Seneca [d.Ä.]; *röm. Rhetoriker*; 55 vC - 39 AD)
86

Seneca (Lucius Annaeus Seneca [d.J.]; *röm. Philosoph*; um Chr. Geb.-65 AD)
85-86

Septimius Severus (Lucius Septimus Severus Pertinax Augustus; 146-211; *röm. Kaiser* 193-211)
57, 61-63

Severus Alexander (Bassianus Alexianus; ?208-235; *als* Marcus Aurelius Severus Alexander Augustus *röm. Kaiser* 222-235)
66

Sextus Propertius (*röm. Elegiker*; ?47-15)
47, 61, 73

Seyfrit (*fl* 1352)
131-132

Seymour, Michael C.
135, 246

Sheldon, Arthur L. (*fl* 1911)
216, 220

Siersleben, P.
205

Signorelli, Luca (1445/50-1523)
150

Silverberg, Robert
178

Simons, Marlise
191, 203

Sisam, Kenneth (*fl* 1953)
91, 93

Skylax von Karyanda (*griech. Geograph; fl* 518-513)
19-21

Smithers, George V.
129

Snoy, Peter
209, 223

Snyder, Susan
162

Sodoma
→ Bazzi, Giovanni A.

Soetbeer, [Georg] Adolph (1814-1892)
225, 227

Solinus (Gaius Julius Solinus; *lat. Schriftsteller; fl* s. III AD)
146, 148, 163, 181

Solis, Virgil (1514-1572)
161

Sollbach, Gerhard E.
114

Sommerbrodt, Ernst (*fl* 1891)
122-123

Song Yu (*chin. Dichter*; 290-233)
41, 163

Songtsen Gampo (*tibet. König*; fl s. VII AD)
192

Sophokles (*athen. Tragiker*; 497/96-406/5)
13, 30-31, 126

Spiropoulos, Angelo
166

Spiropoulos, Patricia
166

St. Clair, Hilary
227

Starkley, Chauncey C.
118

Steen, Rainer van den (Gemma Frisius; *Arzt & Kartograph*; 1508-1555)
158

Stein, Otto (fl 1931)
40

Stein, Peter (*Regisseur*)
170

Stemmler, Theo
141

Sterndale, Robert
36, 207

Stoneman, Richard
66

Störck, Lothar
222

Strabon aus Amaseia (*griech. Historiker*; ?64/63 vC - 23/26 AD)
32-33, 36, 38, 40, 43, 45, 47-48, 53, 55, 77, 100, 120, 126, 135, 151, 153, 155, 157-158, 180, 187, 208, 225

Streckenbach, Gerhard
124

Struck, Paul (*Maler*; *1928)
169-170

Studit, Damaskin (fl s.? XVI)
163

Suleiman ('der Prächtige'; *türk. Sultan*; 1494-1566)
158-159

Sung Yu (290-233 vC)
→ Song Yu

Suttill, Keith
222-223

Swanton, Michael
239

Swanzy, A. (fl 1816)
213

Swiecki, R.
215

Sylvester, Josuah (1563-1618)
162

T

Tabari (al-Tabari; 838-921 AD)
69

Taggart, Arthur (fl 1945)
220

Tahmasp (*pers. Schah*; 1524-1576)
159, 182

Tarn, William W. (fl 1938)
189-190

Taylor, Edward G. (fl 1931)
153

Tendlau, Abraham (fl 1842)
69

Themistios Euphrades (*griech. Philosoph*; ?317-388)
70-71

Theodosius I (347-395; *röm. Kaiser* 379-395)
70

Theokritos von Syrakus (*griech. Dichter*; fl s. III*in* vC)
44, 126

Theophrastus von Eresos (*griech. Philosoph*; 372/70-288/85)
214-231

Thewalt, Volker
29

Thomas von Aquin (*Theologe*; 1225/6-1274)
113

Thomas von Cantimpré (Brabantinus; 1201-*post* 1263)
80-81, 113-116, 146, 148

Thomas von Kent (fl *post* 1173)
124

Thomas, E. (fl 1874)
26

Thomas, Frederick W. (fl 1935)
78, 207

Index nominum

Thompson, Stith (*fl* 1956)
170

Thou, Jacques Auguste de (Thuanus; *franz. Historiker*; 1553/55-1617)
160, 165

Thuanus
→ Thou, Jacques Auguste de

Thukydides aus Athen (*griech. Historiker*; ?455-400)
15

Tiberius (Tiberius Claudius Nero Augustus; 42 vC-37 AD; *röm. Kaiser* 14-37)
34

Tilly, Johann Tserclaes, Graf von (*kaiserl. Feldherr*; 1559-1632)
142

Timotheus von Gaza (*Schriftsteller*; *fl* s. V/VI AD)
191

Titus (Titus Flavius Vespasianus Augustus; ?39-81; *röm. Kaiser* 79-81)
49, 62, 136

Toischer, Wendelin (*fl* 1888)
125

Tomaschek, Wilhelm (*Geograph*; 1841-1901)
204, 211

Trajan (Marcus Ulpius Traianus; ?53-117; als Nerva Traianus Augustus *röm. Kaiser* 98-117)
52, 68, 76, 238

Tran, Roch
202

Trebeck, George (*fl* 1841)
209

Trotter, H. (*fl* 1877)
187

Troxell, Hyla A.
37

Tsetses, Ioannes (1112-1185)
102-103

Tucci, Giuseppe (fl 1956)
77, 192, 208

Tusratta IV (*mitannischer König*; *fl* 1400 vC)
21

Tutenchamun (*Pharao*; ?1350 vC)
25

U

Ulrich von Etzenbach (von Eschenbach; *Dichter*; *fl* 1295)
125

Urban V (Wilhelm Grimoard; ?1310-1370; *Papst* 1362-1370)
115

Urios-Aparisi, Eduardo
179

V

Valens (Flavius Valens Augustus; ?328-378; *röm. Kaiser* 364-378)
70

Valerianus (Publius Licinius Valerianus Augustus; ?200-260; *röm. Kaiser* 253-260)
64

Valerius Harpokration
→ Harpokration

Velser, Michel (*Übersetzer*; *fl* 1372-1399)
136-137, 139-140, 247

Veltheim, August Ferdinand Graf von (*Mineraloge*; 1741-1801)
182-184, 209, 229, 235

Verdi, Giuseppe Fortunino Francesco (*Komponist*; 1813-1901)
63

Vergil Parthenias (Publius Vergilius Maro; *röm. Dichter*; 70-19)
47

Verne, Jules (*Schriftsteller*; 1828-1905)
16

Verwijs, Eelco (1830-1880)
245

Vespasian (Titus Flavius Vespasianus Augustus; 9-79; *röm. Kaiser* 69-79)
49, 62, 136

Vibius Sequester (*Lexikograph*; *fl* 400 AD)
130

Vigne, Godfrey Thomas (*fl* 1844)
186

Vilamayo, Agustí A.
60

Vinci, Leonardo da (1452-1519)
→ Leonardo da Vinci

Index nominum

Vinzenz von Beauvais (Vicentius Bellovacensis; *Polyhistor*; 1190/1200-1264)
17, 114-115, 148-149, 162, 244

Vipsiana Polla (*fl* s. I vC)
48

Virgil (*ir. Abt*; *Bischof von Salzburg*; ?700-784)
81-82

Visser-Hooft, Jenny (*fl* 1935)
36, 209

Vollmer, Wilhelm (*Literaturhistoriker*; *fl* 1836)
171

Voss, Isaac (1618-1689)
180-181

Vulpius, Christian August (Thuring, Anselmo Marcello; *Schriftsteller*; 1762-1827)
135

W

Wagner, Bettina
105, 240

Wahl, Samuel Friedrich Günter (1760-1834)
18, 39, 51, 183-184, 187, 191

Walberg, Emanuel (1873-1951)
240

Walde, Alois (*Etymologe*; 1869-1924)
226

Walmiki (*mythischer Poet*; *fl* s. IV/III vC)
137

Walser, Gerold /1966
25

Walsperger, Andreas (*fl* 1448)
142-143, 148

Walther von Châtillon (Philippus Gualtherus; 1134-1200)
123

Walt(h)er [Gaut(h)ier] von Metz (Maitre Goussain; *fl* 1245)
112, 148

Wang Yi (*chin. Gelehrter*; *fl* s. II AD)
41

Warner, George (*fl* 1912)
127

Webster, Thomas B. (*fl* 1928)
60

Weißbach, Franz Heinrich (1865-1944)
56

Wells, Herbert George (*engl. Schriftsteller*; 1866-1946)
172, 177

Wendel, Carl (*fl* 1914)
45

Werner, A. (*Mineraloge*; 1749-1817)
157

West, H. F. (*rhod. Prospektor*; *fl* s. XX;)
200, 202

Westrem, Stanley D.
121

Wheeler, George C.
197

Wheeler, Joan
197

Wheeler, William M. (*fl* 1910)
195, 198

Wilford, Francis (*fl* 1822)
58, 167, 184, 191

Wilhelm von Boldensele (*fl* 1330)
133

Wilhelm von Rubruk (*Mönch*; ?1215-1270)
132, 211

Wilke, Jürgen
122

William von Malmesbury (1090-1143)
83

Williams, C. B.
194

Wilson, Edward A.
191, 194, 197-198

Wilson, Horace Hayman (1786-1860)
43, 186, 210

Wirth, Gerhard
73

Wiseman, Timothy P.
118

Wissowa, Georg (1859-1931)
18

Wittkower, Rudolf (*Kunsthistoriker*; 1901-1971)
189-190

Wolf, Armin
122

Index nominum

Wolfram von Eschenbach (*Dichter*; ?1170-?1220/30)
104

Woodward, David
120-121

Wotton, Edward. (*engl. Naturforscher*; 1492-1555)
156

Wright, Thomas (1810-1877)
240

Wüstenfeld, Ferdinand (1808-1899)
117

X

Xenophon (*griech. Autor*; 430-354)
33, 54

Xerxes I (Chschajarschah; ?519-?465; *pers. König* ?485-?465)
12, 22-23, 28, 39

Xuanxue Mo
204

Y

Yakout (*griech-arab. Geograph*; 1179-1229)
141

Yan, G.
217

Yule, Sir Henry (1820-1889)
130

Z

Zarncke, Friedrich Carl Theodor (1825-1891)
104-105

Zedler, Johann Heinrich (*Lexikograph*; 1706-1763)
111, 166

Zenobios (*fl* s. II AD)
56